LE MÉMORICIDE

Quel cadre juridique
pour préserver le patrimoine culturel ?

Sciences criminelles

Collection dirigée par Robert Cario

La collection « Sciences criminelles » se destine à la publication de travaux consacrés à l'analyse complexe du phénomène criminel. Multidisciplinaire par définition, elle a vocation à promouvoir les réflexions critiques portées par les disciplines impliquées, dont l'angle d'approche spécifique enrichit la connaissance globale du crime, tant en ce qui concerne les protagonistes (infracteur, victime, société) que les stratégies d'intervention sociale (prévention, répression, traitement). En France comme à l'étranger.

Les contributions, émanant de chercheurs, de praticiens de la justice ou du travail social, empruntent la forme d'ouvrages de doctrine, de recherches collectives ou d'actes de rencontres scientifiques.

La Collection s'enrichit par la publication d'un « Traité de sciences criminelles », multi-auteurs, qui présente sous la forme de manuels les principales disciplines qui composent les sciences criminelles : philosophie criminelle, criminologie, politique criminelle, droit criminel, procédure pénale, criminalistique, médecine légale et victimologie.

Ouvrages parus

Y.C. QUERO, *La gouvernance nodale du reseau de la securite locale,* 2017.
I.DREAN-RIVETTE, *La personnalisation de la peine dans le code pénal*, 2005.
D. DÉRIVOIS, *Psychodynamique du lien drogue-crime à l'adolescence*, 2004.
M. JACCOUD (Dir.), *Justice réparatrice et médiation : convergences ou divergences ?,* 2003.
M. KORN, *Ces crimes dits d'amour,* 2003.
A. BOULAY (Dir.), *Victimes : de l'image à la réalité,* 2003.
F. ARCHER, *Le consentement en droit pénal de la vie humaine,* 2003.
L.M. VILLERBU (Dir.), *Dangerosité et vulnérabilité*, 2003.
R. CARIO, A. GAUDREAULT (Dir.), *L'aide aux victimes : 20 ans après*, 2003.
R. CARIO (Dir.), *Victimes : du traumatisme à la restauration.* Vol. 2, 2003.
J.P. CERE (Dir.), *Panorama européen de la prison*, 2002.
H. CONCHON, *L'évolution des nullités de l'instruction préparatoire*, 2002.
P. AUBRY, *Les sectes : aspects criminologiques*, 2002.
R. CARIO, D. SALAS (Dir.), *Œuvre de justice et victimes*, Vol. 1, 2001.
M. BORN, P. THYS (Dir.), *Délinquance juvénile et famille*, 2001.
M. VAILLANT, J.P. LEBLANC (Dir.), *Nouvelles problématiques adolescentes*, 2001.
A. BERNARD, R. CARIO (Dir.), *Les politiques publiques interministérielles d'aide aux victimes,* 2001.
R. NERAC, J. CASTAIGNEDE (Dir.), *La protection judiciaire du mineur en danger*, 2000.
C. CARDET, *Le contrôle judiciaire socio-éducatif*, 2000.
P. MBANZOULOU, *La réinsertion sociale des détenus,* 2000.
R. CARIO, *Jeunes délinquants. A la recherche de la socialisation perdue*, 2000.

Vanessa KOUM DISSAKE

LE MÉMORICIDE

Quel cadre juridique pour préserver le patrimoine culturel ?

Préface de Catherine Puigelier

L'Harmattan

5-7, rue de l'École-Polytechnique, 75005 Paris

http://www.editions-harmattan.fr

ISBN : 978-2-343-25695-5
EAN : 9782343256955

LE MÉMORICIDE

Par Vanessa KOUM DISSAKE

Présentée et soutenue publiquement le 27 mars 2017 dans le cadre d'une thèse pour l'obtention du grade de docteur en droit privé et sciences criminelles à l'Université de Paris 8 (Vincennes Saint-Denis) devant le jury suivant :

- Pierre-Olivier CHAUMET, Maître de conférences à l'Université Paris Lumières (Paris VIII), Habilité à diriger des recherches (HDR)

- Jacques FOYER, Professeur émérite de l'Université Panthéon-Assas (Paris II)

- Gérard MEMETEAU, Professeur émérite à l'Université de Poitiers (rapporteur)

- Catherine PUIGELIER, Professeur à l'Université Paris Lumières (Paris VIII) (directeur de recherches)

- Gilles RAOUL-CORMEIL, Professeur à l'Université de Bretagne Occidentale (rapporteur).

Remerciements

C’est avec une grande joie que j’aimerais remercier et rendre hommage aux personnes qui ont contribué directement et indirectement à la réalisation de la présente thèse.

Il est légitime de remercier à la fin d’un tel travail ma directrice de thèse, la professeure Catherine Puigelier, pour sa disponibilité, sa patience et sa rigueur. Ses conseils avisés m’ont permis de découvrir les fabuleux plaisirs de la recherche. Ils ont été et resteront des moteurs de mon travail de chercheur.

Je remercie tous les membres de mon jury ainsi que les rapporteurs pour le temps qu’ils ont accordé à la lecture de cette thèse.

J’adresse toute ma gratitude à mes amis, mes collègues, les membres de l’église du Havre qui m’ont aidé, encouragé, soutenu dans les moments de doute.

Enfin, les mots simples étant les plus forts, j’adresse mon affection à toute ma famille, en particulier mes parents Catherine et Guillaume Koum Dissake pour leur amour, leur sacrifice, et leur soutien à mon égard. Malgré mon éloignement géographique depuis de nombreuses années, je ressens chaque jour leur amour. Merci d’avoir fait de moi ce que je suis. Je remercie également mes quatre sœurs Viviane, Laetissia, Ivanne et Paola.

Une pensée pour terminer ces remerciements à la personne la plus importante de ma vie, mon Seigneur et Sauveur Jésus Christ. Sans ma foi en ce dernier, cette thèse n’aurait jamais vu le jour.

PREFACE

Il est grave de s'attaquer à ce qui constitue l'intime d'un peuple.

Comme le rappelle Vanessa Koum Dissake dans sa thèse consacrée au mémoricide, la mémoire est homme et elle le distingue de l'autre – une distinction paradoxale dans un pays où la mémoire de l'un s'associe à la mémoire de tous et où ce qui est individuel devient collectif.

Le terrain est dans ces conditions attirant pour le belligérant qui entend toucher à bout portant, faire mal ou installer sa propre mémoire dans celle d'un État envahi.

Il est à peine besoin de rappeler – pour ce qui concerne les livres (ou les mémoires écrites) – les destructions des écrits confucéens par Quin Shi Huang, de la bibliothèque d'Alexandrie (même si l'origine de la disparition de celle-ci reste controversée), de la bibliothèque du Congrès, de la bibliothèque de l'Université catholique de Louvain, des archives nationales de Dublin (ou des archives nationales d'Irlande), de la bibliothèque universitaire d'Alger, de la bibliothèque nationale et universitaire de Sarajevo.... (sachant que le vol des mêmes livres peut à l'inverse constituer un butin de premier choix[1] ou que les livres ne sont pas les seuls objets d'un mémoricide).

Vanessa Koum Dissake aborde ces points avec prudence et intelligence.

Elle construit pas à pas (bien plus qu'elle ne souligne) un droit du mémoricide partagé entre un droit à la mémoire et un devoir de mémoire. Elle articule ses pensées autour de l'identification et du régime juridique du crime de mémoire.

La mémoire est fragile en s'inscrivant dans un temps qui l'affaiblit ou l'érode. Elle est versatile en s'inscrivant dans un évènement qui la transforme ou la reconstruit. Elle est polymorphe en s'inscrivant dans un oubli par interférence qui la sature ou l'emporte. L'auteure n'ignore pas que

[1] Frédéric Barbier, *Histoire des bibliothèques d'Alexandrie aux bibliothèques virtuelles*, Paris, Armand Colin, 2013, p. 37.

« le trop-plein d'informations sur la mémoire ou sur le passé peut aussi être une source de destruction de la mémoire ».

Face à ces subtilités, il existe des règles écrites et des règles non-écrites (des lois, des coutumes.... et plus encore la Convention de Genève de 1949, la Convention de La Haye de 1954....) qui tentent tant bien que mal de retenir le passé.

Un passé qui lorsqu'il est massacré marque un drame national et international interpellant toutes les disciplines du droit et plus exactement le droit pénal, le droit culturel, le droit patrimonial, le droit des archives[2], les droits de l'histoire[3]...

Vanessa Koum Dissake tisse alors – dans ce kaléidoscope juridique constitué tout à la fois d'une reconnaissance (on pense à l'acte d'accusation du procureur du Tribunal pénal international de l'ex-Yougoslavie dans la double affaire Radovan Karadzic et Ratko Mladic), d'une insuffisance de reconnaissance, voire d'une absence de reconnaissance du mémoricide – des liens entre la haine et la culture, la vengeance et la politique.

Elle peint un contexte international constitué de personnes et de biens.

Quelles sont ces personnes ?

Il s'agit des auteurs des mémoricides (des guerriers, des terroristes.... face à des vaincus, des victimes....) qui savent que la mémoire est un enjeu social et un enjeu politique et qu'elle susceptible d'être manipulée. Ils savent également que la mémoire peut être matérielle ou immatérielle (l'autodafé marquant dans le dernier cas autant les esprits qu'il détruit les livres par le feu).

---

[2] Marie Cornu, Mathilde Roellinger, Émilie Terrier, Noé Wagener, *Le droit des bibliothèques. Règles et pratiques juridiques*, Paris, Dalloz, 2021.

[3] Carole Vivant, *L'historien saisi par le droit. Contribution à l'étude des droits de l'histoire* (préface de Philippe Pétel) (avant-propos de René Rémond), Paris, Dalloz, 2007.

Le mémoricide est psychologique et il désire annihiler par une violence collective poussée jusqu'à l'extermination définie comme suit « C'est Nous ou Eux »[4].

Alain Renaut et Geoffroy Lauvau écrivent que « les potentiels d'ensauvagement ou de bestialisation actualisés par des individus commettant les pires meurtres et infligeant les pires souffrances à d'autres individus peuvent en effet toujours être représentés, à tort ou à raison, comme constituant des exceptions – ce qui est en revanche très difficile, voire impossible quand il s'agit de déchaînements collectifs ou de violences de masse engageant de vastes groupes humains, à l'échelle d'une culture, d'une ethnie, voire d'un pays entier »[5].

Vanessa Koum Dissake développe cet ensauvagement ou cette bestialisation au travers d'un mémoricide qui est – outre collectif – volontairement destructeur (il importe sous l'angle génocidaire d'exclure « l'autre de la « vraie » humanité »[6]).

Alain Renaut et Geoffroy Lauvau affirment à cet égard que « même si l'intentionnalité n'est pas exprimée nommément, elle transparaît dans l'insistance sur la visée d'un groupe et sur la manière dont son élimination s'accomplit selon un « plan » coordonné d'actions conçues comme des « objectifs » – à l'opposé, donc, de ce qui serait une conflictualisation correspondant à une explosion purement irrationnelle de violence ou à un entremêlement de motivations non unifiées dans une intention »[7].

La multitude et l'intentionnalité conduisent de fait Vanessa Koum Dissake à s'interroger sur la réalité juridique d'un mémoricide.

Le sujet est tellement délicat (ou en quelque sorte subjectif ou intériorisé) qu'elle questionne le massacre du souvenir en tant que crime reconnu ou méconnu, en tant que crime réprimé ou ignoré.

Le mémoricide porte (et l'on répond à la question : quels sont ces biens ?) sur des biens meubles ou des biens immeubles (lesquels emportent des droits

---

[4] Alain Renaut et Geoffroy Lauvau, *La Conflictualisation du monde au XXIème siècle. Une approche philosophique des violences collectives*, Paris, Odile Jacob, 2020, p. 382.
[5] *Op. cit.*, p. 380.
[6] *Op. cit.*, la quatrième de couverture.
[7] *Op. cit.*, p. 54.

intellectuels) (il est en toute hypothèse question de pillage, de recel, de dégradation ou de destruction des biens culturels) et il peut être examiné par des juges (dont le juge international).

Il reste cependant complexe ou incertain.

L'auteure relève que « sur la notion de mémoricide, la définition retenue par la justice internationale et le Tribunal pénal de l'ex-Yougoslavie en particulier est relativement précise. Il n'est pris en considération que la destruction matérielle du patrimoine culturel dans l'objectif d'effacer les traces de la mémoire d'une communauté afin de reconfigurer son identité. Ainsi, le terme « mémoricide » dans son acception originelle correspond uniquement à l'aspect matériel de la mémoire. C'est selon Mirko Grmerk la destruction de toute représentation de la mémoire ; le patrimoine culturel immatériel étant écarté de la définition dudit crime ».

Une telle définition heurte l'idée même de destruction de la mémoire qui relève aussi (ou avant tout) de l'esprit.

C'est d'ailleurs à juste titre (tout en ayant conscience de l'éloignement de la définition juridique du mémoricide) que Vanessa Koum Dissake pose à ce point donné de l'étude les questions ci-après :

« Peut-on parler de mémoricide dans toute manipulation ou instrumentalisation de la mémoire ? Peut-on légalement refaire l'histoire au point de la détruire ? Le législateur peut-il commettre un mémoricide ? En d'autres termes, peut-on parler d'une « guerre des mémoires » provoquée par une multiplication des lois mémorielles ? Doit-on considérer le désir d'une société de construire une mémoire collective comme un acte de mémoricide ? ».

Le mémoricide peut accompagner (ou peut s'identifier) dans tous les cas le (ou au) génocide, le (au) crime de guerre ou le (au) crime contre l'humanité (il a pu être qualifié de crime contre l'humanité[8]). La gravité de celui-ci pourrait-elle amener à l'émergence d'un crime autonome (qu'il soit ou non de masse) : celui d'un crime culturel ou d'un crime contre l'identité ?

---

[8] V. à cet égard, Vesna Blazina, « Mémoricide ou la purification culturelle : la guerre et les bibliothèques de Croatie et de Bosnie-Herzégovine », Association pour l'avancement des sciences et des techniques de la documentation (ASTED), volume 42, n°4, octobre-décembre 1996.

Mais il y a plus.

Le mémoricide peut survenir en période de paix sur le territoire d'un pays ou en dehors du territoire de celui-ci.

L'acte de terrorisme en constitue un exemple caractéristique.

L'attaque d'un symbole culturel situé à de nombreux kilomètres du territoire principal d'un État touche le cœur de ses habitants (constitue-t-elle alors un crime de paix ?).

Le message est fort et brutal.

Mais que l'on se s'y trompe pas.

Le mémoricide peut être partout et nulle part.

Peut-on envisager un mémoricide dans l'hypothèse des piratages ou des destructions informatiques ? Des millions de données peuvent ainsi disparaître en quelques secondes. Et la matérialisation du savoir (ou le trop-plein de celui-ci par notamment l'outil numérique) de ne faire que confirmer ou aggraver une telle possibilité.

Le sujet est – on le voit – immense et inquiétant.

C'est pourquoi il ne peut qu'être salué le travail considérable et unique de construction ou de déconstruction du mémoricide de Vanessa Koum Dissake[9].

Celle-ci s'attaque d'une façon magistrale à l'essentiel d'un conflit guerrier (même en temps de paix) entre les peuples et elle sait maîtriser un sujet qui ne peut non plus s'étendre sans fin au détriment des libertés et progrès.

Elle attire l'attention de l'historien, du politiste, du juriste.... sur un manque dans l'arsenal juridique (toujours en construction) du droit international – l'injustice historique persiste si les gouvernements font fi de la guerre

[9] V. à cet égard, Jacques Foyer, *Le mémoricide* de Vanessa Koum Dissake, Revue trimestrielle de droit civil (rubrique des thèses), 2018, p. 254.

intellectuelle qu'est le saccage de l'histoire (ou de la purification d'une mémoire) et les auteurs des mémoricides ne peuvent être les seuls à s'être emparés du bénéfice psychologique de la destruction d'une culture.

On appréciera tout particulièrement les développements de l'auteure relatifs aux restitutions matérielles (quand les biens existent encore et que leur restitution est possible) lesquelles se différencient des restitutions intellectuelles (ou des tentatives de restitutions intellectuelles) avec par exemple des lois mémorielles ou une justice transitionnelle (avec des Commissions-vérité).

Mais que l'on ne s'y trompe toujours pas.

Il ne sera jamais possible – s'agissant des restitutions intellectuelles – de restituer (ou de réparer en totalité[10]) par exemple l'invisibilité pendant des siècles des femmes en histoire[11] ou en science[12].

Du mémoricide au féminicide, il peut n'y avoir qu'un pas.

C'est notamment pour l'avoir fait comprendre que la thèse de doctorat Vanessa Koum Dissake occupe une place fondamentale au sein de la doctrine juridique française et internationale.

Un livre aujourd'hui incontournable.

Catherine Puigelier
Professeur à l'Université Paris VIII (Paris Lumières)

Membre du Laboratoire de droit social de l'Université Paris Panthéon-Assas

---

[10] Antoine Garapon, *Peut-on réparer l'histoire ? Colonisation, esclavage, Shoah*, Paris, Odile Jacob, 2008.
[11] Michelle Perrot, *Les femmes et les silences de l'histoire*, Paris, Flammarion, 2020.
[12] Catherine Puigelier, *L'effet Mathilda. Invisibilité des femmes dans les sciences et rôle du droit,* Paris, collection Science et droit, éditions Mare & Martin, 2021.

INTRODUCTION GÉNÉRALE

Eduardo Galeano pouvait affirmer : « *Il n'y a pas d'histoire muette. On a beau la brûler, on a beau la briser, on a beau la tromper, la mémoire humaine refuse d'être bâillonnée. Le temps passé continue de battre, vivant, dans les veines du temps présent, même si le temps présent ne le veut pas ou ne le sait pas.* »[13]

****

La rédaction d'une thèse relative au droit de la culture ou au droit à la culture aurait été considérée comme une pure folie au siècle dernier. Bien qu'importante au sein de toute société, aucune faculté de droit n'enseignait la culture.

Tout cela a bien changé. Les choses ont évolué. La culture est pour chaque société quelque chose de déterminant. Et le droit a dû subir de profondes transformations pour tenir compte de cette notion[14].

Ainsi, la consécration d'un droit à la culture a été tardive. L'idée de la prise en compte d'un droit à la culture a émergé avec la libération du peuple français de la tutelle de la monarchie absolue en 1789.

Le 26 août 1789, l'Assemblée nationale vote la Déclaration des droits de l'homme et du citoyen afin d'établir des règles fondamentales et d'éviter l'abus du pouvoir. Désormais, « *les hommes naissent libres et égaux en droits.* » C'est le principe d'égalité devant la loi.

Une fois la liberté de pensée et de croyance garantie, la présente Déclaration consacre la liberté d'expression dans son article 11 : « *tout citoyen peut... parler, écrire, imprimer librement, sauf à répondre de l'abus*

---

[13] Edouardo Galeano, « Les oublis de l'histoire officielle, Mémoire et malmémoire », Le Monde diplomatique, juillet 1997. Voir aussi Valérie Lange-Eyre, *Mémoire et droits humains : enjeux et perspectives pour les peuples d'Afrique et des Amériques*, Édition d'en bas, action de carême, 2009

[14] Jean-Marie Pontier, Jean-Claude Ricci, Jacques Bourdon, *Droit de la culture*, 2e Édition, Dalloz, mai 1996, avant-propos

de cette liberté dans les cas déterminés par la loi ».[15] Cet article souligne premièrement que « *la libre communication des pensées et des opinions est un des droits les plus précieux de l'homme* ».

Il convient de souligner que seule la liberté de la presse est visée dans ce texte. Ce serait l'étendre bien au-delà de ce qu'il souligne que d'y déceler la consécration d'un droit à la culture. [16] La Déclaration des droits de l'homme et du citoyen n'évoque pas expressément le droit à la culture.

Il a fallu attendre les années 1940 pour que soit consacré un droit à la culture. Le préambule de la constitution de 1946 énonce expressément le droit à la culture en soulignant ceci :

« *La Nation garantit l'égal accès de l'enfant et de l'adulte à l'instruction, à la formation professionnelle et à la culture.*[17]

L'organisation de l'enseignement public à tous les degrés est un devoir de l'État. Cet enseignement doit être gratuit et rendu accessible à tous par une aide matérielle à ceux qui, sans elle, ne pourraient poursuivre leurs études ».

Le droit à la culture, dans ce texte, renvoie à l'instruction et à l'éducation. Cette conception est assez restrictive[18]. Le Conseil constitutionnel n'a d'ailleurs jamais eu l'occasion de se prononcer sur l'étendue de ce droit.

C'est la Déclaration universelle des droits de l'homme de 1948 qui a étendu ce droit à la vie culturelle. Cette disposition de nature conventionnelle et non constitutionnelle demeure toutefois en France une référence de grande valeur et de grande portée.[19]

L'alinéa 1 de l'article 27 de la présente Déclaration dispose :

---

[15] Sophie Mannier, Elsa Forey, *Droit de la culture*, Édition Gualino, 2009, p. 17

[16] Jean-Marie Pontier, Jean-Claude Ricci, Jacques Bourdon, *Droit de la culture*, op. cit. p. 41

[17] Sophie Mannier, Elsa Forey, *Droit de la culture*, op. cit. Voir aussi Alexandre Zollinger, *Droits d'auteur et droits de l'Homme* (thèse pour le doctorat en droit). LGDJ. 2008. p. 384.

[18] Jean-Marie Pontier, Jean-Claude Ricci, Jacques Bourdon, *Droit de la culture*, op. cit. p. 42

[19] Alain Riou, *Le Droit de la Culture et le droit à la culture*, préface Jack Lang, ESF éditeur, Paris 1996. p. 33

« *Toute personne a le droit de prendre part librement à la vie culturelle de la communauté, de jouir des arts et de participer aux progrès scientifiques et aux bienfaits qui en résultent.* »

La déclaration des principes de la coopération culturelle internationale de l'UNESCO du 4 novembre 1966 a, quant à elle, attribué un caractère de dignité à toute culture. Son article premier dispose :

1- « *Toute culture a une dignité et une valeur qui doivent être respectées et sauvegardées.*
2- *Tout peuple a le droit et le devoir de développer sa culture.*
3- *Dans leur variété féconde, leur diversité et l'influence réciproque qu'elles exercent les unes sur les autres, toutes les cultures font partie du patrimoine commun de l'humanité.* »

La culture et la jouissance d'une identité culturelle sont des droits individuels dont peut bénéficier tout être humain. Il n'y a pas de culture supérieure ou de culture inférieure. Les nécessités du « vivre ensemble » et la dignité humaine supposent l'acceptation et le respect de toutes les spécificités et particularités culturelles. [20]

Et la Déclaration universelle de l'UNESCO du 16 novembre 2001 sur la diversité culturelle[21] est la première disposition normative à reconnaître la diversité culturelle comme l'« héritage commun de l'humanité ». [22]

Les dispositions internationales ci-dessus font peser sur les États une obligation à satisfaire les droits culturels. La Déclaration universelle des droits de l'homme de 1948 dans son article 22 le souligne explicitement :

« *Toute personne, en tant que membre de la société, a droit à la sécurité sociale ; elle est fondée à obtenir la satisfaction des droits économiques, sociaux et culturels indispensables à sa dignité et au libre développement de sa personnalité, grâce à l'effort national et à la coopération internationale, compte tenu de l'organisation et des ressources de chaque pays.* »

---

[20] Stamatios Tzitzis, « Droits de l'homme et droits culturels historiques » in *Annuaire international des Droits de l'Homme*, Athènes-Bruxelles, A. Sakoulas, Bruylant, V, III, 2008, pp. 71-82

[21] Stamatios Tzitzis, « Droits de l'homme et droits culturels historiques » op. cit. ; Voir aussi Stamatios Tzitzis, *Minorités, culture et droits fondamentaux*, L'Harmattan, septembre 2001 ; Stamatios Tzitzis, *Droits fondamentaux et spécificités culturelles*, L'Harmattan, septembre 1997.

[22] http://unesdoc.unesco.org/images/0012/001271/127162f.pdf

Les droits culturels[23] sont cependant les droits individuels[24] les moins bien définis du droit humanitaire et du droit international. Demandez à n'importe quel individu la définition des droits culturels ; il est fort probable qu'il ne soit pas capable de la donner. La raison est toute simple. La complexité du domaine de la culture est sans doute l'une des causes principales du problème.[25]

Section 1 : La culture, une notion plurielle

La culture est une notion très difficile à définir. Elle est surabondamment utilisée. Pouvoirs politiques, archivistes, juristes, critiques, enseignants, journalistes, publicistes… parlent de la culture, insistent sur son importance.

Mais les définitions données ne satisfont pas tous les utilisateurs. Suivant les matières et les disciplines, chacun veut apporter sa pierre à l'édifice de la réflexion.

Ce qui est à craindre, en matière de culture, ce n'est pas l'absence de définitions, mais le trop-plein de définitions. Les définitions données sont très différentes les unes des autres.[26]

Il est toutefois possible de définir la culture suivant deux critères : un critère traditionnel et un critère moderne (sens figuré).

Sur le premier critère, la tradition, la culture serait le travail de la terre. Sur le deuxième critère, le sens moderne ou figuré, la culture serait un ensemble de valeurs. [27]

---

[23] La Déclaration universelle des droits de l'homme (DUDH) reconnaît les droits culturels. Ce sont des droits de l'homme. Il est très difficile de donner une définition en des termes généraux de cette catégorie de droits. Très peu développés sur le plan du contenu légal, ces droits semblent être des droits individuels et des droits à la culture. Extrait de la Conférence intergouvernementale sur les politiques culturelles pour le développement UNESCO, Stockholm Suède, 30 mars – 2 avril 1998, *Le droit culturel à l'issue de la décennie mondiale du développement culturel* par Halina Niec, http://unesdoc.unesco.org/images/0010/001097/109754fo.pdf

[24] Stamatios Tzitzis, « Droits de l'homme et droits culturels historiques » op. cit.

[25] Ann Blyberg, Ligia Bolívar, Enrique González et Nirmala Lakshman, « Les droits culturels (module 17) » in *Le Cercle des Droits, L'activisme en faveur des droits économiques, sociaux et culturels : un outil pour la formation.* http://www1.umn.edu/humanrts/edumat/IHRIP/frenchcircle/M-17.htm

[26] Jean-Marie Pontier, Jean-Claude Ricci, Jacques Bourdon, *Droit de la culture*, op. cit. p. 6

De nos jours, le sens figuré de la culture a pris le dessus sur le sens traditionnel.[28] Pour la majorité des hommes, la culture renvoie davantage à un ensemble de valeurs qu'à un travail de la terre.

C'est en cela que la notion de culture a évolué. Elle n'est plus limitée à un domaine (la nature), mais elle est caractérisée par tout ce qui touche l'humain.

Au sens figuré, les définitions comprennent :

- La science, les beaux-arts, les humanités et les compétences professionnelles et techniques.
- Les caractéristiques immatérielles d'une communauté ou d'un groupe d'individus qui comprennent la langue, les mots…
- Les caractéristiques matérielles d'une communauté ou d'un groupe d'individus tels que les objets réalisés…[29]

La culture, perçue comme l'ensemble des caractéristiques matérielles et immatérielles d'un groupe social ou d'une communauté, complexifie la question des droits culturels.[30]

Et on ne peut que reprendre les propos du sociologue français Edgar Morin qui souligne que « *la culture englobe tout le phénomène humain par opposition à la nature* ».[31]

Par ailleurs, tout homme naît, grandit et vit au sein d'une culture. Il développe des spécificités culturelles de manière inconsciente. Celles-ci sont innées. Il ne réalise pas nécessairement que ses caractéristiques culturelles sont différentes de celles des autres individus.[32]

---

[27] Sophie Mannier, Elsa Forey, *Droit de la culture*, Édition Gualino, 2009, p. 15

[28] Jean-Marie Pontier, Jean-Claude Ricci, Jacques Bourdon, *Droit de la culture*, op. cit. p. 6

[29] Les définitions sont prises du *Webster's New Collegiate Dictionnary* (Springfield, Massachusetts: G & C. Merriam Company, 1974)

[30] Ann Blyberg, Ligia Bolívar, Enrique González et Nirmala Lakshman, « Les droits culturels », op. cit.

[31] Edgar Morin, « Masse (sociologie de) », in *Encyclopedia universalis*, corpus 14, Paris, Éditions universalis, 1995, p. 676

[32] Ann Blyberg, Ligia Bolívar, Enrique González et Nirmala Lakshman, « Les droits culturels », op. cit.

La culture, chez l'homme, relève de l'inconscient. Elle est, selon les anthropologues culturels, transmise aux générations suivantes avec des valeurs.[33]

Et la Déclaration universelle de l'UNESCO du 16 novembre 2001 sur la diversité culturelle le précise. Elle réaffirme que :

« *la culture doit être considérée comme l'ensemble des traits distinctifs spirituels et matériels, intellectuels et affectifs qui caractérisent une société ou un groupe social et qu'elle englobe, outre les arts et les lettres, les modes de vie, les façons de vivre ensemble, les systèmes de valeurs, les traditions et les croyances.* »

Le caractère inconscient de la culture et l'ensemble des valeurs qui s'y rattache nécessairement rendent aussi difficile la compréhension des droits culturels.

Section 2 : Les États et la culture : une articulation problématique

La culture peut tout aussi bien réunir les hommes que les diviser. Toutes les questions liées au pouvoir ont un lien avec la culture. Les cultures dominantes ont toujours tendance à s'imposer face aux cultures minoritaires. La guerre qui a frappé le continent européen à la fin du siècle dernier est un exemple éloquent.

La République fédérale socialiste de Yougoslavie a explosé à la suite d'un drame culturel. Sept nouveaux États se sont formés : la Serbie, le Monténégro, la Croatie, le Kosovo, la Slovénie, la Macédoine et la Bosnie-Herzégovine.

En effet, entre 1991 et 1995, une guerre civile a ruiné cette nation paisible et multiethnique. Ce fut le premier génocide recensé en Europe après celui de 1945.

Comment en est-on arrivé là ? Pourquoi et comment cela n'a-t-il pas pu être évité ?

[33] Voir encore Stamatios Tzitzis, « Droits de l'homme et droits culturels historiques », op. cit.

Dès le début de la guerre en ex-Yougoslavie (1991), les États européens et plusieurs organisations internationales : l'organisation pour la sécurité et la coopération en Europe (OSCE), l'Union européenne occidentale (UEO), l'Organisation des Nations Unies (ONU) ou l'Alliance atlantique (OTAN), se sont plus ou moins impliquées pour mettre un terme à cette guerre.

Dans leur mission humanitaire pour rétablir la paix, elles n'ont pas pu éviter un tel drame. [34]

Le jugement critique a été étouffé pendant très longtemps. Pourtant, les expéditions militaires effectuées lors de cette guerre étaient extrêmes et violentes. Elles poursuivaient un objectif idéologique clair.

Un bref détour historique s'impose afin de mieux comprendre les sources idéologiques ayant inspiré cette guerre.

La Yougoslavie (1945-1995) était une nation multiethnique. Elle regroupait plusieurs groupes culturels très différents les uns des autres tels les Serbes, les Croates, les Slovènes, les Albanais...

Malgré un héritage sanglant[35], les différents groupes ethniques vivaient dans la paix. Les différences religieuses ou ethniques ne soulevaient aucune inquiétude.

Pourtant, les événements de la Seconde Guerre mondiale avaient laissé des traces dans l'ex-Yougoslavie.

Après cet événement et pendant plusieurs décennies, la République fédérale socialiste de la Yougoslavie a été sous le régime de Josip Broz Tito. Ce dernier avait le désir d'effacer les crimes commis durant la Seconde Guerre mondiale pour favoriser l'unité des peuples slaves.

---

[34] Lionel Charles, Agnès Nordmann, Isabelle Thomas, *L'ex-Yougoslavie en Europe : de la faillite des démocraties au processus de paix*, Édition L'harmattan 1997, p. 3

[35] Au lendemain de la Seconde Guerre mondiale, il pesait une responsabilité historique énorme sur les Allemands. Leur nouvelle démocratie était fondée sur une mémoire historique collective et sur un sentiment très fort de culpabilité nationale. Tito, au contraire, pendant ce temps, construisait sa fédération, son pouvoir, sur l'effacement de la culpabilité collective, sur une forme de manipulation de l'histoire. « Le livre noir de l'humanité », *Encyclopédie mondiale des génocides*, Éditions Privat, 1999, pp. 641-643 évoque une violence génocidaire dans la région pendant la Seconde Guerre mondiale.

Ces crimes n'avaient malheureusement pas été oubliés. À sa mort en 1980, le passé a ressurgi. Certains politiciens croates et serbes ont utilisé les injustices passées pour construire des identités collectives séparatistes.[36]

La guerre qui a éclaté en 1991 est la conséquence principale de cette instrumentalisation du passé. Les motivations géopolitiques réelles du conflit ont été cachées.

Et de fortes répressions ont été recensées au Kosovo[37] premièrement et dans les autres régions par la suite. Assassinats, tortures, viols, expulsions des habitations, occupation des territoires… ont été suivis par la destruction du patrimoine culturel.[38] Certains auteurs ont qualifié cette idéologie de nettoyage ethnique.[39]

L'expression nettoyage ethnique est apparue lors de cette guerre. De nos jours, c'est une notion courante, car elle fait partie du lexique de l'actualité internationale. Pour la définir, il faut étudier la notion d'ethnie.

Cette dernière est d'un usage fréquent en Afrique. En Europe, elle est très peu utilisée.

Le dictionnaire Le Petit Robert la définit comme : *« l'ensemble d'individus que rapprochent un certain nombre de caractères de civilisation, notamment la communauté de langue et de culture. »*

---

[36] I. R. Bet-El, « Unimagined communities : the power of memory and the conflict in the former Yugoslavia", sous la direction de J.-W Muller, *Memory and Power in Post-War Europe*, Cambridge, Cambridge University Press, 2002; M. Tanner, *Croatia : a Nation Forged in War*, New Haven et Londres, Yale University Press, 1997.

[37] Xhater Shatri, « La question du Kosovo » in *L'ex-Yougoslavie en Europe : de la faillite des démocraties au processus de paix*, Lionel Charles, Agnès Nordmann, Isabelle Thomas, Édition L'harmattan 1997, pp. 218, 219

[38] Dacia Viejo-Rose, « Identité et mémoire d'après-guerre : la destruction et la reconstruction du patrimoine culturel en Espagne et en Bosnie » in *Le patrimoine culturel, cible des conflits armés, de la guerre civile espagnole aux guerres du 21e siècle*, sous la direction de Vincent Négri, Bruylant, 2014

[39] La politique du "nettoyage ethnique" n'est pas nouvelle. Elle avait été développée en particulier par des théoriciens serbes à plusieurs reprises. Un texte de 1937 par exemple explique clairement comment chasser les Albanais du Kosovo. Le Général Mihaïlovic pendant la Deuxième Guerre mondiale indique par des ordres réels ou apocryphes la nécessité de nettoyer ethniquement ce territoire. Audition du Pr Garde par le procureur dans l'affaire Karadžić et Mladić, Tribunal pénal international de l'ex-Yougoslavie le 28 juin 1996, p. 131.

Le dictionnaire Larousse la définit comme : « *un groupement humain dont l'unité repose sur la communauté de langue, de culture et de conscience collective.* »[40]

Le rapport de la commission de l'ONU (Résolution 780) définit, quant à lui, le nettoyage ethnique comme un procédé utilisé par une ethnie pour s'approprier un territoire donné et chasser les ethnies qui y vivent.

L'objectif est de purifier ce territoire ou le rendre ethniquement homogène. L'expulsion des populations visées est la caractéristique principale du nettoyage ethnique. Les massacres de grande ou petite ampleur ne sont que secondaires dans la reconnaissance d'un nettoyage ethnique.[41]

Cette expression a été cristallisée pendant cette guerre, en 1991. Toutefois, de telles pratiques remontent à la constitution des États-nations.[42]

En ce qui concerne l'ex-Yougoslavie, cette politique du nettoyage ethnique s'est étendue en Croatie au cours du second semestre 1991 et en Bosnie de 1992 à 1995.

D'ailleurs, le rapport visé ci-dessus de la Commission de l'ONU (Résolution 780) conclut que les actes perpétrés par les différents protagonistes décrivent bien une politique de nettoyage ethnique[43].

Une campagne consistant à détruire les monuments de la culture appartenant aux autres communautés a été menée. Les noms des lieux de mémoire, villes, régions, institutions et établissements publics ont été remplacés dans les territoires occupés.[44]

---

[40] Dictionnaire Larousse

[41] Jacques Sémelin, « Qu'est-ce qu'un crime de masse ? Le cas de l'ex-Yougoslavie » Persée Revues scientifiques, Critique internationale, volume 6, p. 144, année 2000

[42] Stéphane Rosière, *Le nettoyage ethnique. Terreur et peuplement*, Ellipses, 2006, 24e Édition

[43] Audition du Pr Garde par le procureur dans l'affaire Karadžić et Mladić, Tribunal pénal international de l'ex-Yougoslavie le 28 juin 1996, pp. 127-128. Il souligne que le nettoyage en Croatie et en Bosnie a été principalement pratiqué par les Serbes. Numériquement et statistiquement, les principales victimes sont les Croates et les Bosniaques musulmans. Ceci n'empêche pas la reconnaissance d'un nettoyage ethnique pratiqué par les Croates et les Bosniaques musulmans à l'encontre des Serbes. Voir aussi Jacques Tarnero, *Le racisme*, Édition Milan, 1995

[44] François Chaslin, « Patrimoine Yougoslave et purification ethnique » in *Patrimoine et passions identitaires*, sous la présidence de Jacques Le Goff, Édition du patrimoine, Fayard, juin 1998, p. 339

Car la population des territoires concernés doit être homogène. Tout ce qui rappelle la présence de la communauté ayant vécu sur le territoire occupé doit être détruit. Pour y parvenir, une seule solution : la destruction systématique de tout le patrimoine culturel, expression de la mémoire. [45]

Ces destructions et dégradations furent automatiquement reliées à leurs antécédents historiques.

Les Serbes reprochaient aux oustachis croates la destruction de leurs églises durant la Seconde Guerre mondiale. Ils considéraient les destructions de 1990 comme la continuité de celles opérées de 1941 à 1945.[46]

Les Croates, en termes symétriques, reprochaient les mêmes faits aux Serbes. Ces derniers auraient participé à la destruction de plusieurs monuments historiques croates.

Arrêtons-nous un instant sur ce qui s'est passé pendant la Seconde Guerre mondiale.

Les oustachis ou les insurgés étaient un régime politique séparatiste croate et anti yougoslave. Durant la Deuxième Guerre mondiale, ils reçurent des nazis le gouvernement d'un territoire. Ils persécutèrent les populations non croates et de centaines, de milliers de Serbes trouvèrent la mort.

De leur côté, les tchetniks, armée résistante serbe, massacrèrent en grand nombre musulman et Croate. Au-delà des massacres, la mémoire (le patrimoine culturel) a été détruite.

Un demi-siècle plus tard, le désir de vengeance était toujours présent chez certains protagonistes.[47] Et le retour à la guerre au début de l'année 1991 ne fut pas une surprise.[48]

La destruction systématique des symboles culturels et religieux participe à une volonté d'éradiquer tout souvenir. Elle peut être qualifiée de nettoyage

---

[45] Xhater Shatri, « La question du Kosovo » in *L'ex-Yougoslavie en Europe : de la faillite des démocraties au processus de paix*, Lionel Charles, Agnès Nordmann, Isabelle Thomas, Édition L'harmattan 1997, pp. 219, 220

[46] François Chaslin, « Patrimoine Yougoslave et purification ethnique » in *Patrimoine et passions identitaires*, sous la présidence de Jacques Le Goff, Édition du patrimoine, Fayard, juin 1998, p. 341

[47] François Chaslin, op. cit. p. 338

[48] Jacques Sémelin, « Qu'est-ce qu'un crime de masse ? Le cas de l'ex-Yougoslavie », op. cit.

culturel ou encore de mémoricide selon l'expression éloquente inventée par le professeur Mirko Grmek[49] dans son analyse de la guerre qui frappa l'ex-Yougoslavie.

Le mode d'emploi est le suivant : un village est attaqué, bombardé et occupé par l'armée. Quelques habitants sont tués, d'autres s'enfuient. Le village y compris le patrimoine culturel est pillé et détruit.

Il sera accordé une attention toute particulière à ce crime. Car c'est le cadre problématique dans lequel est inscrite la présente thèse.

Section 3 : Le mémoricide, un crime contre la culture

La notion de « mémoricide » n'est définie dans aucune convention internationale et aucun dictionnaire juridique.

La création d'un mot nouveau était assurément nécessaire pour Mirko Grmek. Les autres mots devaient lui sembler impropres pour traduire cette réalité et cette exigence nouvelle. Le terme mémoricide lui a paru adéquat.[50]

Le terme génocide renvoie étymologiquement au grec « genos » qui signifie genre (race) et au latin « caedere » qui signifie massacre, tuerie. C'est la volonté d'extermination d'une race.

Le terme mémoricide, quant à lui, provient du latin « memoria » qui désigne en langue française aussi bien les souvenirs que les monuments historiques. C'est la destruction de la mémoire.

Il ne s'agit pas de détruire physiquement une communauté ethnique ou une race, mais l'expression de la mémoire de cette dernière. Il y a ici un changement d'échelle.

Bénédicte Tratnjek définit le mémoricide comme la mise en place d'un nettoyage culturel. Ce serait la destruction des lieux qui accueillent ou symbolisent la vie dans une communauté hétérogène. Il se différencie du

49 Mirko Grmek, « Un mémoricide » Le Figaro, 19 décembre 1991

50 Encyclopédie universalis France (1999), Pierre Clastres sur la définition qu'il donne de l'ethnocide. Le mémoricide et l'ethnocide sont deux termes largement utilisés, mais donc la définition est généralement imprécise.

nettoyage ethnique et se rapproche du nettoyage territorial parce qu'il se traduit sur les lieux culturels.[51]

Selon l'historien de l'art et critique littéraire allemand Walter Benjamin, les biens culturels sont aussi bien un document de la culture qu'un témoignage de la barbarie. [52] Le patrimoine et la société entretiennent une relation qu'il est impossible de négliger.

Une réflexion sur cette relation est nécessaire pour assurer l'avenir du patrimoine aussi bien dans sa réalité matérielle (paragraphe 1), que comme un des concepts fédérateurs des sociétés contemporaines (paragraphe 2).[53]

Paragraphe 1 : Le mémoricide et sa réalité matérielle

Traditionnellement défini comme un acte de destruction du patrimoine culturel (A), le mémoricide peut aussi renvoyer à un acte de construction du patrimoine culturel (B).

A- Le mémoricide et la destruction des biens culturels

La destruction des biens culturels représente la réduction à néant de ce qu'ont laissé en héritage des dizaines de générations antérieures. Elle suscite un sentiment de perte irréparable.[54]

---

[51] Tratnjek Bénédicte, « Les paysages urbains en guerre : géosymboles, territorialités et représentations », in *Lenguajes y visiones del paisaje y del territorio, Ediciones de la Universidad Autónoma de Madrid,* Madrid, pp. 187-197 : halshs.archives-ouvertes.fr/halshs-00515218/en/dans Ortega Cantero, Nicolas, Jacobo Garcia Alvarez et Manuel Moll Ruiz Gomez

[52] Auteur cité par Patrice Béghain, *Patrimoine, politique et société*, Presses de la Fondation Nationale des Sciences politiques, 2012, p. 135. Voir aussi Benjamin Walter, *Écrits français*, Paris, Gallimard, 1991 ; Benjamin Walter, *Sur l'art et la photographie* [trad. C. Jouanlanne et M.-B. de Launay], Paris, Carré, 1997. Benjamin Walter, *Images de pensée* [tras. J.-F. Poirier et J. Lacoste], Paris, Christian Bourgeois, 1998

[53] Patrice Béghain, *Patrimoine, politique et société,* Presses de la Fondation Nationale des Sciences politiques, 2012, p. 135

[54] Blazina Vesna, 1996, « Mémoricide ou la purification culturelle : la guerre et les bibliothèques de Croatie et de Bosnie-Herzégovine », Documentation et bibliothèques, vol. 42, n° 4, p. 150.

Cette destruction des symboles sacrés ne présente aucun intérêt militaire. Ces derniers sont généralement situés hors des zones de combat. C'est la raison pour laquelle il est possible d'affirmer que de telles destructions s'inscrivent dans une politique visant à éradiquer la mémoire[55].

Le problème de la mémoire humaine n'a presque jamais été abordé par les tribunaux internationaux, les conventions internationales et encore moins par notre code pénal français. Les rédacteurs pensaient sans doute qu'en raison de la nature de la mémoire, celle-ci ne pourrait être contestée.

Pourtant, il n'existe pas de définitions absolument générales de ce qu'est la mémoire. Aucune définition n'a pu faire l'unanimité auprès des divers utilisateurs. Une définition floue, mais suffisante, peut servir de point de départ à l'exposé suivant.[56]

La mémoire individuelle est une fonction et une propriété du cerveau. Elle est déterminante pour chaque être humain.

Pascal pouvait d'ailleurs affirmer que « *la mémoire est nécessaire à toutes les opérations de l'esprit* ».[57]

Toutes les informations peuvent être codées, conservées et restituées au moment opportun par la mémoire. Elle permet de maîtriser la vie de tous les jours en donnant à chaque homme un passé de souvenirs et un présent d'aptitudes.[58]

Bergson distingue ainsi deux formes de mémoires : la mémoire-habitude et la mémoire-souvenir. Selon lui, la mémoire « *nous donne un passé de souvenirs et un présent d'aptitudes qui nous permettent de maîtriser la vie de tous les jours.* » [59]

Le terme « mémoire collective » a été inventé par Maurice Halbwachs par opposition à la notion de mémoire individuelle.

---

[55] Tribunal pénal international de l'ex-Yougoslavie, affaire *Mladić et Karadžić*, 11 juillet 1996, p.958

[56] Georges Chapouthier, *Biologie de la mémoire*, Odile Jacob, 2006, p. 23

[57] Blaise Pascal, *Pensées*, œuvres complètes, Bibliothèque de la Pléiade, Gallimard 1954

[58] Georges Chapouthier, *Biologie de la mémoire*, op. cit. p. 17

[59] Henri Bergson, *Essai sur les données immédiates de la conscience*, thèse de doctorat, F. Alcan, 1889, Paris ; Henri Bergson, *Matières et mémoire*, PUF, 1896

Généralement, la mémoire est considérée comme intime et individuelle. Elle est rattachée à l'esprit d'un homme. L'enjeu pour Maurice Halbwachs était de faire reconnaître l'existence d'une mémoire commune et partagée par les personnes d'un même groupe.

Aujourd'hui, le débat est clos. La mémoire collective est acceptée, prônée et défendue dans les médias et les discours politiques. L'ensemble d'une communauté partage les souvenirs d'un passé commun.[60]

Construite par le groupe, la société ou la communauté, la mémoire collective fait référence selon Pierre Nora au « *souvenir ou [à] l'ensemble de souvenirs, conscients ou non, d'une expérience vécue et/ou mythifiée par une collectivité vivante de l'identité de laquelle le sentiment du passé fait partie intégrante*[61]».

Elle renvoie aussi aux œuvres matérielles et immatérielles d'un peuple telles les œuvres culturelles, littéraires ou musicales. Ces dernières sont en effet l'expression de la mémoire collective : un patrimoine à défendre et protéger[62].

Qu'est-ce que le patrimoine ? Comment pourrait-on le définir de manière claire ?

La notion de patrimoine attire, mais demeure profondément paradoxale. Le patrimoine est un bien commun appartenant à une collectivité qui se présente comme le reflet d'un temps passé, rejeté ou valorisé.[63]

L'article 1er du code du patrimoine français tente de définir cette notion. Il dispose :

« *Le patrimoine s'entend, au sens du présent code, de l'ensemble des biens, immobiliers ou mobiliers, relevant de la propriété publique ou privée qui présentent un intérêt historique, artistique, archéologique, esthétique, scientifique ou technique.* »

---

[60] Joël Candau, *Anthropologie de la mémoire*, Armand Colin, 2005, p. 65
[61] Pierre Nora, « Mémoire collective », in *La nouvelle histoire,* Jacques Le Goff [éd] Paris : Retz, 1978, p. 398.
[62] Joël Candau, *Anthropologie de la mémoire*, op. cit. p. 119
[63] Dominique Audrerie, *La notion et la protection du patrimoine*, Presses Universitaires de France, 1997, p. 3

Cette définition renvoie au patrimoine pris dans son sens public et culturel et non dans son sens civil ou privé.

Dans l'acception roumaine, le patrimoine renvoie à un héritage familial matérialisé par la transmission des titres et des biens. Dans la conception moderne, le patrimoine renvoie à un héritage collectif, national qui matérialise un attachement à des traces du passé. Seul ce dernier patrimoine est l'expression d'une mémoire collective[64].

Le patrimoine culturel est sans cesse redéfini par l'action humaine. La Convention-cadre du Conseil de l'Europe sur la valeur du patrimoine culturel pour la société (Convention de Faro, 2005) élargit cette notion.

Le patrimoine culturel constituerait un ensemble de ressources matérielles et immatérielles héritées du passé que des communautés protègent. C'est un héritage reçu des générations passées et transmises aux générations futures.

Le patrimoine culturel immatériel est constitué de divers éléments, dont les témoignages, mimes, danses, chants, rites, mythes, art culinaire, savoir-faire, jeux…

Le patrimoine culturel matériel est constitué des biens mobiliers et immobiliers (monuments, œuvres d'art), du paysage bâti, de l'architecture, des sites archéologiques et géologiques…

Ce dernier patrimoine est particulièrement exposé pendant et après la guerre. C'est la raison pour laquelle la gestion de la mémoire d'un peuple intéresse aussi bien les acteurs de la reconstruction que les acteurs de la guerre.[65]

Pendant la guerre, la destruction des bâtiments, sites… n'est pas toujours un acte de vandalisme. Bien au contraire, ces biens sont attaqués parce qu'ils font partie de l'identité culturelle de l'ennemi.

Le patrimoine et l'identité forment un couple. Ils peuvent garantir l'unité d'une communauté. Le bombardement du patrimoine culturel national de l'ennemi est une stratégie bien réfléchie.

---

[64]Joël Candau, *Anthropologie de la mémoire*, op. cit. p. 117

[65]Tratnjek Bénédicte « Géographie des conflits. Les lieux de mémoire dans la ville en guerre : un enjeu de la pacification des territoires », www.diploweb.com, La revue géopolitique.

En l'absence de guerre, le patrimoine d'un groupe ethnique ou culturel éclaté ou rejeté peut politiquement représenter l'ennemi. Il est, pour cette raison, attaqué et détruit.[66]

La destruction du patrimoine culturel n'est sans doute pas aussi pernicieuse que la mort d'êtres humains. Mais ces pertes caractérisent une identité culturelle pour les communautés attaquées. Ces biens sont dès lors des cibles militaires justifiées. (Conseil de l'Europe, 1993, Doc. 6756, p. 3-4)

En effet, la destruction systématique du patrimoine culturel a un effet non négligeable sur les communautés[67]. La place de l'inscription spatiale et paysagère de la mémoire dans la construction d'une identité nationale n'est plus à démontrer. Les travaux de Pierre Nora sur les lieux de mémoire sont des exemples éloquents.[68]

Qu'est-ce que l'identité nationale ?

La question de l'identité nationale, encore appelée conscience nationale à partir de 1980, soulève un important contentieux. Notion floue, critiquée et encore très controversée, elle pourrait être définie comme un sentiment d'appartenance politique à une nation. Elle désignerait ainsi l'ensemble des points communs des membres d'une nation.

Toutefois, la définition des points communs formant l'identité nationale est délicate. Cette définition varie avec le temps et selon les gouvernements. Ces points communs sont parfois inspirés du droit du sang et parfois du droit du sol.

C'est la raison pour laquelle l'identité nationale est une notion très complexe. Il en est de même de l'identité personnelle, culturelle…

L'identité nationale fait l'objet de permanentes interprétations et réinterprétations. C'est une quête perpétuelle, une notion d'importance capitale pour les États souhaitant créer une nation.

Or, « *si on ne se souvient pas de ce qu'on est, on ne sait pas qui on est. Au cours des siècles, nous avons vu que lorsqu'un groupe ou une nation tente*

---

[66] Gabi Dolff-Bonekamper, « Mostar : un pont suspendu dans l'histoire » in *Les Cahiers de Science et Vie*, no 91 [Thème : Sept merveilles pour faire un monde], pp. 100-103, 2006. ISSN 1157-4887

[67] Acte d'accusation, *Mladić et Karadžić*, 11 juillet 1996, p. 9, paragraphes 30 et 31.

[68] Tratnjek Bénédicte, « Géographie des conflits. Les lieux de mémoire dans la ville en guerre : un enjeu de la pacification des territoires », op.cit.

de soumettre un autre groupe ou une autre nation, la première chose qu'il fait est d'essayer d'effacer les traces de sa mémoire pour reconfigurer son identité. »[69]

Le propos est fort, mais il est vrai. L'identité et la mémoire sont liées. Et personne ne peut le contester.

La mémoire humaine peut consolider,[70] renforcer un sentiment identitaire comme elle peut la fragiliser, la défaire ou l'éreinter. [71]

Le même raisonnement peut être appliqué à un groupe d'individus. La mémoire peut renforcer ou fragiliser une identité commune. Catherine Puigelier le souligne d'ailleurs. « *L'identité d'une nation est liée à son histoire, la priver de la mémoire qui permet de la construire, l'identifier, la rationaliser s'ouvre à une reconfiguration de son identité.* »[72]

Un autre crime a également pour finalité la destruction de l'identité culturelle d'un groupe. Il s'agit de l'ethnocide. Une distinction entre le mémoricide et l'ethnocide se doit d'être faite.

Le terme ethnocide apparaît dès 1944 comme un synonyme du génocide. Raphaël Lemkin, l'inventeur du concept du génocide, cite ce terme dans une note de son ouvrage (*Axis rule in occupied Europe. Washington : Carnegie endowment for international peace*, Departement of international law, 1944; p. 674). Il considère que, sous certaines circonstances, l'ethnocide est un génocide.

Pourtant, il est clair que de nos jours l'ethnocide se différencie du génocide même s'il convient de souligner qu'une destruction exclusivement culturelle est rare et exceptionnelle.

Contrairement au génocide qui se définit comme la destruction physique d'une race, l'ethnocide renvoie la destruction de l'identité culturelle d'un groupe de manière violente ou non.[73] Il désigne la destruction de l'ensemble des caractères sociaux et culturels d'un groupe ethnique par un groupe ethnique plus puissant.

---

[69] Fernando Báez, *Histoire universelle de la destruction des livres,* Fayard, 2008,

[70] Joël Candau, *Anthropologie de la mémoire*, Armand Collin 2005, p. 83

[71] Joël Candau, *Anthropologie de la mémoire*, op. cit. P. 83

[72] Catherine Puigelier, « Le mémoricide [à propos du temps, de la mémoire et du droit] », in *Le temps et le droit*, Pierre Fleury-Le Gros, Litec, 2008

[73] Pierre Clastres, « De l'ethnocide », in *L'homme*, T. 14, No. 3/4 [Jul. — Dec., 1974], pp. 101-110

Ce terme a été utilisé pour la première fois pendant la Seconde Guerre mondiale. Mais de telles pratiques existent depuis plus longtemps. En témoignent le génocide et l'ethnocide dont furent victimes les indigènes américains : les tribus indiennes.[74]

Plusieurs auteurs continuent néanmoins à considérer l'ethnocide comme le versant culturel du génocide. Pourtant, le concept de génocide culturel n'a jamais été utilisé dans une convention internationale.

Le Tribunal pénal international de l'ex-Yougoslavie n'utilise nulle part le concept de génocide culturel dans sa définition du génocide. Il n'y figure pas dans son Statut.

Cependant, dans l'acte d'accusation établi par le procureur contre Karadžić et Mladić, le terme génocide physique, politique, légal et culturel est toutefois soulevé. (Note 58, p. 21, par. 44)

Le mémoricide et l'ethnocide ont des points communs.

Dans le premier crime (mémoricide), la destruction des lieux de mémoire et du patrimoine culturel est utilisée pour reconfigurer l'identité d'une communauté.[75]

Dans le deuxième crime (ethnocide), la transformation, l'amélioration de l'Autre est l'objectif de la destruction immatérielle des caractères culturels. Ici, le modèle de culture de la communauté que l'on souhaite transformer est inacceptable. C'est la raison pour laquelle il doit être amélioré. L'esprit ethnocidaire est dès lors caractérisé par l'imposition du modèle de culture du groupe ethniquement plus puissant au groupe ethniquement plus faible.

Les tribus indiennes ont été victimes de génocide et d'ethnocide. Ces tribus ont été massacrées et leur culture a été considérée comme une culture barbare par les grandes puissances européennes.[76]

Ces dernières les considéraient en effet comme des tribus sauvages. Dans l'objectif de les aider à devenir « civilisées », elles ont « amélioré et

---

[74] Robert Jaulin, *La Paix blanche, Introduction à l'ethnocide*, Paris, Éditions du Seuil, coll. « Combats », 1970

[75] Tratnjek Bénédicte, « Géographie des conflits. Les lieux de mémoire dans la ville en guerre : un enjeu de la pacification des territoires », www.diploweb.com, La revue géopolitique, op. cit

[76] Pierre Clastres, « De l'ethnocide », in *L'homme*, T. 14, No. 3/4 [Jul. — Dec., 1974], pp. 101-110

transformé leur culture » afin que celles-ci deviennent, si possible, identiques à elles.[77]

B- Le mémoricide et la construction d'un patrimoine culturel

Tout comme le nettoyage ethnique, le terme mémoricide a été cristallisé lors de la guerre qui frappa l'ex-Yougoslavie de 1991 à 1995. Durant cette guerre, des centaines de monuments historiques et sites d'intérêt culturel ont été détruits. Les mémoricides ont dès lors été rattachés aux actes de destruction.

Mais n'est-il pas possible de considérer certaines constructions comme des actes de mémoricides ? Les seules destructions matérielles sont-elles suffisantes pour appréhender les mémoricides ? Est-il possible d'élargir les caractéristiques du mémoricide ? [78]

Le marquage de l'espace peut être la conséquence aussi bien des actes de destruction et de démolition que des actes de constructions et d'aménagement.[79] La production et la destruction des monuments légitiment et rappellent le pouvoir en place sur un territoire.

Pierre Bourdieu l'a d'ailleurs mis en exergue. Il souligne le fait que l'architecture puisse devenir un vecteur spatial de la guerre.[80]

Ainsi, le mémoricide pose d'autres questions que la seule destruction du patrimoine culturel. La construction du patrimoine culturel peut être aussi la source de l'effacement d'une mémoire collective.[81]

---

[77] Pierre Clastres, « De l'ethnocide », in *L'homme*, op. cit.

[78] Tratnjek Bénédicte, « Le projet 'Skopje 2014' [1] : la [re] construction de la mémoire comme mémoricide ?, Géographie de la ville en guerre », 5 mai 2013, http://geographie-ville-en-guerre.blogspot.fr/2013/05/le-projet-skopje-2014-1-la.html

[79] Vincent Veschambre, 2004, « Appropriation et marquage symbolique de l'espace : quelques éléments de réflexion », Travaux et documents de l'ESO, n° 21, p. 74

[80] Pierre Bourdieu, « Effet de lieu », in *La Misère du monde*, sous la direction de Pierre Bourdieu, Le Seuil, Paris, 1993, pp. 249-262.

[81] Tratnjek Bénédicte, 2010, « Géographie des conflits. Les lieux de mémoire dans la ville en guerre : un enjeu de la pacification des territoires », diploweb.com, La revue géopolitique, op. cit

Les auteurs du mémoricide, après avoir détruit tout ce qui rappelle la mémoire d'une communauté, peuvent poursuivre leur processus de reconfiguration d'identité en érigeant ou en construisant des monuments permettant de marquer sur ce territoire leur présence.[82]

Bénédicte Tratnjek développe cette idée. Selon elle, il est possible d'effacer une mémoire collective par la construction des monuments de la haine.

Car les seules destructions et démolitions des monuments ne peuvent suffire pour effacer la mémoire urbaine. Le mémoricide se produit aussi dans la construction de monuments que dans la destruction.[83]

Une mémoire collective peut donc être effacée, et cela même en l'absence d'un conflit armé. Et la construction d'un patrimoine culturel commun a été utilisée depuis le siècle dernier comme un moyen d'étayer et d'affirmer une unité collective au sein d'un État.

En effet, la construction du patrimoine est intimement liée à l'édification des États-nations ou à la construction de l'identité collective de chaque nation. L'identité collective s'inscrirait dans le cadre d'un État-nation.

Ce désir étatique de construire une mémoire collective a parfois conduit à des abus. [84] Parce que la nation permet d'unifier les différentes collectivités et de faciliter le rôle de l'État considéré comme un moteur du développement, un lien est malheureusement fait entre la langue, le peuple, l'identité, la culture et la nation.[85]

---

[82] Tratnjek Bénédicte, 2011, « Vivre dans une ville en guerre : les territoires du quotidien entre espaces des combats et espaces de l'enfermement », dans Tratnjek, Bénédicte (dir.), « Les civils dans les conflits armés », Les Champs de Mars, n° 21, été 2011, pp. 75-100.

[83] « Géographie des conflits. Les lieux de mémoire dans la ville en guerre : un enjeu de la pacification des territoires », diploweb.com, La revue géopolitique, op. cit

[84] Les essentiels d'Hermès, *Les identités collectives à l'heure de la mondialisation*, janvier 2009. p. 18

[85] Saidou Nourou Tall, « Diversité culturelle et droits collectifs, la charte africaine des droits de l'homme et des peuples » in *Minorités, culture et droits fondamentaux*, textes recueillis et présentés par Henri Pallard et Stamatios Tzitzis, L'Harmattan, 2001

La notion de nation est complexe et ambiguë. Le Pr Soulier soulignait que : « *le mot Nation est typiquement de ceux qui n'ont pas de sens, mais des emplois* ».[86]

Le sens moderne d'une nation renvoie à celui de peuple.[87] Il est utilisé pour désigner un groupe de personnes qui partagent la même origine.[88] Si les deux notions renvoient à une communauté humaine, une différence, parfois contestée, peut être faite entre les deux termes.

Les causes naturelles déterminent l'appartenance à un peuple tandis que les considérations politiques déterminent l'appartenance à une nation. Un peuple est une communauté de personnes présentant une similitude de caractères physiques, culturels. Une nation, en revanche, peut enfermer plusieurs peuples qui ont politiquement et volontairement choisi d'appartenir à un même État.

En Europe et partout ailleurs, la plupart des États regroupent un ensemble de peuples différents qui, pour des intérêts dynastiques, économiques ou politiques, furent forgés en une nation unique.[89] Une nation est donc généralement multiculturelle.[90]

L'État peut être le fruit d'une nation[91], tout comme la nation peut être le résultat d'un État. Et la construction d'une identité collective doit tenir compte de ces éléments.

La protection de l'identité et de la mémoire d'une communauté opprimée signifie-t-elle nécessairement la reconnaissance d'un droit à la mémoire ? Ne doit-on plutôt pas dire que la protection de la mémoire est un défi que s'est donné toute société humaine ?

Parce que les éléments du patrimoine culturel constituent des objets juridiques à dimension humaine, peut-on considérer la reconnaissance du

---

[86] G. Soulier, « Minorités, État et société », in A. Fenet et G. Soulier, *Les minorités et leurs droits depuis 1789*, L'Harmattan, Paris, 1989, p. 43

[87] Dictionnaire Le Petit Robert, Édition 2002

[88] Dictionnaire Latin-Français Gaffiot

[89] Rudolf Rocker, « Nationalisme et Culture », in *État-Nation-Peuple*, Chapitre XII, pp. 200-202 de la 2e Édition américaine

[90] Toshiaki Kozakai, *Létranger, l'identité*, Paris, Payot et Rivages éditeur, chapitre II, mars 2007 ; Dominique Schnapper, *La France de l'intégration. Sociologie de la nation en 1990,* Paris, Gallimard, 1991, p. 77

[91] Saidou Nourou Tall, « Diversité culturelle et droits collectifs, la charte africaine des droits de l'homme et des peuples », op. cit.

mémoricide comme la confirmation d'un droit à la mémoire des civils en temps de paix comme en temps de guerre ?

Car, même si les biens culturels ont une valeur vénale, ils présentent plusieurs autres intérêts qui justifient leur patrimonialisation (historique, artistique, identitaire…)[92].

Il faut conserver des éléments essentiels d'un passé.[93] La Charte européenne du patrimoine architectural souligne que « *chaque génération ne dispose […] du patrimoine qu'à titre viager. Elle est responsable de sa transmission aux générations futures.* »[94]

Paragraphe2 : Le mémoricide et sa réalité politique

A- Le mémoricide et le droit à la mémoire

On parle du droit à l'oubli sur les moteurs de recherche. Une Charte en date du 13 octobre 2010 impose la suppression des données personnelle sur certains moteurs de recherche. On se refuse toujours de parler d'un droit à la mémoire.

L'expression « droit de la mémoire » fait toutefois son chemin.

La mémoire, dans son sens premier, renvoie au cerveau de l'homme. Reconnaître un droit à la mémoire dans ce contexte serait délicat, mais pas impossible. Les libertés intellectuelles comme la liberté d'expression, la liberté d'opinion, et par suite la liberté d'écrire[95] sont protégées et garanties.

À cet égard, l'article 11 dispose que : « *la libre communication des pensées et des opinions est un des droits les plus précieux de l'homme.* » Cette liberté a une valeur constitutionnelle (décisions du Conseil constitutionnel les 10 et 11 octobre 1984) et une valeur internationale le 7 décembre 1976.

La Cour européenne des droits de l'homme considère en effet la liberté d'expression comme « *l'un des fondements essentiels de pareille société (la*

92 C. Groulier, « Quelle effectivité juridique pour le concept de patrimoine commun ? », AJDA, 2005, p. 1035

93 C. Chamard, *La distinction des biens publics et des biens privés. Contribution à la définition de la notion de biens publics*, Dalloz, 2004, p. 557

94 Philippe Ch.-A. Guillot, *Droit du patrimoine culturel et naturel*, Ellipses, mars 2006, p. 14

95 P. Lombard, *Enquête d'auteurs : la liberté d'écrire d'Homère à nos jours*, Grasset, 2004.

société démocratique), l'une des conditions primordiales de son progrès et de l'épanouissement de chacun »[96].

Tout homme est libre de se souvenir et de penser. Il a le droit de révéler ou pas le fond de sa pensée à autrui. Dans le premier cas, il s'agit de la liberté d'opinion. Dans le deuxième cas, il s'agit de la liberté d'expression.

Si le droit a toujours protégé la vie et l'intégrité de l'homme, il était nécessaire de reconnaître à ce dernier le droit d'exprimer une opinion différente ou dissidente de celle de la doctrine d'État.[97]

Plusieurs personnes ont d'ailleurs été persécutées en raison de leur pensée, opinion et choix politiques[98]. La prise en compte du motif politique, dans la désignation des auteurs de crimes contre l'humanité, offre une consécration, selon Yann Jurovics, de la répression du « crime contre la pensée »[99]. L'existence d'un droit à la mémoire pourrait être décelée ici.

Si ces libertés de l'esprit, relevant de la pensée de l'homme, sont garanties par le droit national et le droit international, la question ne se pose pas pour l'expression de la mémoire collective.

La liberté d'opinion présente certes un caractère individuel. Mais elle peut présenter un caractère collectif si elle fait l'objet d'une expression particulière[100]. Dans ce cas, on basculerait de la liberté d'opinion à la liberté d'expression.

---

[96] C. Puigelier, « Le mémoricide, à propos de la mémoire, du temps et du droit » op. cit. ; C. Puigelier et J. Rose, « Critique et justice », in *La liberté de critique,* sous la direction de D. Corrignan-Carsin), Litec, 2007, p. 159, n° 4 ; V. encore, D. de Bellescize, « La France et l'article 10 de la Convention européenne des droits de l'homme en 2003-2004 », in *Valeurs républicaines et droits fondamentaux de la personne humaine en 2003-2004* (sous la direction de G. Lebreton), L'Harmattan, 2006, p. 81 ; C. Puigelier, « Une crise de l'expression ? », Travaux du Gredfic (sous la direction de G. Lebreton), L'Harmattan 2009, p. 85

[97] Dautricourt, « Les conditions du droit criminel universel », Communication au Congrès de droit pénal international de Paris (27 au 30 avril 1967), Revue de droit pénal et de criminologie, 1966-1967, p. 873

[98] T.P.I.Y, IT-95-5-I, *Karadžić et Mladić,* acte d'accusation du 25 juillet 1995, chef n° 2 § 18 et 33

[99] Yann Jurovics, *Réflexions sur la spécificité du crime contre l'humanité,* LGDJ, 2002, pp.110-111

[100] Dominique Breillat, *Les libertés de l'esprit (préparation au CRFPA, Libertés et droits fondamentaux)* Montchrestien, septembre 1996, p. 4

Toute pensée peut ainsi librement être exprimée de manière matérielle (construction de biens) ou immatérielle (chant, poème…).

Cependant, « peut-on tout dire et tout écrire ? », s'interroge Jean Pradel. Il existe en effet un véritable combat entre la liberté et les interdits dans l'histoire nationale française.[101]

Ces libertés individuelles garanties par la constitution française de 1958 peuvent subir des abus. Il est nécessaire qu'elles soient encadrées[102].

La revendication du droit à la mémoire est très souvent instrumentalisée par certains individus mal intentionnés. C'est la raison pour laquelle, bien que les modalités sociales et culturelles de la transmission des informations soient d'une grande diversité (orale, écrite, formelle, informelle), elles sont juridiquement encadrées.

Si on ne peut pas retirer à l'homme sa liberté de pensée et par conséquent de se souvenir, la liberté de parler ou d'écrire peut lui être retirée par une puissance publique.

Il existait de lois, aujourd'hui oubliées, qui encadraient la liberté d'expression. La plupart de ces lois ont été votées sous Napoléon ou au début de la IIIème République. On peut citer à titre d'exemple les lois qui réprimaient l'outrage à la morale publique et religieuse (1819) ou celles qui sanctionnaient toute offense faite au chef de l'État (1881).[103]

L'intervention de l'État est parfois nécessaire. Cette intervention ne remet pas en cause l'exercice des libertés. Une liberté illimitée qui n'est pas protégée et restreinte par la loi conduit nécessairement à la tyrannie du plus fort sur le plus faible, à l'abus de droit. [104]

Cette limitation de la liberté par l'État ne doit cependant pas être abusive. Si la mémoire est une notion qui intéresse l'État et plus particulièrement la

---

[101] D. Corrignan-Carsin, « La liberté d'expression, jusqu'où ? Brèves remarques sur quelques affaires récentes », in *La liberté de critique* (sous la direction de D. Corrignan-Carsin), Litec, 2007, p. 131

[102] P. Fleury-Le Gros, *Contribution à l'analyse normative des conflits de lois dans le temps en droit privé interne* (préfaces, L. Bach et P. Mayer, postface, J. Petit) Dalloz, 2005

[103] D. Corrignan-Carsin, « La liberté d'expression, jusqu'où ? Brèves remarques sur quelques affaires récentes » op. cit. p. 131

[104] Karl Popper, *La société ouverte et ses ennemis*, Préface à l'Édition française, 2 mai 1978 ; Karl Popper, *L'ascendant de Platon*, tome 1, Seuil, 1979, chapitre 12, section 2

politique, il est nécessaire de s'assurer que le devoir de mémoire, utilisée fréquemment dans les médias, ne soit pas instrumentalisé à des fins peu louables.

B- Le mémoricide et le devoir de mémoire

1- Le devoir de mémoire : une volonté politique

Le devoir de mémoire est, quant à lui, reconnu. Il concerne principalement les crimes contre l'histoire. La construction des identités aussi bien nationales, communautaires qu'individuelles est liée au rapport que ces communautés entretiennent avec leur passé. Or certains faits du passé sont peu glorieux et doivent être oubliés.

Quel souvenir une société doit-elle conserver ? Quelle tragédie doit-elle effacer ? Plus que jamais, la question du souvenir que l'on devrait garder de l'histoire et notamment des tragédies du passé est devenue un sujet d'actualité.

J.-F. Burgelin et P. Lombard pouvaient affirmer « *la contemplation du passé possède quelques vertus. Ne les négligeons pas. Aucun schéma ne s'imposant à nous, ayons la modestie de nous tourner vers l'histoire pour éviter de réitérer les erreurs qui ont conduit à la situation actuelle.*[105] »

L'impératif *Zakhor* ! (Souviens-toi !) est utilisé à plusieurs reprises dans la bible hébraïque. La société semble s'efforcer de satisfaire à cet impératif de nos jours. Commémorations, célébrations, édification des lieux de mémoire font irruption sur la scène publique et constituent une ressource et un instrument de l'action politique.

Pourtant, un événement historique peut faire l'objet de différentes lectures, en fonction de différentes perspectives. La mémoire historique est délicate et parfois conflictuelle. Éric Savarèse[106] parle à juste titre de « *guerre de mémoire*[107] ».

---

[105] J.-F Burgelin et P. Lombard, *Le procès de la justice*, Plon, 2003, p. 18

[106] Eric Savarèse, *Algérie, la guerre des mémoires*, Broché, 2007

[107] Valérie Lange-Eyre, *Mémoire et droits humains : enjeux et perspectives pour les peuples d'Afrique et des Amériques*, Édition d'en bas, action de carême, 2009

Le choix des mémoires à honorer et des drames à oublier établit ainsi une hiérarchie des souffrances éthiquement difficile à justifier. S'il appartient au peuple de déterminer sa mémoire, il ne peut correctement le faire que grâce aux recherches de l'historien.

Il est cependant arrivé que le législateur, le juge et le gouvernement se soient immiscés dans le champ de recherche de l'historien et par conséquent dans le domaine de la mémoire.

En effet, le législateur est attentif au devoir de mémoire[108]. En témoignent notamment les lois mémorielles (la loi Gayssot du 13 juillet 1990 sur le génocide juif, la loi du 29 janvier 2001 sur le génocide arménien, la loi Taubira du 21 mai 2001 sur l'esclavage, la loi du 23 février 2005 portant reconnaissance de la Nation en faveur des Français rapatriés).[109]

Si ces lois mémorielles proclamatrices et symboliques sont perçues par certains comme ayant une finalité pédagogique et républicaine (rappeler aux contemporains les horreurs du passé afin qu'elles ne se reproduisent plus[110]), elles sont perçues par d'autres comme une intrusion du législateur dans le domaine de la mémoire.

L'association « Liberté pour l'Histoire » s'est levée contre ces lois mémorielles pour permettre à tout citoyen d'accéder à la vérité historique. Selon elle, le législateur est compétent pour voter des lois tournées vers le présent ou le futur. Il n'est pas compétent pour voter des lois tournées vers le passé.

L'abrogation de ces lois mémorielles a également été demandée par Bertrand Mathieu, président de l'association des constitutionnalistes. Sous prétexte de combattre le négationnisme, le législateur peut, selon lui, s'en prendre dangereusement aux acquis de la République.[111] L'écriture de l'histoire est délicat. Elle peut avoir pour conséquence l'imposition d'une version affirmée incontestable de l'Histoire.

---

108 C. Willmann, « Contribution judiciaire au débat sur la mémoire » in *La création du droit par le juge* (sous la direction de J. Foyer, F. Terré, C. Puigelier), Archives de philosophie du droit, n° 50, Dalloz 2007, p. 189

109 D. de Bellescize, « La France et l'article 10 de la Convention européenne des droits de l'homme en 2003-2004 », in *Les valeurs républicaines et droits fondamentaux,* op. cit. p.65

110 C. Willmann, « Contribution judiciaire au débat sur la mémoire », op. cit. 190

111 D. Corrignan-Carsin, « Propos conclusifs », in *La liberté de critique*, op. cit. Litec, 2007, p. 209

Le juge s'est aussi immiscé dans le domaine de l'histoire et de la mémoire. L'histoire est appelée à la barre.[112] Elle est un enjeu politique.[113]

On note aussi une immixtion du gouvernement dans le domaine de la mémoire soulève plus d'inquiétudes que celle du juge ou du législateur. Pour répondre aux exigences d'une société à un moment précis de son histoire, une telle immixtion peut être une manipulation du passé en fonction des objectifs catégoriels.

2- Le devoir de mémoire et le risque de manipulation de celui-ci

La mémoire collective peut être instrumentalisée et manipulée. Pour autant, peut-on parler de mémoricide ? Faut-il que derrière le mémoricide, se trouvent nécessairement une volonté et une politique visant à éradiquer la mémoire d'une société ?

La lecture officielle de l'histoire, le choix des mémoires à honorer ne constitueraient-ils pas aussi un acte matériel de mémoricide dans la mesure où ils contribueraient à la perte d'un passé, à la perte d'une forme de mémoire, à une entrave à la liberté de se souvenir, à une manipulation de la mémoire ?

La Yougoslavie, de sa création en 1945 à sa disparition au début des années 1990, a elle-même été fondée sur une amnésie. Après la Deuxième Guerre mondiale et pendant plus de quarante ans, les autorités du pays ont, pour préserver l'unité nationale, passé sous silence les exactions faites à certaines ethnies. La création d'un État devait réconcilier les ethnies vivant sur le territoire.

Pourtant, des générations entières ont été élevées dans l'ignorance et le silence de leur histoire. En réalité, la grande amnésie a eu des effets négatifs. Elle a empêché les mémoires douloureuses des différentes communautés de se confronter et donc de se comprendre. Le désir d'oubli des victimes a justifié le silence sur les assassinats et couvert la violence perpétrée dans l'État.[114]

---

[112] C. Puigelier, « Le mémoricide, à propos de la mémoire, du temps et du droit » op cit.

[113] J. Commaille et M. Kaluszynski, *La fonction politique de la justice*, La Découverte/Pacte, Paris, 2007

[114] Paolo Rumiz, « Imbécilité du bien et mémoire manipulée » in *Hannah Arendt « La banalité du mal » comme mal politique* par Marie Claire Caloz-Tschopp, L'Harmattan 1998, p. 100

Karadžić, accusé de mémoricide par le Tribunal pénal international de l'ex-Yougoslavie, exerçait la fonction de psychiatre. Le psychiatre traite les maladies qui touchent l'âme et l'esprit. Il peut donc manipuler la mémoire[115].

La manipulation de la mémoire peut également avoir les mêmes effets que l'éradication de la mémoire. Et il est plus facile de manipuler la mémoire d'une communauté que de l'éradiquer totalement.

Quelle que soit la politique mise en œuvre pour éradiquer la mémoire d'un peuple, d'une nation, cet objectif peut-il être atteint ? En d'autres termes, peut-on effacer la mémoire d'une communauté ? Cette dernière question taraude notre esprit.

Section 4 : La reconnaissance juridique du mémoricide

Dans l'affaire citée ci-dessus, Karadžić/ Mladić, le juge du Tribunal pénal international de l'ex-Yougoslavie, en 1996[116] a admis que la qualification de crime contre l'humanité et de génocide était justifiée au regard des faits recensés. Ces actes et faits sont contraires aux conventions de Genève et aux lois et coutumes de la guerre.

Les témoins experts auditionnés[117] par le procureur et le juge ont toutefois mentionné à plusieurs reprises le terme « mémoricide » pour expliquer la particularité de certaines destructions culturelles.

Paragraphe 1 : Le rôle des juridictions spéciales internationales

Après les deux guerres mondiales, plusieurs conflits armés se sont succédés. De nombreuses infractions et violations de droit international n'ont pas pu être sanctionnées. La communauté internationale ne disposait pas d'organes juridictionnels efficaces pour répondre à ce besoin.

---

[115] Paolo Rumiz, « Imbécilité du bien et mémoire manipulée » op. cit. p. 99

[116] Le 18 mai 2000, le procureur a déposé un acte d'accusation modifié. Voir le texte intégral de l'acte d'accusation modifié. Il est disponible sur demande en s'adressant aux Services d'information publique du T.P.I.Y. Il est également disponible sur le site Internet du T.P.I.Y : *www.un.org/tpiy.*

[117] Déposition du professeur Garde à l'audience du 28 juin 1996, p. 12 de la version française des comptes
rendus provisoires.

Tout cela a bien changé. Le développement d'un droit humanitaire a poussé le conseil de sécurité à créer un Tribunal pénal international de l'ex-Yougoslavie pour le conflit armé qui a frappé l'Europe de l'Est. Il a ensuite créé le Tribunal pénal international pour les crimes perpétrés Rwanda. [118]

Pour la première fois dans l'histoire de l'humanité, une entité représentant l'entière communauté internationale – et non pas seulement un groupe de puissances victorieuses – a réussi à instituer une justice pénale internationale.[119]

Il était enfin mis un terme à l'impunité. Car ceux qui commettaient de telles atrocités bénéficiaient autrefois d'une impunité. Et cela ternissait l'image de l'ordre juridique international.

La création des deux tribunaux internationaux respectivement pour l'ex-Yougoslavie et le Rwanda a eu des effets dépassant la simple répression des crimes.

À cette époque, les Statuts de ces tribunaux ne fournissaient que très peu d'explications sur les crimes qu'ils devaient sanctionner. La jurisprudence pénale internationale était en effet relativement pauvre et limitée. Les juges ont dû jouer un rôle considérable.

En effet, le Conseil de sécurité a élaboré le Statut de ces tribunaux spéciaux. Il a laissé du fait de l'urgence dans laquelle s'inscrivait leur création[120] le soin au juge d'élaborer leur règlement de procédure et de preuve, mais aussi d'apporter une expertise sur le fond des règles de droit en vigueur.[121]

---

[118] Voir la Résolution 827 (1993) du Conseil de sécurité de l'ONU datée du 25 mai 1993 portant création du Tribunal pénal international pou l'ex-Yougoslavie (le T.P.I.Y), et la Résolution 955 (1994) du Conseil de sécurité de l'ONU datée du 8 novembre 1994 portant création du Tribunal pénal international pou le Rwanda (le T.P.I.R).

[119] Bien que multinational, le Tribunal de Nuremberg avait été créé en Allemagne par les puissances victorieuses et non par une entité représentant la communauté internationale à l'issue de la Deuxième Guerre mondiale.

[120] Rappelons, à titre d'exemple, que dans le cadre de l'ex-Yougoslavie, le conflit armé était alors en cours.

[121] Frédérik Harhoff, « La consécration de la notion *Jus Cogens* dans la jurisprudence des tribunaux pénaux internationaux » in *Actualité de la jurisprudence pénale internationale à l'heure de la mise en place de la Cour pénale internationale* sous la direction de Paul Tavernier et la coordination de Céline Renaut, Collection du CREDHO, Bruylant Bruxelles, 2004

Très peu connu en 1990, le droit international humanitaire a été renforcé par une multitude de décisions et jugements rendus par les deux tribunaux. Ces décisions de justice ont éclairé, enrichi et laissé un héritage non négligeable aux juridictions internationales postérieures.

Les deux tribunaux ont en effet ouvert la porte à la création d'une Cour pénale internationale permanente. Celle-ci est devenue réalité cinq ans plus tard.[122] Cette jurisprudence, très riche, constitue un précieux héritage susceptible d'être mis à profit par la C.P.I.

Paragraphe 2 : L'héritage des juridictions internationales dans la définition de certains crimes

La C.P.I est le fruit de négociations interétatiques. Son droit applicable a été défini dans son Statut. Elle peut tenir compte de l'héritage des tribunaux antérieurs aussi bien dans le domaine substantiel que procédural.

Et la détermination des éléments de certains crimes par la Cour laisse envisager la reconnaissance implicite du mémoricide.

Sur les sources de la C.P.I, l'article 21 (1) (« droit applicable ») du Statut dispose ceci:

1. « La Cour applique :

a) En premier lieu, le présent Statut, les éléments des crimes et le Règlement de procédure et de preuve ;

b) En second lieu, selon qu'il convient, les traités applicables et les principes et règles du droit international, y compris les principes établis du droit international des conflits armés ;

c) À défaut, les principes généraux de droit dégagés par la Cour à partir des lois nationales représentant les différents systèmes juridiques du monde, y compris, selon qu'il convient, les lois nationales des États sous la juridiction desquels tomberait normalement le crime, si ces principes ne sont pas incompatibles avec le présent Statut ni avec le droit international et les règles et normes internationales reconnues.

---

[122] Voir le Statut de la Cour pénale internationale (la C.P.I), adopté à Rome le 17 juillet 1998 et entré en vigueur le 1er juillet 2002. La C.P.I ne fait pas partie du système des Nations Unies : il s'agit d'un organe international indépendant, gouverné par son Assemblée des États Parties.

2. *La Cour peut appliquer les principes et règles de droit tels qu'elle les a interprétés dans ses décisions antérieures*[123]. »

Le juge doit en premier lieu appliquer le Statut et le Règlement. L'alinéa 2 du présent article met l'accent sur la possibilité pour le juge de tenir compte de l'interprétation faite dans ses décisions antérieures des principes et règles. Ici, la jurisprudence dont il est question est celle de la Cour et non celle des tribunaux ad hoc. [124]

Sur l'établissement de certains crimes, les articles 6, 7 et 8 du Statut définissent les éléments du crime de génocide, des crimes contre l'humanité et des crimes de guerre. L'article 9 dispose ceci :

1. *« Les éléments des crimes aident la Cour à interpréter et appliquer les articles 6, 7 et 8. Ils doivent être adoptés à la majorité des deux tiers des membres de l'Assemblée des États Parties.*

2. *Des amendements aux éléments des crimes peuvent être proposés par :*

a) Tout État Partie ;
b) Les juges, statuant à la majorité absolue ;
c) Le procureur

Les amendements doivent être adoptés à la majorité des deux tiers des membres de l'Assemblée des États Parties. »

Les propositions émanant des juges et celles découlant des actes d'accusation des procureurs peuvent elles-mêmes être fondées sur la jurisprudence des tribunaux pénaux internationaux ad hoc.

L'apport jurisprudentiel des tribunaux pénaux internationaux est certain. Cette jurisprudence est une aide pour le juge de la C.P.I qui peut y recourir.

---

[123] L'article 21(3) dispose également ceci : « *l'application et l'interprétation du droit prévues au présent article doivent être compatibles avec les droits de l'homme internationalement reconnus et exemptes de toute discrimination fondée sur des considérations telles que l'appartenance à l'un ou l'autre sexe tel que défini à l'article 7, paragraphe 3, l'âge, la race, la couleur, la langue, la religion ou la conviction, les opinions politiques ou autres, l'origine nationale, ethnique ou sociale, la fortune, la naissance ou toute autre qualité* ».

[124] Hirad Abtahi, « La Cour pénale internationale et l'héritage des tribunaux pénaux internationaux : le point du juge » in *Actualité de la jurisprudence pénale internationale à l'heure de la mise en place de la Cour pénale internationale* sous la direction de Paul Tavernier et la coordination de Céline Renaut, Collection du CREDHO, Bruylant Bruxelles, 2004

Les tribunaux pénaux internationaux ad hoc se sont aussi référés à la pratique pénale internationale antérieure (Nuremberg, Tokyo).[125]

Le juge de la C.P.I peut s'inspirer de l'héritage des tribunaux pénaux internationaux ad hoc, tant au niveau de la procédure qu'au niveau du droit substantiel. Le mémoricide, ayant été utilisé devant une juridiction internationale, rien n'empêche la C.P.I d'en faire autant.

Paragraphe 3 : Le mémoricide, un crime défini et reconnu par le juge international ?

S'inspirant des Conventions de Genève de 1949 et des lois et coutumes de la guerre, le juge du Tribunal pénal international de l'ex-Yougoslavie, dans l'affaire Karadžić et Mladić, a reconnu de manière implicite le mémoricide[126] comme un crime de droit international.

Est-il une forme de génocide ? Est-ce un crime de guerre ou doit-on le considérer comme un crime contre l'humanité ?

Le juge du Tribunal international de l'ex-Yougoslavie n'est pas très clair sur ce sujet. Plusieurs auteurs[127] déduisent néanmoins de la lecture du jugement du Tribunal pénal international du 11 juillet 1996 que le mémoricide est un crime contre l'humanité.

Mattéo Fiori affirme que l'appropriation illégale de biens, le pillage de ces derniers, la destruction de maisons et celle de lieux de culte sont des actes qui violent les lois et coutumes de la guerre, Ce sont aussi des infractions graves aux Conventions de Genève et pour crimes contre l'humanité[128].

---

[125] Hirad Abtahi, « La Cour pénale internationale et l'héritage des tribunaux pénaux internationaux : le point du juge », op. cit. p. 233.

[126] L'Acte d'accusation dans l'affaire Karadžić et Mladić contient plusieurs chefs d'accusation. Tribunal pénal international de l'ex-Yougoslavie, le 11 juillet 1996, pp 921-922.

[127] « Mémoricide ou la purification culturelle : la guerre contre les bibliothèques de Croatie et de Bosnie-Herzégovine » par Vesna Blazina Chef de service, Développement des collections et Publications officielles Bibliothèque des lettres et des sciences humaines Université de Montréal © *Documentation et bibliothèques*, vol. 42 (1996) : pp.149-164 ; « Histoire de la bibliothèque universitaire d'Alger et de sa reconstitution après l'incendie du 7 juin 1962 » Abdy Abd Allah, directeur de la Bibliothèque Universitaire d'Alger, op. cit.

[128] Mattéo Fiori, « Les actes d'accusation contre Radovan Karadžić, une analyse des développements dans le procès majeur à venir au T.P.I.Y », Journal judiciaire de La Haye, volume 3, 2008, p. 4

Dans l'affaire Kordic, les juges du T.P.I.Y ont par ailleurs considéré que « *la destruction et la dégradation d'édifices consacrés à la religion ou à l'éducation* » était un crime contre l'identité religieuse d'un peuple et de fait un crime contre l'humanité.

En effet, la destruction d'une culture religieuse spécifique et des objets culturels qui s'y rattachent affecte l'humanité dans son ensemble. (p. 207 du jugement).[129]

La notion de crimes contre l'humanité n'est pas définie dans une Convention internationale comme celle du génocide. Ce concept a toutefois été reconnu par différents textes ou instruments internationaux, tels que le Statut du Tribunal international de Nuremberg et les Statuts respectifs des tribunaux internationaux ad hoc (article 5 du Statut du Tribunal international pour l'ex-Yougoslavie et l'article 3 du Statut du Tribunal international pour le Rwanda).[130]

En l'absence de Convention internationale relative à la répression du crime contre l'humanité, la définition retenue par la plupart des pays est celle contenue dans l'article 7 du Statut de la Cour pénale internationale. Les États Parties qui ratifient le Statut de cette Cour acceptent cette définition.[131]

Or, ce Statut élabore une liste non exhaustive d'actes commis dans un contexte particulier : la volonté de mettre en place une attaque généralisée ou systématique contre une population civile et la matérialisation de cette dernière.

Si le mémoricide est absent de la liste, l'article 7 du Statut de la C.P.I se termine par une définition ouverte qui qualifie de crime contre l'humanité « *tout acte inhumain de caractère analogue [à ceux énoncés précédemment] causant intentionnellement de grandes souffrances ou des atteintes graves à l'intégrité physique ou à la santé physique ou mentale* ». Cette disposition invite à l'élargissement de la notion de crime contre l'humanité.

---

[129] Le Monde.fr, 5 octobre 2004, « Patrimoine et « crimes de guerre » : de Nuremberg au T.P.I.Y»

[130] H. D. Bosly et D. Vandermeersch, *Génocide, cimes contre l'humanité et crimes de guerre face à la justice, les juridictions internationales et les tribunaux nationaux*, LGDJ 2010, p. 29

[131] H. D. Bosly et D. Vandermeersch, *Génocide, cimes contre l'humanité et crimes de guerre face à la justice, les juridictions internationales et les tribunaux nationaux,* op. cit. p. 30

Bien qu'il porte une atteinte aux intérêts de l'humanité, il serait peut-être préférable de recourir à une incrimination spécifique pour le mémoricide.

Le recours à la notion de crime contre l'humanité pourrait paraître inadéquat. C'est un réceptacle juridique large dans lequel il est possible de ranger toutes les atteintes aux intérêts de l'humanité.

Mais, ne devraient constituer un crime contre l'humanité que les crimes qui se rattachent directement à l'homme. Et le patrimoine culturel est indirectement lié à l'homme.

Section 5 : La répression du mémoricide

Il peut paraître paradoxal que le mémoricide ait été reconnu dans les années 1990. À cette époque, le monde a vu se développer en informatique le principe de sauvegarde des données. Celui-ci favorise la transmission des informations et la protection de la mémoire.

Les données peuvent être enregistrées, dupliquées et mises en sécurité de manière durable sur des supports informatiques (disque dur, clé USB, CD...) à des fins légales ou historiques. On parle alors d'archivage.

La loi du 3 janvier 1979 relative aux archives est la première loi française à proposer une définition légale à cette notion.

« *Les archives sont l'ensemble des documents, quels que soient leur date, leur forme et leur support matériel, produit ou reçu par toute personne physique ou morale, et par tout service ou organisme public ou privé, dans l'exercice de leur activité* ».

La loi sur les archives du 15 juillet 2008 abroge celle de 1979. Elle a été codifiée au livre II du code du patrimoine qui regroupe toutes les dispositions législatives en matière d'archives.

Elle reprend cependant l'essentiel de l'ancien texte et propose la définition suivante. Les archives regrouperaient « *l'ensemble des documents, quels que soient leur date, leur lieu de conservation, leur forme et leur support* ».[132]

---

[132] Sophie Cœuré et Vincent Duclert, *Les archives*, collection Repères, mars 2011, P. 5

En temps de guerre, les destructions porteront presque toujours sur une catégorie de biens matériels culturels. Or les données informatiques couchées sur des supports relativement petits sont toutes aussi importantes que les monuments. Elles sont plus fragiles, mais moins exposées à tous les risques découlant d'une guerre.

La mémoire d'un peuple, fixée sur divers supports, doit être transmise aux générations futures. Chaque État se doit donc de la protéger et de la sauvegarder, car elle fait partie de son identité.

Chaque homme porte aussi en lui même une mémoire. Il existe des monuments et biens publics et des monuments et biens privés. Ces derniers furent longtemps ignorés par le droit. Pourtant chaque individu, chaque famille ont sa propre histoire, sa propre mémoire. Cette histoire privée se matérialise aussi au travers des objets, des biens, des écrits, des témoignages d'un temps passé. [133]

Ainsi, dès lors qu'un seul homme survit à une guerre, à un génocide, il peut, à lui tout seul, transmettre à la génération future son histoire, sa mémoire.

Dès lors, si la mémoire ne peut être effacée, le mémoricide ne peut être atteint et n'a, par conséquent, pas de raison d'être. Car le patrimoine culturel se trouvera toujours reconstruit.

L'histoire nous prouve que plusieurs biens détruits ont fait l'objet d'une reconstruction. Dans les cas où la reconstruction a été impossible, le rappel de leur existence rend difficile l'affirmation selon laquelle la mémoire peut être complètement détruite[134].

Et on ne peut sanctionner un crime qui n'existe pas. À moins que ce soit l'intention d'éradiquer la mémoire en détruisant le patrimoine culturel d'une communauté qui constituerait le mémoricide ; la finalité de la destruction du patrimoine culturel à savoir la perte totale de la mémoire et de l'héritage important peu.

---

[133] Paul Ourliac et Jean de Malafosse parlant d'une « légende de la propriété romaine absolue » (*Histoire du droit privé*, Paris, PUF (Thémis), vol. II ; *Les biens*, 1957-1968, p. 101). Paul Ourliac et Jean de Malafosse, *Droit romain et ancien droit Les biens*, Paris, PUF, 1961, p. 13

[134] Catherine Puigelier, « Le mémoricide (à propos du temps, de la mémoire et du droit) », in *Le temps et le droit*, Fleury-Le Gros, Litec, 2008

Tout comme le génocide, la théorie du mémoricide déroge ainsi au droit commun en ce qu'elle fait de l'élément moral un point déterminant dans la constitution légale du crime. Le problème est de savoir si l'intention mémoricidaire suffit, ou si en plus un seuil quantitatif est matériellement requis pour que les éléments de l'infraction soient réunis.

L'intention mémoricidaire joue un rôle décisif dans la reconnaissance du mémoricide. En effet, c'est l'intention de détruire le patrimoine culturel d'une communauté qui est décisive. Le nombre de biens culturels détruits n'est pas un élément déterminant de l'infraction.

Rien n'interdit, par conséquent, de qualifier un crime de mémoricide alors qu'un seul bien culturel a été détruit ou du moins que les actes de destruction soient très peu nombreux.

Cette thèse est audacieuse. Apporter la preuve d'une telle intention est difficile. L'élément matériel peut toutefois permettre de prouver l'intention mémoricidaire. Les mémoricides se matérialisent généralement par des actes commis à une échelle tellement vaste et grave que l'intention de leurs auteurs peut en être déduite.

Comment réprimer un tel crime ? Quelle sanction pourrait compenser le mal résultant de la commission d'un crime qui porte une atteinte peut-être irrémédiable à la mémoire ? Confronté à de tels crimes, comment le juge peut-il en mesurer la responsabilité et la peine ?[135]

Plus de quinze années après l'acte d'accusation délivrée contre Mladić et Karadžić par le Tribunal pénal international de l'ex-Yougoslavie, cette affaire a enfin été jugée. On ne sait toujours pas quelles sont les sanctions du mémoricide. Ce crime n'ayant plus été soulevé par le procureur dans l'acte d'accusation modifié.

En effet, le 18 mai 2000, le procureur a réduit le nombre de chefs d'accusation. Il n'a conservé que les plus graves. Cet acte d'accusation modifié n'utilise plus la notion de mémoricide. Dans le désir de clôturer cette affaire, le procureur a pris la décision de réduire les chefs d'accusation et de modifier par conséquent l'acte d'accusation.

---

[135] H. D. Bosly et D. Vandermeersch, *Génocide, cimes contre l'humanité et crimes de guerre* face à la justice, les juridictions internationales et les tribunaux nationaux*, op. cit. p. 232

Le mémoricide doit-il être puni d'une incarcération pénale, d'une indemnisation financière ou de l'obligation de reconstitution du patrimoine culturel (si cela est encore possible) d'une communauté ?

Il incombe à la justice pénale internationale de juger les criminels de droit international. Cependant, le droit pénal n'est plus le seul droit applicable en matière de crimes de droit international. Le droit civil est, de nos jours, convoqué pour permettre la réparation du préjudice subi par les victimes de crimes de droit international.

Cette justice a été convoquée pour la spoliation des juifs durant la Seconde Guerre mondiale. Les descendants d'esclaves, les populations colonisées souhaitaient également être indemnisés de leur préjudice. Pourtant, les actions qui ont abouti sont rares et les sommes allouées ont été symboliques.

Peut-on réparer les crimes de l'histoire ? Comment réparer ces crimes ? L'indemnisation financière est-elle suffisante pour satisfaire les victimes. L'histoire est-elle un préjudice indemnisable ? La justice ne rentre-t-elle pas dans une forme de marchandisation ?[136]

L'intrusion de la justice civile en matière de crime de droit international risque de multiplier les réclamations et de paralyser le contentieux de la justice.[137] Une telle transposition du droit civil aux relations politiques a une valeur symbolique et un effet de reconnaissance.

Cependant, la reconnaissance renvoie davantage à la politique qu'à la justice civile. Cette dernière a pour objectif de trouver des équivalences justes. [138]

Et comme le souligne Catherine Puigelier dans un article relatif au mémoricide, « *les réparations sont une manière de dépasser l'histoire sans l'humilier ; les biens sont une façon de traiter des personnes, sans trop les engager, de rapprocher des étrangers, voire d'anciens ennemis, mais pas de trop près. L'ambigüité de la dette lui procure sa force : elle aime les*

---

[136] A. Garapon, *Peut-on réparer l'histoire ? Colonisation, esclavage, Shoah*, Odile Jacob, 2008

[137] A. Garapon, op. cit. p. 256

[138] H. D. Bosly et D. Vandermeersch, *Génocide, cimes contre l'humanité et crimes de guerre face à la justice, les juridictions internationales et les tribunaux nationaux,* op. cit. pp. 255-256

comptes justes, mais n'interdit pas la générosité, elle clôture le passé, mais sans injurier l'avenir. »[139]

Le passé et l'avenir : deux notions qui se définissent contrario l'une de l'autre. Le passé renvoie à ce qui est advenu tandis que l'avenir renvoie à ce qui adviendra. Chacune de ces deux notions suscite des craintes dans une société : le danger de rester enfermé dans le passé et la peur d'affronter le futur.[140]

« *Si nous n'étions pardonnés, explique Hannah Arendt, si nous n'étions délivrés des conséquences de ce que nous avons fait, notre capacité d'agir serait comme enfermée dans un acte unique dont nous ne pourrions jamais nous relever [...]. Si nous n'étions liés par des promesses, nous serions incapables de conserver nos identités, nous serions condamnés à errer sans force et sans but.* [141]»

Ainsi, selon elle, le passé ne peut être soldé que par un acte de pardon. Cet acte permet de libérer une société. Le cas de l'ex-Yougoslavie est un exemple éloquent. Le passé n'avait pas été soldé. C'est la raison pour laquelle la guerre de 1991-1995 n'a pu être évitée.

Du côté de l'avenir, elle suggère aux sociétés de « créditer l'avenir » par le biais de la promesse. Le pardon et la promesse sont deux notions qui permettent de réguler le temps juridique et social.[142]

Mais comment peut-on punir, réparer un crime si on ne se souvient de rien, si la mémoire a été complètement détruite ?

La répression et la réparation semblent en effet impossibles si la mémoire a été effacée. Mais cette dernière ne disparaît totalement qu'avec le massacre d'une communauté.

Tous les hommes sont porteurs de mémoire. Et si un seul homme parvient à survivre à un génocide ou un massacre, il peut transmettre sa mémoire.

---

[139] Catherine Puigelier, « Le mémoricide (à propos du temps, de la mémoire et du droit) », in *Le temps et le droit*, op. cit.

[140] François Ost, *Le temps du droit*, Éditions Odile Jacob, novembre 1999, p. 33

[141] H. Arendt, *Condition de l'homme moderne*, Paris, Calmann-Lévy, 1983, pp. 302-303

[142] François Ost, *Le temps du droit*, Éditions Odile Jacob, novembre 1999, p. 33

Par ailleurs, le droit est mémoire. Et punir, c'est d'abord accepter de se souvenir. [143]

Face à de telles réalités, plusieurs réactions sont envisageables. Nous en citerons deux. La première réaction est l'oubli qui empêche toute réparation et la deuxième réaction est le souvenir qui se voulait autrefois vengeance.

Cette dernière hypothèse a été écartée. Le droit pénal s'est affranchi de la vengeance. La vengeance a pour objectif de punir un crime[144]. Elle a pour inconvénient d'être faite de manière arbitraire : la loi du plus fort. L'établissement des règles de droit permet de juger, punir, se souvenir de manière juste et équitable.[145]

La mémoire ne doit pas servir de fondement à la vengeance. Il n'appartient pas à l'homme de se faire justice. Seule la loi est compétente pour définir et sanctionner les crimes. La mémoire permet de certifier ou d'établir les faits advenus afin de donner une base légale au droit.

Au sein d'une société, elle donne un sens au passé. Elle permet à une société de construire une identité commune. Par l'acte de mémoire, les sociétés entreprennent de répondre aux questions fondamentales et existentialistes de leur origine.[146]

Le passé, digne de mémoire, fonde l'identité collective. Et les souvenirs communs doivent dès lors être entretenus. Au cas contraire, la société serait toujours en quête de son identité.

Les juristes sont les gardiens de la mémoire sociale. Si le législateur définit les comportements dorénavant répréhensibles, car la loi ne peut être rétroactive, le juge fait quant à lui des actes de mémoire. Il rappelle, dans chaque affaire, le litige ayant saisi le tribunal et il sanctionne, sur le fondement de la loi, les faits certifiés.[147]

Ainsi « *la première forme du temps juridique instituant est celle de la mémoire.*[148] » Le passé, le présent et le futur sont trois dimensions

---

[143] François Ost, *Le temps du droit*, op. cit. p. 101
[144] R. Girard, *La violence et le sacré*, Paris, Grasset, (Poche), 1972, p. 28
[145] W. Shakespeare, *Hamlet*, acte I, scène 5, Paris, Le livre de poche, 1953, pp. 40, 45
[146] F. Ost, *Le temps du droit* op. cit. p. 43
[147] C. Puigelier, *Temps et création jurisprudentielle*, Edit, Bruylant, 2010, p. 10
[148] F. Ost, *Le temps du droit,* op. cit. p. 44

temporelles qui n'échappent pas au droit. Tout comme les historiens, les juristes sont les témoins de la mémoire sociale. Parler de mémoire, de traditions, de passé dans le mémoricide semble dès lors légitime.[149]

Le rôle du droit dans le domaine de la mémoire est sans cesse renforcé aussi bien dans les sociétés démocratiques que dans les sociétés traditionnelles.

Dès lors, l'identification des éléments constituant le mémoricide (Partie 1) permet de déterminer le régime juridique applicable (Partie 2).

[149] F. Furet, « 1789-1917 : aller et retour », *in Le débat*, 1989, n° 57, pp. 4-16

PARTIE I : L'IDENTIFICATION DU MÉMORICIDE

Le terme « mémoricide » a été inventé par le professeur Mirko GRMEK dans l'analyse qu'il fit de la guerre qui frappa l'ex-Yougoslavie. Pendant que celui de « génocide culturel » était préféré par certains spécialistes, ce professeur a choisi de nommer les actes recensés dans ce pays sous un terme nouveau : celui de mémoricide.

Le mémoricide provient du mot latin « memoriae ». Dans la langue française, ce mot latin renvoie dans un sens commun au souvenir et à la mémoire. Dans un sens figuré, il désigne les monuments historiques.[150]

Tout au long de cette guerre, des centaines, voire des milliers de monuments historiques, particulièrement chers au cœur des communautés assiégées, ont été détruits ou gravement endommagés.[151]

Les cibles matérielles ont été soigneusement choisies par les généraux en fonction de leur valeur culturelle. L'armée a bombardé des chefs d'œuvres artistiques telles que les cathédrales, les églises.

Mirko Grmek souligne que « *bon nombre de ces actes de vandalisme ont été commis après l'occupation des lieux et non dans les feux du combat. Un tel saccage du patrimoine national constitue une escalade dans la stratégie de la guerre totale. Le mot "mémoricide" décrit bien cette réalité.* »[152]

Toutefois, aborder la notion de mémoricide soulève un important contentieux et entraîne de nombreuses controverses.

En effet, sur les moteurs de recherche, le mémoricide n'est pas défini de la même manière. Il ne se rattache pas toujours à la mémoire ou à son expression. Bien souvent, il est relié au génocide. Les définitions données peuvent être insatisfaisantes.

Le mémoricide renvoie à deux réalités différentes. La première est la réalité matérielle et la deuxième est la réalité politique.

---

[150] Mirko Grmek, « Un mémoricide », Le Figaro, 19 décembre 1991
[151] Mirko Grmek, op. cit.
[152] Mirko Grmek, op. cit.

Que l'on aborde l'une ou l'autre réalité – l'expression matérielle ou politique de la mémoire –, la place accordée à la culture est l'élément qui ressort de l'analyse faite ci-dessus.

La destruction délibérée du patrimoine culturel d'un peuple a des effets aussi bien sur la mémoire que sur l'identité.[153]

La culture est un repère existentiel pour chaque homme et chaque communauté. Dans une certaine mesure, elle constitue un héritage qui peut se traduire sous différents aspects. Et l'un des aspects matériels de la culture est le patrimoine, expression de la mémoire.

Paolo Rumiz, journaliste et écrivain italien, a rencontré lors d'un de ses voyages à Sarajevo en 1994 le peintre Affan Ramic. Ce dernier sculptait la pierre tombale de son fils tombé en pleine guerre. Il pleurait de désespoir non pour son fils mort en bataille, mais pour le pont de Mostar – sa ville de naissance – qui avait été abattu.

Pourquoi ?

Voilà la réponse que Paolo Rumiz apporte. « *Le pont était vivant* ». C'était un lieu de mémoire. Il ne servait pas les intérêts de la guerre. Bien au contraire, il symbolisait une identité. Il était le souvenir.[154]

Le mémoricide est donc aussi bien un crime contre la mémoire (sous partie 1) qu'un crime contre l'identité (sous partie 2).

---

[153] Stamatios Tzitzis, « Droits de l'homme et droits culturels historiques » in *Annuaire international des Droits de l'Homme*, Athènes-Bruxelles, A. Sakoulas, Bruylant, V, III, 2008, pp. 71-82

[154] Paolo Rumiz, « Imbécilité du bien et mémoire manipulée » in *Hannah Arendt, « La banalité du mal » comme mal politique* par Marie Claire Caloz-Tschopp, L'Harmattan 1998, p. 102

Sous Partie 1 : Le mémoricide, un crime contre la mémoire

Le refrain « du passé faisons table rase » souligne le désir pour une société de tourner ses regards non pas vers le passé, mais vers l'avenir. Cependant, cette citation paraît aujourd'hui obsolète.

La mémoire est considérée comme un élément clé dans la construction de l'identité nationale. La nation doit penser et se souvenir. Le passé, l'expérience vécue des individus et des groupes se fixent dans des formes matérielles et immatérielles.[155]

Si le patrimoine a longtemps été restreint aux réalités matérielles (biens culturels, monuments, bibliothèques, musée…), aujourd'hui, il est appliqué aux réalités immatérielles : traditions, pratiques sociales, musique, danse, chant, mime, mythe, arts culinaires, arts de la scène... [156]

Le patrimoine matériel et le patrimoine immatériel sont devenus un sujet de contestation et de revendication. Un tel engouement pour le patrimoine ne peut qu'inquiéter.

En effet, sous couvert du respect de l'identité nationale, certains partis politiques trouvent dans le patrimoine le fondement dont ils ont besoin pour dissimuler leur racisme et leur xénophobie.

Ils considèrent que la plupart des maux de la société sont le résultat d'un multicularisme incontrôlé. Ici, la politique affecte négativement le patrimoine. Il l'instrumentalise.[157]

Le terme « mémoricide » dans son acception originelle correspond uniquement à l'aspect matériel de la mémoire. C'est selon Mirko Grmerk la destruction de toute représentation de la mémoire (Titre 1) ; le patrimoine culturel immatériel étant écarté de la définition dudit crime.

---

[155] P. D. Clarke, « "Sur l'empreinte", ou récit et mémoire en Acadie », in *La question identitaire au Canada francophone, Récits, parcours, enjeux, hors lieux*, sous la direction de Jocelyn Létourneau avec la collaboration de Roger Bernard, Les Presses de l'Université Laval, Sainte-Foy, 1994, p. 3.

[156] Patrice Béghain, *Patrimoine, politique et société*, Presses de Sciences Po, 2012, p. 7

[157] Patrice Béghain, op. cit. pp. 7-8

Mais l'étude du mémoricide serait sans doute inaboutie si une attention toute particulière n'était accordée à la réalité politique qui entoure le patrimoine. Il est incontestable que le patrimoine et la politique forment un couple.

Peut-on parler de mémoricide dans toute manipulation ou instrumentalisation de la mémoire (Titre 2) ? La question mérite qu'on s'y arrête un instant.

Remarques préliminaires : La mémoire humaine et ses défaillances : quel intérêt d'établir un mémoricide ?

Le mémoricide ne concerne que l'expression de la mémoire collective. Il est toutefois important d'accorder à la mémoire individuelle une attention toute particulière dans l'étude du mémoricide.

En effet, dans l'étude de ce crime, il est nécessaire de s'arrêter un instant sur un phénomène parfois subjectif et personnel : la mémoire humaine.

Pourquoi s'attarder sur la mémoire humaine ou individuelle ? Quel intérêt pourrait-il avoir à étudier cette forme de mémoire ?

La mémoire est sans doute l'une des fonctions les plus capitales d'une vie. Elle permet de ne point oublier les éléments essentiels, les actes posés hier, ceux d'aujourd'hui et ceux de demain.

Il n'est possible de maîtriser la vie de tous les jours que grâce à la mémoire. « Elle donne un passé de souvenirs et un présent d'aptitudes ». Elle propose aussi un futur, construit sur les souvenirs et les aptitudes. [158]

Les troubles graves de la mémoire, comme c'est le cas dans certaines pathologies dont la plus connue est la maladie d'Alzheimer, entraînent nécessairement une difficulté de vie pour l'individu atteint. Celui-ci devient dépendant et ne peut vivre sans une aide constante de ses proches.

Théodule Ribot, auteur du XIXème siècle, a utilisé sa pathologie pour écrire un livre sur la mémoire. Ce dernier s'intitule *La mémoire et ses maladies* (1881) [159]. Il a été récemment réédité et commenté par Serge Nicolas[160].

Si l'un des plus importants apports scientifiques a été de relever que la mémoire ne se résume justement pas à un vécu subjectif – « la mémoire n'est pas réductible au souvenir[161]» –, la mémoire sera néanmoins étudiée

---

[158] Georges Chapouthier, *Biologie de la mémoire*, Odile Jacob sciences, février 2006, pp. 17-18

[159] Théodule Ribot, cité par Serge Nicolas, *La mémoire et ses maladies selon Théodule Ribot*, op.cit. p.1

[160] Serge Nicolas, *La mémoire et ses maladies selon Théodule Ribot*, 1881, Paris, L'Harmattan

[161] Serge Nicolas, op.cit. p.5

dans cette partie comme un état de conscience se rapportant à un passé, lié bien sûr à une personnalité, à la capacité de reconnaître les éléments du passé comme des éléments d'un passé.[162]

Ainsi, « *tout souvenir est un fragment de vie personnelle*[163] » et « *il n'y a pas de souvenir en dehors de cette expérience intime, de ce sentiment de déjà vu*[164]».

On est de plus en plus habitué à parler de la mémoire d'un groupe. La réflexion de Maurice Halbwachs sur la mémoire collective souligne d'emblée que la notion de mémoire collective est une réalité et non une fiction.

La mémoire renvoie à un ensemble de réalités matérielles et immatérielles allant du souvenir de l'expérience vécue aux monuments historiques. *« Tout est « mémoire », c'est-à-dire « présent du passé* [165]». C'est en cela que cette notion est une notion complexe, fluide et polysémique.

Maurice Halbwachs, dans ses œuvres, préfère se pencher sur les cadres sociaux qui permettent à chaque homme vivant en société de retrouver et de fixer ses souvenirs. Bien qu'important, il n'étudie pas l'aspect neuronal et cérébral de la mémoire.[166]

Parce qu'aucun individu ne peut grandir dans un isolement total, sa mémoire ne peut porter que la marque du collectif. La mémoire, selon lui, ne vient à l'homme qu'au cours de sa socialisation.

Les souvenirs aussi bien privés que collectifs sont le résultat de la communication et de l'interaction des hommes au sein d'une communauté. Tous les membres de cette dernière jouent un rôle dans la construction du souvenir. [167] Car « il n'y a [...] pas de souvenir sans perception.[168] »

---

[162] Les aspects pathologiques de la mémoire ne seront pas abordés.

[163] Serge Nicolas, *La mémoire et ses maladies selon Théodule Ribot*, op.cit. p.11

[164] Serge Nicolas, op.cit. p.12

[165] Marie Claire Lavabre « Usage et mésusage de la notion de mémoire », *Critique Internationale* n° 7, avril 2000

[166] Maurice Halbwachs, *Les cadres sociaux de la mémoire*, rééd. Paris, Albin Michel, 1994, p. 19 ; Jan Assman, *La mémoire culturelle, écriture, souvenir et imaginaire politique dans les civilisations antiques*, Aubier, Collection historique, janvier 2010

[167] Jan Assman, op. cit. p. 33

[168] Maurice Halbwachs, *Les cadres sociaux de la mémoire*, rééd., op. cit. p. 275

Et Pierre Nora de rappeler que la mémoire collective fait référence au « *souvenir ou [à] l'ensemble de souvenirs, conscients ou non, d'une expérience vécue et/ou mythifiée par une collectivité vivante de l'identité de laquelle le sentiment du passé fait partie intégrante* ».[169]

Cependant, le sujet de la mémoire et du souvenir reste toujours l'individu.[170] Et cette mémoire individuelle est faillible, sujette à distorsion[171].

Comme soulevé dans l'introduction, il n'y a pas de définitions absolument générales de ce qu'est la mémoire. On peut néanmoins tenter de définir la mémoire individuelle comme la fonction qui permet de capter, coder, conserver et restituer les informations perçues.

Est-il possible de se souvenir du passé avec précision ? Qu'est-ce qui pourrait influencer le souvenir gardé des événements vécus ?

L'exactitude du souvenir a été étudiée dans plusieurs matières : la psychiatrie, la médecine... En science juridique, l'exactitude du souvenir présente un intérêt non négligeable. Les erreurs de mémoire sont fréquentes. Un tel domaine de recherche mérite qu'on lui accorde une attention toute particulière.

Chaque jour, la mémoire commet des erreurs. Ces erreurs peuvent être volontaires. Toujours est-il que les conséquences de ces erreurs changent en fonction de la matière et de la gravité de l'erreur.

Une déclaration erronée n'a pas la même conséquence selon qu'elle a été faite devant un agent de police, un banquier, un médecin ou un tribunal. Un témoignage involontairement erroné peut avoir des conséquences irrémédiables.[172] De nombreux innocents, accusés à tort d'avoir commis des crimes (meurtres), remplissent malheureusement les prisons.

Plusieurs facteurs internes ou externes à l'individu sont à la source de telles erreurs. Ils affectent la qualité des informations que l'individu

---

169 Pierre Nora, « Mémoire collective », in Jacques Le Goff (éd.) *La nouvelle histoire*, Paris : Retz, 1978, p. 398

170 Jan Assman, op. cit.

171 Il n'est pas question ici des troubles pathologiques de la mémoire ou des maladies de la mémoire.

172 Nadia Auriat, *Les défaillances de la mémoire humaine, aspects cognitifs des enquêtes rétrospectives*, INED, PUF diffusion, 1996, p. 14

enregistre. Les émotions sont des facteurs internes qui peuvent influencer le souvenir gardé des événements passés.

À la fin du XIXe siècle, Sigmund Freud est l'un des premiers médecins neurologues à s'intéresser au rôle des émotions dans le développement des individus. Le psychologue William James a aussi souligné son importance.

« *Se souvenir de tout serait aussi fâcheux que ne se souvenir de rien ; il faudrait pour nous rappeler une portion déterminée de notre passé, exactement le temps qu'il fallut pour la vivre, et nous ne viendrons jamais à bout de penser* » [173]

Il est nécessaire pour le cerveau d'effectuer une sélection. Et la valeur affective d'un événement permet de faire cette sélection.

Comment expliquer qu'il soit plus facile de se souvenir d'un événement qui s'est produit, il y a plus longtemps qu'un autre ?

La réponse est toute simple. Les événements chargés en émotions sont plus faciles à retenir que les événements neutres. Il est plus facile de se souvenir d'un événement très excitant (comme une fête d'anniversaire surprise) ou traumatisant (comme un accident d'automobile) que d'un événement présentant peu d'intérêt émotionnel.

Le rôle des émotions dans notre mémoire est dès lors très important. Ce rôle, quoique parfois positif, peut malheureusement être négatif. Une telle intrusion des émotions dans le domaine de la mémoire rend difficile la véracité des souvenirs. Face à un même événement, les réponses émotionnelles varieront en fonction des individus.

Car la mémoire est le produit d'une traduction parfois approximative et arbitraire. Les convictions propres de chaque personne agissent dans l'interprétation des événements.

Deux personnes, témoins d'un même événement, ne peuvent retenir exactement la même chose. La mémoire ne retient pas les faits, mais l'interprétation que l'on fait des faits.[174]

---

[173] Williams James, *Précis de philosophie*, 1892

[174] Nadia Auriat, *Les défaillances de la mémoire humaine, aspects cognitifs des enquêtes rétrospectives*, INED, PUF diffusion, 1996

Partant de là, l'exactitude d'un souvenir ne peut être vérifiée que par un examen ou un raisonnement comparatif. Il est ainsi très fréquent pour un tribunal de confronter plusieurs témoignages afin d'établir la vérité.

Le Canadien Michael Ross affirme que le présent influence les convictions, les comportements et les sentiments passés. [175] Daniel Schacter le confirme aussi. Selon lui, les souvenirs passés sont façonnés par les sentiments, convictions et appréhensions actuels.

En effet, les convictions personnelles peuvent affecter une mémoire originelle. Le passé est adapté en fonction des croyances actuelles. Les expériences passées peuvent être réécrites pour les faire concorder avec les connaissances, sentiments, convictions actuels.[176]

La vigilance doit être de vigueur pour cerner l'origine des convictions passées et présentes et pour limiter le risque de distorsions de la mémoire.[177]

Cependant, les expériences d'autrefois peuvent ne pas être oubliées. Une personne peut être poursuivie par son propre passé. Freud pensait les névroses ne pourraient être traitées que par le biais d'une psychanalyse.

Ce type de procédure inventée par Freud est une technique pour permettre au patient d'explorer son passé sous hypnose ou en association libre. La mémoire du patient est ici directement impliquée. Mais ce qui intéresse le psychanalyste est moins « *la réalité du passé de la personne que l'interprétation que celle-ci en donne, la perception qu'elle a de sa propre histoire* [178]».

Une forte émotion, associée à un événement tragique, peut entraîner la perte du souvenir de cet événement. Les émotions seront toutefois écartées de l'analyse qui suit. Car en règle générale, les émotions ont juste pour conséquence de fausser la mémoire.

L'objectif ici est de relever que des facteurs naturels et externes à l'individu peuvent avoir une influence sur la perte de la mémoire individuelle. Seuls ces facteurs externes tels l'écoulement du temps seront ainsi étudiés.

---

[175] Daniel Schacter, *Science de la mémoire. Oublier et se souvenir*, Odile Jacob, p. 184

[176] Daniel Schacter, *Science de la mémoire. Oublier et se souvenir*, op. cit. p. 208

[177] Daniel Schacter, *Science de la mémoire. Oublier et se souvenir*, op. cit. p. 208

[178] Nadia Auriat, *Les défaillances de la mémoire humaine, aspects cognitifs des enquêtes rétrospectives*, op. cit. p. 21

Le temps affecte et affaiblit la mémoire. Fernando Báez souligne d'ailleurs que « *les guerres, révolutions, coup d'État... ne sont pas les seuls événements de nature à caractériser un mémoricide. L'écoulement du temps (pourtant facteur de mémoire), les mœurs, la pratique... sont autant de circonstances susceptibles d'entraîner le recul, pour ne pas dire la disparition, de la mémoire langagière ou de toute autre mémoire d'ordre culturel*[179] ».

Quel pourrait donc être l'intérêt d'établir une politique d'éradication ou de manipulation de la mémoire lorsque l'on sait que la mémoire individuelle – mémoire qui permet à chaque individu de se rappeler non seulement qu'il vit et fait partie d'une communauté humaine avec qui il partage un passé commun et de se rappeler la valeur et le sens des objets culturels – est faillible et peut se perdre naturellement sans une quelconque intervention humaine ?

Section 1 : Mémoire et temps

Qu'est-ce que le temps ? [180] Existe-t-il un lien entre le temps et la mémoire ? [181] Lorsque l'on parle du temps, est-il question d'un simple écoulement ? Le temps a-t-il un début et une fin ? [182]

Catherine Puigelier souligne que les littéraires, les physiciens et les mathématiciens ne perçoivent pas l'écoulement du temps de la même manière.[183]

Le littéraire s'intéresse à la conscience de l'écoulement du temps. Augustin[184], Louis Pauwels, Cyril Montana et plusieurs autres écrivains ont essayé d'apprivoiser cette notion qui paraît si familière. Expliquer le temps est une œuvre ardue. Tout au plus, ont-ils été capables de conclure que le temps résiste à l'explication, car il s'inscrit dans la fuite. Le temps passe et on ne le sent pas passer.[185]

---

179 Fernando Báez, *Histoire universelle de la destruction des livres*, Fayard, 2008, p. 129

180 Augustin, *Confessions*, XI, XIV, 17

181 Catherine Puigelier, *Temps et création jurisprudentielle*, Éditions Bruylant, 2010

182 Auteur cité par Joël Candau, *Anthropologie de la mémoire*, op. cit. p. 4

183 Catherine Puigelier, *Temps et création jurisprudentielle*, Éditions Bruylant, 2010, p. 13

184 Saint Augustin, *La mémoire et le temps*, révisé par Cyril Morana, Éditions Mille et une nuit, 2003

185 Cf. *Ce que je crois*, Grasset, 1974

Le physicien s'interroge quant à lui sur le caractère réversible ou irréversible du temps[186], sur le caractère régulier ou irrégulier de l'écoulement du temps[187]. Le caractère absolu et universel du temps proposé par Isaac Newton[188] a été critiqué par les scientifiques Ludwig Boltzmann, Willard Gibbs, puis au cours du siècle dernier par Ilya Prigogine. Selon ces derniers, les événements ne peuvent qu'être irréversibles.

Pourtant, grâce aux études d'Albert Einstein, le temps a pu être analysé comme un élément élastique et par conséquent relatif. Le physicien relativiste désacralise le temps qui vient à perdre son caractère d'irréversibilité et de grandeur. La relativité rapproche le temps et l'homme.[189]

Les mathématiques sont aussi soumises à une forme d'incertitude. Le mathématicien Hermann Weyl souligne que « *le monde objectif tout simplement est* » et c'est la conscience humaine qui permet de l'apprivoiser au gré des saisons.[190] Quant au mathématicien logicien Kurt Gödel, il est impossible « *de voyager vers son propre passé* ».

L'analyse faite ci-dessus souligne le caractère variable et relatif des réponses apportées à la question sur l'écoulement du temps selon les disciplines. Définir le temps est une entreprise ardue, voire impossible. Plusieurs mots sont utilisés pour décrire cette réalité. Mais ils semblent insatisfaisants.[191]

La conception moderne du temps est différente de celle de nos ancêtres. Autrefois, dans le monde paysan, la nature (le lever et le coucher du soleil) régissait le quotidien des animaux et des hommes.

Ce temps de la nature a aujourd'hui peu d'influence en milieu urbain. La société est aujourd'hui habituée à un temps artificiel – pure construction sociale – destiné à mieux exploiter le temps. Les heures peuvent être avancées et reculées suivant les saisons.

---

186 Ruelle, *Hasard et chaos*, Odile Jacob, 1991

187 V. d'une façon plus générale, Klein, *Le temps*, Flammarion, 1995. Catherine Puigelier, *Temps et création jurisprudentielle*, Éditions Bruylant, 2010

188 V. Gleick, *Isaac Newton. Un destin fabuleux*, Dunod, 2005 ; V. encore, Koyré, *Études newtoniennes*, Gallimard, 1991 ; V. encore, J-Y. Boriaud, *Galilée*, Perrin, 2010

189 Cf. Klein, *Le temps*, Flammarion, 1995, p. 50

190 Cf. Klein, *Le temps*, in Encylopedia Universalis, op. cit.

191 Saint Augustin, *La mémoire et le temps*, révisé par Cyril Morana, Éditions Mille et une nuit, 2003, p. 120 ou Cyril Morana, « Temps et mémoire, misère et puissance », op. cit. p.120

Le temps civil et social est un temps artificiel qui ne remet pas en question le temps traditionnel. L'agriculture, l'élevage restent soumis au temps de la nature et non pas au temps civil.[192]

Ce temps civil, horaire ou artificiel joue-t-il un rôle dans l'enregistrement des souvenirs et dans la gestion des actions quotidiennes ? [193]

Les souvenirs ne sont pas organisés comme une ligne droite, partant de la naissance jusqu'à la mort. C'est la raison pour laquelle la conception d'un temps personnel, social et culturel alimente un important contentieux. Car la mémoire individuelle s'inscrit et est affaiblie par le temps.

Section 2 : La mémoire s'inscrit dans le temps

Une divergence sur la structure et les types de mémoire existent entre les psychologues. Endel Tulving distingue la mémoire sémantique de la mémoire épisodique. J. L. Mc Clelland distingue trois types de mémoire : la mémoire générique, la mémoire atemporelle, parfois appelée sémantique et la mémoire épisodique.[194]

Sans essayer de résoudre les désaccords qui existent entre les différentes approches de la psychologie expérimentale, il faut reconnaître qu'il n'y a pas une mémoire, mais plusieurs mémoires qui s'inscrivent dans le temps (Paragraphe 2).

Ces mémoires sont le résultat d'un processus de mémorisation qui se déroule aussi dans le temps (Paragraphe 1).

Paragraphe 1 : Les trois étapes temporelles de la mémorisation

Le système de mémoire est défini par Sherry et Schacter en 1987. Ils ont défini sous le terme de mémoire, les processus d'acquisition (A), de conservation (B) et de récupération (C) des représentations mentales.

---

[192] Nadia Auriat, *Les défaillances de la mémoire humaine, aspects cognitifs des enquêtes rétrospectives*, INED, PUF diffusion, 1996

[193] Nadia Auriat, op. cit. p. 33

[194] Auteurs cités par Patrick J. Geary, *La mémoire et l'oubli à la fin du premier millénaire*, Aubier Histoire, avril 1996, pp. 42-43

A- L'acquisition de l'information

C'est l'étape qui permet à l'individu de sélectionner les informations dignes d'être mémorisées. Ces informations peuvent être acquises par les 5 sens de l'homme à savoir le goût, le toucher, l'ouïe, l'odorat et la vue.

Une information peut être unique (c'est-à-dire avoir lieu une seule fois), ou donner lieu à des répétitions. L'apprentissage à l'école est un exemple éloquent. La consigne d'apprentissage peut être la mémorisation ou la compréhension (en particulier s'il s'agit d'un texte). Le professeur a ainsi la possibilité d'introduire dans l'étape d'acquisition de l'information de nombreuses variations en fonction des objectifs à atteindre.[195]

B- La conservation de l'information

Les informations que nous percevons sont organisées dans notre mémoire afin de pouvoir y faire appel au moment opportun. La mémoire traite, centralise et conserve ces informations.

La conservation de l'information s'étend sur des durées très variables qui peuvent être de l'ordre de la seconde à celui de l'année. On se souvient de certaines choses seulement pour quelques minutes alors que l'on se souvient d'autre chose pour des jours, des semaines, des années.

Ainsi on se souvient brièvement de la personne qui était assise à nos côtés dans le train, mais on se souvient pour la vie du nom des parents qui nous ont élevé, ou de l'homme que l'on a épousé.

Les données restent stockées dans notre mémoire en fonction de leurs valeurs et de leur importance. Cependant, les personnes qui présentent une amnésie antérograde ou amnésie de fixation par exemple ne peuvent plus acquérir de nouvelles données. Les souvenirs anciens sont toutefois préservés.

C- Récupération de l'information

On distingue généralement trois grandes familles qui facilitent la récupération d'une information : le rappel, la reconnaissance et le réapprentissage. Il sera accordé une attention particulière au rappel et à la reconnaissance.

---

195 Françoise Cordier et Daniel Gaonac'h, *Apprentissage et mémoire*, Armand Colin, 2007, p. 38

« *Le rappel, c'est le retour à la conscience des informations à un moment opportun.*[196] » Plusieurs indices peuvent aider un individu à retrouver les informations préalablement enregistrées. Ces indices de rappel peuvent être intérieurs ou extérieurs à l'individu.

Sur l'indice de rappel extérieur, George Chapouthier reprend le goût de la petite madeleine de Proust. « *Le goût de la petite madeleine fait resurgir dans la conscience de l'écrivain une époque qu'il avait « oubliée »* ».

Sur l'indice de rappel intérieur au cerveau, l'éducation[197], la culture peuvent faciliter la formation de « bons » indices de rappel qui permettent de rappeler à la conscience les éléments pertinents pour la récupération d'information.

Sur la reconnaissance, Shepard présente dans une expérience faite en 1967 à un individu, une suucession d'images, de sons et de phrases. Le résultat de cette étude révèle que la présentation d'images ou l'écoute de certaines phrases permet à l'individu de reconnaître les éléments autrefois mémorisés.[198]

La reconnaissance tout comme le rappel permet à un individu ou à une société de maintenir vivants le souvenir et la mémoire.

Il est toutefois important de souligner que la conservation des données sur le long terme diffère en fonction des individus. On ne peut parler d'une seule mémoire, mais de plusieurs formes de mémoires temporelles.[199]

Paragraphe 2 : Les différents types de mémoire

À la fin des années 1960, Atkinson et Shiffrin (1968) divisent la mémoire en trois sous-systèmes principaux : la mémoire sensorielle, la mémoire à court terme et la mémoire à long terme.

A- La mémoire sensorielle

C'est une mémoire extrêmement courte. Elle correspond à des informations très brèves qui ne durent qu'une fraction de seconde.

---

[196] Georges Chapouthier, *Biologie de la mémoire*, Odile Jacob, 2006, p. 25
[197] Georges Chapouthier, op. cit. p. 25
[198] Françoise Cordier et Daniel Gaonac'h, *Apprentissage et mémoire*, Armand Colin, 2007 p. 40
[199] Françoise Cordier et Daniel Gaonac'h, *Apprentissage et mémoire*, op. cit. p. 73

Ces informations dites sensorielles concernent toutes les modalités perceptives. Les modalités visuelle et auditive sont les plus importantes. Mais il ne faut pas écarter les modalités tactile, olfactive et gustative.

La mémoire sensorielle visuelle permet, pendant une durée brève, de conserver une image très précise et fidèle des informations visuellement enregistrées. La mémoire sensorielle auditive (ou échoïque) n'est guère plus longue.

À ces stimuli visuels et auditifs, des perceptions captées par les autres sens peuvent s'ajouter.

Les organes sensoriels, les yeux et les oreilles principalement et, à un moindre niveau, le toucher, l'odorat, le goût permettent l'identification d'une information.

La mémoire sensorielle est une forme un peu particulière de mémoire. Elle est néanmoins considérée comme une mémoire, car ces représentations perdurent au-delà de la disparition du stimulus.[200]

B- La mémoire à court terme

Également baptisée mémoire de travail (MT), la mémoire à court terme est la mémoire la plus sollicitée. Elle permet de retenir pendant une période relativement courte un petit nombre d'informations.

Ces informations sont malheureusement soumises à un déclin rapide, après un laps de temps de plusieurs secondes. Car une information occupe une place en mémoire et gêne du même coup l'entrée d'informations nouvelles.[201]

Pour éviter la perte de ces informations, un acte de répétition est nécessaire. La répétition est un mécanisme qui permet de maintenir plus longtemps une information.

Mais la capacité limitée de la mémoire à court terme complique le maintien des informations ayant pourtant fait l'objet d'une répétition. Une information qui, répétée ou non, n'est pas transférée dans le registre suivant est perdue.

---

[200] Françoise Cordier et Daniel Gaonac'h, *Apprentissage et mémoire*, Armand Colin, 2007, pp. 88-93

[201] Françoise Cordier et Daniel Gaonac'h, op. cit. pp. 95-99

L'étape suivante du traitement de l'information concerne la mémoire à long terme.

C- La mémoire à long terme

C'est à compter des années 1960 qu'apparaît dans la littérature scientifique une dissociation entre la mémoire à court terme et la mémoire à long terme.[202]

La mémoire à long terme est une forme de mémoire dont la capacité est illimitée. Elle stocke toute notre histoire (souvenirs, aptitudes, connaissance du monde…).

Voilà une des raisons pour lesquelles elle est déterminante. L'information y est maintenue, organisée et intégrée aux informations qui y sont déjà présentes afin de favoriser leur rappel.[203]

Le rappel des stimuli est toujours fortement amélioré si les informations sont bien structurées. Les hiérarchiser les unes par rapport aux autres et leur donner une signification quand elles n'en ont pas a priori est une capacité de la mémoire à long terme.[204]

Contrairement aux précédentes qui effacent les données aussi tôt après leur traitement, la mémoire à long terme (MLT) stocke les informations pendant une longue période et même pendant toute la vie. Elle possède de prodigieuses facultés de conservation.
Ces informations ne peuvent néanmoins être retenues qu'après étude ou présentation répétée. Mais cela ne nous empêche pas d'avoir des trous de mémoire et d'oublier certaines informations. L'écoulement du temps y est sans doute pour quelque chose.

Section 3 : La mémoire affaiblie par le temps

La mémoire est une faculté de l'esprit. Lorsque l'on fait appel à elle, elle peut présenter des erreurs. C'est en cela qu'elle est souvent considérée comme un problème particulier qu'il faut résoudre.

---

[202] Françoise Cordier et Daniel Gaonac'h, op.cit. p. 110
[203] Françoise Cordier et Daniel Gaonac'h, *Apprentissage et mémoire*, op.cit. p. 112
[204] Françoise Cordier et Daniel Gaonac'h, op.cit. p.44

Pour Daniel Schacter, ancien directeur du département de psychologie de l'université d'Harvard, la mémoire serait en proie à sept péchés. Ces péchés sont nombreux et ont pour nom : la fugacité, l'absence, le blocage, la méprise, la suggestibilité, le biais et la persistance.

Ils peuvent être classés en 2 groupes : les péchés d'oubli ou d'omission et les péchés de déformation ou de commission. Seule la première catégorie de péchés a un lien avec l'écoulement du temps.

Le cerveau est organisé pour éliminer les informations inutiles qui pourraient l'encombrer. Chaque souvenir est étiqueté dans notre mémoire. Certaines informations sont considérées comme ayant plus de valeur et d'importance que d'autres.

L'oubli est parfois nécessaire. La fugacité, l'absence et le blocage sont les trois péchés d'oubli.

Un souvenir fugace est un souvenir qui ne dure pas, qui s'échappe de notre mémoire, qui fuit. En effet, comme nous l'avons souligné ci-dessus, le passage du temps[205] empêche certaines informations de durer dans notre mémoire. [206]

On se souvient souvent très bien de ce que l'on a fait aujourd'hui, mais beaucoup moins de ce que l'on faisait hier, la semaine dernière et encore sûrement moins, de ce que l'on faisait le mois dernier ou l'année dernière. Ainsi, les mémoires se délabrent avec le temps.

Le péché d'absence est l'incapacité de retenir une information à cause d'un esprit beaucoup trop distrait, préoccupé ou pas assez attentionné. On oublie ce que l'on a fait quelques minutes plus tôt parce que l'on a été distrait par un souci.

Le péché de blocage est l'incapacité d'accéder à l'information précédemment stockée. Si dans l'absence l'information n'a pas été stockée, dans le blocage, elle l'est. Le cerveau se bloque un moment et se débloque l'instant d'après.

L'oubli est généralement étudié en sciences humaines et sociales en même temps que la mémoire. Il est le simple négatif, dans tous les sens, de la

---

[205] Daniel Schacter, *Science de la mémoire. Oublier et se souvenir*, Odile Jacob, 2003, p. 21

[206] Daniel Schacter, op. cit. p. 22

mémoire. Cependant, comme souligné ci-dessus, l'oubli doit aussi être rattaché à l'écoulement du temps.

Les informations conservées par la mémoire à court terme, par définition, sont des informations qui ne sont pas destinées à être conservées très longtemps. Elles sont susceptibles d'être oubliées rapidement.

Celles qui sont conservées par la mémoire à long terme ne sont pas, quant à elles, immortelles. Elles peuvent aussi être oubliées à cause de la survenance d'une information nouvelle (paragraphe 1). Ces mémoires sont très sensibles aux interférences (paragraphe 2).

Paragraphe 1 : L'hypothèse de l'oubli par déclin de la trace

Plusieurs recherches ont eu comme objectif d'établir les mécanismes qui déterminent le déclin des informations en mémoire. Ces études ont permis de mesurer l'oubli et de déterminer l'influence de différents facteurs extérieurs (fatigue, temps, etc.) sur la mémorisation. Car la capacité à retenir des informations dépourvues de sens selon l'étude d'Hermann Ebbinghaus est soumise à l'écoulement du temps.[207]

L'hypothèse de l'oubli par déclin de la trace a été élaborée par Brown[208], puis par Peterson[209]. Ils ont mis au point une procédure connue sous le nom de « paradigme de Brown Peterson ».

Françoise Cordier et Daniel Gaonac'h présentent cette procédure en des termes simples. Ils soulignent que le processus d'auto répétition empêche l'oubli de s'installer. Mais l'exécution d'une tâche de distraction empêche l'auto répétition.[210]

Cette étude peut être étendue à la vie en société. Une communauté mémorielle préserve son passé sur la durée par la particularité des membres composant le groupe. La communauté développe ainsi une conscience de

207 Patrick J. Geary, *La mémoire et l'oubli à la fin du premier millénaire*, Aubier Histoire, avril 1996, pp. 41-42

208 Brown, J. (1958). Some tests of the decay theory of immediate memory. *Quarterly Journal of Experimental Psychology, 10*(1), pp.12–21.

209 Peterson, L., & Peterson, M. J. (1959). Short-term retention of individual verbal items. *Journal of Experimental Psychology, 58*(3)

210 Françoise Cordier et Daniel Gaonac'h, *Apprentissage et mémoire*, op.cit. p.104, Voir aussi D. Gaonac'h et P. Larigauderie, *Mémoire de travail et fonctionnement cognitif*, Paris, Armand Colin.

son identité à travers le temps et préserve les souvenirs communs qui la caractérisent et la définissent.[211]

Paragraphe 2 : L'hypothèse d'oubli par interférence

Dans la perte des informations préalablement enregistrées, l'hypothèse de l'oubli par interférence est aussi sur les devants de la scène.

Le dictionnaire Larousse définit l'interférence comme « *l'influence négative de la mise en mémoire d'un élément sur la conservation d'un autre élément, présenté antérieurement (interférence rétroactive) ou postérieurement (interférence proactive)* ».[212]

Une des techniques expérimentales employées pour tester l'hypothèse de l'interférence est celle du « chiffre-sonde » de Waugh et Norman[213]. Les items interférents ont une influence directe sur l'oubli.[214]

Rattaché à une communauté, ce phénomène pourrait s'expliquer de la manière suivante. Le trop-plein d'informations sur la mémoire ou sur le passé peut aussi être une source de destruction de la mémoire. Ce cas n'est pas aussi rare que l'on pourrait le penser.

En effet, ce n'est pas toujours le manque d'informations sur le passé ou l'absence de travail sur la mémoire qui conduit inévitablement à l'oubli ou à une perte mémorielle. L'historienne canadienne Régine Robin pense que le culte de la mémoire arrive à saturation et que l'excès de mémoire serait une figure de l'oubli.[215]

Paul Ricœur, fervent défenseur de la politique de la juste mémoire, déplore « *le trop de mémoire* » d'un côté et « *le trop d'oubli* » d'un autre côté.[216]

---

211 Jan Assmann, *La mémoire culturelle, écriture, souvenir et imaginaire politique dans les civilisations antiques*, Aubier, collection historique, janvier 2010, p. 37

212 Françoise Cordier et Daniel Gaonac'h, *Apprentissage et mémoire,* op.cit. pp.106-107

213 N.C. Waugh, et D.A. Norman, Primary Memory. *Psychological Review, 72*, 1965, pp. 89-104.

214 Françoise Cordier et Daniel Gaonac'h, op.cit. p.108

215 Régine Robin, *La mémoire saturée*, un ordre d'idées STOCK, 2003

216 Paul Ricœur, *La mémoire, l'histoire et l'oubli*, Le Seuil 2000, quatrième de couverture

En conclusion, l'étude de la mémoire individuelle et collective a donc conduit à souligner le rôle de deux mécanismes fondamentaux : celui de la répétition dans la mémorisation, et celui des interférences pour expliquer l'oubli.[217]

Section 4 : Et si la mémoire retenait le temps…

Le temps est mouvement. Il trouve sa mesure dans des cycles de la vie. Tout ce qui naît doit mourir et tout ce qui commence doit finir.

Dans *La Cité de Dieu*, Augustin écrit ceci: « *Le temps que l'on vit diminue d'autant la vie et n'est qu'une course vers la mort ; en fait, tout vivant est un mourant, puisque dès l'origine, la mort entame sa vie* » (XIII, X).

Si le temps a un début et une fin, on ne peut avoir une main mise sur lui. Pour contrecarrer cet absolutisme du temps, il développe l'idée selon laquelle la mémoire nous permet de retenir le temps. L'esprit a les moyens, la puissance de s'opposer à l'irréversibilité et à l'imprévisibilité caractéristique du temps.[218]

La mémoire relie le passé, le présent et le futur. Elle retient les souvenirs, éternise l'instant et permet l'application de l'avenir.[219] Elle le fait grâce aux idées qui doivent prendre une forme sensible, généralement une image, avant de trouver accès à la mémoire.[220]

Cette résistance de la mémoire individuelle au temps est aussi présente lorsqu'on analyse la mémoire collective – mémoire principalement visée dans un mémoricide.

La mémoire d'un groupe doit être concrète, matérielle pour se fixer dans le temps. Elle doit prendre la forme d'un événement, d'un lieu, d'un monument pour obtenir le qualificatif de « vérité ».[221]

---

217 Françoise Cordier et Daniel Gaonac'h, op.cit. p.109

218 Saint Augustin, *La mémoire et le temps*, révisé par Cyril Morana, Éditions Mille et une nuits, 2003 ; Cyril Morana, « Temps et mémoire, misère et puissance », p.120

219 Saint Augustin, *La mémoire et le temps*, révisé par Cyril Morana, op.cit, p. 121

220 Saint Augustin, *La mémoire et le temps*, révisé par Cyril Morana, op. cit, p.122

221 M. Halbwachs, *La Topographie légendaire des Évangiles en Terre sainte*, rééd. Paris, PUF, 1971, p. 124.

En effet, tout personnage et tout fait historique honorés par la construction d'un monument mémoriel deviennent des symboles et reçoivent un sens dans la société. [222]

Jan Assmann[223] parle à juste titre de *figures-souvenirs*[224]. Il présente trois caractéristiques de ces figures : le rapport concret à un groupe, le rapport concret au temps et à l'espace (Paragraphe 1), et la reconstructivité (Paragraphe 2) comme processus autonome.[225]

Seules les deux dernières caractéristiques ont une relation avec l'écoulement du temps.

Paragraphe 1 : Le rapport à l'espace et au temps

La mémoire collective a besoin de repères. Ces repères se cristallisent dans le domaine spatial et dans le domaine temporel.

Dans l'espace, le souvenir se matérialise par des figures, des lieux de mémoire, des objets. Le monde des objets, support et soutien d'une identité, relève en effet du domaine spatial. Ce monde d'objets a une origine sociale, car il présente une image de permanence et de stabilité[226] et symbolise au-delà de la valeur et du prix des choses des faits sociaux. [227]

Dans le domaine temporel, les commémorations, les fêtes, les événements originels ou historiques reflètent un vécu collectif. Car le désir d'une

[222] M. Halbwachs, *Les Cadres sociaux de la mémoire*, rééd. Paris, Albin Michel, 1994, p. 296

[223] Ce couple conceptuel rappelle bien sûr celui de Begriff et Anschauung chez Kant

[224] M. Halbwachs lui-même parle à ce propos d'« images-souvenirs », notamment au chapitre premier des *Cadres sociaux de la mémoire*. Par « figures-souvenirs », Jan Assman entend des « images-souvenirs » façonnées culturellement et contraignantes socialement. S'il préfère le terme de « figure » à celui d'« image », c'est parce qu'il peut renvoyer à une mise en forme non seulement iconique, mais aussi narrative, par exemple.

[225] Jan Assman, *La mémoire culturelle, écriture, souvenir et imaginaire politique dans les civilisations antiques*, Aubier, collection historique, janvier 2010, p. 35

[226] Cité d'après Auguste Comte in M. Halbwachs, *La Mémoire collective*, PUF, 1967, p. 130

[227] Cf. A. Appadurai (éd.), The Social Life of Things. Commodities in Cultural Perspective, Cambridge, 1986

communauté est de créer des lieux symboliques, des points d'ancrage de souvenirs, en vue de construire et affirmer le sentiment d'identité.[228]

Les concepts spatiaux et temporels de la mémoire collective entretiennent un lien vivant, affectif et chargé de valeur avec l'image que le groupe a de soi, et les buts qu'il se donne. [229]

Paragraphe 2 : La reconstructivité

La reconstructivité relève du domaine temporel. Le passé est périodiquement reconstruit. « *Aucune mémoire n'est à même de conserver le passé en tant que tel*[230] ». Pour le démontrer, Maurice Halbwachs étudie la topographie chrétienne qui est pour lui une fiction.[231]

La mémoire procède donc par reconstruction. Le passé est reconstruit en fonction de plusieurs critères. Il est perpétuellement réorganisé, transformé, adapté selon les changements de cadres du présent.[232]

La mémoire collective opère donc dans deux directions : vers le passé et vers l'avenir. Non contente de reconstruire le passé, elle organise l'expérience du présent et de l'avenir[233] Elle accélère le cours du temps. Elle convoque l'avenir plus tôt que prévu.

Sur la mémoire individuelle, Augustin révèle d'ailleurs son extraordinaire pouvoir sans laquelle rien ne pourrait être imaginé ni appréhendé.

---

[228] Voir déjà Cicéron, *De Finibus*, V, 1, 2, passage auquel se réfèrent H. Cancik et H. Mohr dans « Erinnerung/Gedachtnis », in *Handbuch religionswissenschaftlicher Grundbegriffe 2*, Stuttgart, 1990, p. 312 (« Des termes extrêmes des biens et des maux II », trad. J. Martha, Paris, *Les Belles Lettres*, 1989, p. 108 : « Les lieux ont un tel pouvoir de rappel que, non sans raison, on les a utilisés pour créer un art de la mémoire. »). L'idée a été amplement développée par P. Nora dans sa somme *Les Lieux de mémoire* I, II et III, 1984-1992.

[229] Jan Assmann, *La mémoire culturelle, écriture, souvenir et imaginaire politique dans les civilisations antiques*, op. cit. p. 36

[230] M. Halbwachs, *Les Cadres sociaux de la mémoire*, op. cit. p. 296

[231] M. Halbwachs, *La Topographie légendaire des Évangiles en Terre sainte*, op. cit. p. 123

[232] M. Halbwachs, *Les Cadres sociaux de la mémoire*, rééd. Paris, Albin Michel, 1994, p. 291

[233] Cf. D. Ritschl, *Memory and Hope. An inquiry Concerning the Presence of Christ*, New York-Londres, 1967.

« *[...] Ce que je vois est présent, ce que je prédis est futur ; [...] et si mon esprit ne se l'imaginait pas, comme au moment où j'en parle, cette prédiction serait impossible.* » Et selon lui, c'est la mémoire qui donne à chaque individu cette faculté. [234]

En conclusion, se souvenir n'est possible que parce que la mémoire est en mesure d'avoir une emprise sur le temps. Le temps ne peut donc être divisé en passé, présent et futur selon Augustin. L'homme qui possède la mémoire possède en même temps la capacité de devenir son seul maître.[235]

La mémoire porte sur les choses passées. Mais le temps présent permet d'utiliser le passé pour atteindre le futur. On ne peut atteindre un objectif que parce que l'on se souvient l'avoir eu et que l'on décide dans le présent de le poursuivre ou de continuer à le poursuivre.[236]

Pour revenir à l'expression de la mémoire collective qu'est le patrimoine, « *tout commence sans doute par la nostalgie, qui se nourrit du vertige du présent et de la crainte de l'avenir, par le regret d'un ordre disparu* [237]».

Le patrimoine est « *ce temps qui ne passe pas*[238] » disait J.-B Pontalis. Il est possible d'échapper à notre finitude grâce au patrimoine[239] car il nous rappelle notre humanité et nous inscrit dans un espace et un temps.[240]

Si la mémoire individuelle, bien que faillible, est capable de résister au passage du temps, la question ne se pose pas pour la mémoire collective. Il y a donc bien un intérêt pour les partisans du mémoricide d'établir une politique qui vise à éradiquer (titre 1) et à manipuler la mémoire (Titre 2).

L'objectif de ces partisans sera-t-il pour autant atteint ? La mémoire individuelle peut venir au secours de la mémoire collective et empêcher son éradication totale.

---

[234] Saint Augustin, *Les Confessions*, GF-Flammarion, 1964, Garnier Frères, Paris ; Saint Augustin, *La mémoire et le temps*, révisé par Cyril Morana, op.cit, p. 122
[235] Saint Augustin, *La mémoire et le temps*, révisé par Cyril Morana, op.cit, p. 122
[236] Saint Augustin, *La mémoire et le temps*, révisé par Cyril Morana, op.cit, p. 123
[237] Patrice Béghain, *Le patrimoine : culture et lien social*, La bibliothèque du citoyen, Presses de la Fondation Nationale Des Sciences Politiques, 1998. p. 108
[238] J.-B. Pontalis, *Ce temps qui ne passe pas,* Paris, Gallimard, coll. « Connaissance de l'inconscient », 1997.
[239] Patrice Béghain, *Patrimoine, politique et société*, op. cit. p. 108
[240] Patrice Béghain, op. cit. p. 110

Titre 1 : Le mémoricide ou sa réalité matérielle : le massacre de la mémoire

Qu'est-ce que la mort ? Il n'y a pas de définitions incontestables de la mort. Les médecins ont constamment changé leurs critères de définition de la mort. Scientifiquement, on est donc amené à distinguer bien des morts : clinique, cérébrale, physiologique, biologique, fonctionnelle ... Seules la mort clinique et la mort cérébrale sont les plus connues.

1) la mort clinique. Encore appelée mort respiratoire ou cardiaque, elle se matérialise par l'arrêt du cœur. [241]

2) la mort encéphalique ou cérébrale. Encore appelée « coma dépassé », elle se matérialise par l'arrêt de toute activité cérébrale. Les cellules peuvent être encore vivantes et par conséquent maintenir le corps dans cet état, mais l'esprit ne répond plus. Il y a donc ici une prééminence du cerveau sur le cœur.[242]

La définition juridique de la mort reprend la conception médicale de la mort. Le Code de la santé publique la définit. L'article R 1232-1 du présent Code dispose ceci :

« *Si la personne présente un arrêt cardiaque et respiratoire persistant, le constat de la mort ne peut être établi que si les trois critères cliniques suivants sont simultanément présents :*

1° Absence totale de conscience et d'activité motrice spontanée ;

2° Abolition de tous les réflexes du tronc cérébral ;

3° Absence totale de ventilation spontanée. »

Même si les battements du cœur et la respiration d'un patient peuvent être maintenus artificiellement, la mort de ce dernier peut être déclarée dès lors

---

[241] Marc Alain Descamps, « Les définitions de la mort », CEEMI (Centre d'étude des expériences de mort imminentes) www.europsy.org/ceemi

[242] Marc Alain Descamps, op. cit

qu'il est constaté un arrêt irrémédiable de toutes les activités de son cerveau.[243]

Le fait de donner volontairement la mort à autrui est un meurtre en droit français (article 221-1 du Code pénal français).

Sigmund Freud pouvait d'ailleurs affirmer ceci : « *Ce qu'aucune âme humaine ne désire, on n'a pas besoin de l'interdire, cela s'exclut de soi-même. C'est précisément l'accent mis sur le commandement : tu ne tueras point, qui nous donne la certitude que nous descendons d'une lignée infiniment longue de meurtriers qui avaient dans le sang le plaisir au meurtre, comme peut-être nous-mêmes encore.* »[244]

Le meurtre de plusieurs personnes en une seule fois est un massacre. Il se différencie du meurtre en série qui est l'assassinat de plusieurs personnes prises individuellement. Malgré leur répétition, les meurtres en série restent singuliers.

Si l'histoire nous prouve que plusieurs massacres ont été présentés par les assaillants comme des suicides collectifs ou de masse (forteresse de Massada), il existe une différence entre les deux notions. Dans, le suicide collectif, la mort est volontaire.

Le terme massacre dérive du latin populaire *matteuca*[245]. Il a été développé au XVIe siècle avec les guerres de religion entre catholiques et protestants. Le terme massacre trouve en effet son origine dans l'émergence du combat religieux.

En témoignent notamment les tueries en 1556 des Vaudois de Provence – ils étaient considérés comme des chrétiens issus des hérésies populaires médiévales ralliés à la réforme calviniste – et les tueries de la reine Catherine

---

243 Étienne Vergès, « La notion de la personne en droit» dans Régis Mache, (dir.) *La personne dans les sociétés techniciennes,* Paris, L'Harmattan, « Sciences & société», 2007, p. 70

244 Sigmund Freud, *Actuelles sur la guerre et sur la mort*, 1915

245 Oscar Bloch et Walther Von Wartburg, *Dictionnaire étymologique de la langue française*, Paris, PUF, 1975, pp. 395-396 ; Alain Rey (dir), *Le Robert. Dictionnaire historique de la langue française*, Paris, Éditions Dictionnaire Le Robert, 1992, t. II, p. 1200

de Médicis à l'encontre de ses sujets en 1572. Les pamphlets huguenots accusaient la reine d'être une nouvelle Jézabel.[246]

Jacques Sémelin définit le massacre comme un crime de masse. Il distingue plusieurs formes de massacre : le massacre de proximité (corps à corps), le massacre à distance (armes à feu, bombes, etc.), le massacre bilatéral (guerre civile) et le massacre unilatéral (un État contre son peuple)[247].

Il est possible de compléter cette typologie en soutenant que le mémoricide est une forme de massacre : un massacre de la mémoire. Qu'est-ce que le massacre de la mémoire ? La mémoire peut-elle être véritablement détruite ?

Le cerveau est organisé de telle sorte que, chaque jour, de milliers d'informations inutiles sont effacées. Ceci semble être une condition nécessaire à un fonctionnement psychologique satisfaisant. On se souvient de plusieurs choses. On en oublie autant.

La quasi-impossibilité d'oublier, observée chez certains sujets dotés d'une mémoire hypertrophiée (hypermnésie ou mémoire « incontinente »), peut être vécue comme une catastrophe.

Dans *qu'est-ce qu'une nation* ? (conférence prononcée le 11 mars 1982, à la Sorbonne), Ernest Renan aborde le thème de l'oubli. Il affirme que c'est un facteur essentiel de la création d'une nation. Les individus d'une nation doivent avoir beaucoup de choses en commun. Ils doivent aussi avoir oublié bien des choses.

Mais cet oubli nécessaire peut-il être volontaire ? L'oubli ne dépend pas de l'homme. Un individu peut faire des efforts pour se souvenir d'un événement, mais il ne peut pas décider de l'effacer complètement de sa mémoire.

« L'esprit ne semble disposer d'aucun équivalent de la touche d'effacement d'un magnétophone ».[248]

---

246 « Présentation » in *Le massacre, objet d'histoire*, sous la direction de David El Kenz, Folio histoire, Éditions Gallimard, 2005

247 Jacques Sémelin, « Qu'est-ce qu'un crime de masse ? Le cas de l'ex-Yougoslavie » Persée Revues scientifiques, Critique internationale, volume 6, p. 144, année 2000

248 John Brown, *In grégory*, 1993, p. 939

Au sein d'une société, en revanche, on peut décider ensemble d'oublier le passé. L'une des représentations juridiques de cette forme d'oubli est l'amnistie. Avec l'amnistie, on considère que l'événement est non advenu. Il est effacé de la mémoire. Celle-ci est délibérément éteinte.[249] L'oubli peut dès lors être désiré et consenti.

Cependant, il arrive des cas où il est imposé par un groupe d'individus qui s'attèlent à effacer tous les objets mémoriels d'un peuple. Cette forme d'oubli aux caractéristiques précises est une infraction. Et c'est cela le massacre de la mémoire.

Il n'est pas question ici de s'interroger sur la possibilité de tuer la mémoire humaine. Ce serait s'éloigner de la présente étude qui porte sur l'expression de la mémoire et non sur celle qui découle directement de l'esprit de l'homme.

Dès lors, pourquoi tuer la mémoire ? Qui tue la mémoire ? Comment tue-t-on la mémoire ? Quand tue-t-on la mémoire ?

Ce sont autant de questions auxquelles il faut essayer d'apporter une réponse. Après avoir déterminé celui qui massacre la mémoire (chapitre 1), une attention toute particulière sera accordée aux moyens utilisés pour parvenir à cette fin (chapitre 2).

---

[249] Joël Candau, *Anthropologie de la mémoire*, Armand Collin 2005, p. 95

Chapitre 1 : Celui qui massacre la mémoire

L'attribution des actes de destruction du patrimoine culturel à des hommes ignares, inconscients de leur haine est, selon Fernando Báez, une erreur fréquente. Au contraire, les auteurs du mémoricide (section 1) sont animés d'une volonté d'éradiquer la mémoire – volonté qui peut être nommée ici l'intention mémoricidaire (section 2).

Section 1 : Les auteurs du mémoricide

L'auteur d'une infraction est traditionnellement la personne qui participe matériellement à la réalisation des actes d'exécution de l'infraction. On utilise le concept d'auteur matériel. Le législateur a d'ailleurs toujours déterminé le contenu des infractions en tenant compte de cette conception d'auteur matériel.

Ainsi, l'article 124-4 du Code pénal dispose : « *est auteur de l'infraction la personne qui : 1- commet les faits incriminés, 2- tente de commettre un crime...* ».

L'auteur matériel peut donc être celui qui commet ou tente de commettre une infraction. En ce qui concerne le mémoricide, c'est la personne qui commettrait des actes matériels de destruction ou tenterait de le faire.

La qualité d'auteur d'une infraction peut également être retenue pour la personne qui n'a pas accompli l'acte matériel constitutif de l'infraction, mais qui a été la cause intellectuelle de la commission de cette infraction. On parle d'auteur intellectuel ou moral.

Celui qui pousse quelqu'un d'autre à commettre une infraction pénale, c'est-à-dire l'instigateur, plus couramment appelé le « cerveau » de l'infraction, ne peut s'exonérer de sa responsabilité par le seul fait qu'il n'a pas participé directement à l'exécution de l'infraction.

Ces personnes qui, sans participer directement à la réalisation de l'infraction, sont à l'origine de celle-ci parce qu'elles ont provoqué, ordonné ou suggéré à l'auteur matériel de la commettre, ou qu'elles ont organisé ou dirigé l'activité infractionnelle concernée. Elles sont alors considérées comme de véritables auteures.[250]

La notion d'auteur intellectuel est reconnue. Elle n'est pas définie, mais l'article 211-1 du Code pénal souligne que : « *les auteurs du génocide sont ceux qui commettent ou font commettre un acte de génocide* ».

Une telle analyse peut être faite en ce qui concerne le mémoricide. Les auteurs du mémoricide sont aussi bien ceux qui détruisent les biens culturels que ceux qui ordonnent de telles destructions.

Quels sont ceux qui détruisent la mémoire ? Quelles sont leurs particularités ? Qu'est-ce qui les distingue et les différencie des autres criminels ?

Paragraphe 1 : La personnalité des auteurs du mémoricide

Si la notion de personnalité est un concept fondamental de la psychologie[251], la criminologie s'est aussi intéressée à la personnalité des délinquants comme facteur de l'action criminelle.

De nombreuses interprétations[252] ont ainsi été étudiées en psychologie et en criminologie. On peut y trouver de quoi asseoir une recherche solide sur la personnalité du délinquant.

En psychologie, deux conceptions s'affrontent : la conception statique et la conception dynamique. La première renvoie à la somme des qualités d'une personne. La deuxième renvoie au choix du comportement de la personne face à une situation.[253]

En criminologie, une opposition est également faite entre deux grandes tendances dans la conception de la personnalité.

---

[250]Roger Bernardini, *Droit pénal général, introduction au droit criminel, théorie générale de la responsabilité pénale*, Gualino éditeur, janvier 2003, p. 439

[251] Y. Castellan, *Initiation à la psychologie moderne*, éd. Sedes, 1969, pp. 245-289

[252] Freud, selon l'image de Charles Taylor (Sources of the Self. The making of modern identity, Cambridge University Press, 1989, 601 p.), fait du Moi un navigateur qui cherche sa route entre les pressions du Soi, du Surmoi et de l'organisation sociale.

[253] Raymond Gassin, Sylvie Cimamonti, Philippe Bonfils, *Criminologie*, Dalloz, 7e Édition, septembre 2011, p.524

Les premières théories mettent l'accent sur la situation entourant l'acte délictueux. Elle est une circonstance qui déclenche ou précipite l'acte[254].

Les deuxièmes sont des théories circonstancielles. Elles insistent sur le rôle de la situation précriminelle (provocation, tentation, mauvais exemple, stress extrême, occasion) qui est d'une nature telle que tout individu placé dans les mêmes circonstances aurait agi de même.[255]

Pendant longtemps, les traits de personnalité comme facteur de l'acte criminel et les caractéristiques héréditaires ou acquises ayant influencé la formation de la personnalité du délinquant n'étaient pas distingués.

Aujourd'hui en revanche, il est fait une différence entre la personnalité au moment du passage à l'acte comme facteur de ce dernier (facteurs « déclenchants » ou de « déchaînement de l'acte »[256]) et les facteurs qui ont antérieurement influencé la formation de la personnalité du délinquant (facteurs « favorisants » ou « prédisposants » encore appelés « facteurs de développement de la personnalité »[257]).

Selon cette dernière tendance, la formation de la personnalité du délinquant est le résultat de l'influence des facteurs individuels et des facteurs du milieu.

S'il est vrai qu'il n'y a plus aujourd'hui de criminologues qui considèrent que la délinquance est un phénomène inné, divers facteurs ont un impact sur le seuil de délinquance de manière directe ou indirecte. Le milieu ou le monde environnant, dans lequel vit et réside l'individu, a une influence considérable sur sa personnalité.

Notre étude se limitera à la première tendance. Les descriptions que donnent les criminologues quant à la personnalité du délinquant au moment du passage à l'acte sont tantôt des descriptions objectives, tantôt des descriptions subjectives.

---

254 Raymond Gassin, Sylvie Cimamonti, Philippe Bonfils, *Criminologie*, op. cit, pp. 524-525

255 Raymond Gassin, Sylvie Cimamonti, Philippe Bonfils, *Criminologie*, op. cit, p.525

256 Marcel Frechette et Marc Leblanc, *Délinquances et Délinquants*, Chicoutimi, Gaetan Morin 1987, parlent de « facteurs criminogènes actifs » (p. 140)

257 Maurice Cusson, Marc Leblanc, *Traité de criminologie empirique*, Les Presses universitaires de Montréal, Paramètre, 2003, 3ème Édition, pp. 191-193. Sur les relations entre les deux séries de facteurs de personnalité, cf. Marcel Frechette et Marc Lebanc, *Délinquances et Délinquants*, op.cit., pp. 139-140

Ce sont ces descriptions qui permettent d'expliquer en quoi les auteurs du mémoricide sont différents des simples délinquants qui commettent des actes de vandalisme et qui peuvent être amenés à détruire des biens culturels ou historiques.

A- Les descriptions objectives de la personnalité des auteurs du mémoricide

Les descriptions objectives de la personnalité des délinquants sont des traits de personnalité, traits de caractère, tendances réactionnelles, aptitudes intellectuelles, attitudes sociales qui peuvent s'observer de l'extérieur.[258]

Pour étudier objectivement la personnalité des auteurs du mémoricide, il sera repris ici l'étude faite par Fernando Báez sur l'autodafé ou le bibliocauste.[259] Il fut le premier à étudier la personnalité de ceux qui détruisent les livres.

Sa réflexion en la matière, certes limitée aux livres, peut être étendue à toute sorte de destruction de biens culturels. Il soutient que les biblioclastes (autrement dit les destructeurs de livres) sont en général des personnes éduquées, cultivées et intelligentes.
Ces personnes ont des aptitudes intellectuelles et ne sont absolument pas ignares ou incultes. Au contraire, les exemples de philosophes, philologues, érudits et écrivains qui s'adonnèrent à la biblioclastie sont extrêmement nombreux[260].

Depuis des millénaires, l'écriture fascine. Afin d'éviter la perte d'une information importante et pour ne pas prendre le risque de l'oublier, il est recommandé de l'écrire, de la noter. C'est en cela que l'écrit permet de préserver certains souvenirs et de transmettre certaines idées et pensées[261]. C'est aussi en cela que l'écriture peut être menacée.[262]

Au XIXème siècle, la décision de brûler ses écrits a été prise par les autorités publiques et le parlement. Il en est ainsi des écrits de Voltaire.

---

[258] Raymond Gassin, Sylvie Cimamonti, Philippe Bonfils, *Criminologie*, op. cit, p.525

[259] Fernando Báez, *Histoire universelle de la destruction des livres,* Fayard, 2008, p. 27

[260] Fernando Báez, op. cit. p. 31

[261] Voltaire, *Correspondance*, « La Pléiade », Gallimard, 1985, tome IX, p.657.

[262] Voltaire, *Correspondance,* 1981, tome VII, p. 862

S'il n'existe pas une unique cause à la destruction des biens culturels, les auteurs du mémoricide se différencient des autres destructeurs en ce qu'ils entendent instituer de véritables guerres culturelles et établir une amnésie graduelle ou immédiate pour prendre le contrôle d'une société.[263]

Qu'elles s'adonnent à la destruction du patrimoine écrit ou de tous les autres éléments faisant partie du patrimoine culturel et historique d'une collectivité à savoir l'archéologie, les œuvres d'art, les monuments, les musées ..., il est important de souligner que ces personnes disposent de capacités intellectuelles différentes.

Elles occupent une place importante au sein de la société et se croient supérieur aux autres citoyens[264].

Émotionnellement, elles peuvent être dépressives, car elles sont incapables d'admettre une quelconque critique.[265] Elles veulent imposer leur lecture de la société et du monde.

Elles reconnaissent qu'il est indispensable d'aller à la racine du problème dans leur désir d'éradiquer la mémoire.

En tout état de cause, la destruction des écrits empêche aussi bien la construction de l'histoire que celle de la mémoire.[266]

L'historienne Carole Vivant opère une distinction assez intéressante entre l'histoire et la mémoire. Il est vrai, dit-elle, que l'histoire est mémoire. [267]

Mais il ne faut pas confondre les deux termes. Ceux-ci renvoient à des réalités différentes. « *Si l'histoire vise à éclairer du mieux possible le passé, la mémoire cherche plutôt à l'instaurer, instauration immanente à la mémorisation en acte.*[268] »

Peut-on considérer le gouvernement ou le législateur comme des potentiels auteurs du mémoricide ? Qu'en est-il des lois mémorielles en France ?

---

263 Fernando Báez. op. cit. p. 25
264 Fernando Báez, op. cit. p. 29
265 Catherine Puigelier, « Le mémoricide (à propos du temps, de la mémoire et du droit) », in *Le temps et le droit*, Fleury-Le Gros, Litec, 2008
266 Fernando Báez. op. cit. pp. 25-26
267 Carole Vivant, *L'historien saisi par le droit. Contribution à l'étude des droits de l'histoire*, (préface, P. Pétel ; avant-propos, R. Rémond), Dalloz, 2007
268 Joël Candau, *Anthropologie de la mémoire*, Armand Collin 2005, pp. 58

Les lois mémorielles ont pour objet de rappeler le passé, mais elles peuvent aussi le dénaturer. La réponse à ces questions sera aussi apportée dans le titre 2 de la présente thèse relative à la manipulation de la mémoire.

B- Les descriptions subjectives de la personnalité des auteurs du mémoricide

À côté de l'approche objectiviste de la personnalité du délinquant que l'on a étudiée dans le paragraphe précédent, il existe en criminologie une autre approche toute différente, sinon opposée à la première. Elle consiste dans l'explication des conduites humaines et donc des conduites délinquantes, à partir des motivations[269] de l'individu.

On entend par motivation, l'impulsion qui pousse un individu à agir dans un but déterminé. Les auteurs du mémoricide sont très souvent motivés par l'amour, la haine (1) ou la passion politique (2).

1- La haine

La haine est une aversion profonde et violente contre une personne ou quelque chose. À ce titre, il est possible de définir la haine comme la négation radicale d'une personne.

« *Haïr, disait José Ortega y Gasset, c'est tuer virtuellement* ». C'est un sentiment d'hostilité très profonde. Contrairement au meurtre qui se fait en une seule fois, la haine s'échelonne dans la durée. C'est l'assassinat sans relâche d'un individu[270].

Ceux qui détruisent la mémoire répondent à une attitude que l'on trouve dans toutes les cultures : le « nous » et « eux ». Ce « nous » est bien sûr exclusif. Les Autres représentent l'ennemi, ceux dont on a peur et qu'il est nécessaire d'éliminer si l'on veut survivre.

Pendant plusieurs siècles, lorsqu'apparaissait une guerre entre plusieurs États, on se retrouvait en face d'une multitude de biens culturels détruits. Aucune législation ne protégeait de manière effective ces biens. Ceux-ci étaient particulièrement visés dans les guerres et conflits armés à cause de leur valeur et de leur importance pour une communauté humaine.

---

[269] Cf. R.-S. Peters, *Le concept de motivation*, éd. ESF, 1973
[270] José Ortega y Gasset, *Études sur l'amour*, Payot, 1992 (2004), pp. 38-41

En détruisant les biens de l'Autre, c'est l'héritage et l'identité de l'Autre qui sont visés. Cette haine caractérisée par une intolérance à la diversité est bien pire que l'on ne pourrait le penser.[271]

La haine peut aussi se matérialiser au sein d'un seul État. Les Autres ici représentent la différence, la mauvaise différence. Cela arrive lorsque cet État est composé de plusieurs groupes humains culturellement différents.

Il a été souligné que l'ex-Yougoslavie était un pays composé de plusieurs ethnies différentes. La coexistence de ces ethnies a été quasiment paisible de la création de ce pays en 1945 jusqu'au milieu des années 1980. Elle s'est compliquée par la suite et une guerre s'en est suivie.

Et comme le rappelle Bénédicte Tratnjek,[272] les acteurs de la guerre utilisent la destruction et la construction de monuments pour effacer la mémoire. [273]

Même en l'absence de guerre au sein d'un État, la coexistence de plusieurs groupes culturellement différents est délicate. C'est la raison pour laquelle la protection de la diversité culturelle est de plus en plus encadrée tant par la communauté internationale que par le droit interne.

Cependant, la manière dont les pays appréhendent la diversité est d'abord fonction de leur propre rapport historique avec l'altérité.

2- La passion politique

Comment définir la passion politique ?

Les deux termes qui composent cette notion renvoient à un ensemble d'éléments tout aussi différents les uns des autres.

La politique, dans son sens large, indique le cadre général d'une société organisée, et dans son sens restreint, les luttes pour le pouvoir.

La passion quant à elle, dans son acception la plus générale, renvoie à un amour intense qui peut aller à l'encontre de la raison.

---

[271] Alain Finkielkraut, *La sagesse de l'amour*, Gallimard, 1984, p. 162.

[272] Bénédicte Tratnjek « Géographie des conflits. Les lieux de mémoire dans la ville en guerre : un enjeu de la pacification des territoires », op. cit.

[273] Chaslin François, *Une haine monumentale de la ville. Essai sur la destruction des villes en ex-Yougoslavie*, Descartes & Cie, Paris, 1997

Cette dernière s'est aujourd'hui immiscée dans la vie politique des sociétés humaines. Se développent ainsi en société des sentiments tels la réprobation, la colère, la fureur ou au contraire l'admiration, la ferveur et l'adulation.

L'histoire récente, souligne Pierre Ansart, a vu l'expansion ou l'émergence de phénomènes passionnels politiques d'une intensité exceptionnelle tels que les totalitarismes, les fanatismes politico-religieux, les racismes, les terrorismes.[274]

Ces passions politiques sont souvent partagées par une catégorie de personnes et même par une nation tout entière.

Si la passion politique peut avoir des vertus, elle est très souvent synonyme de déraison et d'analyse violente et partisane.

C'est la défense d'une idéologie quelconque qui est à la source de plusieurs crimes.[275]

Le crime contre l'humanité est un crime organisé. Il s'aligne dans la mise en œuvre d'une politique. La politique est un élément central du crime contre l'humanité. C'est un élément incontesté. Et cet élément politique peut prendre une forme gouvernementale, organisationnelle ou de groupe. Il est traduit juridiquement par l'utilisation du terme de « plan concerté ».[276]

L'acte individuel doit s'inscrire dans une chaîne et se rattacher à une politique criminelle. Cet acte est considéré comme un crime contre l'humanité parce qu'il s'inscrit dans le cadre d'un plan. Il est incriminé parce qu'il contribue à mettre en œuvre un plan criminel.[277]

Paragraphe 2 : Les auteurs du mémoricide : quels types de délinquants ?

Le droit pénal classique ne contenait aucune typologie des criminels. Aujourd'hui au contraire, le recours aux typologies de délinquants présente une utilité irremplaçable pour l'explication de l'action criminelle.

---

[274] Pierre Ansart, « Les passions politiques, hier et aujourd'hui » in *La vie des idées*, Revue Sciences humaines, hors Séries, nº 21, juin/juillet 1998.

[275] Thomas Fontaine, *L'impossible oubli : la déportation dans les camps nazis*, ÉditionF.N.D.I.R.P., Paris, Édition spéciale de 1989, p. 42

[276] Article 6 du Statut de Nuremberg, art 5 du statut du T.P.I.Y, Tadic Jugement, p. 246, § 644, Voir aussi Yann Jurovics, *Réflexions sur la spécificité du crime contre l'humanité*, LGDJ, 2002, p. 228

[277] Yann Jurovics, op. cit. p. 232

Tous les délinquants ne sont pas semblables. Chaque délinquant est unique et ne ressemble à aucun autre. Il est dès lors nécessaire de faire une distinction entre eux. Ceux qui présentent les mêmes caractères sont regroupés dans la même catégorie de délinquants, car il n'est pas possible d'avancer dans l'explication du phénomène criminel si l'on ne regroupe pas les délinquants qui présentent un minimum de caractères communs, au-delà de leur diversité, dans un même type.

De nombreuses catégories de délinquants existent. Certaines typologies de délinquants sont proposées par les criminologues, d'autres découlent de la littérature criminologique et de la pratique judiciaire.

Il est possible d'utiliser deux typologies de délinquants pour différencier les auteurs du mémoricide : les délinquants occasionnels ou d'habitude (A) et les jeunes délinquants ou délinquants majeurs (B).

A- Les auteurs du mémoricide : délinquants occasionnels ou d'habitude

On oppose traditionnellement les délinquants occasionnels aux délinquants d'habitude. Dans quelle catégorie de délinquants doivent figurer les auteurs du mémoricide ?

Ces derniers sont généralement des délinquants occasionnels. Mais rien n'empêche que de telles pratiques soient mises en œuvre par des délinquants d'habitude.

Les délinquants occasionnels sont des individus généralement respectueux des règles sociales, mais qui ont exceptionnellement commis un acte répréhensible. La délinquance occasionnelle n'est pas le symptôme d'une altération grave de la personnalité.

Il existe trois catégories de délinquants occasionnels : les pseudo-délinquants, les criminels passionnels et les criminaloïdes.

Les pseudo-délinquants sont des personnes qui ne commettent d'infractions que sous l'effet de circonstances extraordinaires (légitime défense, contrainte, nécessité). Ils ne sont juridiquement pas responsables. Les auteurs du mémoricide sont à exclure de cette catégorie.

Les criminels passionnels dont les crimes sont motivés par une passion généralement malsaine. Il a déjà été souligné plus haut que les auteurs du mémoricide étaient souvent motivés par la haine ou par la passion politique.

Les criminaloïdes sont des délinquants d'occasion parfois considérés comme des délinquants d'habitude en puissance, car ils peuvent avoir recours à la délinquance à cause des influences environnementales.[278]

Contrairement à la délinquance occasionnelle, le délinquant d'habitude est un multirécidiviste. C'est un individu qui n'arrive pas à respecter les règles sociales. Il peut être un professionnel ou un non professionnel. Le professionnel en a fait son activité principale et vit de la délinquance.

La majorité des délinquants sont des délinquants occasionnels. Il en est de même pour les auteurs du mémoricide qui représentent le commun des mortels, le citoyen normal. Les délinquants habituels ont des réactions psychologiques d'inadaptés sociaux.[279]

B- Les auteurs du mémoricide : jeune délinquant ou délinquant adulte

La théorie criminologique, la pratique et le Code pénal font une distinction entre les jeunes délinquants et les délinquants adultes. Les règles de droit s'appliquant au jeune délinquant diffèrent de celles s'appliquant au délinquant adulte.

Le jeune délinquant est un mineur[280]. Il n'a pas le discernement nécessaire pour peser les conséquences de ses actes. En France, seuls les mineurs incapables de discernement (lequel s'acquiert vers l'âge de 7/8 ans) sont pénalement irresponsables (article 122-8 C. pén.)[281].

L'analyse criminologique des mineurs délinquants a montré que tous les mineurs ne répondent pas au même modèle. La délinquance est pour la majorité d'entre eux la conséquence d'un problème de socialisation.[282]

Le mémoricide est un crime qui ne peut être le fait d'un mineur délinquant. En effet, il nécessite une certaine réflexion. Les auteurs du

---

[278] Raymond Gassin, Sylvie Cimamonti, Philippe Bonfils, *Criminologie*, Dalloz, 7e Édition, septembre 2011, pp. 629- 630

[279] Raymond Gassin, Sylvie Cimamonti, Philippe Bonfils, op. cit. pp. 631-633

[280] Cons. Constit. 29 août 2002, JO 10 sept. 2002, p. 14953 ; Gaz. Pal. 4-5 sept. 2002, p. 3, note J.-E. Schoettl.

[281] Il est cependant à noter que la doctrine majoritaire a longtemps affirmé que les mineurs étaient pénalement irresponsables au motif qu'ils n'encouraient pas de peine (jusqu'à 13 ans), ou que celles-ci étaient limitées à la moitié de celles encourues par les majeurs (à partir de 13 ans). En ce sens Jean-François Renucci, *Droit pénal des mineurs*, Masson, 1994, pp. 115 et s.

[282] Raymond Gassin, Sylvie Cimamonti, Philippe Bonfils, op. cit. pp 636-637

mémoricide ne commettent pas de simples actes de vandalisme. Ces derniers peuvent être le fait des mineurs délinquants. Mais au-delà de ces actes, il y a une volonté de tuer la mémoire, de détruire l'identité et l'héritage d'un peuple.

Les mineurs délinquants ne bénéficient pas d'aptitudes intellectuelles leur permettant de comprendre que derrière telle destruction, ce n'est pas le bien qui est visé, mais la mémoire qu'il représente pour une communauté.

Section 2 : L'intention mémoricidaire

L'article 121-3 du Code pénal dispose :

« *Il n'y a point de crime ou de délit sans intention de le commettre. Toutefois, lorsque la loi le prévoit, il y a délit en cas de mise en danger délibérée de la personne d'autrui. Il y a également délit, lorsque la loi le prévoit, en cas de faute d'imprudence, de négligence ou de manquement à une obligation de prudence ou de sécurité prévue par la loi ou le règlement. Il n'y a point de contravention en cas de force majeure.* »

La mise en valeur des différentes composantes de l'infraction permet au juge d'examiner avec minutie chacun des éléments de l'acte poursuivi.[283] Pour que l'infraction existe juridiquement, il faut un acte matériel (élément matériel), prévu et puni par la loi (élément légal). Cet acte matériel doit être l'œuvre de la volonté de son auteur. C'est la volonté criminelle selon la terminologie anglaise. Le droit français utilise le terme « élément moral ».[284]

---

283 Patrick Kolb et Laurence Leturmy, *Droit pénal général*, 2e Édition, Gualino, 2008, p. 166

284 Selon Bernard Bouloc, « pour quelques auteurs, l'élément moral n'est pas un élément constitutif de l'infraction, mais une condition psychologique de la culpabilité de l'auteur d'une infraction, objectivement constituée (Merle et Vitu, *Traité de droit criminel*, 7e éd, n° 572 et ss. ; Comp. G. Levasseur « Étude de l'élément moral de l'infraction », *Annales de la Faculté de droit de Toulouse*, t. XVIII, fac. 1, pp. 81 et ss.) Pour d'autres, une fois l'imputabilité établie, il faut rechercher si la société reproche une « réaction hostile aux règles sociales », (A. C. Dana, *Essai sur la notion d'infraction pénale*, p. 343). Quelques auteurs estiment qu'il y a essentiellement l'acte et que les aspects psychologiques intéressent la responsabilité de l'agent (Pradel, 14 éd., n° 461). À vrai dire, l'élément moral est bien une composante de l'infraction puisque, en son absence, le juge d'instruction est en droit de rendre une décision de non-lieu, et le juge de jugement une décision de relaxe ou d'acquittement.» Bernard Bouloc, *Droit pénal général*, 22e Édition, Dalloz, mai 2011, p. 241

Au sens étymologique, l'intention (*intendere*) est la volonté tendue vers un certain but ; c'est une volonté dirigée.

En droit pénal, l'intention criminelle qu'on appelle aussi le dol criminel est donc la volonté tendue à dessein vers un but interdit par la loi pénale (tuer ou s'approprier le bien d'autrui). Si le but recherché, quoique contraire en soi à l'ordre social, n'est pas défendu par un texte légal, la volonté de l'atteindre ne constitue pas une intention criminelle.

Dans la plupart des infractions pénales, l'intention du délinquant se limite à une simple conscience de l'illicéité de l'acte projeté et à la volonté de l'accomplir quand même. On est alors en présence d'un dol général.

Mais l'intention suppose, comme c'est le cas dans le mémoricide, outre la conscience et la volonté infractionnelles, la volonté de procurer un résultat précis : c'est l'hypothèse d'un dol spécial (paragraphe 1).

Par ailleurs, à l'analyse, toute intention paraît susceptible de variations, de degrés. Est-ce le cas de l'intention mémoricidaire ? (paragraphe 2)

Paragraphe 1 : L'intention mémoricidaire, un dol spécial ?

Trois remarques sont nécessaires pour préciser cette notion. Il faut premièrement présenter le dol général (A). Il faut ensuite faire une distinction entre le dol spécial et le mobile (B). Ce dernier élément n'est pas considéré comme une intention criminelle. Il faut soulever enfin la particularité du dol spécial (C).

A- La notion de dol ou « dol général »

La notion de dol n'est pas définie par le législateur, celle d'intention, encore moins. Le juge, tout comme son homologue, ne la précise pas non plus. La doctrine, quant à elle, la précise.

D'après E. Garçon[285] et la plupart des criminalistes classiques, le dol réside dans la connaissance ou la conscience chez l'agent de l'accomplissement d'un acte illicite. La notion semble des plus simples à cerner. L'agent doit connaître l'interdiction et décider de passer outre cette interdiction et de commettre l'acte interdit.

---

[285] Auteur cité par Bernard Bouloc, *Droit pénal général*, 22e Édition, Dalloz, mai 2011, p. 243

Quel pourrait être l'importance réelle de la notion de dol ?

Le « nul n'est censé ignorer la loi » fait présumer le principe de présomption de connaissance de la loi. Pourtant la connaissance de tous les interdits est difficilement possible.

Par ailleurs, l'acte de commettre l'acte interdit est une donnée psychologique. Elle renvoie à la notion d'imputabilité qui souligne que l'intention ne se pose pas chez le patient dépourvu de conscience. La volonté se confond ainsi avec l'imputabilité.

Dans bien des situations, l'intention de l'auteur est présumée par la matérialité des faits. Au début du siècle, la Cour de cassation[286] n'avait pas hésité à le dire clairement.[287]

B- Le mobile

Cette notion est très importante dans l'explication criminologique.[288]

Il est nécessaire de différencier les mobiles des motifs. Les mobiles sont liés au psychisme, à l'affectif, aux forces intérieures qui poussent un individu à commettre une infraction.

Le motif renvoie davantage à l'intelligence, aux raisons intellectuelles qui poussent un individu à commettre un crime.[289]

Les mobiles et les motifs sont des notions subjectives. Mais le dol est une notion objective. Cette dernière est la volonté consciente d'accomplir un acte interdit. C'est la raison pour laquelle, elle est commune à tous les délinquants. Le mobile et les motifs sont essentiellement variables avec les individus et les circonstances.

---

286 Crim., 4 janvier 1902, D. 1904, p. 528

287 Patrick Kolb et Laurence Leturmy, *Droit pénal général*, op. cit. p. 195

288 Raymond Gassin, Sylvie Cimamonti, Philippe Bonfils, *Criminologie*, Dalloz, 7e Édition, septembre 2011, p.114

289 R. Bernardini, *Droit pénal général. Introduction au droit criminel. Théorie générale de la responsabilité pénale*, op. cit. pp. 399-400 ; Voir aussi Mathieu Jacquelin, *L'incrimination de génocide, Étude comparée du droit de la Cour pénale internationale et du droit français*, Fondation Varenne, Collection des thèses, 2012, p. 432

Le Code pénal français ne considère que l'intention ; il ne tient aucun compte du mobile. On peut reprendre la célèbre formule selon laquelle « *le mobile ne sauve ni ne nuit* ».

En règle générale, celui-ci est indifférent tant en ce qui concerne l'existence (1) de l'infraction que la répression (2) de celle-ci. Il en est de même en ce qui concerne le mémoricide.

1- Le mobile et l'existence de l'infraction

En principe, le mobile n'intervient pas dans la constitution du délit. Il existe cependant quelques exceptions à ce principe.

C'est le cas de la banqueroute (article L. 654-2 C. com) et du délit d'organisation de sa propre insolvabilité (article 314-7 C. pén). Dans ces deux délits, la raison du mobile est prise en compte dans la constitution de l'infraction.

Le mémoricide est réalisé par la seule volonté criminelle, abstraction faite du mobile qui l'a déterminée. Le mobile ne détermine pas la qualification du mémoricide. Il a été souligné plus haut que le mobile pouvait être utile pour la description de la personnalité des auteurs de mémoricide.

Sans influence sur l'existence ni la qualification de l'infraction, le mobile influe davantage sur la peine.

2- Le mobile et la répression de l'infraction

Traditionnellement, la loi prévoit toujours la même peine, quel qu'ait été le mobile de l'acte. Que l'assassinat soit la conséquence d'un acte de vengeance, de haine, de pitié (euthanasie) ou d'amour (crime passionnel), il peut être punissable de la réclusion criminelle à perpétuité.

Il est en de même pour le vol. Qu'il soit la conséquence d'un acte de cupidité, de convoitise, d'habitude, de manie (kleptomane) ou de misère, l'auteur d'un vol simple est toujours exposé à la peine de prison édictée par l'article 311-3 du Code pénal.

La conscience n'appartient qu'à l'individu, dit-on. L'individu ne devrait pas être jugé avec toutes ses passions et ses pulsions. Or, ne pas tenir compte du mobile reviendrait alors à rendre une justice mécanique. C'est la raison pour laquelle notre droit positif accorde une attention au mobile en vue de corriger la rigueur excessive et automatique de la loi.

Le juge tient souvent compte des mobiles dans l'application judiciaire de la peine. Les criminels passionnels sont souvent acquittés par les Cours d'assises.[290] Cela confirme le grand pouvoir d'appréciation qui a été reconnu aux magistrats en matière pénale dès le XIXe siècle.

Le législateur contemporain a innové en la matière. Il a forgé les circonstances aggravantes. Il en va ainsi des mobiles racistes, sectaires ou homophobes (Code pénal articles 132-76 et 132-77).

Les mobiles constituent ainsi des circonstances aggravantes prises en compte par le juge dans la répression de plusieurs infractions.

L'article 322-1 du Code pénal dispose :

« *La destruction, la dégradation ou la détérioration d'un bien appartenant à autrui est punie de deux ans d'emprisonnement et de 30 000 euros d'amende, sauf s'il n'en est résulté qu'un dommage léger.* »

L'article 322-2 du présent Code dispose :

« *Lorsque l'infraction définie au premier alinéa de l'article 322-1 est commise à raison de l'appartenance ou de la non-appartenance, vraie ou supposée, de la personne propriétaire ou utilisatrice de ce bien à une ethnie, une nation, une race ou une religion déterminée, les peines encourues sont également portées à trois ans d'emprisonnement et à 45 000 euros d'amende.* »

Ainsi les actes commis pour des raisons ethniques, raciales, sexuelles ou religieuses sont des circonstances aggravantes. [291]

On peut déduire de cette analyse que les acteurs du mémoricide – lesquels sont presque toujours animés de mobiles ethniques, religieux ou raciaux – commettent un crime avec des circonstances aggravantes.

Le mobile ne sert plus alors à caractériser une infraction, mais à accentuer la répression d'un comportement rentrant d'ores et déjà dans le champ d'une incrimination pénale.

Et il est tout à fait juste de considérer que le mémoricide, conçu comme une participation éclairée à un projet de destruction des éléments du patrimoine culturel, exige un comportement antisocial et n'implique

[290] Bernard Bouloc, *Droit pénal général*, op. cit. p. 247

[291] Patrick Kolb et Laurence Leturmy, *Droit pénal général*, op. cit. p. 196

absolument pas l'existence d'un mobile particulier. Ce dernier pouvant certes se rajouter au dol, mais ne pouvant constituer une des composantes de l'élément moral du mémoricide.

C- La particularité du dol spécial

Le dol général n'est pas toujours suffisant.[292] Une volonté criminelle plus précise appelée dol spécial ou dol spécifique est quelquefois requise.[293]

En effet, certaines infractions requièrent à côté du dol ordinaire, un dol spécial. Ces infractions appellent une donnée psychologique supplémentaire. Cette dernière vient compléter la simple volonté de commettre l'acte tout en le sachant interdit. Cette donnée supplémentaire est nommée dol spécial.

Le dol spécial se caractérise par la prise en compte du résultat que provoque le comportement incriminé : c'est la conscience d'agir en vue d'atteindre un but supérieur. C'est une volonté tendue vers un résultat extérieur à l'incrimination et qui ne peut se déduire du seul caractère intentionnel du comportement considéré.

Catherine Grynfogel, à propos de l'élément moral des crimes contre l'humanité, souligne que « *l'auteur n'agit pas seulement en vertu d'un dol général ordinairement requis pour engager la responsabilité pénale [...]. Son intention délictueuse, dirigée vers l'obtention d'un résultat déterminé, se superpose à la simple volonté de commettre un crime* »[294].

À l'instar du dol général, le dol spécial n'est pas défini par la loi. Il faut se tourner vers la doctrine pour avoir un début de définition. Il reste donc empreint d'une certaine relativité. Une approche de la doctrine souligne qu'un texte de loi est nécessaire pour la reconnaissance du dol spécial. [295]

Sur le génocide, l'article 421-1 du Code pénal exige que les actes constitutifs (atteinte à la vie ou à l'intégrité physique, vol, destruction,

---

[292] L'existence même de dol général est contestée par A. C. Dana, au moins sur le plan conceptuel. À ses yeux la volonté de l'agent est absorbée par l'imputabilité et la conscience de l'illicéité par la légalité pénale. (A. C. Dana, *Essai sur la notion d'infraction pénale,* p. 343)

[293] Pour A. C. Dana, le dol spécial consiste dans la volonté utilisée dans le but de nuire à une valeur sociale déterminée ; le comportement de l'agent est une réaction d'hostilité, et non de simple indifférence.

[294] Catherine Grynfogel, « Crimes contre l'humanité », in *J-Cl. Pénal*, 1998, p. 19

[295] Emmanuel Dreyer, *droit pénal général*, 2e Édition, août 2012, p. 578

transfert d'enfants, etc.) soient accomplis intentionnellement. C'est le dol général.

Mais il est exigé que ces actes soient accomplis en exécution d'un plan concerté, dans le cadre d'une entreprise individuelle ou collective tendant à la destruction totale ou partielle d'un groupe déterminé. Les auteurs de tels actes souhaitent atteindre résultat précis (l'extermination d'un groupe arbitrairement déterminé. On parle de dol spécial.[296]

Il n'existe pas de textes définissant le mémoricide, celui-ci étant une création doctrinale et jurisprudentielle. Cependant, la même analyse peut être effectuée en matière de mémoricide.

L'élément moral requis est indispensable au maintien de la qualification de mémoricide. Il faut que les actes de destruction du patrimoine culturel soient accomplis en exécution d'une politique d'éradication de la mémoire, d'une politique qui vise à effacer les traces d'un passé, d'une histoire.

Le résultat à atteindre est évident. Il ne s'agit pas d'une simple destruction de biens culturels. Il faudrait que le choix des biens culturels par les auteurs du mémoricide témoigne de la finalité qu'ils souhaiteraient atteindre.

Comme le souligne Mirko Grmek dans l'analyse qu'il fit de la guerre de l'ex-Yougoslavie, toutes les destructions sont faites avec intelligence et dans un seul but : éradiquer la mémoire.

Bien qu'une partie de la doctrine souligne qu'il est nécessaire de relativiser l'originalité du dol spécial, cette exigence supplémentaire[297] trouve tout son intérêt dans certains crimes de droit international, dont le mémoricide. L'intention mémoricidaire est un dol spécial. Et il est susceptible de degrés.

Paragraphe 2 : Les degrés de l'intention mémoricidaire

À l'état actuel des débats, on serait tenté de confondre le mobile et l'intention mémoricidaire. Dans celui-ci, ce qui est visé est davantage une donnée objective qu'une donnée psychologique. La donnée objective n'est guère compatible avec le caractère subjectif du mobile.

---

[296] Valérie Malabat, *Droit pénal spécial*, Dalloz, 4e Édition, septembre 2009, p. 10

[297] Aveu judiciaire ou, à tout le moins, reconnaissance des faits auprès de tiers (V. Cass. Crim. 8 juin 1993 : Bull. Crim. 1993, n° 203; *Dr. Pén.* 1993, comm. 211, obs. M. Véron)

Il a été souligné ci-dessus qu'un mobile est la raison concrète qui pousse un individu à agir. Un même acte peut, en effet, être accompli avec des motivations qui sont propres à chaque auteur : curiosité, goût du risque, concupiscence, avarice, xénophobie, convictions politiques ou religieuses...

Variables, ces motivations ne permettent pas de définir le mémoricide. Tout juste, servent-elles au juge dans la fixation de la peine.

Le dol est susceptible de degrés dont la considération peut influer sur la qualification et la répression. Des notions comme celles de dol aggravé, de dol indéterminé, de dol éventuel défilent.

En ce qui concerne le mémoricide, peut-on parler de variations sur l'intention criminelle ? En principe, le mémoricide est un dol aggravé (A). Le nombre de biens culturels détruits importe peu dans à la définition dudit crime (B).

A- L'intention mémoricidaire : un dol aggravé

Le dol aggravé révèle une intention préméditée contrairement au dol simple qui se caractérise par une détermination « quasi immédiate et spontanée ».

La préméditation est définie en droit pénal français. L'article 132-72 du Code pénal dispose :
« *La préméditation est le dessein formé avant l'action, de commettre un crime ou un délit déterminé* ».

Le mode opératoire de l'infraction a été prévu par l'auteur de l'infraction avant que celle-ci ne soit réellement réalisée. On considère alors que l'auteur est pleinement conscient de ses actes avant que le crime ou le délit ne soit commis.

La préméditation permet de faire une différence entre le meurtre et l'assassinat. La préméditation n'est requise que dans l'assassinat. Jouant des circonstances, le législateur module la sanction maximale. Pour le meurtre, la sanction maximale est de trente ans tandis que pour l'assassinat la sanction maximale est la réclusion criminelle à perpétuité.

La volonté de tenir compte des desseins particulièrement blâmables de certains auteurs justifie la création du dol aggravé. La référence au mobile est ici extrêmement présente. Le nouveau Code pénal multiplie les hypothèses de dol aggravé.

On pourrait affirmer que le mémoricide serait une forme d'assassinat de la mémoire, car il est un crime prémédité et organisé. Il n'est jamais le résultat d'un acte irréfléchi. Une organisation est toujours nécessaire pour parvenir au but : la destruction de son patrimoine culturel.

L'acte formant le crime contre l'humanité n'est donc rendu possible que par l'existence d'un système criminel, d'une entreprise criminelle, un plan concerté[298], auquel contribue une multitude d'individus.[299]

Il n'est pas nécessairement la conséquence d'une organisation criminelle. Et il est important de distinguer l'organisation criminelle du crime organisé.

Le crime organisé est un crime qui exige la formation d'un plan ; d'où son appellation. Il s'ébauche souvent dans les bandes d'enfants, dans les groupes d'adolescents avant de se poursuivre chez les adultes où les techniques d'organisation atteignent leur plus haute expression.[300]

Jean Pinatel souligne que le crime organisé peut être l'œuvre d'un délinquant professionnel qui agit isolément du moment que les actes qu'il pose s'inscrivent dans le cadre d'un plan élaboré. Cependant, quand on parle aujourd'hui de crimes organisés, ce que l'on vise essentiellement ce sont des organisations criminelles dont les activités criminelles sont elles-mêmes « organisées ».[301]

Le crime organisé est de plus en plus entendu comme l'ensemble des activités criminelles exercées par des organisations criminelles : la mafia sicilienne, al quaida…

L'appartenance d'individus aux organisations criminelles n'est pas par hypothèse une donnée visible et facilement quantifiable. Toujours est-il qu'une organisation criminelle est constituée si elle regroupe un minimum de trois personnes. Ces personnes sont généralement des personnes ayant un passé criminel non négligeable.[302]

---

[298] Termes employés dès le Rapport du juge Jackson au Président Truman du 7 juin 1945, Cf Eugène Aroneanu, « Le crime contre l'humanité » (Doc. F. 775 au TMI), Nouvelle revue de droit international privé, 1946, nº 2, p. 299

[299] Yann Jurovics, *Réflexions sur la spécificité du crime contre l'humanité*, LGDJ, 2002, p. 229

[300] Raymond Gassin, Sylvie Cimamonti, Philippe Bonfils, *Criminologie*, 7e Édition, Dalloz, octobre 2011, p. 646

[301] Auteur cité par Gassin, Cimamonti, Bonfils, op. cit. pp. 646, 647

[302] Gassin, Cimamonti, Bonfils, op. cit. pp.651, 652

En ce qui concerne le mémoricide, l'idée initiale, la préparation, mais aussi l'exécution ne peuvent pas être l'œuvre d'une seule personne. Parce que l'individu est limité quant à ses propres ressources matérielles et intellectuelles, son activité est nécessairement limitée à certains types de crimes et à certains modes d'exécution.

Le mémoricide est nécessairement exécuté par plusieurs personnes exerçant ou pas au sein d'une organisation criminelle. Le mouvement islamique du mali (organisation criminelle) qui, depuis le début de l'année 2012, met un point d'honneur à la destruction de mausolées à Tombouctou (Mali) révèle cette réalité.

Mais le mémoricide n'est pas toujours le fait d'une organisation criminelle. Un groupe d'individus assoiffés de pouvoir peut commettre des actes de mémoricide. Les hommes assoiffés de pouvoir et de contrôle peuvent jeter au feu la mémoire humaine.[303]

Pendant la Seconde Guerre mondiale (1939-1945), des millions d'hommes et de femmes ont été tués. Ce fut l'un des événements les plus dévastateurs du XXème siècle. Une grande partie du patrimoine culturel de l'Europe a été détruit. Certaines de ces destructions étaient accidentelles, d'autres ne l'étaient pas.

C'est ainsi que les États-Unis ont qualifié, en 1944, de nécessités militaires certaines destructions (abbaye du Monte Cassin). Mais dans la plupart des cas, ces destructions sont délibérées.

Et Mirko Grmek de souligner en ce qui concerne la guerre de l'ex-Yougoslavie, plus de cinquante ans après, que la plupart de ces actes de vandalisme ont été commis non seulement suivant un plan plutôt précis, mais surtout après l'occupation des lieux et non dans les feux du combat.

Le droit international positif élargit la notion de plan concerté. Il est tenu compte du degré d'organisation et du caractère souple de l'interprétation du lien de causalité.[304]

À travers la destruction de monuments, de lieux de culte ou d'œuvres d'art, c'est l'identité de l'adversaire, son histoire, sa culture et sa foi que l'on

303 Abdi Abd-Allah, bu.univ-alger.dz
304 Yann Jurovics, *Réflexions sur la spécificité du crime contre l'humanité*, LGDJ, 2002, p. 229

cherche à anéantir, afin d'effacer toute trace de sa présence et, parfois, jusqu'à son existence même.

La destruction d'un seul monument ou d'un seul bien culturel suffit-elle à caractériser cet acte de mémoricide ? L'intention mémoricidaire suffit-elle à la caractérisation du mémoricide ? Le nombre de biens culturels détruits importe-t-il dans la qualification du mémoricide ?

B- L'intention mémoricidaire et la gravité des destructions

Le mémoricide partage avec le génocide les mêmes conditions d'application. En effet, tout comme le génocide, les conditions pour qualifier un acte de mémoricide sont *l'actus reus* et la *mens rea.*

L'actus reus renvoie à l'acte illégal et la *mens rea* à l'intention de commettre le crime, en l'occurrence de détruire le patrimoine culturel d'une collectivité humaine.

Concernant la *mens rea*, comme démontré ci-dessus, il ne s'agit pas d'un dol général, mais d'un dol spécial, une intention spécifique de détruire par ses actions, la mémoire, l'héritage, l'identité d'une communauté humaine.

Il ne peut y avoir de mémoricide sans l'intention de détruire la mémoire d'un groupe. La constitution légale du crime englobe nécessairement l'élément moral, à savoir l'intention mémoricidaire.

Celle-ci suffit-elle à la constitution du crime, ou bien un seuil quantitatif est-il nécessaire pour caractériser et qualifier ce crime ? Est-ce que la destruction d'un seul bien culturel est un acte de mémoricide ?

Il n'y a pas de Conventions internationales ou de textes juridiques relatifs au mémoricide qui puisse répondre à ces questions. Logiquement, la destruction d'un bien culturel isolé ne peut être considérée comme un acte de mémoricide.

La nature même du crime implique une volonté de détruire une proportion significative du patrimoine culturel. Mirko Grmek souligne d'ailleurs que quatre cents monuments ont été détruits dans la guerre de l'ex-Yougoslavie. Le choix et le nombre de biens culturels détruits révèlent la volonté d'éradiquer la mémoire et de faire perdre à un groupe son héritage et son passé.

En effet, il est dit du mémoricide qu'il est un crime contre l'humanité. Et il semble évident que la première spécificité du crime contre l'humanité découle de son extrême gravité. Par ailleurs, ces crimes présentent de surcroît toujours un caractère massif.

Pourtant, la thèse contraire peut être soutenue. L'intention joue un rôle décisif en la matière. Parce que c'est l'intention de détruire la mémoire en tant que telle qui est décisive, le nombre de biens détruits ne devrait pas un élément constitutif de l'infraction.

Rien n'interdit, en effet, de qualifier un crime de mémoricide, alors même qu'un seul bien a été détruit, ou, du moins, que les destructions des biens sont très peu nombreuses.

Cette thèse n'est ni audacieuse ni fantaisiste. Elle se doit d'être analysée avec sérieux. Car en définitive, en l'absence de textes pertinents, il n'est pas possible de déterminer les éléments constitutifs dudit crime. En pratique, cependant, l'élément matériel permet souvent de prouver l'intention mémoricidaire.

Les destructions massives peuvent faire présumer l'intention mémoricidaire. La preuve d'une telle intention est difficile, voire impossible en cas de destruction d'un bien isolé du patrimoine culturel d'une communauté.

Une telle reconnaissance aurait pour mérite de multiplier les actes de mémoricide et de faire perdre à ce crime tout son intérêt et sa valeur juridique. Le mémoricide ne devrait pas être constitué par la seule destruction d'un bien isolé.

Le mémoricide devrait, au contraire, être reconnu dès lors que l'on se trouve en présence d'au moins deux destructions de biens culturels (une accessoire et une principale), ayant une certaine valeur pour la collectivité, telles la destruction d'une bibliothèque et des livres qu'elle abrite ou encore celle d'un musée et des objets qui s'y trouvent.

Chapitre 2 : La matérialisation du massacre de la mémoire

Les atteintes aux biens culturels sont constantes dans l'histoire de l'humanité. Elles ne sont pas nouvelles, mais anciennes.

De façon générale, la criminologie distingue deux types de comportements. D'une part, certains comportements atteignent matériellement le bien et entraînent sa destruction ou sa disparition. D'autre part, certains actes visent exclusivement l'appropriation ou l'utilisation des biens d'autrui, procédant à une dépossession.[305]

Le droit pénal adopte la même classification et distingue les atteintes matérielles et violentes des atteintes juridiques et astucieuses.

S'il est certes vrai que l'on a tendance à considérer le mémoricide comme le résultat d'une atteinte directe aux biens culturels et patrimoniaux (section 1), il est intéressant de s'interroger sur la possibilité d'établir l'existence d'un mémoricide en cas d'atteinte indirecte aux biens culturels et patrimoniaux (section 2).

Section 1 : Les atteintes directes aux biens

Le Code pénal fait une distinction entre les destructions, dégradations et détérioration ne présentant pas de danger pour les personnes et les destructions, dégradations et détériorations présentant des dangers.[306] Ce schéma ne sera pas suivi.

Après avoir expliqué quels sont les biens culturels susceptibles de faire l'objet d'une atteinte directe dans le cadre d'un mémoricide (paragraphe 1), les formes d'atteintes directes (paragraphe 2) utilisées pour arriver à de telles fins seront analysées.

---

305 Claudia Ghica-Lemarchand, Frédéric-Jérôme Pansier, *Droit pénal spécial*, Dyna'sup Droit, août 2007, p. 238

306 Valérie Malabat, *Droit pénal spécial*, Dalloz, 4e Édition, septembre 2009, p. 435

Paragraphe 1 : La nécessité de biens culturels matériels

Plusieurs biens culturels sont susceptibles d'être détruits ou de subir une détérioration. Certains sont, en effet, plus exposés que d'autres. Si la seule la destruction des biens culturels matériels (A) doit être prise en compte dans un mémoricide. Le mémoricide ne devrait être reconnu pour la destruction du patrimoine culturel immatériel d'une collectivité. Qu'en est-il des secteurs sauvegardés (B) ? Doivent-ils être pris en compte dans un mémoricide ?

A- Les biens mobiliers ou immobiliers

Il existe une distinction fondamentale en droit du patrimoine culturel : le patrimoine culturel mobilier et le patrimoine culturel immobilier. Le patrimoine culturel contient donc des règles distinctes selon la nature des éléments.

Les éléments du patrimoine culturel sont avant tout perçus par le droit comme des choses matérielles. L'article L.1 du code du patrimoine français ne vise d'ailleurs que le patrimoine matériel.

Cependant, le 17 novembre 2006, la France a ratifié la Convention pour la sauvegarde du patrimoine immatériel adoptée à Paris en date du 17 octobre 2003.

L'alinéa 1 de l'article 2 de la Convention pour la sauvegarde du patrimoine culturel immatériel dispose :

« *On entend par « patrimoine immatériel » les pratiques, représentations, expressions, connaissances et savoir-faire – ainsi que les instruments, objets, artefacts et espaces culturels qui leur sont associés – que les communautés, les groupes et, le cas échéant, les individus reconnaissent comme faisant partie de leur patrimoine culturel* ».

Les politiques publiques se doivent donc de porter le même intérêt au patrimoine culturel immatériel. Cette prise en compte est cependant sans importance pour les éléments constitutifs d'un mémoricide.

En effet, la destruction des éléments immatériels du patrimoine culturel n'entraîne pas la reconnaissance d'un mémoricide. Il a été souligné dans l'introduction que la destruction du patrimoine culturel immatériel d'une collectivité entraîne certes la destruction d'une identité culturelle comme c'est le cas dans le mémoricide, mais elle renvoie à une autre notion: l'ethnocide.

Le mémoricide ne concerne que les éléments matériels (mobiliers et immobiliers) du patrimoine culturel. D'ailleurs, en temps de guerre, il est plus facile de détruire les biens culturels imposants (les monuments historiques ou les biens immobiliers). Ces derniers ne peuvent pas être transportés et cachés dans des lieux sûrs contrairement aux biens culturels mobiliers qui sont plus faciles à protéger.

C'est la raison pour laquelle, il était nécessaire d'établir des règles qui interdisent toute destruction intentionnelle du patrimoine culturel pendant les guerres et conflits armés.

La communauté internationale, sous l'égide de l'UNESCO, a mis en place une série de Conventions relatives à la protection des biens culturels (les Conventions de La Haye de 1899, 1907, 1954..., le Pacte de Washington de 1935).

En l'absence de guerre, les biens les plus sensibles seront sans doute les biens mobiliers. La destruction de tel monument ou de tel immeuble est visible parce que dans le champ spatial il occupe une place non négligeable. En revanche, il est plus difficile de s'apercevoir aussitôt de la perte des biens mobiliers.

C'est la raison pour laquelle la protection mise en place par le droit français pour les biens mobiliers et les biens immobiliers s'adapte parfaitement à la nature des biens à protéger.

Cette protection peut tenir compte du contexte. Le bien ou l'élément matériel est protégé, tout comme ce qui l'entoure. Il en est ainsi du patrimoine subaquatique. Le « *contexte archéologique et naturel* » reçoit la qualification de patrimoine culturel. On parle de patrimoine culturel par extension.

Ils bénéficient ainsi d'un traitement spécifique à cause de leur réalité physique qui ne les expose pas aux mêmes risques que les autres éléments du patrimoine culturel.[307]

---

[307] V. notamment la question des immeubles par destination dans la protection des monuments historiques, article L. 622-1, p. 454 et article L. 622-20, p. 479 du Code du patrimoine

Mais qu'en est-il des sites et espaces protégés ? Peuvent-ils être considérés comme des éléments matériels susceptibles de faire l'objet d'un mémoricide ?

B- Les espaces protégés

Que ce soit pour des raisons historiques ou administratives, une multitude de textes encadrent le droit des espaces protégés.

Le patrimoine s'étend des éléments architecturaux remarquables aux manuscrits, livres rares, collections en passant par les éléments faunistiques, floristiques et paysagers. Ces derniers éléments composent le patrimoine naturel.[308]

Il n'existe aucune définition précise et aucun régime juridique propre au patrimoine naturel[309]. Le patrimoine naturel est généralement considéré comme résultant des forces naturelles caractérisées par une absence d'intervention de l'homme.

L'admission de cette définition est délicate, car une nature "pure" est quasi inexistante. L'homme intervient toujours pour l'organiser.[310]

La notion de nature peut être déclinée en plusieurs catégories. Elle renvoie au patrimoine géologique (nature minérale), patrimoine paléontologique (nature fossile) et au patrimoine culturel (élément paysager marqué par l'homme).

Seule cette dernière catégorie sera mise en valeur. Le paysage est un espace géographique qui mérite aussi une protection. Car tout pouvoir s'affirme et s'exerce dans un espace.[311]

Durant plusieurs années, seuls les édifices importants étaient protégés. Cela se justifiait par la conception monumentale du patrimoine de l'époque. Les simples bâtiments n'étaient pas préservés et conservés. Ils étaient considérés comme ayant peu d'intérêt.

---

308 Raphaële Mouren, *Manuel du patrimoine en bibliothèque*, Paris, Éd. du Cercle de la Librairie, 2007

309 J.-M. Bécet et R. Rézenthiel, *Dictionnaire juridique des ports maritimes et de l'environnement littoral*, PUR, 2004, p. 137

310 P.-L. Frier, *Droit du patrimoine culturel*, PUF, 1997, p. 14

311 Pierre Bourdieu (dir.), « Effet de lieu », dans Bourdieu, Pierre (dir.), *La Misère du monde*, Le Seuil, Paris, 1993, pp. 249-262.

Le développement de l'urbanisation a apporté de profonds changements. Bien plus que des témoignages d'une époque révolue, la sauvegarde de l'ensemble architectural est devenue nécessaire. [312] Il faut conserver le contexte tant architectural que paysager des monuments pour en assurer leur mise en valeur.[313]

En effet, un monument peut disparaître ou peut perdre sa signification quand il n'est pas réduit à l'état de fragment. Plusieurs monuments ou sites peuvent être décontextualisés, privés de sens à cause de diverses constructions.[314]

La protection du monument pour son intérêt artistique ou historique est insuffisante sans la protection de l'environnement auquel est lié ce monument.[315]

On ne peut protéger un monument isolé, il faut tenir compte de l'ensemble des entités qui l'entourent. Le droit de l'urbanisme organise dorénavant cette protection.[316]

Le titre IV du livre VI du Code du patrimoine assemble sous l'expression « espaces protégés » les seules dispositions relatives aux secteurs sauvegardés (1) et aux zones de protection du patrimoine architectural, urbain et paysager (2).

Pour autant, la notion d'espaces pourrait être entendue dans un sens large. Si l'arrêt du Conseil d'État en date du 4 avril 1914 GOMEL (GAJA) tient compte des perspectives monumentales, d'autres dispositions juridiques intègrent les lieux avoisinants, les sites, ainsi que les paysages.

Une plus large prise en compte de l'espace dans la qualification du patrimoine se constate. La protection des espaces patrimoniaux est de mieux en mieux organisée par le droit de l'urbanisme.

Il est important de distinguer la notion d'espace protégé de celle de site. Les deux notions recouvrent des réalités différentes. La notion de site est

---

[312] Patrice Béghain, op. cit. p. 76

[313] P.-L. Frier, *Droit du patrimoine culturel*, op. cit. p. 66

[314] Patrice Béghain, *Patrimoine, politique et société*, Les Presses de Sciences Po, 2012, p. 75

[315] Patrice Béghain, op. cit. p. 78

[316] Philippe Ch.-A. Guillot, *Droit du patrimoine culturel et naturel*, Ellipses, mars 2006, p. 61

d'un usage plus fréquent. Il est susceptible de caractériser une multiplicité d'espaces. Juridiquement, elle caractérise un contenu plus exigeant.

Un site classé est un paysage dont les qualités intrinsèques qu'il présente (artistique, historique, scientifique, légendaire ou pittoresque) justifient une protection, une inscription ou un classement au titre des sites.[317]

1- <u>Les secteurs sauvegardés</u>

Pour éviter la construction de bâtiments pouvant entraîner la perte d'une mémoire, l'article R. 111-21 du Code de l'urbanisme dispose :

« *Le permis de construire peut être refusé ou n'être accordé que sous réserve de l'observation de prescriptions spéciales si les constructions par leur situation, leur architecture, leurs dimensions ou l'aspect extérieur des bâtiments ou ouvrages à édifier ou à modifier sont de nature à porter atteinte au caractère ou à l'intérêt des lieux avoisinants, aux sites, aux paysages naturels ou urbains ainsi qu'à la conservation des perspectives monumentales* ».

Une nouvelle approche patrimoniale est consacrée en 1962 au travers d'une loi. Elle a pour objectif d'étendre la protection des monuments historiques à l'ensemble des édifices et des espaces qui l'entourent. [318]

La politique dite de "rénovation urbaine", en vigueur à cette époque, conduisait l'État à raser les centres anciens des villes pour les remplacer par des constructions neuves et parfois banales.

Particulièrement désastreuse, cette conception traditionnelle de l'urbanisme ne pouvait plus être maintenue. Elle a été rompue et un nouveau concept a vu le jour : le patrimoine urbain. [319]

Tout secteur urbain présentant les qualités intrinsèques présentées par la loi Malraux du 4 août 1962 est conservé, restauré ou mis en valeur.

La protection est étendue pour diverses raisons (historiques, sociales, urbanistiques) à des quartiers anciens par la mise en place de divers

[317] Code du patrimoine commenté, par Marie Cornu et Vincent Négri, op cit. p. 491
[318] Code du patrimoine commenté, op. cit. p. 506
[319] J. Morand-Deviller, « La ville, le paysage et le beau », *Archives de la philosophie du droit*, XL, 1995, p. 186

instruments juridiques. L'articulation urbaine ancienne est respectée et restituée.

La notion de secteur sauvegardé cherche à intégrer la dimension sociale, urbaine et économique dans le processus de protection. Une telle innovation s'accompagne de la mise en place d'une procédure longue et complexe.[320]

Les Codes de l'urbanisme et du patrimoine énoncent les critères justifiant l'institution d'un secteur sauvegardé.

L'approche patrimoniale urbaine réside dans la prise en compte de l'ensemble des édifices et des espaces qui justifie une conservation. Les règles de l'urbanisme sont conditionnées par le plan de sauvegarde et de mise en valeur établi par chaque ville. Ces règles d'urbanisme défendent une conception large du développement urbain dont l'objectif est la conservation et la mise en valeur des quartiers anciens.[321]

Le tourisme culturel peut ainsi se développer lorsque les secteurs sauvegardés sont créés au sein d'une ville. Ces derniers font cependant l'objet de plusieurs critiques.

Si leur simple existence contribue au sauvetage des centres historiques, elle autorise et favorise par voie de conséquence la ségrégation urbaine. Des dispositifs sociaux permettant d'éviter un tel mouvement sont toutefois mis en place par l'État et les municipalités.[322]

C'est la raison pour laquelle, il existe plus d'une cinquantaine de secteurs sauvegardés aussi bien dans des petites villes que dans de grandes villes.[323]

Le dispositif des secteurs sauvegardés[324] a généré la mise en place d'autres procédures. C'est le cas des zones de protection du patrimoine architectural urbain et paysager (ZPPAUP).

Oubliées par la loi de 1962, elles ont été instituées en 1983. Elles sont particulièrement adaptées pour le milieu rural et pour les secteurs à caractère monumental moins affirmé.[325]

---

320 Patrice Béghain, *Patrimoine, politique et société*, op. cit. p. 82
321 Code du patrimoine commenté, op. cit. p. 508
322 Patrice Béghain, op. cit. pp. 84-85
323 Patrice Béghain, op. cit. p. 85
324 Article L. 641-1 du Code du patrimoine qui reproduit les articles L. 313-1 à L. 313-3 et L. 313-11 à L. 313-15 du Code l'urbanisme

2- Les zones de protection du patrimoine architectural, urbain et paysager

Contrairement à la procédure des secteurs sauvegardés qui est très complexe, celle de la procédure de la ZPPAUP est plus légère, moins longue et moins étatique.

Cette procédure présente deux particularités.

La première particularité réside dans la place faite à la décision locale. Les collectivités locales jouent un rôle actif. La décision appartient, après délibération du conseil municipal, au maire ou au préfet de région ; lequel travaille en partenariat avec l'État. Les services administratifs étatiques sont loin des réalités et demandes locales.

La deuxième particularité réside dans la prise en compte du contexte architectural. Un territoire doit être appréhendé dans sa dimension patrimoniale et qualitative. L'ensemble bâti doit être cohérent et diversifié. L'étude qui précède la mise en place d'une ZPPAUP est une étude architecturale, ethnologique et paysagère.[326]

Les travaux peuvent porter sur la construction, la démolition, le déboisement, la transformation et la modification de l'aspect des immeubles.

Originairement établies en 1983, les ZPPAUP peuvent aussi bien être créées en zone rurale qu'en zone urbaine, sur des sites bâtis ou non bâtis, autour des monuments historiques ou dans les quartiers.

L'identité d'un quartier, d'un territoire ou d'un ensemble bâti est parfois liée aux activités qui s'y exercent. Le recours à cette procédure permet une meilleure prise en compte des réalités humaines et sociales dans une démarche de réhabilitation. Il pallie aux défauts des autres régimes de protection.

Plusieurs départements utilisent soit l'une ou l'autre des mesures de protection citées ci-dessus. Ils ont la possibilité de faire un choix en fonction de leurs besoins et objectifs.[327]

---

[325] Patrice Béghain, *Patrimoine, politique et société*, op. cit. p. 85

[326] Patrice Béghain, op. cit. p. 86

[327] Patrice Béghain, op. cit. pp. 86-87

L'intégration de la réalité humaine et des dynamiques sociales et économiques dans les objectifs et modes de gestion des politiques patrimoniales est réconfortante. Pourtant, une récente loi de 2010 a programmé la disparition des ZPPAUP.

En effet, la loi du 12 juillet 2010 portant engagement national pour l'environnement et entrée en vigueur le 14 juillet 2015 a créé les aires de mise en valeur de l'architecture et du patrimoine (AVAP). Ces aires vont se substituer aux ZPPAUP, et intégrer les objectifs du développement durable dans l'approche patrimoniale et urbaine.

Récemment entrées en vigueur, ces Aires de mise en valeur de l'architecture et du patrimoine font déjà l'objet de plusieurs critiques. [328] Si certains auteurs estiment qu'elles constituent une régression[329], d'autres affirment par contre qu'elles s'inscrivent dans le progrès.

Quelle que soit la politique choisie, le patrimoine est une notion complexe. Généralement rattaché à la destruction de ce dernier, le mémoricide pose d'autres questions que la seule destruction des lieux de mémoire.

Les seules destructions et démolitions des monuments ne peuvent appréhender le mémoricide dans son ensemble. Le mémoricide se produit aussi dans la construction de monuments ou du patrimoine culturel. C'est aussi l'effacement de la mémoire collective.

La question de la construction d'une mémoire sera encore abordée plus loin. Pour l'instant, commençons sur la matérialisation générale d'un mémoricide : les destructions.

<u>Paragraphe 2</u> : Destructions, dégradations et détériorations de biens culturels

Le droit interne français réprime toute forme d'atteinte directe aux biens culturels. L'article L.114-2 du code du patrimoine français dispose ceci :
« *Les infractions relatives aux destructions, dégradations et détériorations du patrimoine sont sanctionnées par les dispositions des articles 322-1 et 322-2 du Code pénal* ».

---

[328] Patrice Béghain, *Patrimoine, politique et société*, op. cit. p. 87

[329] Victor Hugo, *Guerre aux démolisseurs*, Revue des Deux Mondes, Période Initiale, tome 5, 1832 ; Victor Hugo dénonçait déjà certaines pratiques de destruction.

Les dispositions relatives à la destruction, à la dégradation ou à la détérioration de certains biens ont été modifiées dans le Code pénal. L'article ci-dessus n'est par conséquent pas à jour.[330] Les infractions pour les biens culturels sont actuellement sanctionnées à l'article L. 322-3-1 du Code pénal et non plus régi par les articles 322-1 et 322-2.

Cet article dispose que:

« *La destruction, la dégradation ou la détérioration est punie de sept ans d'emprisonnement et de 100000 € d'amende lorsqu'elle porte sur :*

1- Un immeuble ou objet mobilier classé ou inscrit en application des dispositions du Code du patrimoine ou un document d'archives privées classé en application des dispositions du même code ;

2- Une découverte archéologique faite au cours de fouilles ou fortuitement, un terrain sur lequel se déroulent les opérations archéologiques ou un édifice affecté au culte ;

3- Un bien culturel qui relève du domaine public mobilier ou qui est exposé, conservé ou déposé, même de façon temporaire, soit dans un musée de France, une bibliothèque, une médiathèque ou un service d'archives, soit dans un lieu dépendant d'une personne publique ou d'une personne privée assurant une mission d'intérêt général, soit dans un édifice affecté au culte.

Les peines sont portées à dix années d'emprisonnement et 150000 € d'amende lorsque l'infraction prévue au présent article est commise avec la circonstance prévue au 1er alinéa de l'article 322-3. (Lorsqu'elle est commise par plusieurs personnes agissant en qualité d'auteur ou de complice)

Les peines d'amende mentionnées au présent article peuvent être élevées jusqu'à la moitié de la valeur du bien détruit, dégradé ou détérioré. »

A- La destruction

La destruction est généralement définie par « *l'action de détruire, d'anéantir, de casser, de démolir quelque chose* ».

Par le biais de la destruction, les auteurs du mémoricide peuvent plus rapidement atteindre leur objectif. La destruction anéantit définitivement le bien.

---

[330] Patrice Béghain, op. cit. p. 100

Lorsque cela est encore possible, le bien culturel est reconstruit. Au cas contraire, c'est une perte irrémédiable pour l'héritage d'une collectivité.

La destruction du patrimoine culturel s'accomplit presque toujours lors de phases mélancoliques. L'attaque extrême vise apparemment à détruire les éléments culturels qui font partie des souvenirs partagés des adversaires pour manipuler les filiations les plus résistantes et tout reconstruire.

Les formes utilisées pour détruire ces éléments culturels sont généralement susceptibles de présenter un danger pour les individus.

L'article 322-6 du Code pénal vise « *la destruction, la dégradation ou la détérioration d'un bien appartenant à autrui par l'effet d'une substance explosive, d'un incendie ou de tout autre moyen de nature à créer un danger pour les personnes* ».[331]

De cet article, deux moyens de destruction sont soulevés. Il s'agit des substances explosives et de l'incendie. Seul ce dernier moyen attirera notre attention.

L'incendie est un mot qui vient du latin *incendium* et qui désigne un grand feu ; lequel se propage en causant des dégâts.

L'utilisation du feu dans les guerres est fréquente. Une bonne question à considérer par le lecteur est celle de savoir pourquoi le feu a été le facteur dominant dans les destructions du patrimoine culturel et des livres en particulier. L'Académie des sciences a d'ailleurs proposé un concours sur la nature du feu en 1737. [332]

Le Grand Robert consacre trois pages au feu. Le feu serait un « *dégagement d'énergie calorifique et de lumière accompagnant la combustion vive* ».

Le Larousse définit aussi le feu comme étant « *le dégagement simultané de chaleur, de lumière et de flamme produit par la combustion vive de certains corps* ».

Si l'on s'en tient au dictionnaire, le feu et la flamme, avec bien des ressemblances, sont associés à la combustion.[333] Et la combustion renvoie au fait de brûler entièrement par l'action du feu.

---

[331] Valérie Malabat, *Droit pénal spécial*, Dalloz, 4e Édition, septembre 2009, p. 442

[332] Louis Boyer, *Feu et flammes*, Belin, Pour la science, 2006, p.8

[333] Louis Boyer, *Feu et flammes*, op.cit, p. 9

Il y a sans doute plusieurs explications au phénomène de la destruction par le feu. Le feu est un élément essentiel dans la vie de l'homme. Il occupe une place déterminante dans toutes les sociétés traditionnelles[334]

Fernando Báez, dans *l'histoire de la destruction universelle des livres*, souligne qu'« *en détruisant par le feu, l'homme joue à être Dieu, maître du feu de la vie et de la mort. [...]* ».[335]

B- La dégradation et la détérioration

En ce qui concerne les biens qui ne revêtent pas nécessairement la qualification de « culturel », le Code pénal (art 322-1) sanctionne « *la destruction, dégradation ou détérioration d'un bien appartenant à autrui [...] sauf lorsqu'il n'en est résulté qu'un dommage léger* ».

Cette infraction matérielle (le mémoricide) exige pour être consommée qu'une dégradation effective du bien soit réalisée. La gravité du résultat provoqué doit également être étudiée. Cela implique d'identifier avec précision ce qui n'est qu'un dommage léger et ce qui est un dommage grave.[336]

Il est dès lors important de s'interroger sur la reconnaissance du mémoricide dans une autre forme d'atteinte directe aux biens culturels à savoir la détérioration et la dégradation des biens culturels.

À première vue, le mémoricide ne peut et ne doit pas être reconnu en ce qui concerne tout ce qui est détérioration et dégradation de biens culturels, car il est toujours possible de rénover ou de restaurer ces biens. Mais la solution n'est pas aussi simple.

La jurisprudence apporte un début de réponse. La dégradation est admise sur les sites géologiques et archéologiques lorsqu'il est constaté la suppression ou l'enlèvement d'une substance ou des minéraux nécessaires à l'étude dudit site.

L'article L. 510-1 du Code du patrimoine propose d'ailleurs une définition du patrimoine archéologique. Il dispose :

---

[334] Reichholf, J.H, *l'émergence de l'homme* cité par Fernando Báez, op. cit. p. 30
[335] Fernando Báez, *Histoire universelle de la destruction des livres*, op. cit. p. 30
[336] Valérie Malabat, *Droit pénal spécial*, Dalloz, 4e Édition, septembre 2009, p. 436

« *Constituent des éléments du patrimoine archéologique, tous les vestiges et autres traces de l'existence de l'humanité dont la sauvegarde et l'étude notamment par des fouilles, ou des découvertes, permettent de retracer le développement de l'histoire de l'humanité et de sa relation avec l'environnement naturel.* »

Le retrait sur un site d'éléments utiles à une étude scientifique peut être constitutif d'une infraction de dégradation. La fouille peut en effet non seulement altérer le terrain, mais encore entraîner la perte définitive de certaines informations. Les atteintes aux sites archéologiques portent aussi bien sur les objets matériels et vestiges qu'ils contiennent, que sur les informations qu'ils recèlent.[337]

C'est la raison pour laquelle l'article L. 531-1-1 du Code du patrimoine rappelle que « *nul ne peut effectuer sur un terrain lui appartenant ou appartenant à autrui des fouilles ou des sondages à l'effet de recherche, de monuments ou d'objets pouvant intéressés la préhistoire, l'histoire, l'art ou l'archéologie, sans en avoir au préalable obtenu l'autorisation* ».

Des lignes qui précèdent, découle la nécessité de revoir la notion essentielle de patrimoine archéologique. Elle ne se limite pas, comme le pensent les cercles politiques, à un inventaire de ruines, de monuments et d'objets.[338] Le patrimoine archéologique ne devrait être réduit à la liste des restes matériels conservés. Cette conception restrictive est fausse parce qu'incomplète.

On l'a vu, les restes archéologiques sont la matière première d'investigations.[339] Ils correspondent à l'ensemble des informations potentielles tirées des restes matériels et de leur contexte par des fouilles et des études scientifiques.

Ainsi, le patrimoine archéologique englobe des données matérielles et immatérielles. Il recoupe tous les éléments considérés comme source de connaissance.[340]

---

337 Code du patrimoine et autres textes relatifs aux biens culturels, 2012, commentés par Marie Cornu et Vincent Négri, pp. 101-102

338 Laurent Flutsch, Didier Fontannaz, *Le pillage du patrimoine archéologique, Des razzias coloniales au marché de l'art, un désastre culturel*, Favre, janvier 2010, p. 21

339 Laurent Flutsch, Didier Fontannaz, op. cit. p. 22

340 Laurent Flutsch, Didier Fontannaz, *Le pillage du patrimoine archéologique, Des razzias coloniales au marché de l'art, un désastre culturel*, op. cit. p. 2200

C'est la raison pour laquelle, la jurisprudence relative à l'application de l'article 322-2 du Code pénal concerne en grande partie les sites archéologiques. Ces derniers sont plus exposés que d'autres biens culturels à des risques de dégradation et de détérioration.

Toute personne effectuant des recherches d'objet sur un site pouvant être reconnu de nature archéologique sans en avoir obtenu l'autorisation par le préfet de Région sera sanctionnée.

On peut encore citer, comme pouvant être considéré comme des dégradations, le cas d'excavations et de terrassements effectués sur un site.[341]

L'inscription de tags sur les biens culturels est aussi constitutive d'un cas de dégradation. Les inscriptions ne doivent pas nécessairement être indélébiles. Elles doivent être difficilement effaçables.[342]

Elles ne doivent néanmoins pas être considérées comme des dégradations susceptibles d'être réprimées au titre du mémoricide. Il y a certes une altération grave du bien, mais la mémoire n'est pas pour autant perdue.

Section 2 : Les atteintes indirectes aux biens

Les atteintes aux biens étudiées jusqu'à présent étaient des atteintes directes et visaient la destruction ou la dégradation de ces biens.

Pendant plusieurs années, la répression des comportements qui ne détruisent pas les biens (meubles et immeubles) a été longtemps délaissée. Il en est de même de celle des comportements qui nuisent simplement à leur environnement (ordures, déchets…).[343]

Aujourd'hui, plusieurs infractions sanctionnent les atteintes contre les droits du propriétaire du bien ou de son légitime possesseur.

Serait-il possible de reconnaître le mémoricide en cas d'atteinte indirecte aux biens ? A priori, rien n'interdit une telle reconnaissance.

---

[341] Code du patrimoine commenté, op. cit. p. 102

[342] Code du patrimoine commenté, op, cit, pp. 101-102

[343] Jean Pradel, Michel Danti-Juan, *Droit pénal spécial*, Édition Cujas, 4e Édition, 2007, pp. 743-744

Le livre III du Code pénal consacré aux crimes et délits contre les biens est divisé en deux chapitres. Le premier est consacré aux appropriations frauduleuses, connues dans la pratique judiciaire sous le vocable des « trois glorieuses » : le vol, l'abus de confiance et l'escroquerie. Le second chapitre est consacré aux autres incriminations portant préjudice à la fortune d'autrui.[344]

Ainsi, l'idée de l'appropriation frauduleuse (paragraphe 1) est omniprésente dans la plupart des infractions indirectes contre les biens. Elle est estompée par le désir de dissimulation (paragraphe 2) qui entoure certaines infractions.

Paragraphe 1 : Les infractions par appropriation

A- Le vol de biens culturels

Le patrimoine est fragile. De nombreux vols sont encore commis dans les édifices du culte (les églises, les mosquées), les musées, les bibliothèques, mais également dans de nombreuses institutions publiques nationales (ministères, préfectures, mairies et même palais de justice).[345]

Parce qu'un bien culturel est un bien qui participe à la transmission de la mémoire d'une communauté sinon même de la Nation, le vol de ces biens est une atteinte aux fondements mêmes de cette communauté.

Le vol est l'infraction la plus usuelle en droit pénal spécial. L'origine de l'infraction est fort ancienne, car elle est présente aussi bien dans le droit romain, le Code Justinien que dans l'Ancien Droit.

Le vol était perçu par la doctrine classique comme l'infraction corporelle par excellence.

L'article 311-1 du Code pénal définit d'ailleurs le comportement matériel résultant d'un vol comme « *la soustraction de la chose d'autrui* ». Et « *pour soustraire, il faut prendre, enlever, ravir* »[346].

---

[344] Claudia Ghica-Lemarchand, Frédéric-Jérôme Pansier, *Droit pénal spécial*, Dyna'sup Droit, août 2007, p. 241

[345] Guide d'information à l'usage des propriétaires publics et privés, *Sécurité des biens culturels : de la prévention de vol à la restitution de l'objet volé*, ministère de la Culture et de la Communication, Direction générale des patrimoines, www.culture.gouv.fr

[346] Crim. 18 novembre 1837, Bull. n° 405

Cette interprétation prétorienne affirme que la soustraction consiste dans l'appropriation, l'enlèvement, le déplacement matériel[347]. Toute remise volontaire doit être exclue de la qualification pénale du vol.

L'incrimination a connu une importante évolution expliquant son appartenance actuelle à la délinquance d'astuce. De nouvelles interprétations sont ainsi avancées pour définir le vol. Certains auteurs[348] proposent une définition fondée sur la théorie de la possession.

Si la propriété renvoie aux notions d'usus, fructus et abusus, celle de possession renvoie dans le vol à une forme d'usurpation de la véritable propriété, et cela à l'insu du propriétaire. La détention matérielle de la chose importe peu. L'appropriation du pouvoir juridique sur la chose suffit à caractériser la soustraction et implique la qualification de vol.

Vu ainsi, le vol présente une double nature. Il constitue d'une part une atteinte matérielle et d'autre part une atteinte juridique constituée par la violation du droit de propriété de la victime.[349]

Autrefois, la soustraction, interprétée strictement, supposait l'enlèvement de la chose. Aujourd'hui, la remise de la chose par la victime n'exclut pas une éventuelle reconnaissance d'une soustraction.

Le mémoricide a pour objectif d'entraîner la perte d'un héritage, d'un passé, d'une histoire. Il n'est pas premièrement question pour les auteurs du mémoricide de jouir du bien culturel appartenant à une autre collectivité humaine.

Ainsi la conception du vol des biens culturels qui pourrait être retenue, dans le cadre d'un mémoricide, sera certainement la conception stricte du vol, à savoir une soustraction matérielle du bien culturel.

La loi n° 2008-696 du 15 juillet 2008 introduit une notion nouvelle dans la qualification du vol de certains biens culturels. Elle souligne que ces vols sont des vols aggravés, en ce qu'ils touchent à un patrimoine collectif et non pas seulement aux droits d'un propriétaire privé ou public.[350]

L'article 311-4-2 du Code pénal résultant de ladite loi dispose ceci :

---

[347] R. Garraud, *Droit spécial spécial*, t. 6, p. 106

[348] E. Garçon, *Code pénal annoté*, article 379, n° 9

[349] Claudia Ghica-Lemarchand, Frédéric-Jérôme Pansier, *Droit pénal spécial*, Dyna'sup Droit, août 2007, p. 244

[350] Code du patrimoine commenté, op, cit, p. 104

« Le vol est puni de sept ans d'emprisonnement et de 100000 € d'amende lorsqu'il porte sur :

1- *Un objet mobilier classé ou inscrit en application des dispositions du Code du patrimoine ou un document d'archives privées classé en application des dispositions du même code ;*
2- *Une découverte archéologique faite au cours de fouilles ou fortuitement ;*
3- *Un bien culturel qui relève du domaine public mobilier ou qui est exposé, conservé ou déposé, même de façon temporaire, soit dans un musée de France, une bibliothèque, une médiathèque ou un service d'archives, soit dans un lieu dépendant d'une personne publique ou d'une personne privée assurant une mission d'intérêt général, soit dans un édifice affecté au culte.*

Les peines sont portées à dix ans d'emprisonnement et 150000 € d'amende lorsque l'infraction prévue au présent article est commise avec l'une des circonstances prévues à l'article 311-4.

Les peines d'amende mentionnées au présent article peuvent être élevées jusqu'à la moitié de la valeur du bien volé. »

Il est toutefois important de rappeler que le mémoricide est un crime de masse qui nécessite la perte de plusieurs biens culturels. Cette infraction ne peut être constituée que par le vol d'un nombre considérable de biens culturels.

C'est la raison pour laquelle il est possible d'affirmer que le pillage des biens culturels est l'infraction par appropriation qui se rattache le plus au mémoricide.

B- Le pillage de biens culturels

La Convention internationale de La Haye sur la protection des biens culturels en cas de conflit armé de 1954 dispose en son article 4 :

« Les Hautes Parties contractantes s'engagent en outre à interdire, à prévenir et, au besoin, à faire cesser tout acte de vol, de pillage ou de détournement de biens culturels, pratiqué sous quelque forme que ce soit, ainsi que tout acte de vandalisme à l'égard desdits biens. Elles s'interdisent de réquisitionner les biens culturels meubles situés sur le territoire d'une autre Haute Partie contractante ».

L'article 28 de la même Convention souligne :

« Les Hautes Parties contractantes s'engagent à prendre, dans le cadre de leur système de droit pénal, toutes mesures nécessaires pour que soient recherchées et frappées de sanctions pénales ou disciplinaires les personnes, quelle que soit leur nationalité, qui ont commis ou donné l'ordre de commettre une infraction à la présente Convention. »

Le pillage est une forme de vol. Il s'agit d'un vol à grande échelle. Il est fortement interdit. Historiquement, les pillages ont été associés à des victoires militaires.

La confiscation des œuvres d'art et des objets sacrés est synonyme de butins prestigieux, de matériaux précieux, d'objets de décoration ou de collection, d'objets considérés comme un témoin historique.[351]

La volonté politique d'ôter au peuple vaincu les emblèmes culturels de son prestige ou de son identité à l'issue d'une guerre n'est pas nouvelle. Au fil des siècles, le pillage des biens culturels persiste et survit à tous les soubresauts historiques et politiques.

Souvent considéré comme le résultat d'une guerre, le pillage ne relève généralement que de la cupidité. Les objets en question ne sont que des pièces de butin qui peuvent facilement s'écouler dans le marché noir.[352]

Le pillage et la destruction sont aujourd'hui mercantiles. Le commerce des antiquités est alimenté par les fouilles clandestines. Celles-ci se multiplient en fonction des demandes de la clientèle.

Le trafic des œuvres d'art et le marché noir se développent malgré les divers instruments juridiques mis en place en droit interne et en droit international. [353]

Ainsi, en l'absence de guerre, le patrimoine culturel d'un pays peut se retrouver pillé. Qu'il soit le résultat d'anciennes conquêtes ou qu'il soit lié au marché de l'art actuel, un tel pillage équivaut à un désastre culturel.

On parle traditionnellement du pillage des œuvres d'art (2) et des ressources archéologiques (1). Notre étude se focalisera sur ces deux biens culturels.

---

[351] Laurie Durussel, « Historique du pillage » in *Halte au pillage* sous la direction de Grégory Compagnon, Édition errance, janvier 2011. p. 51

[352] Laurent Flutsch, Didier Fontannaz, *Le pillage du patrimoine archéologique, Des razzias coloniales au marché de l'art, un désastre culturel*, op. cit. p. 42

[353] Laurent Flutsch, Didier Fontannaz, op. cit. p. 95

1- Les ressources archéologiques

Un site présente un ensemble d'information nécessaire pour l'archéologue moderne. Ce dernier cherche à tirer du sol le plus d'informations possible.

Les indices du site ou les vestiges archéologiques tels les objets, les traces infimes, leurs positions dans le sol, l'environnement..., sont de précieux témoins de l'histoire humaine.

Dès lors, le pillage d'un site empêche la possibilité d'y faire des enquêtes. Par conséquent, on se retrouve en présence d'une enquête ruinée, des informations inutilisables, des connaissances perdues. C'est une mémoire détruite. Et les dégâts infligés aux sites et à la mémoire par les pillards sont immenses et irréparables.[354]

Le patrimoine archéologique est, hélas, depuis toujours, victime de convoitise. Si l'appropriation des objets archéologiques a longtemps été illicite, ce n'est plus le cas aujourd'hui.

Certains objets archéologiques sont légalement vendus. Le marché de l'art est très réglementé. Cependant, quelques pièces archéologiques issues de fouilles clandestines sont illégalement vendues sur le marché noir. Elles se retrouvent proposées à vil ou grand.

Des monuments sont détruits, des sites sont dévastés par des pillards sur tous les continents. Des pièces précieuses pour l'histoire et l'archéologie sont vendues par des voies occultes. Leur origine est falsifiée.

Plusieurs politiques de protection sont mises en place par les États pour empêcher ce trafic illicite. Des Conventions internationales sont signées.

Cependant, les moyens pour faire respecter ces règles sont largement insuffisants et défaillants. C'est la raison pour laquelle ces pratiques restent intenses et lucratives.

Le colonialisme économique ne peut que se développer. On constate un déplacement du patrimoine culturel des pays pauvres vers les pays riches. Plusieurs objets sont vendus sur le marché à une clientèle raffinée. Ces acheteurs d'objets archéologiques participent à un fléau : la disparition du

---

[354] Laurent Flutsch, Didier Fontannaz, op. cit., quatrième de couverture

patrimoine culturel d'une communauté ou la destruction d'une mémoire collective.[355]

2- Les œuvres d'art

Tout comme les ressources archéologiques, les œuvres d'art n'échappent pas aux pillards.

Le pillage d'œuvres d'art remonte à des temps bien antérieurs à la venue de Jésus Christ. En effet, Cicéron, dans ses écrits, traita du pillage d'œuvres d'art des colonies grecques d'Italie lors de la conquête romaine.[356]

Comme souligné ci-dessus, le pillage d'œuvres d'art n'est pas toujours le résultat de dommages collatéraux d'une guerre. L'attrait du butin est aussi vieux que la guerre.

« *La convoitise a d'ailleurs motivé bien des expéditions militaires : bétail, réserves de grain, femmes, prisonniers revendus comme esclaves, biens de toute nature ont longtemps constitué le tribut des vaincus et la récompense des vainqueurs, bien avant les aciéries ou les champs pétroliers...*[357] »

Plusieurs instruments juridiques interdisent le pillage d'œuvres d'art. La première législation internationale de La Haye sur la protection des biens culturels en cas de conflit armé intervient en 1914.

Pourtant, à la chute de Napoléon en 1815, un débat sur la restitution des œuvres entre nations européennes avait déjà été soulevé. La plus grande partie des œuvres d'art transférées à Paris a été restituée par la France.[358]

Plusieurs hauts responsables s'étaient à cette époque opposés à la restitution des œuvres d'art. On peut citer à juste titre Dominique Vivant Denon. Il était un fervent artisan de la politique de spoliation. Nommé directeur du Louvre en 1802, il a signé en 1796 la pétition de Quatremère de Quincy qui s'opposa à la restitution des œuvres d'art.

---

[355] Laurent Flutsch, Didier Fontannaz, *Le pillage du patrimoine archéologique, Des razzias coloniales au marché de l'art, un désastre culturel*, op. cit. p. 96 et quatrième de couverture.

[356] Sur les *Verrines*, voir Margaret M.Miles, *Art as Plunder. The Ancient Origins of Debate about Cultural Property*, Cambridge 2008

[357] Laurent Flutsch, Didier Fontannaz, op. cit. p. 42

[358] Patrice Béghain, *Patrimoine, politique et société*, Presses de la Fondation Nationale des Sciences politiques, 2012, p. 122

Après avoir passé plusieurs années à enrichir les collections du Louvre, rebaptisé musée Napoléon afin de conforter la gloire de l'empereur, il ne pouvait se résoudre à les restituer aux pays propriétaires.[359]

Plus près de nous, une politique de spoliation systématique des pays conquis et des collectionneurs juifs est illustrée par le régime hitlérien. La France fut un des lieux de pillage préférés de l'Allemagne pendant la période de l'occupation. Car elle présente nombre de richesses et de collections particulières.

Herman Goring, délégué au Plan de quatre ans, est celui qui était à la tête de la spoliation du patrimoine artistique et culturel des pays occupés par les troupes allemandes. Il a reçu d'Hitler le commandement suprême d'établir cette politique dans les territoires occupés.

Il ne fut pas le seul dirigeant à l'œuvre. À ses côtés, Otto Abetz, ambassadeur du Reich à Paris, avait aussi pour mission de récupérer les œuvres d'art appartenant à la France ou se trouvant chez les collectionneurs d'origine juive et les principaux marchands d'art de Paris.[360]

Ces activités de pillage artistique et culturel ont été favorisées par la création du bureau West (Arm Western) de l'Einsatzstab Reichsleiter Rosenberg (ERR). Plusieurs œuvres ont été saisies, confisquées par l'ERR et mises à la disposition d'Hitler. [361]

Pendant la période de l'occupation, une idéologie claire animait les services allemands. Ils étaient fascinés par les richesses artistiques primitives et modernes rendues accessibles par leurs conquêtes.

L'analyse du pillage d'œuvres d'art en France met en évidence le caractère préparé, intentionnel et mûri de la mission effectuée par les Allemands. L'expansionnisme nazi porté par ce projet muséal d'Hitler ne relève pas des circonstances nées de l'occupation allemande, mais découle d'une politique artistique particulière.[362]

---

[359] Édouard Pommier, « Réflexions sur le problème des restitutions d'œuvres d'art en 1814-1815 », in Dominique-Vivant Denon, *L'œil de Napoléon* (cat.), Paris, Éditions de la Réunion des musées nationaux, 1999.

[360] Fabrizio Calvi, Marc J. Masurovsky, *Le festin du Reich, Le pillage de la France occupée 1940-1945*, fayard, 2006, p. 256

[361] Fabrizio Calvi, Marc J. Masurovsky, op.cit. p. 257

[362] Contribution de la direction des Musées de France et du centre Georges-Pompidou aux travaux de la Mission d'étude sur la spoliation des juifs en France, *Le pillage de l'art en France pendant l'occupation et la situation des 2000 œuvres*

Doit-on pour autant accuser les pilleurs – termes peu élogieux s'appliquant ici à tous les acteurs du commerce archéologique et des œuvres d'art puisque chacun est complice, à son échelon, de destruction du patrimoine – de mémoricide ?

Du point de vue de la science archéologique, la motivation du pilleur importe peu. Qu'il soit conduit par un intérêt sincère ou par un appât du gain, le site et ses informations sont détruits[363]. Le mal est fait. L'enquête ne peut être réalisée, car tout indice déplacé ou soustrait annule toutes les informations cumulées et ramifiées qu'on aurait pu en retirer. Un site endommagé est un trou de mémoire.[364]

Le mémoricide ne pourra cependant être reconnu que si les pilleurs sont animés d'une intention mémoricidaire, d'une volonté d'éradiquer la mémoire.

Paragraphe 2 : Les infractions par dissimulation

Les infractions par dissimulation se distinguent des infractions par appropriation. Si les infractions par dissimulation se caractérisent par le désir de s'enrichir et de s'emparer des biens d'autrui comme les infractions par appropriation, elles se démarquent par les moyens mis en œuvre pour atteindre cet objectif.

La tendance subjectiviste contemporaine décelée par certains auteurs[365] place l'élément moral de l'infraction au-dessus de l'élément matériel. Il est prééminent à ce dernier qui n'en est que la simple manifestation extérieure.

Une large place à la psychologie de l'auteur est prise en compte ajoutant ainsi à l'intention frauduleuse une dimension supérieure. La dissimulation, but de l'agent, devient un moyen de l'infraction.[366]

Les atteintes indirectes aux biens culturels ne sont pas seulement le vol ou le pillage de biens culturels.

---

confiées aux musées nationaux, Mission d'étude sur la spoliation des juifs de France, La documentation française, juin 2000, p. 17

363 Laurie Durussel, « Historique du pillage », in *Halte au pillage*, op. cit. p. 51

364 Laurent Flutsch, Didier Fontannaz, *Le pillage du patrimoine archéologique, Des razzias coloniales au marché de l'art, un désastre culturel*, op. cit. p. 38

365 Decocq A., *Droit pénal général*, coll. U, A. Colin, Paris, 1971

366 Claudia Ghica-Lemarchand, Frédéric-Jérôme Pansier, *Droit pénal spécial*, op. cit. p. 277

À leur nombre, le législateur a créé un grand nombre d'autres infractions, parfois dès 1810 comme le recel (A), parfois après 1810. Il en est ainsi du détournement de biens culturels (B) qui constitue aussi une atteinte juridique aux biens.

A- Le recel de biens culturels

Derrière le terme recel, plusieurs infractions selon la chose ou la personne recelée coexistent. On parle ainsi de recel de biens, de recel de cadavres (article 434-7 C. pénal) et de recel de malfaiteur (article 434-6 C. pénal).

Seul le recel de biens, connu simplement sous le nom de recel sans autre précision, est envisagé parmi les infractions contre les biens.[367]

Le Code pénal de 1810 punissait le recel comme une forme de complicité de l'infraction d'origine. Ce régime juridique était doublement critiquable.

D'une part, le recel, fait postérieur à un délit, est considéré comme un cas de complicité de ce délit. D'autre part, la répression de l'infraction d'origine est la condition de celle du recel.[368]

Il a fallu attendre la loi du 22 mai 1915 pour que le recel soit érigé en délit distinct et autonome. Il lui est reconnu une répression indépendante de celle de l'infraction d'origine.

Une loi du 30 novembre 1987 relative à la prévention et à la répression du recel et organisant la vente ou l'échange d'objets mobiliers alourdit la répression et élargit le champ des comportements interdits. Le nouveau Code pénal à partir des articles 321-1 consacre sur beaucoup de points les apports de la loi de 1987. [369]

Cependant, une rupture totale ou une autonomie totale est inconcevable et impossible, car le recel ne constitue qu'une infraction de conséquence. En effet, une condition préalable est contenue dans l'essence même de l'élément matériel du recel. L'infraction de recel n'est constituée que si elle porte sur une chose provenant d'un crime ou d'un délit tel le vol. [370]

---

[367] Valére Malabat, *Droit pénal spécial*, op. cit. p. 417

[368] Crim., 22 juin 1882, D., 1882.I.436 ; 19 avril 1888, D., 1888.I.284 ; Lyon, 27 décembre 1892, D., 1894.II.254

[369] Jean Pradel, Michel Danti-Juan, *Droit pénal spécial*, op. cit. p. 655-656

[370] Claudia Ghica-Lemarchand, Frédéric-Jérôme Pansier, *Droit pénal spécial*, op. cit. p. 327

Le recel de choses peut donc être défini comme le fait de recevoir, de détenir, de conserver ou encore de tirer profit de choses que l'on sait avoir été obtenue par un tiers à l'aide d'une infraction. C'est en cela que le recel est une infraction par dissimulation.

Le premier alinéa de l'article 321-1 dispose :

« *Le recel est le fait de dissimuler, de détenir ou de transmettre une chose ou de faire office d'intermédiaire afin de la transmettre, en sachant que cette chose provient d'un crime ou d'un délit.*»

Schématiquement, on dira que le recel suppose deux séries de conditions : une infraction originaire ayant procuré la chose (condition préalable) et une détention de cette chose en pleine connaissance de l'origine délictueuse (éléments constitutifs).[371]

Sur la condition préalable, un problème se pose lorsque les deux infractions ont été réalisées sur deux territoires différents. Comment sanctionner ? Quelle juridiction est-elle compétente ?

Pour sanctionner un recel commis à l'étranger, s'agissant d'un vol commis sur des éléments du patrimoine national en France, la chambre criminelle de la Cour de cassation le 26 septembre 2007, n° 07-83-829 a fait une belle application de l'article 113-2 du Code pénal Elle donne compétence aux juridictions étrangères lorsque l'infraction principale a été commise sur le territoire de la République. [372]

Sur les éléments constitutifs, le deuxième alinéa de l'article 321-1 dispose :

« *Constitue également un recel le fait, en connaissance de cause, de bénéficier, par tout moyen, du produit d'un crime ou d'un délit* ».

La détention volontaire et intentionnelle des objets dont la provenance se révèle délictueuse caractérise la mauvaise foi du receleur. La parfaite connaissance de l'origine délictueuse des choses recelées constitue l'élément moral dudit crime. Le recel nécessite donc une faute intentionnelle.

La conception française est radicale sur ce point. L'origine délictueuse de la chose gardée, détenue, acceptée doit être connue du receleur. Ce dernier,

---

[371] Jean Pradel, Michel Danti-Juan, op. cit. p. 655
[372] Code du patrimoine commenté, op, cit, p. 104

par son comportement, souhaite tirer profit de l'infraction premièrement commise.

C'est la raison pour laquelle, le droit français ne sanctionne pas le recel commis à la suite d'une imprudence. Certaines législations étrangères l'admettent ou l'admettaient (cas de la Pologne). Le receleur doit participer et s'associer dans une certaine mesure à l'acte délictueux.[373]

Il n'est pas nécessaire que la connaissance de l'origine délictueuse des choses en matière de recel présente un caractère de précision parfaite. Les circonstances qui entourent l'infraction principale peuvent ne pas être connues du receleur. Le doute du receleur quant à l'origine frauduleuse des choses suffit à caractériser une mauvaise foi et à justifier une condamnation de ce chef.[374]

Le receleur de biens culturels sera-t-il puni au titre d'auteur de mémoricide si, à l'origine, il était de bonne foi et n'était pas au courant de la politique d'éradication de la mémoire ?

En droit civil, en matière de meuble, la possession vaut titre. En témoigne l'article 2279 du Code civil. Une personne devient propriétaire par le fait de la possession, même si par la suite elle vient à avoir connaissance de l'origine délictueuse de la chose en question.

Au contraire, en droit pénal le détenteur sera coupable de recel s'il reste en possession des objets dont il apprend le véritable caractère délictueux.

L'autonomie du droit pénal sur le droit civil se matérialise parfaitement en matière de recel.

En droit civil, le receleur devient propriétaire. Le caractère de bonne foi de la possession entraîne une requalification du comportement du receleur qui acquiert le titre de propriétaire. Si la bonne foi vient à cesser, le receleur reste tout de même propriétaire.

---

[373] Georges Levasseur, « le recel de la chose selon la science criminelle », extrait du cours de droit pénal spécial, http://ledroitcriminel.free.fr/la_science_criminelle/penalistes/la_loi_penale.htm
[374] Cass.crim. 16 mars 1932, Gaz. Pal. 1932 II 83

En droit pénal, le détenteur de la chose devenu propriétaire par la possession sera poursuivi pour recel de choses s'il garde la possession d'une chose dont il connaît l'origine délictueuse.[375]

L'élément moral se révèle déterminant en matière de recel. La Cour de cassation considère que c'est au juge d'apprécier souverainement si la mauvaise foi doit être retenue ou pas[376]. Les juges s'en remettront à des preuves directes ou indirectes qui à l'issue d'une comparaison avec l'attitude du bon père de famille dans les mêmes circonstances emporteront leur conviction.

Par exemple, la détention de biens culturels – biens bénéficiant d'une protection juridique particulière – fait présumer, en principe, une mauvaise foi, une faute intentionnelle.

Le receleur de biens culturels constitue un type assez particulier de délinquant.[377] Il participe à la perte d'une mémoire, d'un héritage et d'un passé. C'est la raison pour laquelle il est susceptible d'être accusé de mémoricide.

B- Le détournement de biens culturels

Plusieurs textes de loi, aussi bien internationaux que nationaux, utilisent la notion de détournement de biens culturels. Mais aucun de ces textes ne définit de manière explicite l'acte incriminé, ce qui est d'autant plus regrettable que la notion de détournement, fuyante, nécessite une appréciation délicate.

Le détournement est communément défini par les dictionnaires comme « *le comportement de celui qui change à son profit* ».

Le détournement stricto sensu s'applique à une chose corporelle et renvoie juridiquement au fait de s'attribuer un pouvoir juridique sur une chose qui

[375] Cass.crim. 7 juillet 1944, J.C.P. 1947. II 3410 ; Aix-en-Provence, 19 octobre 1953, J.C.P. 1954 II 7831 ; Cass.crim. 23 janvier 1962, Bull.crim. n° 57, p.113 ; et cf. la chronique du professeur R. Vouin au Dalloz, 1947, chr. 81

[376] Cass.crim. 30 novembre 1961, Bull.crim. n° 492 p.942 ; Cass.crim. 30 octobre 1962, Bull.crim. n° 298 p.618)

[377] Georges Levasseur, « le recel de la chose selon la science criminelle », op. cit.

appartient à une autre personne.[378] La possession précaire se transforme en possession véritable.[379]

Le détournement est dès lors difficile à déterminer et à caractériser. C'est une infraction dans laquelle l'élément matériel et l'élément moral sont étroitement liés. L'état d'esprit du délinquant doit être analysé pour constituer le crime.

Le détenteur doit s'arroger des prérogatives incompatibles avec celles de la détention. Il doit se comporter même momentanément comme le propriétaire.[380]

Si la preuve est plus ou moins aisée à rapporter en cas de destruction matérielle d'une chose, elle est moins facile à faire en cas de détournement de cette chose. Tout est fonction de l'interprétation d'une attitude qui n'est punissable que s'il est prouvé que le détenteur était conscient du caractère précaire de la détention et de son intention d'en tirer profit.[381]

L'intention frauduleuse et délictueuse est par conséquent requise pour la qualification du détournement. [382] En témoignent l'article 121-3 du Code pénal et l'article 314-1, du même Code. L'intention consiste dans la double conscience de la précarité de la détention (découlant de l'obligation de restituer) et du comportement en contravention de cette précarité.[383]

L'abus de confiance est un prototype des détournements de biens.[384] L'article 314-1 du Code pénal le définit comme :

« *le fait par une personne, de détourner, au profit d'autrui, des fonds, des valeurs, ou un bien quelconque qui lui ont été remis et qu'elle a acceptés à charge de les rendre, de les représenter ou d'en faire un usage déterminé* ».

Doit-on considérer que cet article soit susceptible de s'appliquer aux biens culturels ? L'abus de confiance peut-il permettre l'analyse des détournements des biens culturels ?

---

[378] Rassat M.-L., « Droit pénal spécial », Précis Dalloz, n° 66

[379]Claudia Ghica-Lemarchand, Frédéric-Jérôme Pansier, *Droit pénal spécial*, op. cit. p. 301

[380] Philippe Conte, *Droit pénal spécial*, 3e Édition, juillet 2007, p. 325

[381] Jean Pradel, Michel Danti-Juan, *Droit pénal spécial*, op. cit. p. 650

[382] Philippe Conte, op. cit. p. 326

[383] Jean Pradel, Michel Danti-Juan, op. cit. p. 652

[384] Il existe d'autres cas de détournement de biens dans le Code pénal tels le détournement d'objet saisi ou le détournement de gage.

Car, parmi les biens ou objets pouvant être remis, on note l'utilisation de l'expression « bien quelconque ».

Rien n'empêche, en principe, d'appliquer l'abus de confiance aux biens culturels. Il faut juste souligner que les biens immobiliers culturels sont à écarter de l'abus de confiance.

En effet, l'abus de confiance ne peut porter que sur des fonds, des valeurs ou un bien quelconque « mobilier », à l'exclusion d'un immeuble. L'utilisation abusive d'un bien immobilier ou des droits réels portant sur un immeuble ne peut être réprimée au titre de l'abus de confiance.[385]

L'abus de confiance présente matériellement deux éléments caractéristiques : il s'agit premièrement d'un acte de détournement qui implique que le bien détourné ait été préalablement remis. La remise du bien doit être antérieure à l'acte de détournement. Il faut deuxièmement que cette remise soit effectuée en vertu d'un titre. Cette affirmation est cependant restrictive.

Sans doute, dans la plupart des cas, cette remise interviendra en vertu d'un contrat ou d'un acte juridique, mais elle peut aussi résulter d'une simple situation de fait. Quel que soit son mode de réalisation et son fondement, elle doit poursuivre un but déterminé : elle est faite à la charge de rendre les biens, de les représenter ou d'en faire un usage déterminé.

Les musées, les organismes qui remplissent des missions patrimoniales analogues, les archives, les fonds de conservation des bibliothèques sont les gardiens de biens culturels. Ces derniers ne sont en aucun cas les propriétaires des biens culturels dont ils ont la détention. Seul l'État en est propriétaire.

Les biens faisant partie des collections nationales sont la propriété inaliénable et imprescriptible de l'État. Il en est de même des biens culturels relevant de la propriété privée qui bénéficient également de l'imprescriptibilité. À ce titre, l'État est susceptible de demander la réparation du préjudice résultant du détournement des biens culturels.[386]

Plusieurs questions devraient être posées.

---

385 Code pénal français commenté

386 Détournements de livres et manuscrits d'une bibliothèque publique par un bibliothécaire : Cass. Crim. 5 août 1819, Bull. crim. 1819, n° 87.

Peut-on établir un mémoricide en cas d'abus de confiance ? Le fait, pour un individu, de se comporter comme le propriétaire d'un bien culturel dont il a la possession suffit-il, pour cet individu, à être considéré comme un potentiel auteur du mémoricide ? Pourrait-on parler dans ce cas de la perte d'une mémoire et d'un héritage ? En d'autres termes, peut-on considérer le détournement de biens culturels comme une forme de mémoricide ?

Quelques articles, en dehors de celui définissant l'abus de confiance, ont pour objet le détournement de biens et donnent un début de réponse. Trois articles seront cités.

L'article 433-4 du Code pénal réprime toute personne qui détruit ou utilise, dans un autre but que celui qui était prévu au départ, des objets contenus dans un dépôt public. Ces personnes sont généralement les dépositaires de l'autorité publique.

L'article 432-15 du Code pénal, pour tout détournement effectué par un dépositaire de l'autorité publique, fixe une peine de dix ans d'emprisonnement et de 150 000 € d'amende.

L'article 432-16 du présent Code met en lumière la notion de négligence.

Les représentants de l'État bénéficient de pouvoirs que leurs fonctions et missions leur confèrent pour contrôler le personnel placé sous leurs ordres. Si, par négligence, ils laissaient se commettre un détournement de biens culturels, ils pourraient voir leur responsabilité pénale engagée.[387]

À la lecture de ces trois articles, il est possible d'affirmer que le détournement des biens culturels commis par un individu ou par un dépositaire de l'autorité publique est réprimé par la loi. Celle-ci va encore plus loin en condamnant toute forme de négligence ayant entraîné un détournement de biens culturels.

Le manque de protection des biens culturels par les représentants de l'État est-il constitutif d'un mémoricide ?

Une nouvelle politique de destruction par omission, qui contrevient aux clauses de la Convention de La Haye de 1954 et aux protocoles de 1972 et 1999, est engagée dans plusieurs pays. Les centres intellectuels, les ouvrages

---

[387] Guide d'information à l'usage des propriétaires publics et privés, *Sécurité des biens culturels : de la prévention de vol à la restitution de l'objet volé*, ministère de la Culture et de la Communication, Direction générale des patrimoines, www.culture.gouv.fr, p. 30

ne sont pas brûlés, mais ils ne sont pas pour autant protégés. On assiste à une indifférence politique.

Fernando Báez le rappelle d'ailleurs. Il souligne qu'après la prise de Bagdad en 2003 par les troupes américaines n'ont pas brûlé les bibliothèques irakiennes, mais leur indifférence a donné carte blanche aux groupes de criminels[388].

Cette nouvelle forme de destruction du patrimoine culturel ne peut être négligée. Une inaction des représentants de l'État peut entraîner un détournement des biens culturels et la perte d'une mémoire.

Est-ce à dire que tout détournement de biens culturels est constitutif d'un mémoricide ?

Il est certes vrai que dans la plupart des cas, le détournement de biens culturels est fait dans un but mercantile. Mais rien n'interdit que ce détournement puisse être fait dans un autre but.

Encore faudrait-il apporter la preuve que ce détournement a entraîné une perte pour l'héritage collectif de la société et que les auteurs de ce détournement étaient animés d'une intention mémoricidaire.

S'il incombe à chaque gouvernement de mettre en œuvre des outils nécessaires à la protection du patrimoine culturel et de la mémoire historique de la société, le problème qui se pose aujourd'hui est tout autre.

On note un interventionnisme étatique relativement important dans le domaine de la mémoire. Il est alors possible de s'interroger sur la possibilité de reconnaître un mémoricide dans toute forme de manipulation de la mémoire par les représentants étatiques.

---

[388] Le 12 avril 2003, le musée national de Bagdad a été pillé. Trente objets d'une valeur inestimable ont disparu, plus de quatorze mille pièces archéologiques de moindre importance ont été volées. Le 14 avril 2003, un million de livres, à la Bibliothèque nationale, ont été dévorés par le feu. Les mêmes faits se sont répétés dans les bibliothèques universitaires.

Titre 2 : Le mémoricide et sa réalité politique : la manipulation de la mémoire

Dans la série *Dollhouse*, la mémoire des employés du centre « dollhouse », est régulièrement reprogrammée en fonction des attentes du centre.

Les scientifiques présents au sein de ce programme effacent et manipulent régulièrement la mémoire des employés afin de tenir secrète leur mission.

De même, dans le film *Paycheck*, un brillant ingénieur accepte volontairement l'effacement de sa mémoire après chaque mission. Les dossiers sur lesquels il travaille ne doivent être connus que de son employeur. C'est la raison pour laquelle, après chaque mission ou contrat, il oublie tout ce qui s'est passé et tous les résultats de ses recherches.

Cette série et ce film de science-fiction américain traitent de la manipulation de la mémoire. Est-ce possible de manipuler les souvenirs, d'en modifier certains et d'en créer de nouveaux ?

Chaque individu possède une mémoire. Sans mémoire, il n'a pas d'identité. Sans souvenirs, il ne peut savoir qui il est. La mémoire regroupe les aptitudes et connaissances acquises. Elle définit une personne en tant qu'individu spécial.

La tentation de modifier la mémoire est forte. Effacer un mauvais souvenir peut être nécessaire. Il y a bien des choses que l'on souhaiterait oublier. Créer un souvenir peut quant à lui apporter de la joie. Mais si la mémoire est défaillante et possède des limites, on ne peut radicalement la modifier, manipuler ou l'effacer.

La possibilité d'influencer et de manipuler la mémoire a été mise en lumière dans les années 1970. Une psychothérapie, mal instrumentalisée, peut conduire à la manipulation des souvenirs du patient.

En effet, le thérapeute accompagne des patients psychologiquement vulnérables. C'est la raison pour laquelle le respect des règles de la déontologie est nécessaire en psychothérapie. Cette dernière peut être une arme dangereuse.[389]

Il ne s'agit pas ici de la mémoire collective, mais de la mémoire individuelle. Cette mémoire fragile qu'on peut difficilement éradiquer, mais que l'on peut très bien manipuler.

La manipulation de la mémoire collective s'est aussi installée au cœur du débat historique, politique, culturel et universitaire.

« *Toute conception relativiste de l'Histoire – ou l'histoire mise au service du « politiquement correct » – ouvre la porte à toutes les manipulations du passé, en fonction des nécessités du présent et des objectifs que l'on se donne pour le futur.*[390]»

Le XXe siècle occidental a remis en lumière la mémoire. Les Européens, et plus particulièrement les Français, semblent obsédés par la mémoire. Selon eux, il est impossible d'envisager le présent et l'avenir sans elle. Elle a un impact sur la conscience collective des individus formant une société.

Ainsi, une première conclusion peut être tirée : le besoin de mémoire est partagé par tous les continents, les pays, les groupes sociaux, ethniques ou culturels. Il y a donc un véritable avènement mondial de la mémoire, une mondialisation de la mémoire.[391]

Comme soulevé dans l'introduction, la guerre des Balkans – guerre qui a poussé le docteur Mirko Grmek a utilisé le terme mémoricide – était une guerre contre la mémoire.

Pourquoi la mémoire et le souvenir ont-ils eu une place si centrale dans cette guerre ?

Le point de départ peut être le suivant. Le manque de mémoire trouve sa source dans l'amnésie, l'oubli. Les différents groupes ethniques qui vivaient

---

[389] http://psychologie.psyblogs.net/2012/02/dossier-manipuler-la-memoire.html. Cette série thématique sur la mémoire a pour but de présenter une partie des travaux de la spécialiste, Elizabeth Loftus, dans le domaine de la manipulation de la mémoire

[390] Stephan Martens, *La France, l'Allemagne et la Seconde Guerre mondiale. Quelles mémoires* ? Presses universitaires de Bordeaux, 2007, p. 13

[391] Pierre Nora, *Transit, europaische Revue*, Nr. 22/2002

sur le territoire réclamaient la politique de la juste mémoire[392]. Ils demandaient le non-oubli du passé et des massacres[393] recensés dans tout le pays.[394]

La société pense qu'il est important que soit maintenu vivant le souvenir. Contre cette affirmation, Descartes écrit dans le *Discours de la méthode* qu'un regard sans cesse tourné vers choses qui se pratiquaient aux siècles passés entraîne une ignorance sur celles qui se pratiquent de nos jours[395].

Il faut cependant veiller à ce que les erreurs du passé ne se reproduisent plus à l'avenir. C'est la raison pour laquelle Jacques Le Goff souligne que « *la mémoire ne cherche à sauver le passé que pour servir au présent et à l'avenir. Faisons en sorte que la mémoire collective serve à la libération et non à l'asservissement des hommes.* »[396]

Cependant, la mémoire sans cesse interrogée peut être manipulée, voire reconstruite ou même réinventée pour offrir une nouvelle histoire ou une nouvelle mémoire. La mémoire n'est donc pas seulement un enjeu social, mais aussi un enjeu politique.

Les questions que l'on peut se poser à ce stade de la présente étude sont les suivantes : peut-on parler de mémoricide lorsque la mémoire d'une société se retrouve manipulée et non éradiquée ? Qui manipule la mémoire ? Comment la manipule-t-on ?

L'effacement de la mémoire est un danger longtemps resté insoupçonné et mis en lumière au XXe siècle au travers des régimes totalitaires[397].

---

392 Voir à ce sujet les analyses subtiles de Paul Ricœur, *La mémoire*, L'histoire, Paris, Seuil 2000

393 Les Serbes ont rapatriés les dépouilles des leurs après les avoir exhumés pour pouvoir se recueillir sur leurs tombes et pour ne pas les oublier. Voir Le Monde du 28 mars 2007, p. 6

394 Stamatios Tzitzis, « Droits de l'homme et droits culturels historiques » op.cit.

395 Auteur cité par Catherine Puigelier et Jean Foyer, « L'autorité de l'histoire en droit » in *L'autorité*, sous la direction de Jean Foyer, Gilles Lebreton, Catherine Puigelier, Cahier des sciences morales et politiques, PUF, 2008

396 Auteur cité par Tzvetan Todorov dans *Les abus de la mémoire*, arléa, diffusion Le seuil, mai 2004. p. 7

397 Un régime totalitaire est un régime autoritaire dans lequel l'État a le monopole des pouvoirs. Il domine les différents aspects de la vie sociale et privée. L'accès à des postes est fonction du respect d'une idéologie. C'est en cela qu'il se différencie de la simple dictature. Le régime autoritaire a pour but d'établir une idéologie homogène et unifiée autour de quelques principes. La construction d'un « homme nouveau » radicalement différent du passé est un objectif atteindre. »

La destruction des monuments pour pouvoir influencer, reconfigurer une identité collective recomposer ou pour brûler toutes les traces du passé laissait survivre dans bien d'autres formes la mémoire comme les récits oraux.

Les régimes totalitaires ont décidé de s'attaquer aux dépôts officiels de la mémoire pour pouvoir la contrôler et avoir une mainmise sur elle. Si dans certains cas, les tentatives d'une appropriation de la mémoire ont été mises en échec, dans d'autres cas, les traces du passé ont été éliminées avec succès.[398]

Il existe plusieurs exemples connus d'une mainmise sur la mémoire dans les régimes totalitaires. On peut citer l'URSS, la Chine communiste et dans une moindre l'histoire du Reich millénaire. Ces régimes peuvent être analysés des guerres contre la mémoire.

Les traces de ce qui a existé sont ici effacées, transformées ou manipulées. Les mensonges remplacent la réalité et la vérité. Tous les moyens sont bons pour parvenir à la réécriture de l'histoire et à la manipulation des souvenirs et de la mémoire.[399]

Les écrits, les journaux, les photographies écartent des souvenirs indésirables et créent une histoire bienveillante selon l'équipe dirigeante. Cette histoire évolue et change en fonction des hommes au pouvoir.[400]

En France, le droit joue un rôle important dans le domaine de la mémoire. Il consacre la liberté d'opinion, la liberté d'expression, la liberté d'écrire.

Il est toutefois important de souligner que ces libertés présentent des limites. Elles ne sont pas absolues et le législateur peut les encadrer.[401]

La mémoire est un sujet sensible. L'écriture est mémoire[402]. Elle en est la gardienne.[403] C'est la raison pour laquelle chaque société s'arroge un droit de regard sur elle.

---

[398] Tzvetan Todorov, *Les abus de la mémoire*, arléa, diffusion Le seuil, mai 2004. pp. 9-10

[399] Himmler, in *Procès des grands criminels de guerre devant le tribunal militaire international*, Nuremberg, 1947, tome III, p. 145

[400] T. Todorov, op. cit. p. 10

[401] Catherine Puigelier, « Le mémoricide, à propos du temps, de la mémoire et du droit » op. cit.

[402] D. Roche, *Les républicains des lettres. Gens de culture et Lumières au XVIIIe siècle*, Fayard, 1988.

La rétention de certains éléments du passé n'est pas en principe répréhensible, mais le contrôle du choix des éléments à retenir devrait l'être.

Il n'appartient à aucune instance supérieure tel l'État de dire : « *vous n'avez pas le droit de chercher par vous-même la vérité des faits, ceux qui n'acceptent pas la version officielle du passé seront punis.*[404]»

La liberté est essentielle en démocratie. Le pouvoir central ne peut interdire ou permettre toute recherche sur l'histoire ou la mémoire. Chaque individu est en droit de connaître son histoire personnelle ou collective.[405]

Il en est de même du législateur. C'est la raison pour laquelle même si les lois mémorielles partent de bonnes intentions, elles sont parfois mal perçues. Il n'appartient pas à la loi de dire l'Histoire ou le sens de l'Histoire.

Tout comme le génocide, le mémoricide est vécu de deux manières différentes. Pour les survivants (les victimes), le mémoricide est psychologiquement traumatisant. Pour l'opinion publique (le politique), ce crime éminemment singulier est vécu de manière médiatique et émotionnelle.[406]

Le mémoricide renvoie à une réalité matérielle : la destruction du patrimoine culturel. Le politique peut toutefois avoir une incidence et une influence sur l'aspect matériel du mémoricide.

En effet, la mémoire publique officielle vise à synthétiser un récit et à l'imposer à la nation au travers d'une constitution d'un patrimoine mémoriel officiel.[407]

S'il est certes vrai que l'encadrement de la mémoire (Chapitre 1) est nécessaire. Car la sélection est un trait constitutif de la mémoire. Il est important de reconnaître qu'un tel encadrement peut entraîner un risque : celui de sa manipulation (Chapitre 2).

---

[403] Catherine Puigelier, « Le mémoricide, à propos du temps, de la mémoire et du droit » op. cit.

[404] T. Todorov, *Les abus de la mémoire*, op. cit. p. 14

[405] T. Todorov, op. cit. p. 15

[406] À propos du génocide voir Henry Panhuys, « Génocides des minorités : produits de l'occidentalisation du monde ? » in *Droit, culture et minorités*, sous la direction de Arnaud de Raulin, Sidi Mohamed Ould Abdallahi, Gourmo Lô, L'harmattan, 2010, p. 152

[407] Christophe Premat, « L'inscription des récits mémoriels en France, lecture de Johann Michel », *Gouverner les mémoires, Les politiques mémorielles en France,* Paris, PUF, 2010, http://www.sens-public.org/spip.php?article 741

Et qui dit perte de la mémoire par transformation de la mémoire originelle par une mémoire officielle peut, peut-être, dire mémoricide.

<u>Chapitre 1 :</u> L'encadrement de la mémoire : un enjeu politique et social

Un culte dont l'apparition a été faite en fin de millénaire dernier est toujours d'actualité en France. Il s'agit du culte de la mémoire.

Parce que le passé s'éloigne et fuit inexorablement, la société essaie par divers moyens de conjurer le sort et de maintenir vivant le passé. Les musées, les monuments et les bibliothèques sont inaugurés chaque jour.

Plusieurs événements remarquables sont aujourd'hui commémorés. Certaines commémorations sont justifiées, d'autres ne le sont pas. Cette frénésie commémorative peut être critiquable. À cette allure, chaque jour serait susceptible de devenir un jour commémoratif si bien qu'il est possible de s'interroger sur le nombre de journées actuellement disponibles.[408]

Des appels à la prudence doivent être proférés. Il est dit que le devoir de mémoire est un droit et qu'il est nécessaire pour toute société de l'honorer.[409] Mais la vigilance doit être de rigueur.

Devant la prolifération des écrits de nos jours, une question taraude notre esprit. François Hartog le souligne d'ailleurs. « *Que faire de cette production de masse ?* » Que retenir ?

Cette question technique et politique soulève d'autres enjeux : la conservation des archives et leur accessibilité.[410]

Les gouvernants et les gouvernés sont intéressés par la conservation de la mémoire (Section 1). Ils sont pourtant bien obligés de reconnaître qu'ils ne peuvent tout conserver. La mémoire est une sélection (Section 2). Peut-on, dans ce dernier cas, parler de mémoricide ?

---

408 Jean-Claude Guillebaud, *La tradition des lumières*, Paris, Seuil, 1995, p.21
409 T. Todorov, *Les abus de la mémoire*, op. cit. pp. 51-52
410 F. Hartog, *Évidence de l'histoire. Ce que voient les historiens*, Folio, 2007, p. 269

Section 1 : Une mémoire conservée

La conservation matérielle et juridique de la mémoire (Paragraphe 1) possède plusieurs vertus. (Paragraphe 2). Il incombe d'en soulever quelques-unes.

Paragraphe 1 : Les moyens juridiques et matériels de conservation de la mémoire

La mémoire ne peut être conservée matériellement que parce qu'il existe en France une politique culturelle favorable à la protection de la mémoire.

À l'échelle internationale, la gestion publique de la culture en France est un exemple et une référence pour de nombreux pays. Or, depuis toujours la politique culturelle est l'objet en France de vifs débats. Elle figure et s'affiche généralement sur l'agenda gouvernemental.[411]

Les objectifs de la politique culturelle sont énoncés dans le décret n° 2007-994 du 25 mai 2007. « *La sauvegarde, la protection, la mise en valeur du patrimoine culturel dans toutes ses composantes, la création des œuvres de l'art, de l'esprit et le développement des pratiques et des enseignements artistiques* » sont les objectifs de cette politique culturelle.[412]

Ainsi, la mission culturelle de l'État est regroupée sous trois domaines génériques : le patrimoine, la création et la diffusion. Seul l'élément matériel du premier secteur intéresse une étude sur le mémoricide.

Il conviendra de souligner en quoi une politique culturelle (A) peut favoriser une conservation matérielle de la mémoire (B).

A- Une politique culturelle favorable à la conservation de la mémoire

Tout comme la politique éducative, sociale ou économique, la politique culturelle est une catégorie de l'intervention publique.[413] Les pouvoirs

---

[411] *Les politiques culturelles en France*, textes rassemblés par Philippe Poirrier, Comité d'histoire du ministère de la Culture, La documentation française, Paris 2002, p.11

[412] Sophie Monnier, *L'essentiel du Droit de la culture*, Gualino, les Carrés, Paris 2009, p. 65

[413] V. Rémi Lenoir, « Politique familiale et construction sociale de la famille », Revue française de science politique, vol. 41, n° 6, décembre, 1991, pp. 781-807 ;

publics mettent en place cette dernière pour que soit effectué un travail de classement et de mise en forme des objets.

Seuls les objets désignés comme relevant de la catégorie « culture » sont traités, classés et mis en forme. Une vision « culturelle » de différents objets s'impose. Certains objets auront une valeur culturelle tandis que d'autres auront une valeur économique[414].

Ainsi cette politique culturelle matérialisée par des pratiques administratives de dépenses ou d'économie (actes hétéroclites) justifie une intervention étatique et la mise en forme et le classement des objets susceptibles d'obtenir le caractère culturel.[415]

Le vif intérêt pour la culture s'est manifesté dès la Révolution française. Condorcet dans son Mémoire sur *l'Instruction publique* de 1792 proclame que « *plus un peuple est éclairé, plus ses suffrages sont difficiles à surprendre [...] même sous la constitution la plus libre, un peuple ignorant est esclave.* » Il prône la « *libre circulation des œuvres de l'esprit* ».[416] Ces dernières doivent être accessibles au peuple.

Il faut dès lors instaurer des musées dans chaque département, libéraliser la création, rendre accessibles l'art, la connaissance et les sciences.[417]

Les biens qui, dans l'ancien régime, relevaient de la propriété de la Couronne, de la noblesse ou du clergé (institutions royales et ecclésiastiques) vont être transférés à l'État. Il en est ainsi du Musée du Louvre, des bibliothèques, des archives... Ils vont devenir le patrimoine national français.[418]

Louis Pinto, « La gestion d'un label politique : la consommation », *Actes de la recherche en sciences sociales*, n° 91-92, mars 1992, pp. 3-9 ; Pierre Lascoumes, *L'écopouvoir. Environnement et politiques,* Paris, La Découverte, 1994 ; Jobert Bruno, Dominique Damamme, « La politique de la ville ou l'injonction contradictoire en politique », Revue française de science politique, vol. 45, n° 1, février 1995, pp. 3-30

[414] Yves Surel, *L'État et le livre. Les politiques publiques du livre en France (1957-1993),* Paris, L'Harmattan, 1997. Le cas des graffitis est étudié dans le dernier chapitre du présent ouvrage.

[415] Vincent Dubois, *La politique culturelle*, Édition Belin, juin 2102, pp. 7

[416] Georges Bertin et Danielle Rauzy, *Pour une autre politique culturelle, institution et développement*, l'Harmattan, 2011, P. 42

[417] Georges Bertin et Danielle Rauzy, op. cit. p. 44

[418] Georges Bertin et Danielle Rauzy, op. cit. p. 44

Plusieurs raisons justifient la nécessité de sauvegarder le patrimoine national. L'idée d'un héritage culturel à préserver et à transmettre aux générations suivantes fait son chemin. Le patrimoine, quand il s'agit de celui de la nation, justifie que l'on s'en soucie[419].

Cela signifie précisément que ce patrimoine national, support de l'identité nationale, est un patrimoine qui doit bénéficier d'un régime juridique dérogatoire du régime juridique de droit commun.

Il ne peut être soumis à la loi qui régit les rapports des particuliers relativement aux biens qu'ils peuvent posséder légalement. Ce patrimoine devient un patrimoine à protéger au nom de l'intérêt général, car il a une mission particulière : il est le support de la mémoire.

Le patrimoine ne se limite plus aux arts, aux recherches scientifiques, à l'enseignement. Il permet de transmettre un héritage. Il n'appartient plus aux particuliers, mais il passe dans la sphère publique.

La société s'applique à développer une logique de protection et de sauvegarde des biens différente de l'ancienne pratique consistant à collectionner et rassembler des biens.[420]

Il a fallu pourtant attendre l'instauration d'un ministère pour l'Art et la Culture en juillet 1959 avec à sa tête André Malraux, pour que soit établie et formalisée une véritable politique publique de la culture[421].

Ce ministre d'État chargé des Affaires culturelles du gouvernement de De Gaulle avait pour mission de libéraliser les œuvres capitales de l'humanité et de la France et de les rendre accessibles au plus grand nombre possible de Français[422].

Il ne s'agit pas juste de conserver la mémoire ou les œuvres capitales de la France dans des malles. Bien au contraire, il faut que chaque homme, chaque français connaisse son histoire, l'histoire de son pays.

En effet, l'existence de ces biens implique qu'elles soient aisément accessibles, pas seulement par des initiés.

---

419 J. F. Poli, « État, nation et identité culturelle », in *Intérêt culturel et mondialisation, Les protections nationales,* L'Harmattan, coll.

420 Georges Bertin et Danielle Rauzy, *Pour une autre politique culturelle, institution et développement*, op. cit. p. 45

421 Philippe Poirrier, *Les politiques culturelles en France*, op. cit. p. 17

422 Georges Bertin et Danielle Rauzy, op. cit. p. 51

Prenons un exemple pour étayer ce propos : celui du musée de l'Homme à Paris.

Depuis 1937, ce musée est installé dans le palais de Chaillot à Paris. À l'époque. Fermé pour rénovation pendant plus de cinq ans, le musée de l'homme a rouvert ses portes le 17 octobre 2015.

Avant sa fermeture, un dilemme s'était posé avec l'inauguration du musée du Quai Branly. La concurrence était donc patente.

Était-il nécessaire que Paris se retrouve doté de deux musées partiellement de même contenu à 600 mètres l'un de l'autre ? Le musée du Quai Branly devait-il remplacer effectivement le Musée de l'Homme pour l'ethnologie ?

Ces questions présentaient un intérêt non négligeable.

Des centaines, des milliers d'objets caractéristiques (tambour, couteau, objet agricole...) des peuples des cinq continents (Afrique, Amérique, Asie, Europe et Océanie) étaient présentés dans les vitrines du Musée de l'Homme.

Cependant, ils ont été déplacés vers le Musée du quai Branly. Un tel déplacement diminuant fortement la portée des expositions permanentes a suscité de nombreuses polémiques[423].

Pourtant une convention signée entre le Muséum National d'Histoire naturelle et l'Établissement Public du Musée du Quai Branly prévoit le transfert total de l'ethnologie du Musée de l'Homme au Musée du Quai Branly.

Cet établissement présente plusieurs objets du Musée de l'Homme, du Musée des Arts d'Afrique et d'Océanie et des Musées de province.

Tous ces objets magnifiques reflétant et représentant les richesses artistiques, techniques et culturelles du patrimoine de l'humanité ne peuvent malheureusement pas être tous présentés au public du musée du quai Branly.

En effet, seuls objets les plus beaux présentant des qualités esthétiques particulières sont mis en valeur dans une vitrine.[424] Ainsi, la majorité des

---

[423] Voir à ce sujet le livre très critique de Bernard Dupaigne, *Le scandale des arts premiers. La véritable histoire du musée du quai Branly*, Mille et une nuits, juin 2006.

[424] Bernard Sergent, op. cit. p. 28

objets pris dans les vitrines et dans les réserves du Musée de l'Homme ne peuvent servir au Musée du Quai Branly.

Parce que ce dernier est limité dans sa capacité d'exposition en matière d'ethnologie, de milliers d'objets dorment ainsi dans des caisses. [425]

Il est toutefois important de souligner que même si le Musée du Quai Branly a vocation à présenter ces mêmes objets, il ne remplace pas le musée de l'homme qui est uniquement consacré à l'ethnologie. Il ne présente qu'une toute petite partie, soit quelques objets des vitrines ethnologiques du Musée de l'Homme. [426]

Peut-on pour autant parler de mémoricide ? Certainement pas.

Une telle reconnaissance s'avère dangereuse. En effet, ce n'est qu'une perte matérielle du patrimoine culturel qui caractérise un mémoricide. En l'espèce, le fait de conserver des objets culturels dans des malles empêche certes leur accessibilité, mais la protection desdits biens n'est pas remise en question. Ces derniers sont conservés et ne sont ni détruits, ni perdus.

B- Une conservation matérielle de la mémoire

Nul ne doit empêcher le recouvrement de la mémoire : voilà un principe. Une fois la mémoire recouvrée, elle doit être conservée. Et il est particulièrement important de s'intéresser à la mémoire et à la façon dont les hommes conservèrent ou perdirent les traces de leur passé.

La mémoire peut être conservée matériellement et immatériellement. Seul l'aspect matériel retiendra notre attention.

Il existe plusieurs supports matériels variés : les monuments historiques, les archives, les musées, les bibliothèques, les mémoriaux, les monuments aux morts…

Ayant déjà abordé les monuments historiques dans les paragraphes précédents, notre étude se limitera ici aux archives (2) et aux musées (1). Les bibliothèques seront étudiées plus loin.

---

[425] Bernard Sergent, op. cit. p. 32

[426] Bernard Sergent, *La guerre à la culture, la logique marchande et les attaques contre l'intelligence*, L'harmattan, 2004 p. 30

1- Les musées

L'ICOM (Conseil International des Musées) réactualise régulièrement, depuis sa création en 1946, la définition du musée.

Aujourd'hui, selon l'article 3 des Statuts de l'ICOM, adoptés lors de la 21e Conférence générale à Vienne (Autriche) en 2007, un musée est « *une institution permanente sans but lucratif au service de la société et de son développement, ouvert au public, qui acquiert, conserve, étudie, expose et transmet le patrimoine matériel et immatériel de l'humanité et de son environnement à des fins d'études, d'éducation et de délectation.* »[427]

Par rapport aux autres pays européens, le musée français est très spécifique. Il tient cette spécificité de ses origines révolutionnaires. La confiscation des biens du clergé et la nationalisation des anciennes collections royales distinguent absolument le musée français des autres institutions européennes telles celles d'Italie, d'Allemagne ou de Grande-Bretagne, bien que ces dernières soient inscrites dans la longue durée d'une tradition d'Ancien Régime largement reconduit au cours du XIXe siècle.[428]

Après la Révolution, l'héritage français n'est plus contrôlé par la royauté ou le clergé. Sur l'initiative de quelques philanthropiques, les collections royales et ecclésiastiques sont ouvertes aux élèves dans un souci académique de communication et exposées dans des musées et bibliothèques.

Les projets et vues imaginaires d'Hubert Robert le soulignent d'ailleurs qu'un musée tel que celui du Louvre aurait très bien pu naître à cette époque.[429]

Car instruire le peuple, dissiper l'ignorance, réveiller l'esprit public, transmettre une histoire et entretenir l'amour de la patrie sont les préoccupations qui gouvernent l'idée d'héritage.

Ainsi l'élaboration des musées peut se justifier par la nécessité d'effectuer une réflexion sur la mémoire des chefs d'œuvres et des grands hommes dans le dessein d'édifier les peuples.[430]

---

[427] Article 3 des statuts de l'ICOM

[428] Dominique Poulot, *Une histoire des musées de France XVIIIe – XXe siècle,* La Découverte, L'espace de l'histoire, avril 2005, p. 7

[429] Dominique Poulot, *Les Lumières*, Presses universitaires de France, Paris, 2000

Est considérée comme musée, au sens du code du patrimoine français (article L. 410-1,) :

« *Toute collection permanente composée de biens dont la conservation et la présentation revêtent un intérêt public et organisé en vue de la connaissance, de l'éducation et du plaisir du public.* »

L'article L. 441-2 du présent Code souligne les missions permanentes des musées de France:

- « *Conserver, restaurer, étudier et enrichir les collections ;*
- *Rendre leurs collections accessibles au public le plus large ;*
- *Concevoir et mettre en œuvre des actions d'éducation et de diffusion visant à assurer l'égal accès de tous à la culture ;*
- *Et de contribuer aux progrès de la connaissance et de la recherche ainsi qu'à leur diffusion* ».

Le Code du patrimoine fait référence à la catégorie de biens meubles et immeubles. Il renvoie implicitement à la notion de bien matériel. Seul ce dernier peut être collectionné dans un musée.

Cette prise de position est différente de celle de l'ICOM. La définition donnée par cette institution, quoique non encore consolidée, fait référence au patrimoine immatériel.

Trois caractéristiques fondent toujours cette notion en France : la permanence de la collection, l'ouverture au public et la mission de conservation.

La notion de collection permet d'identifier un musée. Elle est définie par la norme européenne sur la conservation des biens culturels NFEN 15898 de décembre 2011 comme « un *ensemble de biens présentant en commun ou en combinaison un intérêt patrimonial* ».

La loi encadre ainsi et soumet à un régime uniforme les collections identifiées comme étant d'intérêt public.

Car la notion de musée, aussi ancienne soit-elle, ne cesse d'alimenter les débats. Considéré comme « *le lieu privilégié de la construction des*

---

[430] Dominique Poulot, *Une histoire des musées de France XVIIIe – XXe siècle*, op. cit. p. 8

significations du passé matériel[431] », le musée représente aussi l'art contemporain – « *le dernier avatar*[432] *où se conclut, à grand renfort des récits autorisés*[433] ». [434]

2- Les archives

Que serait un pays sans archives ?

Durant la Révolution française, plusieurs fervents adeptes de la philosophie des Lumières préconisaient une France toute neuve, sortie du néant. Les archives étaient considérées par beaucoup comme sans intérêt.

Camus, homme des Lumières, connu pour son goût pour l'histoire, défendit dès 1790 la sauvegarde des archives de la période antérieure. Même si l'Assemblée ne le suivait pas, son goût pour l'histoire le portait à comprendre l'intérêt de ce patrimoine.

Fervent adepte des principes dégagés par la Révolution, cet homme des Lumières était hostile à la table rase préconisée par ceux qui voyaient une France libérée de sa mémoire et de ses archives. Ayant compris l'intérêt que ce patrimoine pouvait avoir, il proposa à l'Assemblée un article pour la sauvegarde des archives qui fut repoussé.[435]

Les choses ont bien changé de nos jours. Les archives sont reconnues comme la mémoire d'un État.

Aux tablettes, papyrus et parchemins, se développent de nos jours les documents sonores, les images fixes et animées et les fichiers informatiques

---

[431] Michel De Certeau, « L'opération historique », dans Jacques Le Goff et Pierre Nora (dir.), *Faire de l'histoire*, t.1, *Nouveaux problèmes*, Gallimard, Paris, 1974, p. 57

[432] Voir Brian O'Doherty, *Inside the white Cube. The Ideology of the Gallery Space*, The Lapis Press, Santa Monica/San Francisco, 1986 (publié à l'origine dans Artforum en 1976, il existe une nouvelle Édition introduite par Thomas McEvilley, 2000).

[433] Jean-Marc Poinsot, *Quand l'œuvre a lieu. L'art exposé et ses récits autorisés*, Art Édition, Villeurbanne, 1999

[434] Dominique Poulot, *Une histoire des musées de France XVIIIe – XXe siècle*, op. cit. p. 13

[435] Lucie Favier, *La mémoire de l'État, Histoire des Archives nationales,* Fayard, 2004, p.20

ou numériques. Ainsi, tout peut être archivé (lois, registres, lettres, notes, affiches, images, photographies, enregistrements sonores, films).[436]

Il faut juste que l'archivage soit déchiffrable pour servir l'Histoire et la mémoire.[437]

Dès leur naissance, les archives existent. Nul besoin d'attendre qu'elles soient versées à une institution de conservation pour que ces dernières soient considérées comme des archives. [438]

Le processus de collecte, de tri, de destruction puis de classement aboutit alors à la constitution de fonds d'archives pensés et organisés selon une science. Et cette science ou technique des archives est contemporaine de la volonté de conserver les traces du gouvernement.[439]

L'administration, les entreprises, les associations, les individus, mais aussi les services publics et privés collectent, conservent des millions de documents. Ces documents sont des archives qui peuvent être communiquées aux institutions compétentes et devenir ainsi la mémoire nationale.[440]

Car l'histoire a servi à révéler qu'il est impossible de gouverner sans archives du tout. Les archives peuvent ne pas être à portée de main, mais elles doivent exister.[441] Elles sont la mémoire de la nation.[442]

L'archive est, selon Karel Bartosek, en effet un témoin, une preuve, bien plus qu'une nouvelle archivistique ou une simple révélation.[443]

Les archives doivent être protégées parce qu'elles racontent l'histoire particulière des États. C'est en cela qu'elles relèvent exclusivement du droit et de l'organisation administrative interne de chacun des États intéressés.

---

436 Jean-Pierre Babelon, *Les Archives, Mémoire de la France*, Découverte Gallimard, 2008, 4e de couverture

437 Sophie Cœuré et Vincent Duclert, *Les archives*, Collection Repères, mars 2011, p. 5

438 Auteur cité par Sophie Cœuré et Vincent Duclert, op. cit. p. 5

439 Sophie Cœuré et Vincent Duclert, op. cit. p. 7

440 Sophie Cœuré et Vincent Duclert, op. cit. 4e de couverture,

441 Bruno Delmas, *La société sans mémoire, Propos dissidents sur la politique des archives en France,* Éditeur Bourin, 2005, p. 14

442 F. Hartog, *Évidence de l'histoire. Ce que voient les historiens*, Folio, 2007, p. 270

443 F. Hartog, *Evidence de l'histoire. Ce que voient les historiens*, op. cit. p. 273 ; Catherine Puigelier, « Le mémoricide (à propos du temps, de la mémoire et du droit) » in *Le temps et le droit*, sous la direction de Pierre Fleury-Le Gros, op. cit.

Mais est-ce à dire que le droit international public doive être nécessairement tenu à l'écart ? Deux raisons principales s'opposent à une telle idée.

La première raison repose sur le fait que le droit international est convoqué pour régler les conflits armés, les guerres interétatiques et les successions d'États. Les archives se doivent de conserver une intégrité, car elles racontent ces événements de telles difficultés.[444]

La seconde raison repose sur l'existence d'une communauté internationale. Cette dernière doit avoir comme les États une histoire qui ne se confond pas totalement avec l'histoire nationale.[445]

Ainsi, le patrimoine écrit fait l'objet d'une protection particulière aussi bien en droit national qu'en droit international.

En effet, la mémoire des peuples, transmise aux générations futures, est fragile et exposée à toutes sortes de risques. Et les exemples d'archives détruites par les flammes, les guerres et les catastrophes naturelles sont hélas trop nombreux.

Toute société organisée doit pouvoir conserver ses archives et toutes les informations jugées importantes. Les vecteurs les plus fragiles de la mémoire (papiers d'État, archives privées, sources imprimées et iconographiques) doivent et peuvent être conservés dans les dépôts d'archives.

L'élargissement constant du cadre de la vie des hommes et leur intégration grandissante dans cet environnement a accru de façon exponentielle les besoins et les usages des documents nécessaires pour vivre en communauté.[446]

Pour traiter et conserver leurs archives, les sociétés modernes se sont dotées, au fil du temps, de plusieurs moyens. Ces derniers ont satisfait, chacun en leur époque, les besoins de ces échanges.

---

[444] J. Verhoeven « Archives et droit international » *in Archives et patrimoine*, Tome 1, sous la direction de Marie Cornu et Jérôme Fromageau, Collection Droit du patrimoine culturel et naturel, L'Harmattan, 2005, p. 22

[445] J. Verhoeven « Archives et droit international » *in Archives et patrimoine*, op. cit. p. 22

[446] Bruno Delmas, *La société sans mémoire, Propos dissidents sur la politique des archives en France*, op. cit. p. 15

Le support papier a été remplacé par le support électronique. Les infrastructures de communication se sont décuplées. Ce sont autant d'outils qui améliorent le traitement et la conservation des archives.

Devant ces avancées et innovations, le rôle des archives n'a cessé d'évoluer et les utilités des archives n'ont plus à être démontrées.[447] Les intérêts d'une conservation de la mémoire peuvent être détaillés à l'infini.

Paragraphe 2 : Les intérêts d'une conservation de la mémoire

La raison d'être des Archives nationales n'est pas seulement la conservation dans les cartons et malles de toute l'histoire de la France, mais la préservation du passé par l'entretien de la mémoire d'une nation…[448]

Ainsi, les biens culturels du passé, qui ont une importance et un intérêt difficilement contestable, doivent demeurer sur le sol national. C'est là un des premiers devoirs de l'État en matière patrimonial.

L'objectif est de permettre que ces œuvres et autres témoignages puissent être librement consultés par tout citoyen le désirant ou le souhaitant.

En effet, la nécessité d'une protection juridique des biens culturels se justifie non pas juste pour la beauté desdits biens, mais surtout pour son rôle singulier. Le patrimoine est lié à l'homme, tout comme l'homme est lié au patrimoine. Il le crée, le réinvente, se l'approprie. Les biens du passé, ceux du présent et ceux de l'avenir doivent pouvoir être légalement protégés.

Jean-François Poli souligne qu'en « *agissant ainsi, il protège un patrimoine culturel porteur de sens, instrument du développement humain* ».[449]

Selon Jean d'Ormesson l'histoire s'écrit avec des documents, des écrits, des archives.[450] Et Charles Péguy d'affirmer : « *pour le monde antique,*

---

[447] Bruno Delmas, *La société sans mémoire, Propos dissidents sur la politique des archives en France*, op. cit. pp. 16-17

[448] Georges Bertin et Danielle Rauzy, *Pour une autre politique culturelle, institution et développement*, op. cit. p. 79

[449] Jean-François Poli, *La protection des biens culturels meubles, bibliothèque de droit de l'urbanisme et de l'environnement*, Tome 3, LGDJ, 1996, p. 342

[450] Cf. J. d'Ormesson, *La douane de mer, XII, La possession du monde*, Gallimard, 1993, p. 308

l'histoire se fait parce qu'on n'a pas de documents. Pour le monde moderne, elle ne se fait pas, parce qu'on en a »[451].

Cependant, il est important de souligner que le passé et son rappel ne peuvent assumer la même fonction dans une société sans écriture, comme les anciennes civilisations africaines, et dans une société traditionnelle lettrée, comme celle l'Europe du Moyen Âge.[452]

La loi impose des délais de conservation de certains documents. Mais chaque personne physique ou morale peut décider de conserver les documents au-delà des délais de prescriptions imposés par la loi.

Mises à la disposition du public, ces documents ou archives participent à l'écriture de l'Histoire. Ils représentent la mémoire privée, et surtout la mémoire nationale.

Toutefois, que l'on soit dans une société traditionnelle ou dans une société moderne, la conservation de la mémoire au travers d'un quelconque objet culturel présente plusieurs intérêts. En voici quelques-uns.

A- Se souvenir

Se souvenir est un besoin nécessaire de toute vie en société. Les individus, les organismes, l'administration ne peuvent assurer leur continuité que par le maintien du souvenir. De manière pratique, il faut une transmission des registres et des dossiers ; en un mot des archives.

Pourtant, comme souligné plus haut, cette utilité des archives a longtemps été jugée secondaire. Rien ne semblait imposer la conservation de longue durée ou de moins longue durée de certains documents.

Ainsi, ces derniers étaient sacrifiés en priorité lorsqu'une difficulté apparaissait. De nombreuses institutions, pour faire de la place, ont jugé certaines archives inutiles.[453]

Une telle opinion de l'inutilité des archives pourrait surprendre. La conscience de leur nécessité remonte bien avant la Révolution française. L'utilité des archives n'est plus à rappeler.

---

451 F. Hartog, *Évidence de l'histoire. Ce que voient les historiens*, Folio, 2007, p. 269

452 T. Todorov, *Les abus de la mémoire*, op. cit. p. 17

453 Bruno Delmas, *La société sans mémoire, Propos dissidents sur la politique des archives en France,* op. cit. p. 22

Car garder la trace du souvenir administratif pour s'y référer prend une importance aussi grande que celle de la preuve juridique.[454]

Le besoin de se souvenir nécessite la mise en place de moyens et ressources nécessaires à l'écriture et à la conservation des documents.

Les institutions religieuses ont été les premières à le faire. Elles ont compris que la préservation du souvenir assurait la continuité de la mémoire religieuse. Elles ont été suivies par les institutions laïques qui se sont progressivement dotées des moyens leur permettant de conserver leur passé.[455]

De nos jours, l'élargissement des domaines d'intervention de l'État régalien et l'essor des activités administratives et commerciales multiplient la production d'archives.

Par ailleurs, la complexification de certaines procédures, la longueur d'instruction des dossiers, l'obligation légale de conserver certaines données administratives pendant une durée déterminée pourraient aussi justifier l'augmentation et la multiplication de leur nombre.[456]

B- Transmettre, témoigner et agir

Il a été souligné tout au long des paragraphes ci-dessus que chaque génération était responsable de la transmission du patrimoine culturel aux générations futures. En effet, le fait de conserver matériellement la mémoire permet non seulement à un groupe de ne pas oublier son histoire, mais aussi de pouvoir la transmettre plus facilement à ses héritiers.

Les biens culturels, les écrits, les archives… sont une source de connaissance (1) et une source d'enseignement (2).

1- Une source de connaissance

Les archives sont une source de connaissances.

---

454 Bruno Delmas, op. cit. p. 22

455 Bruno Delmas, op. cit. p. 23

456 Bruno Delmas, *La société sans mémoire, Propos dissidents sur la politique des archives en France,* op. cit. p. 24

Dans le domaine des sciences et de l'industrie, l'expérience acquise est un savoir-faire capitalisé en ce sens qu'il est transmis aux jeunes recrues par le biais des formations.[457]

Dans le domaine de l'histoire, les archives fournissent la documentation nécessaire aux historiens dans leurs travaux de recherche. En effet, l'apport constant des archives à la recherche historique dans tous ses développements n'est plus à rappeler.

L'accumulation d'expériences et de savoirs scientifiques est exploitée dans les centres d'archives par les historiens.[458]

Ces derniers considèrent les archives comme l'une des sources principales pour établir la vérité historique. Ils revendiquent pour cette raison un plein accès aux centres archivistiques et documentaires.[459]

Par l'étude des documents anciens, l'historien révèle les faits passés. La recherche de l'historien constitue un pas en avant dans la connaissance du passé.[460] Il se différencie, selon Aristote, du poète qui souligne ce qui pourrait arriver.[461]

Connaître et faire connaître, telle est sa volonté. Pourquoi un tel attrait pour la connaissance ?

Certainement parce que de tout temps, l'on a appris qu'un peuple ignorant ou non instruit est un peuple esclave. Cela revient à dire qu'au travers de la connaissance, un peuple est, devient ou reste libre.

2- Une source d'enseignement

Conserver la mémoire présente plusieurs autres vertus que la possibilité de transmettre et de favoriser la continuité et l'identité d'un groupe. Elle permet aussi d'éviter de réitérer les erreurs du passé. Elle permet d'agir autrement.

---

457 Bruno Delmas, op. cit. pp. 26-27

458 Bruno Delmas, op. cit. p. 27

459 Sophie Cœuré, Vincent Duclert, *Les archives*, op. cit. p. 8

460 Catherine Puigelier, Jean Foyer « L'autorité de l'histoire en droit » in *L'autorité*, sous la direction de Jean Foyer, Gilles Lebreton, Catherine Puigelier, Cahiers des sciences morales et politiques, PUF, 2008

461 Françoise Chandernagor, « Peut-on écrire des romans historiques ? » in *Peut-on faire confiance aux historiens ?* p. 171

Certes, il faut faire en sorte que soit maintenu vivant le souvenir – il ne sera pas rappelé ici la nécessité de maintenir vivant le souvenir –, mais il faut aussi veiller à ce que cela puisse servir le présent et l'avenir.

L'objectif n'est pas d'enfermer une société dans son passé. Au contraire, la conservation de la mémoire se doit d'être libératrice. Le recouvrement du passé est indispensable. Il faut cependant veiller à ce que le passé ne régisse pas le présent. C'est ce dernier, au contraire, qui doit régir le passé.[462]

Prenons l'exemple de David Rousset. Prisonnier politique déporté à Buchenwald, David Rousset est l'auteur de plusieurs livres écrits juste après sa libération.

Dans ses écrits, il s'efforce d'analyser et de comprendre l'univers concentrationnaire. C'est d'ailleurs le titre de l'un de ses ouvrages *L'univers concentrationnaire* qui lui apportera en 1946 le prix Renaudot.

Malgré le succès de ces livres et certaines critiques sur son engagement, il a continué son combat contre cet univers.

T. Todorov parle à juste titre d'une préférence pour la mémoire exemplaire que pour la mémoire littérale.

La mémoire littérale est une mémoire qui s'immerge dans le passé, qui se nourrit de la tristesse et des ressentiments.

La mémoire exemplaire est une mémoire qui choisit de se servir du passé pour en tirer des leçons afin de mieux agir dans le présent. Rousset a choisi cette dernière forme de mémoire. Et cela est tout à son honneur. [463]

Un événement singulier peut être utilisé de différentes manières. Selon Todorov, la mémoire littérale, poussée à l'extrême, est synonyme d'assujettissement alors que la mémoire exemplaire est synonyme de libération.[464]

Le passé est une source d'enseignement. On peut y tirer des leçons. Parce que toutes les leçons ne sont pas bonnes, elles doivent être évaluées à l'aide des critères universels et rationnels.[465]

---

[462] T. Todorov, *Les abus de la mémoire*, op. cit. p. 24
[463] T. Todorov, op. cit. pp. 43-44
[464] T. Todorov, op. cit. pp. 31-32
[465] T. Todorov, *Les abus de la mémoire*, op. cit. p. 32

Il existe des souvenirs qu'une société souhaiterait oublier, effacer de son histoire. Le simple rappel de ces souvenirs suffit à révéler que dans la sphère publique, tous les rappels du passé ne sont pas admirables.

« La mémoire, pour quoi faire ? » Telle pourrait être la question. Et la réponse pourrait être celle-ci : le « plus jamais ça ».

Il ne faut pas nécessairement rejeter un passé « douloureux », celui de la guerre par exemple, et préférer donner une vision pacifique de l'avenir. Une telle vision du passé serait erronée. Le passé ne doit pas être un repoussoir, mais une ressource.[466]

Une sélection quant à la mémoire que l'on souhaiterait honorer ou transmettre et celle que l'on souhaiterait oublier est toujours faite. Cette sélection est-elle constitutive d'un mémoricide ? La réponse ne peut être ferme. Dans bien des cas, un doute peut subsister.

Section 2 : Une mémoire sélectionnée

Le nombre de biens porteur d'une histoire, d'un témoignage, susceptible d'être transmis à la génération future augmente en proportion. La conception extensive du patrimoine, qui conduit à la prise en compte de la totalité de l'activité humaine, toute susceptible d'acquérir cette valeur, rend dès lors très difficile la sélection. Et n'est collectivement acceptable comme patrimoine culturel que ce qui mérite d'être conservé.

Au-delà des traces du passé, il est possible et nécessaire de conserver et sauvegarder les réalisations matérielles laissées : œuvres d'art, objets ethnologiques, immeubles caractéristiques, espaces verts...

Car tout objet, à certains égards, est significatif sur le plan de la mémoire. Et ce qui ne l'est pas pour un groupe à une époque donnée peut le devenir ultérieurement. Il faudra ainsi protéger ce qui est caractéristique et propre à ce groupe.[467]

Peut-on tout conserver ? Que retenir ? Comment conserver ? Les archives, combien de bâtiments devront être construits pour les abriter ?

---

466 Georges Mink, « Introduction » in *L'Europe et ses passés douloureux*, sous la direction de Georges Mink et Laure Neumayer, La découverte, 2007, pp. 11-12

467 Pierre-Laurent Frier, *Droit du patrimoine culturel*, PUF, 1997, p. 17

Ce sont là des problèmes posés depuis un nombre déjà respectable d'années, toujours d'actualité pour un demain qui est déjà bien là.[468]

Dans un célèbre Tableau de Paris, publié en 1781, l'utopiste Louis-Sébastien Mercier (1740-1814) décrit la Bibliothèque du Roi comme regroupant une multitude de livres insignifiants, qui troublent la mémoire du bibliothécaire.[469]

Contre l'idée « de la table rase du passé », prônée et défendue par plusieurs intellectuels, une détermination affective à en sauvegarder toutes les traces sensibles est érigée. Ces dernières contribuent à préserver le souvenir et à faire de l'histoire.

Cette quête provoque une véritable inflation documentaire. Elle prouve le désir d'oublier délibérément un présent amer et d'éviter un avenir terrifiant dépourvu d'espérance. [470]

Le traitement de l'histoire en France témoigne de l'évolution radicale du rapport que la société entretient désormais avec son passé.

Dans l'héritage transmis aux futures générations, une volonté patrimoniale de ne rien exclure de ce qui a constitué, pour le meilleur et pour le pire, les fondements de la France et des Français, est perceptible.[471] Pourtant, on ne peut tout conserver.

Les ordinateurs ont une mémoire. Ils ont la capacité de conserver plusieurs informations. Les êtres humains ont aussi la capacité de conserver plusieurs informations. Contrairement aux ordinateurs, la mémoire humaine a la capacité d'effectuer une sélection des informations. Car la sélection est un travail de mémoire.

Et comme le rappelle François Chappé, la nature, les femmes, les animaux, les hommes laissent des traces de leurs activités. Si la notion de

---

[468] François Hartog, *Evidence de l'histoire. Ce que voient les historiens,* op. cit. p. 269

[469] Michelle Sacquin, « Bibliothèque royale et utopie : la très Petite Bibliothèque de Louis-Sébastien Mercier », in *1789. Le patrimoine libéré*, Paris, Bibliothèque nationale, 1989, p. 18

[470] « Introduction » de Christian Amalvi in *Les Lieux de l'histoire* sous la direction de Christian Amalvi, Armand Colin, mars 2005, p. 5

[471] « Introduction » de Christian Amalvi in *Les Lieux de l'histoire*, op. cit. pp. 5-6

« trace » suscite le vertige, aucune société ne peut survivre sans que soient conservées et valorisées certaines traces de ses activités.[472]

Quelle mémoire mérite d'être patrimonialisée et laquelle mérite d'être écartée ?

La sélection de la mémoire est une nécessité (Paragraphe 1). Mais il n'appartient pas à tout individu ou à un groupe d'individus quelconque d'accepter ou de rejeter une partie de son passé. La détermination des mémoires patrimonialisables est délicate. Il convient de s'interroger sur les autorités ayant une telle compétence (Paragraphe 2).

Paragraphe 1 : La sélection de la mémoire, une nécessité

Techniquement, il est impossible de tout conserver. Toute société est appelée, à un moment donné, à faire un tri des différents éléments pouvant constituer son patrimoine culturel. De la même manière que le cerveau humain est organisé pour enregistrer et éliminer les informations, la mémoire collective ne peut être entièrement conservée.

Le passé ne peut être intégralement restitué. Cela est impossible. La mémoire est une sélection : certains événements seront conservés, d'autres sont immédiatement ou progressivement écartés, et donc oubliés.[473]

Doit-on parler d'un mémoricide ?

La mémoire et l'oubli sont généralement considérés comme des contraires. L'oubli serait la perte de la mémoire, la mémoire par défaut. Il aurait ainsi une connotation négative puisqu'il exprimerait l'absence, le manque et le vide.

Ces deux notions ne devraient pas toujours être définies ensemble. L'oubli possède des vertus morales, psychiques et sociales. Il est parfois nécessaire d'oublier. Oublier, comme le dit Nietzche, est vital pour l'homme. Il ne s'agit pas ici d'accepter l'intolérable, car ce serait nier l'histoire.

Ingeburg Lachaussée souligne qu'il y a des oublis qui tuent la mémoire et d'autres qui sont porteurs de mémoire. Reprenant les écrits de Paul Ricœur qui pense qu'une mémoire heureuse est possible à condition d'accorder une

[472] François Chappé, *Histoire, mémoire, patrimoine, Du discours idéologique à l'éthique humaniste*, Presses universitaires de Rennes, octobre 2010, p. 21
[473] T. Todorov, *Les abus de la mémoire*, op. cit. p. 14

place à un oubli qui ne tue pas la mémoire, un oubli de réserve – « l'oubli qui écarte, mais qui n'efface pas » –, elle rappelle qu'une des modalités de l'oubli pourrait être le silence.

« *Ne pas dire ne signifie pas nier, mais préserver et choisir le moment opportun pour parler. [...] Par le bon usage du silence, l'individu est maître du temps. Il détermine la progression de sa pensée et choisit librement le moment de parler et de partager. Dans le silence du secret, la mémoire peut ainsi prendre forme.*[474] »

Rappeler sans cesse à une personne les événements douloureux de son passé serait cruel. Le droit à l'oubli existe aussi.

À la fin de sa chronique consacrée aux douze années passées au Goulag, Euphrosinia Kersnovskaia écrit : « *Maman. Tu m'avais demandé d'écrire l'histoire de ces tristes "années d'apprentissage". J'ai accompli ta dernière volonté. Mais peut-être aurait-il mieux valu que tout cela tombe dans l'oubli ?* [475] »

Jorge Semprun, écrivain, scénariste et homme politique espagnol a raconté, dans *L'Écriture ou la vie*, récit autobiographique, comment, à un moment donné, l'oubli l'a guéri de son expérience concentrationnaire. [476]

Chaque personne ou chaque société a le droit de décider d'oublier ou de ne pas oublier. L'oubli, dans sa dimension consciente ou semi-consciente, doit être revalorisé et maîtrisé.[477]

Dans *Qu'est-ce qu'une nation* ? (Conférence prononcée le 11 mars 1882, à la Sorbonne), Ernest Renan aborde le thème de l'oubli. Il affirme que c'est un facteur essentiel de la création d'une nation. « *L'essence d'une nation est que tous les individus aient beaucoup de choses en commun, et aussi que tous aient oublié bien des choses* ».

---

[474] Ingeburg Lachaussée, « L'art de la mémoire et les figures de l'oubli » in *La mémoire historique, interroger, construire, transmettre*, Éditioncoordonnée par Roselyne Mogin-Martin, Raul Caplan, Christophe Dumas, Erich Fisbach, Presses de l'Université d'Angers, 2006, p. 17

[475] E. Kersnovskaia, *Coupable de rien,* Paris, Plon, 1994, p. 253

[476] Jorge Semprun, *L'écriture ou la vie*, Gallimard, 1994 ; T. Todorov, *Les abus de la mémoire*, op. cit. p. 24

[477] Ingeburg Lachaussée, « L'art de la mémoire et les figures de l'oubli » op. cit. p. 17

L'esprit humain a la capacité de faire des efforts de mémoire. Et s'efforcer à oublier est aussi un acte de mémoire. L'homme ne peut pas décider d'effacer complètement un souvenir. L'oubli ne se commande pas.[478]

Au sein d'une société, en revanche, on peut décider ensemble d'oublier, de ne pas rappeler les blessures du passé, d'amnistier.

L'amnistie est d'ailleurs une forme juridique d'oubli. Avec cet acte du législateur, l'acte contraventionnel, délictueux ou criminel qui entraînerait une sanction pénale est considéré comme oublié.[479]

Cependant, certaines sociétés ne désirent jamais oublier le passé, consentir à l'oubli. Plusieurs guerres sont la conséquence d'un tel refus. En effet, l'acquisition de nouveaux territoires, l'extension du pouvoir n'ont pas toujours été les sources premières de certaines conquêtes.[480]

À cet exemple d'abus de la mémoire, on peut sans mal en ajouter d'autres, tirés de la présente thèse et de l'actualité.

L'une des grandes justifications données par les Serbes à leur agression contre les autres peuples de l'ex-Yougoslavie provient de l'Histoire : les souffrances infligées au début des années 1990 ne seraient qu'une revanche sur celles qu'ils ont subies dans le passé, proche (la Seconde Guerre mondiale) ou lointain (les combats contre les Turcs musulmans).

Récemment, en Irlande du Nord, certains catholiques nationalistes et certains protestants unionistes déclaraient leur volonté de « ne pas oublier et ne pas pardonner ». Ils justifient leur prise de position par l'ajout chaque jour de nouveaux noms à la liste des victimes de la violence faite par chacun des protagonistes.

Aux États-Unis, il est affirmé que la non-insertion sociale d'une grande majorité des Noirs américains provient non pas d'une inégalité entre les Noirs et les Blancs, mais d'une incapacité à surmonter l'esclavage et un passé traumatisant.[481]

---

[478] John Brown, *In grégory*, 1993, p. 939
[479] Joël Candau, *Anthropologie de la mémoire*, Armand Collin 2005, p. 95
[480] A. Vespucci, *Le Nouveau Monde*, Paris, Les Belles Lettres, 1992, p.90
[481] T. Todorov, *Les abus de la mémoire*, op. cit. p. 26

Pourtant comme l'écrit Shelby Steele, il faut « *exploiter ce passé de souffrances comme une source de pouvoirs et de privilèges* [482]».

Le passé doit-il régir le présent ?

Les militants pour la paix défendent et expriment la conviction suivante : « *pour simplement commencer à parler, il faut mettre le passé entre parenthèses* »[483].

Le culte de la mémoire ne sert pas toujours les bonnes causes. On a pu le découvrir dans l'Allemagne nazie, l'Italie fasciste et la Russie Stalinienne. Le passé digne de commémoration est soigneusement choisi par les autorités au pouvoir pour flatter leur orgueil.

« *La mémoire s'avère plus éloquente lorsqu'il s'agit pour des individus ou pour une nation de s'identifier à des victimes ou à des héros ; plus silencieuse, voire atteinte d'amnésie, dans le cas d'un passé réputé criminel.*[484] »

Tous les rappels du passé ne sont pas honorables. Certains nourrissent un esprit de vengeance ou de revanche et suscitent ainsi quelques réserves.

La sélection des mémoires à honorer et des drames à oublier possèdent ainsi quelques vertus. Il ne s'agit pas de nier un passé, mais de se servir de ce dernier au moment opportun. L'amputation violente ou sournoise d'un bout de l'histoire collective et de la mémoire qui la reflète est une stratégie extrême visant à rejeter l'histoire et la mémoire.[485]

Le rejet d'un passé pétri de violence et de guerre et la décision de vouer ce passé une fois pour toutes à l'enfer sont des tentations pour notre époque.[486]

L'oubli, dont il est question dans ce paragraphe et qui sera mis en lumière, est une stratégie consciente ou inconsciente qui ne consiste pas à

---

482 Sh. Steele, *The Content of Our Character*, New York, Harper Perennial, 1991, p. 118

483 Cité par N. Loraux, « Pour quel consensus ? » *Politiques de l'oubli, Le Genre humain*, 18, Paris, Seuil, 1988

484 Luc Lévy, *Postface in L'Europe et ses passés douloureux*, sous la direction de Georges Mink et Laure Neumayer, Éditions La Découverte, avril 2007, p. 261

485 Georges Mink, op. cit. p. 17

486 Pierre Nora, Françoise Chandernagor, *Liberté pour l'histoire*, CNRS Éditions, septembre 2008, p. 20

effacer le passé, mais à momentanément l'écarter pour favoriser une vie paisible, une vie collective.

Il convient maintenant de déterminer les autorités qui bénéficient du pouvoir d'effectuer une telle sélection.

Paragraphe 2 : La sélection de la mémoire, quelle autorité compétente ?

La reconnaissance du patrimoine passe par plusieurs étapes complexes. La sélection des productions humaines dans leurs différentes dimensions est faite grâce à la demande sociale d'une population tout entière, d'une partie d'entre elles ou par des mesures prises par les autorités administratives.

Ces dernières prennent en compte ce fait social en se fondant sur différents critères.

Cette sélection débouche ensuite sur des mécanismes de conservation effectués par un groupe social (A) ou par l'action de la puissance publique (B).

A- Un groupe social

Hannah Arendt fonde l'humanité dans la singularité qui se trouve dans chacun des individus.[487] Dans cette direction, l'homme, faisant partie de l'humanité tout entière, possède « un droit d'avoir des droits ». Pour exercer ce droit, il doit appartenir à un corps ou à une communauté politique et vivre dans cette structure[488].

1- Un groupe d'individus

Pour Aristote, l'homme est un animal politique « zoom politikon ». Personne ne peut vivre en dehors d'une communauté. Il serait soit un dieu, soit un animal. Car la communauté ou la société est antérieure à l'homme.

Cependant, Hobbes, Locke, Rousseau et la plupart de leurs contemporains pensent que les premiers hommes vécurent seuls, sans organisation sociale. Ce n'est qu'ensuite qu'ils décidèrent de passer entre eux un « contrat

---

[487] Hannah Arendt, *Juger sur la philosophie politique de Kant*, Paris, Le Seuil, 1991, pp. 113-114

[488] Hannah Arendt, *L'impérialisme*, Paris, Le Seuil/Points Politique, 1984, pp. 171 et suiv.

social », c'est-à-dire une convention par laquelle ils se regroupèrent en société. L'homme serait antérieur à la société.

Pour Locke et Spinoza, il y a une obligation de contracter avec nos semblables pour survivre. Et pour Rousseau, l'individu s'est donné radicalement à la société en renonçant à son état de nature. La société, elle se gouverne par la démocratie, c'est-à-dire la raison.[489]

Par la démocratie, le pouvoir ne trouve sa source que dans une collectivité humaine vivant en communauté. Selon la célèbre formule d'Abraham Lincoln (XVIème président des États-Unis de 1860 à 1865), la démocratie est « *le gouvernement du peuple, par le peuple, pour le peuple* ».

Cette définition est l'une des définitions canoniques les plus couramment reprises. La Constitution de 1958 de la Cinquième République française la reprend dans son introduction.

La souveraineté populaire ne s'exerce que de manière directe ou indirecte (représentative). Cette dernière modalité d'exercice de la souveraineté est utilisée par la France et par la plupart des pays dans le monde. Le peuple choisit ses représentants, car l'exercice direct du pouvoir présente beaucoup plus d'inconvénients que d'avantages.

Toutefois, depuis un demi-siècle, on a l'impression que partout dans le monde, la démocratie recule. Les autorités adossées à l'État de droit et légitimées par le libéralisme politique s'interposent entre les citoyens et l'État.

À la Révolution française, il avait été proclamé que nul corps, nulle communauté ne devaient s'interposer entre les citoyens et l'État qui agit en leur nom. Car sous l'Ancien Régime, ces corps intermédiaires encadraient l'expression des citoyens. Entre l'individu souverain et le pouvoir qui lui obéit et qui décide, plus rien ne devrait subsister.[490]

La perspective est relativement différente de nos jours. Certaines autorités, animées généralement de nobles intentions, s'arrogent un pouvoir sur la mémoire collective.

---

[489] Jean Jacques Rousseau, *Du contrat social*, 1762

[490] Jacques Bouveresse, « Lieux de pouvoir, lieux d'autorité » in *L'autorité*, sous la direction de Jean Foyer, Gilles Lebreton, Catherine Puigelier, Cahier des sciences morales et politiques, PUF, 2008

Mais appartient-il vraiment au peuple de sélectionner les mémoires qu'il faut honorer ou ignorer ? Y a-t-il parmi le peuple des personnes qui sont appelées à sélectionner la mémoire ? À qui appartient le bénéfice de faire un travail de recherche sur la mémoire ? Le sujet est particulièrement d'actualité.

Pour le positivisme sociologique, le droit doit être le reflet des aspirations de la conscience collective. La conscience collective n'a rien de mystérieux. Elle est l'expression de l'opinion publique. C'est le peuple qui l'exprime à l'occasion des sondages, pétitions, votes, cérémonies...[491] En est-il de même en ce qui concerne les vérités historiques ?

Un code de la recherche a été rédigé et publié aux éditions de Litec. Car la question de l'étendue des savoirs et de la recherche intéresse tout le monde : juristes, historiens, sociologues, scientifiques.[492] La liberté générale de penser ou de s'exprimer est au centre des préoccupations des scientifiques.

A-t-on le droit de faire des recherches et de révéler ses recherches ?

La réponse ne peut être totalement affirmative. Il existe encore dans le monde, des chercheurs ou des écrivains qui n'ont pas le droit de chercher et de dire.[493]

Quand il s'agit du droit de chercher sur le terrain de la science, la question ne se pose pas. La position du droit est claire. Il y va d'une liberté fondamentale.

Sur le terrain de l'histoire, les choses sont différentes. C'est la raison pour laquelle nombre d'historiens s'indignent contre les atteintes à la liberté de la recherche historique.[494] Il faut, selon eux, préserver autant que possible le droit de chercher et de dire dans le domaine de la science dite dure que dans celui de celle dite humaine.

---

491 Gilles Lebreton, *Libertés publiques et droits de l'homme*, 7e Édition, Armand Colin, 2005, p. 26

492 R. Encinas de Munagorri, « La communauté scientifique est-elle un ordre juridique ? », *RTD civ.* 1998, n° 2, p. 247

493 « Introduction » par Catherine Puigelier in *Le droit de chercher et de dire*, sous la direction de Catherine Puigelier et François Terré, Éditions Panthéon Assas Colloques, Mai 2012.

494 François Terré sur les controverses de la loi Gayssot, « Épilogue » in *Le droit de chercher et de dire*, op. cit.

Tout le monde peut « s'occuper » du patrimoine. Cette matière est ouverte à tout individu. L'État, bras séculier de la nation, n'a pas le monopole de l'activité patrimoniale. Divers groupes (associations, familles, corporations, fédérations...) « s'occupent » en effet du patrimoine.

Le marché patrimonial dépend toutefois de la conjoncture de l'opinion publique. Elle encadre les activités de tout un chacun dans ce domaine.[495]

2- <u>L'historien</u>

Chaque individu est en droit de faire des recherches sur son histoire, son passé ou sur celui de sa collectivité. Certains individus ont cependant plus d'aptitudes que d'autres dans ce domaine. Il s'agit des historiens.

Une fois, leurs recherches effectuées, ils ont la possibilité de présenter leurs résultats à un grand nombre de personnes en vertu de l'article 11 de la Déclaration des droits de l'homme et du citoyen de 1789 qui affirme que la libre communication des pensées et des opinions est l'un des droits les plus précieux de l'homme.

On possède, en France, plusieurs exemples de ce travail de recouvrement. Il sera cité ici le Mémorial des déportés juifs, établi par Serge Klarsfeld, écrivain et historien et le Mémorial 39-45 en Haute-Savoie de Michel Germain. Afin de laisser une trace, ces Mémoriaux rétablissent dans leur dignité humaine les victimes. La mémoire gagne dans son combat contre l'oubli.[496]

Ainsi, parce que l'historien joue un rôle non négligeable, ses écrits doivent être « surveillés ». Il n'est pas question ici de lui retirer sa liberté d'expression. Mais sa responsabilité est susceptible d'être engagée au travers de ses écrits.

C'est la raison pour laquelle il doit rester vigilant, demeurer objectif et ne pas se laisser guider par ses émotions. Bien que particulièrement impliqué dans ses recherches, l'historien ne doit pas manquer de recul pour transformer une demande sociale de mémoire en histoire.[497]

---

[495] François Chappé, *Histoire, Mémoire, Patrimoine, Du discours idéologique à l'éthique humaniste*, Presses universitaires de Rennes, 2010, p. 35

[496] T. Todorov, *Les abus de la mémoire*, op. cit. P. 16

[497] Carole Vivant, *L'historien saisi par le droit. Contribution à l'étude des droits de l'histoire*, op. cit. n° 10, p. 9

Si « *l'histoire est mémoire* [498]», «*elle commence le jour où se pose le regard de l'historien* ».[499] Les événements qu'il relate peuvent s'être produits hier comme plusieurs années auparavant.

Carole Vivant souligne que « *celui qui l'écrit se présente comme le témoin direct des événements, il écrit l'histoire de son temps afin d'en préserver le souvenir.* »[500]

Mais il importe de ne pas confondre la mémoire et l'histoire. Ces deux notions recouvrent des réalités différentes, voire contradictoires.

Selon Antoine Prost, « *la mémoire est un phénomène actuel, un lien vécu au présent éternel ; l'histoire, une représentation du passé. [...] L'histoire ne s'attache qu'aux continuités temporelles, aux évolutions. [...] La mémoire est un absolu et l'histoire ne connaît que le relatif* »[501].

Pierre Nora définit la mémoire comme « *[...] la vie, toujours portée par des groupes vivants, et à ce titre, elle est en évolution permanente, ouverte à la dialectique du souvenir et de l'amnésie, inconsciente de ses déformations successives, vulnérables à toutes les utilisations et manipulations, susceptibles de longues latences et de soudaines revitalisations.*[502] »

Le caractère exact d'un événement est un objectif que se donne l'histoire alors que le caractère vraisemblable est l'objectif de la mémoire.[503] L'histoire vise à éclairer du mieux possible le passé. La mémoire cherche plutôt à l'enraciner.[504]

Pour Halbwachs, l'histoire et la mémoire procèdent de façon diamétralement opposée. La mémoire collective perçoit les continuités tandis que l'histoire les discontinuités et les différences.

La première minimise les changements profonds d'une société. Les éléments du passé permettent ici d'affirmer une spécificité, une particularité

[498] Carole Vivant, op. cit. n° 11, p. 10
[499] Carole Vivant, op. cit. n° 10, p. 10
[500] Carole Vivant, op. cit. n° 9, p. 8
[501] A. Prost, *Douze leçons sur l'histoire*, Seuil 1993
[502] Pierre Nora, « Entre mémoire et histoire. La problématique des lieux », *in Les lieux de mémoires*, Tome 1et 3, Paris, Gallimard, 1984, pp 19-20
[503] Carole Vivant, op. cit. n° 10, p. 10
[504] Joël Candau, *Anthropologie de la mémoire*, Armand Collin 2005, p. 58

et de différencier une société d'une autre. La seconde nivelle et organise les changements d'une société en fait historique.[505]

L'histoire n'appartient à personne. Cependant, sous la pression de plusieurs groupes de mémoire intéressés, elle est de plus en plus écrite pour faire prévaloir leur vision historique. Ils défendent une vision partielle, tordue, restrictive de l'histoire et souhaitent que cette dernière soit protégée par le rempart de la loi républicaine.

Ils justifient leur revendication au nom de la souffrance et du droit à la vérité confondue. Ils utilisent plusieurs moyens peu regardants pour atteindre leur objectif : noyautage politique, chantage électoral...[506]

Chaque minorité – qu'elle soit sociale, religieuse, sexuelle, régionale – désire affirmer sa mémoire. Cette volonté est apparue dans un premier temps comme le désir de rendre justice aux opprimés et aux oubliés de l'histoire.[507]

L'objectif était de mettre en lumière des situations intolérables qui ont marqué un être humain ou une minorité collective et, à travers lui, l'humanité tout entière. Le cas individuel ou minoritaire prend une valeur exemplaire.

Cependant, le droit français est réfractaire à la notion de minorité. En effet, le droit des minorités est contraire à la tradition constitutionnaliste française. Il n'est pas reconnu de droits collectifs à quelque groupe que ce soit, définis par une communauté d'origine, de culture, de langues ou de croyance. Ce serait du communautarisme.

Créé aux États-Unis dans les années 1980 pour désigner une philosophie dite « communautarienne » qui affirme que « *l'individu n'existe pas indépendamment de ses appartenances, soient-elles culturelles, ethniques, religieuses ou sociales* [508]», le communautarisme est vivement critiqué en droit français.

L'idée même de l'État-nation, « une langue, un peuple, une nation, un état » s'oppose à une éventuelle reconnaissance des groupes aux

---

[505] Jan Assman, *La mémoire culturelle écriture, souvenir et imaginaire politique dans les civilisations antiques*, Aubier collection historique, 2010, p. 39

[506] Pierre Nora, Françoise Chandernagor, *Liberté pour l'histoire*, CNRS Éditions, septembre 2008, pp. 16-17

[507] Pierre Nora, Françoise Chandernagor, op. cit. p. 15

[508] Catherine Halpern, « Communautarisme, une notion équivoque », Revue Sciences Humaines, mensuel n° 148, avril 2004

particularités culturelles différentes (raciaux, ethniques, linguistiques, religieuses...) en France.

L'inflation galopante des commémorations locales ne peut qu'inquiéter. Elles expriment dans bien des cas le morcellement de la mémoire nationale en faveur d'une mémoire locale portée par des revendications associatives.[509]

S'ensuit donc une guerre des mémoires et un rapport de force relativement important au sein de la société sur le choix des mémoires à honorer et des drames à oublier.[510]

L'ère de communication actuelle favorise cette guerre de mémoire. Les nouveaux moyens techniques – surtout Internet – invitent chaque individu à communiquer son vécu et à l'exposer au grand public virtuel de la toile.

Ainsi, les frontières traditionnelles de l'espace public ne sont plus d'actualité. La mémoire, la fabrication du passé, du présent et de l'avenir (et donc de l'histoire) sont régies, à l'instar d'autres matières, par le droit français qui accorde cette faculté par la reconnaissance des libertés d'expression et d'opinion.[511]

---

[509] Pierre Nora, Françoise Chandernagor, op. cit. p. 17

[510] « Mémoire » in *Vocabulaire européen des philosophies*, Paris, Seuil, 2004

[511] Catherine Puigelier, « Le mémoricide (à propos du temps, de la mémoire et du droit) in *Le temps et le droit*, op. cit. ; V. B. Beignier, "La protection de la vie privée", in *Libertés et droits fondamentaux* (sous la direction de R. Cabrillac, M.-A. Frisson-Roche et T. Revet), Dalloz, 2007, p. 179 ; D. de Bellescize, "L'autorité du droit sur l'histoire", in *L'autorité* (sous la direction de J. Foyer, G. Lebreton et C. Puigelier), PUF, Cahiers des sciences morales et politiques, 2008. p. 51 ; F. Braudel, *Ecrits sur l'histoire*, Flammarion, 1969 ; J-D. Bredin, "Le droit, le juge et l'historien", *Le débat*, 1984, n° 32, p. 93 ; J-M Bruguière, "Rumeur et responsabilité", in *Mélanges Cabrillac*, Litec, Dalloz, 1999, p. 69 ; M. Cornu, *Le droit culturel des biens*, Bruylant, 1996 ; C. Costaz, "Le droit à l'oubli", *Gaz. Pal.* 1995, 2, doct. p. 961 ; F. Deboissy et J-C. Saint-Paul, "La divulgation d'une information patrimoniale", *D.* 2002, chron. p. 267 ; R. Drago, "Conclusion et synthèse", in *Les correspondances inédites* (sous la direction de A. Françon et Cl. Goyard), Economica, 1984, p. 219 ; O. Dumoulin, *Le rôle social de l'historien. De la chaire au prétoire*, Albin Michel, 2003 ; J. Favier, *Les archives*, PUF, 2001 ; J. Foyer et C. Puigelier, "L'autorité de l'histoire en droit", in *L'autorité*, op. cit. p. 27 ; "L'histoire et le juste" in *Principes de justice. Mélanges rédigés en l'honneur* de J-F. Burgelin, Dalloz, 2008, p. 181 ; T. Garé, "Une loi pour… la mémoire ?", *D.* 2001, chron. p. 631 ; P.-Y. Gautier, *Propriété littéraire et artistique*, PUF, 2004 ; G. Kiejman, "L'histoire devant ses juges", *Le débat*, 1984, n° 32, p. 119 ; A. laubadère, "Une loi sur les archives", AJDA, 1979, doct. P. 29 ; G. Lebreton, *Libertés publiques et droits de l'homme*, Armand Colin, 2005 ; R. Libchaber, "L'Histoire aux prises avec le droit", RTD civ., 1999, p. 245 ; L. Marino, *Responsabilité civile,*

L'historien est de plus en plus appelé dans les prétoires afin d'éclairer au travers de ses connaissances les magistrats et les jurés qui doivent juger des situations fort anciennes. Ce fut notamment le cas lors du procès Papon.[512]

Un contrôle judiciaire sur l'écriture de l'histoire paraît dès lors opportun. La responsabilité juridique de l'historien est ici fondée.[513]

« *L'écriture de l'histoire reste à la lisière du droit et de la morale, du juridique et du non-droit, de l'outil dont on ne sait parfois que faire.*[514] » Aux côtés du contentieux relatif à l'histoire, la loi pose des règles.[515]

Il en est par exemple des délits d'apologie de certains crimes et du révisionnisme. L'existence de ces infractions peut développer une certaine inquiétude face à cette irruption du droit dans le domaine de l'histoire, soupçonnée de prétendre imposer une « vérité légale ».

---

activité d'information et médias, PUAM, Economica, 1997 ; J. Mestre, "La protection, indépendante du droit de réponse, des personnes physiques et des personnes morales contre l'altération de leur personnalité aux yeux du public", JCP 1974, éd. G., I, 2623 ; P. Nora, « C'est un secret d'État », *Le débat*, 1996, n° 91, p. 49 ; J. Pradel, "Les techniques audiovisuelles, la justice et l'histoire", *D.* 1986, chron. p. 113 ; P. Ricœur, *Histoire et vérité*, Seuil, 2001 ; J-H. Robert, "Apologies et provocations de crimes et délits", Jurisclasseur communication, fascicule 3170 ; R. Savatier, "Une personne morale méconnue : la famille en tant que sujet de droit", *D.* 1939, chron. p. 49 ; B. Teyssié, "Chronique d'actualité : Droit des personnes", JCP 1999, éd. G., I, 149 ; *Droit civil. Les personnes*, Litec, 2005 ; G. Thuillier et J. Tulard, *Le métier d'historien*, PUF, 1991 ; J. Tulard, "Bonheur et vicissitudes de la publication d'une correspondance sous le Second Empire : Napoléon 1er", in *Les correspondances inédites*, op. cit. p. 93 ; M. Véron, *Droit pénal spécial*, Armand Colin, 2004 ; C. Vivant,
L'historien saisi par le droit. Contribution à l'étude des droits de l'histoire, op. cit. ; M. Vivant, « Pour une compréhension nouvelle de la notion de courte citation en droit d'auteur", JCP 1989, éd. G., I, 3372 ; P. Wachsmann, "La liberté d'expression", in *Libertés et droits fondamentaux*, op. cit. ; C. Willmann, "Contribution judiciaire au débat sur la Mémoire" in *La création du droit par le juge* (sous la direction de J. Foyer, F. Terré, C. Puigelier), Archives de philosophie du droit, n° 50, Dalloz 2007, p. 189 ; F. Zenati, "Du droit de reproduire les biens", D. 2004, chron. p. 962

512 C. Vivant, *L'historien saisi par le droit. Contribution à l'étude des droits de l'histoire,* op. cit. n° 12, p. 10

513 O. Dumoulin, *le rôle social de l'historien. De la chaire au prétoire*, p. 135

514 C. Vivant, op. cit. quatrième de couverture

515 Carole Vivant, *L'historien saisi par le droit. Contribution à l'étude des droits de l'histoire,* op. cit. n° 17, p. 14

Pour les historiens, le principe des lois dites « mémorielles » exprime une vérité exclusive. Et cela n'est pas possible dans un État démocratique où l'expression des libertés individuelles et collectives ne doit pas être un combat.[516]

Cependant, la mémoire reste un sujet délicat. Et Jean Pradel parle à juste titre du sempiternel combat qui existe entre le principe de liberté et celui de son contournement ou de sa négation[517]. Pour lui, on ne peut pas tout dire et tout écrire. On ne peut pas non plus toujours s'exprimer comme on le souhaite.

François Terré présente ce conflit entre la liberté d'expression et le droit ou le devoir de silence des termes clairs[518].

L'activité patrimoniale ne pose à elle-même aucune exigence.[519] Mais si le peuple a la possibilité d'effectuer des recherches historiques sur son passé, une minorité de personnes peuvent mettre une pression sociale et politique sur les représentants de l'État quant à la sélection des éléments pouvant faire partie du patrimoine culturel.

Certaines autorités sont juridiquement mandatées pour effectuer un triage des éléments patrimoniaux. D'autres s'en sont politiquement arrogé le pouvoir.

B- Les autorités étatiques

1- Autorités étatiques dont la compétence n'est pas discutée

Il sera accordé une attention toute particulière au classement des immeubles et objets mobiliers culturels et à la constitution des collections des archives et des musées.

---

516 Pierre Nora, Françoise Chandernagor, *Liberté pour l'histoire*, CNRS Éditions, septembre 2008, p. 18

517 D. Corrignan-Carsin, "La liberté d'expression, jusqu'où ? Brèves remarques sur quelques affaires récentes", in *La liberté de critique* (sous la direction de D. Corrignan-Carsin), Litec, 2007

518 "Propos conclusifs" in *La liberté de critique*, op. cit. p. 209

519 François Chappé, *Histoire, Mémoire, Patrimoine, Du discours idéologique à l'éthique humaniste*, Presses universitaires de Rennes, 2010, p. 35

a- Les monuments historiques et les objets mobiliers culturels

- Le classement

Certains objets mobiliers, tout comme certains immeubles, peuvent être classés d'office au titre de monuments historiques à défaut du consentement de leur propriétaire.

En ce qui concerne les immeubles, l'article L. 621-1 du code du patrimoine dispose ceci :

« *Les immeubles, dont la conservation présente au point de vue de l'histoire ou de l'art, un intérêt public, sont classés comme monuments historiques en totalité ou en partie par les soins de l'autorité administrative.* »

Toute personne ayant un intérêt peut faire une demande de classement d'un immeuble au préfet de région.[520] Ce dernier, à la suite d'une demande de classement (il est saisi par une personne) ou d'une proposition de classement dont il est à l'origine, doit recueillir l'avis de la commission régionale du patrimoine et des sites ou de sa délégation permanente.

Le dossier doit être accompagné de plusieurs documents, photographies permettant son inscription au titre des monuments historiques.[521]

En ce qui concerne les meubles, l'article L. 622-1 du Code du patrimoine dispose ceci :

« *Les objets mobiliers, soit meubles proprement dits, soit immeubles par destination, dont la conservation présente, au point de vue de l'histoire, de l'art, de la science ou de la technique, un intérêt public peuvent être classés au titre des monuments historiques par décision de l'autorité administrative. Les effets du classement prévus dans la présente section s'appliquent aux biens devenus meubles par suite de leur déclassement d'immeubles classés [...], ainsi qu'aux immeubles par destination classés qui sont redevenus meubles.* »

La présente section s'applique aux biens devenus meubles par suite de leur détachement d'immeubles classés en application de l'article L. 621-1 et aux immeubles par destination classés qui sont redevenus meubles.

---

520 Code du patrimoine commenté, op.cit. p. 411
521 Code du patrimoine commenté, op.cit. p. 411

La procédure de classement des objets mobiliers est très proche de celle du classement des immeubles au titre des monuments historiques. Le préfet du département sur demande du propriétaire ou de toute personne y ayant intérêt, doit consulter pour avis la commission départementale des objets mobiliers, sauf exception (un orgue). Il peut saisir le ministre chargé de la culture s'il l'estime nécessaire.

Ainsi, tout comme les immeubles, les objets mobiliers appartenant à l'État ou à un établissement public de l'État peuvent être classés au titre des monuments historiques par décision de l'autorité administrative.

- La radiation

La procédure de radiation a été officialisée en 2007 par l'article 40 du décret n° 2007-487 du 30 mars 2007.

Parce qu'il est nécessaire de supprimer les protections devenues inutiles, cette circulaire met en place la radiation pour des édifices entièrement ou en majeure partie détruits. L'absence d'intérêt historique ou d'art suffisant ne permet pas le maintien d'une protection au titre de monument historique.

En vertu de la règle du parallélisme des formes, un immeuble inscrit au titre des monuments historiques peut faire l'objet d'une radiation par arrêté selon la même procédure et les mêmes formes que l'inscription.

Ainsi, la décision de radiation appartiendra au préfet de région lorsqu'il aura prononcé le classement ; elle sera de la compétence du ministre chargé de la culture dans les cas où ce dernier aura prononcé le classement dont la radiation est en jeu.

En ce qui concerne les objets mobiliers, on n'utilise pas le terme de radiation, mais de déclassement.

Et l'article L. 622-6 de disposer que « *le déclassement d'un objet mobilier classé au titre des monuments historiques peut être prononcé par l'autorité administrative soit d'office, soit à la demande du propriétaire. Il est notifié aux intéressés.* »

b- La collection des archives et des musées

- Les archives

La procédure de classement des archives est voisine de celle au titre des monuments historiques. Une différence est faite entre les archives privées et celles qui sont publiques.

Sur les archives privées, l'article L. 212-15 du Code du patrimoine dispose :
« *Les archives privées qui présentent pour des raisons historiques un intérêt public peuvent être classées comme archives historiques, sur proposition de l'administration des archives par décision de l'autorité administrative.* »

Généralement, le propriétaire des archives donne son consentement pour le classement de ses archives au titre d'archives historiques. Dans le cas où il s'opposerait à la proposition de classement, les autorités administratives compétentes (ministres) peuvent le Conseil supérieur des archives pour la poursuite de la procédure de classement.[522]

Les archives publiques, quant à elles, appartiennent domaine public parce qu'elles sont produites par des personnes publiques. La logique de constitution et de production des archives publiques diffère de celle des archives privées.[523]

L'article L. 212-2 du Code du patrimoine dispose :

« *À l'expiration de leur période d'utilisation courante, les archives publiques autres que celles mentionnées à l'article L. 212-3 font l'objet d'une sélection pour séparer les documents à conserver des documents dépourvus d'utilité administrative ou d'intérêt historique ou scientifique, destinés à l'élimination. La liste des documents ou catégories de documents destinés à l'élimination ainsi que les conditions de leur élimination sont*

---

[522] Voir article L. 212-17 du Code du patrimoine, op. cit

[523] Pour une illustration, voir à propos du livre d'or du paquebot *Normandie* « [...] *que si Mme Rebours relève également que les biens meubles accessoires des navires, parmi lesquels figurerait le livre d'or, étaient la propriété de la Compagnie générale transatlantique lors de la conclusion de la convention du 23 novembre 1933 et n'ont donc jamais fait partie du domaine public national, cette circonstance est sans incidence sur la qualité d'archives publiques, qui est indépendante de l'appartenance au domaine public* ; [...] » (T.A Paris, 24 juin 2011 Rebours/ministre de la Culture). Dans cet exemple, il s'agit d'une personne privée qui exploite des services postaux et d'intérêt général et par là même produits des documents publics.

fixées par accord entre l'autorité qui les a produits ou reçus et l'administration des archives.»

Il existe trois catégories d'archives : courantes, intermédiaires et définitives. Les deux premières catégories ont une durée d'utilisation administrative limitée, car à l'issue de leur utilisation se réalise le tri qui permet d'aboutir aux archives définitives. [524]

Ainsi, sans tenir compte de la nature privée ou publique des archives, l'opération de sélection permet d'éliminer certains documents.

- Les musées

En ce qui concerne la constitution des collections des musées de France, l'article L. 451-1 du Code du patrimoine dispose :

« *Toute acquisition, à titre onéreux ou gratuit, d'un bien destiné à enrichir les collections d'un musée de France est soumise à l'avis d'instances scientifique dont la composition et les modalités de fonctionnement sont fixées par décret.* »

Les avis des instances scientifiques ne lient pas les autorités compétentes. Ces instances ont un rôle consultatif. Les musées de France peuvent décider de ne pas suivre un avis défavorable portant sur l'acquisition d'une œuvre et sur l'intégration de celle-ci dans leurs collections.

La décision de ne pas suivre un avis défavorable n'affecte pas la procédure. Ces œuvres peuvent être intégrées au musée de France. Cet avis défavorable pourra, cependant, avoir une incidence sur la mise en mouvement des financements publics.[525]

2- Autorités étatiques dont la compétence est discutée

La constitution française de la Ve République du 4 octobre 1958 a institué trois autorités : l'autorité exécutive, l'autorité législative et l'autorité judiciaire.

Elles ont chacune des compétences particulières. Quelque fois, une confusion des rôles est visible. C'est en fait le sentiment qui est le nôtre

[524] Code du patrimoine, op. cit. annoté. p. 201
[525] Code du patrimoine, op. cit. annoté. p. 286

lorsque l'on étudie l'intrusion faite par ces autorités dans le domaine de la mémoire collective.

Les gouvernements et les acteurs politiques nationaux mettent en œuvre des politiques de la mémoire. Le fait n'est pas nouveau, mais la fréquence et l'intensité de ce type d'action publique pourrait inquiéter. Ce faisant, ils répondent à une demande sociale qui, souvent contradictoire, les pousse à intervenir dans ce domaine.[526]

a- L'autorité exécutive

Le pouvoir exécutif (aussi appelé simplement l'exécutif) est l'un des trois pouvoirs constituant l'État dans un régime démocratique respectant la séparation des pouvoirs. Il est chargé de gérer la politique courante de l'État et de contrôler l'application de la loi élaborée par le pouvoir législatif.

En France, sous la Ve République, ce pouvoir est partagé entre le président de la République (chef de l'État) et le gouvernement dirigé par le Premier ministre. La conjoncture politique conditionne l'autorité de l'exécutif.

En situation de concordance des majorités, le président de la République exerce la réalité du pouvoir exécutif alors que celui-ci revient au Premier ministre en cas de cohabitation. Le pouvoir exécutif revient donc la majeure partie du temps au président de la République.

Le rôle du pouvoir exécutif est vaste. Il ne saurait se limiter à l'exécution des lois votées par le parlement et à l'exécution des décisions de justice. Le chef de l'État, ou le cas échéant le gouvernement détermine la politique de l'État en s'appuyant sur une légitimité populaire.

En effet, le peuple désigne le titulaire de la fonction gouvernementale par l'élection des députés et par l'élection du président de la République.[527]

De nos jours, l'exécutif est entré dans l'ère de la politisation de la mémoire. Chaque gouvernement établit une politique mémorielle.[528] Mais

---

526 *Politiques du passé, usages politiques du passé dans la France contemporaine*, sous la direction de Claire Andrieu, Marie Claire Lavabre, Danielle Tartakowsky, Collection Le temps de l'histoire, Publications de l'Université de Provence, 2006, quatrième de couverture.

527 Philippe Ardant, Bertrand Mathieu, *Institutions politiques et droit constitutionnel*, LGDJ, 25e Édition, 2013, p. 359

528 Johann Michel, *Gouverner les mémoires, Les politiques mémorielles en France,* Paris, PUF, 2010, p. 16

comme souligné ci-dessus, c'est souvent une minorité de personnes qui pousse l'exécutif à poser un regard sur la mémoire.[529]

La mémoire devient alors l'objet d'affrontements politiques. Lionel Jospin souhaitait réhabiliter les mutins du printemps 1917[530]. Jacques Chirac avait quant à lui une préférence pour les commémorations des héros de la patrie[531]. L'ancien président de la République Nicolas Sarkozy a préféré réitérer le geste de Lionel Jospin avec l'instauration de la lecture de la lettre de Guy Môquet aux élèves du secondaire pour rappeler les fautes commises lors de cette guerre.

Le devoir de mémoire ritualisé, sacralisé, désormais venu d'en haut, semble alors signer une nouvelle et inquiétante modalité du politique, une accélération de la politisation de la mémoire.[532]

Même s'il est émis des réserves quant à l'intrusion du pouvoir exécutif dans le domaine de la mémoire, la préférence de telle mémoire face à une autre mémoire par l'exécutif ne peut être véritablement constitutive d'un mémoricide. Cela constitue néanmoins la perte d'un passé et l'imposition d'une histoire.

Qu'en est-il de l'autorité législative ? S'immisce-t-elle dans le champ mémoriel ?

b- L'autorité législative

Une « loi » est une disposition normative et abstraite posant une règle juridique d'application obligatoire. On distingue trois types de lois : les lois constitutionnelles, les lois organiques et les lois ordinaires.

Au sens formel, la loi est une disposition prise par une délibération du Parlement, représentant du peuple et donc titulaire du pouvoir législatif, par

[529] INRP. Philosophie de l'éducation et pédagogie. Mémoire et histoire, Conférence (avril 2002) Travail de la mémoire, politique mémorielle : enjeux des interdits et des refoulés de l'histoire contemporaine. Présentation de J. F. Bossy

[530] Johann Michel, *Gouverner les mémoires, Les politiques mémorielles en France*, Paris, PUF, 2010, pp. 100-101

[531] « Jacques Chirac est allé très loin dans la consécration du régime victimo-mémoriel avec notamment la reconnaissance de la responsabilité de l'État français dans la collaboration avec l'Allemagne nazie. » Propos tenu par Christophe Premat, « L'inscription des récits mémoriels en France, lecture de Johann Michel », op. cit.

[532] Johann Michel, op. cit. p. 153.

opposition au « règlement » qui est émis par une des autorités administratives titulaires du pouvoir réglementaire en vertu de la Constitution.

La Constitution du 4 octobre 1958 dans ses articles 34 et 37 établit un partage entre le domaine réservé au pouvoir parlementaire et celui qui appartient au pouvoir réglementaire.

À cet égard, on distingue le « décret », acte pris par le président de la République et l'« arrêté » qui est pris par les ministres, les préfets, les Sous-préfets et par les maires en fonction des attributions que leur confèrent la Constitution et les lois.

La loi, qui n'est l'expression de la volonté générale que dans le respect de la constitution, s'est immiscée dans le domaine de la vérité historique dès la Seconde Guerre mondiale.

En 1944, le désir d'oubli se fait sentir. Désireux de préserver la paix publique à une époque troublée par la Seconde Guerre mondiale, le législateur de 1944 a considéré à juste titre qu'on ne pouvait pas indéfiniment rappeler le passé et qu'une mesure d'oubli devrait être établie et consacrée. Il s'agit de l'amnistie.

Ce droit à l'oubli, qui intervient un mois avant le débarquement du 6 juin, est exposé dans les motifs de l'ordonnance du 6 mai 1944 : « *La liberté de presse ne doit pas permettre de jeter le trouble dans les foyers sous le prétexte de rendre service au pays. Elle ne doit pas permettre de raviver constamment des accusations anciennes ni de rappeler des faits sur lesquels les lois elles-mêmes ont commandé de jeter l'oubli.*[533]»

Après la guerre, le désir d'oubli a donc conduit le législateur à réviser la loi du 29 juillet 1881 sur la liberté de la presse en 1998.

L'article 35 de la présente loi dispose ceci :

« *La vérité des faits diffamatoires peut toujours être prouvée, sauf : a) Lorsque l'imputation concerne la vie privée de la personne ; b) Lorsque l'imputation se réfère à des faits qui remontent à plus de dix années ; c) Lorsque l'imputation se réfère à un fait constituant une infraction amnistiée*

[533] Diane de Bellescize, « L'autorité du droit sur l'histoire » in *L'autorité*, op.cit. p. 54

ou prescrite, ou qui a donné lieu à une condamnation effacée par la réhabilitation ou la révision ; »

Cette tendance s'inverse à l'heure actuelle. Avec le passage du temps, la mémoire est privilégiée. Cela se traduit par le vote de nombreuses "lois mémorielles".[534]

Les lois mémorielles traduisent les vœux de quelques groupes d'intérêt qui souhaitaient sacraliser leur propre malheur. C'est dans ce contexte qu'ont été votées les quatre lois mémorielles, en attendant les suivantes (plusieurs propositions de loi ont été déposées. Certaines sont relatives à la prétendue diffamation raciale des Corses, d'autres au prétendu génocide du peuple algérien...)[535]

Voici les quatre lois mémorielles actuellement en vigueur.

- La loi n° 90-615 du 13 juillet 1990, dite loi « Gayssot » crée le délit de révisionnisme du génocide des juifs.
- La loi n° 2001-70 du 29 janvier 2001 reconnaît publiquement le génocide arménien de 1915.
- La loi n° 2001-434 du 21 mai 2001 dite loi «Taubira» reconnaît la traite négrière et l'esclavage en tant que crime contre l'humanité.
- La loi n° 2005-158 du 23 février 2005, dite loi « Mékachéra », « *portant reconnaissance de la Nation et contribution nationale en faveur des Français rapatriés* ».

Le désir de lutter contre la négation de faits historiques avérés (la Shoah, le génocide arménien, l'esclavage et la traite négrière) et le désir de reconnaissance d'un passé jugé traumatisant fondent l'établissement des lois mémorielles.

Certaines de ces lois mémorielles n'ont pas toutes une portée normative. Pourtant le rapport annuel du Conseil d'État de 2006 rappelle que « *la loi est faite pour prescrire, interdire, sanctionner [...]. La loi doit être normative.* »

Seule la loi « Gayssot » du 13 juillet 1990 est normative. Elle crée le délit de révisionnisme du génocide des juifs et prévoit des sanctions.[536]

---

[534] Diane de Bellescize, op.cit. p. 53

[535] Diane de Bellescize, « L'autorité du droit sur l'histoire » in *L'autorité*, op. cit. ; René Rémond, « Contre les vérités officielles », *L'Histoire*, n° 306, février 2006.

[536] Diane de Bellescize, « L'autorité du droit sur l'histoire », op. cit. p. 59

Les lois « Taubira » et « Mékachéra » énoncent des règles de droit qui posent des recommandations. Un droit de défense est accordé aux harkis (loi Mékachéra) et aux associations de défense de la mémoire des esclaves (loi Taubira). Ils peuvent se constituer parties civiles dans les procès pour diffamation et provocation à la discrimination, à la haine et à la violence.[537]

Quant à la loi du 29 janvier 2001 reconnaissant le génocide arménien, elle a seulement une fonction déclarative et symbolique.

Est-ce vraiment le rôle du législateur de voter des lois symboliques ?

L'appel des 56 juristes du 21 novembre 2006 répond à cette question. Pour des raisons nobles, le législateur se substitue à l'historien pour sanctionner et dire ce qu'est la vérité historique.[538]

La loi du 23 février 2005 « Mékachéra » est à cet égard un exemple éloquent. Cette loi oppose deux mémoires, celle des rapatriés et celle des anciens colonisés ou de leurs descendants présents sur le territoire français.

C'est le constat fait par l'historien René Rémond, de l'Académie française et président de l'association « Liberté pour l'histoire ». La pression de certaines catégories de personnes sur le gouvernement pour la reconnaissance d'un préjudice historique peut entraîner la prolifération de la législation mémorielle. Le corps social se retrouve segmenté et divisé. C'est le fractionnement de la mémoire collective.[539]

Dès lors, le législateur peut-il commettre un mémoricide ?

La réponse à cette question est délicate à apporter et doit être nuancée. Il n'est pas à proprement parler question de mémoricide selon Catherine Puigelier, mais « *il est question d'une perte d'un passé, d'une perte d'une forme de mémoire, d'une entrave à la liberté de se souvenir, les libertés de penser et d'écrire en étant nécessairement atteintes.*[540]»

C'est pour cette raison que l'historien protège son domaine de recherche.[541] L'histoire est le bien de tous. Chaque citoyen doit avoir la

537 Diane de Bellescize, op. cit. p. 59
538 Diane de Bellescize, op. cit. p. 59
539 R. Rémond, « Contre les vérités officielles », *L'Histoire*, n° 306, février 2006
540 Catherine Puigelier, « Le mémoricide (à propos du temps, de la mémoire et du droit) » in *Le temps et le droit*, op. cit.
541 Carole Vivant, *L'historien saisi par le droit. Contribution à l'étude des droits de l'histoire*, op. cit. p. 66

possibilité d'accéder à la vérité historique. Le législateur ne doit pas proclamer une vérité officielle. Il n'en devrait pas avoir la possibilité.[542]

En ouvrant la voie à la reconnaissance de la mémoire d'un groupe, le législateur se comporte en historien. Les lois mémorielles instituent en quelque sorte une vérité historique officielle dont les juges en sont les gardiens.[543]

c- L'autorité judiciaire

L'autorité judiciaire désigne l'ensemble des autorités compétentes pour faire appliquer la loi en tranchant les litiges. Il s'agit principalement des magistrats.

La fonction de juger est confiée à une autorité et non à un pouvoir. Les révolutionnaires ont souhaité diminuer et restreindre les pouvoirs que le parlement disposait sous l'Ancien Régime. Le terme « pouvoir judiciaire » a donc été disqualifié au profit de celui d'autorité judiciaire. En témoigne la Constitution de la Ve République qui utilise le terme « autorité judiciaire ».

Les juges ne sont pas les représentants du peuple au même titre que les membres du parlement ou du gouvernement. Ils ne sont pas élus par le peuple, mais ils exercent leurs attributions « au nom du peuple français ».

En tant qu'autorité et non pouvoir propre, la justice est et doit rester indépendante. Cela est cependant plus facile à dire qu'à faire.

« *La justice est devenue un enjeu politique et l'histoire est tombée dans les prétoires.* [544] » *Le passé dans le prétoire*, titre d'un ouvrage de Jean-Noel Jeanneney, devient une réalité présente à laquelle le juge se voit confronter de plus en plus fréquemment.

Les procès concernant l'histoire se multiplient alors que les tribunaux n'ont pas de compte à rendre à l'histoire.

Le juge confronte dans un procès les thèses présentes et choisit celle qui lui paraît la plus correcte en droit. Entre des thèses historiques opposées, il ne peut choisir ou départager les parties, car cela reviendrait à marquer sa

---

[542] Catherine Puigelier, « Le mémoricide (à propos du temps, de la mémoire et du droit) » op. cit.

[543] Jean-Philippe Feldmann, professeur de droit et avocat à la Cour, partisan de l'abrogation des lois mémorielles, *Le Monde*, rubrique « Débats », 18 octobre 2006

[544] J.-N. Jeanneney, *Le passé dans le prétoire. L'historien, le juge et le journaliste.* Le Seuil, 1998

préférence pour telle ou telle idéologie. Il n'appartient pas au juge de prendre une telle position.[545]

Le juge applique la loi. C'est en cela que son raisonnement reste objectif. Or, en jugeant l'histoire, le juge se laisserait entraîner sur un terrain inhabituel. Il se retrouverait en train d'imposer une vérité historique.[546]

La vérité judiciaire exprime le résultat d'un débat entre deux parties. L'histoire, qui est toujours en évolution, ne peut être renfermée dans une décision judiciaire.[547]

Les juges deviennent-ils les gardiens d'une histoire officielle ?

La réponse à cette question mérite d'être nuancée. Certaines lois mémorielles dont la loi Gayssot comble un vide juridique en créant un nouveau délit, le révisionnisme, auquel sont assorties plusieurs sanctions.

Mais en règle générale, le juge n'est pas obligé de s'incliner devant une vérité historique et à sanctionner automatiquement celles qu'il ne considère pas comme des vérités historiques.

En témoigne le délit de contestation de crime contre l'humanité. Le juge apprécie et analyse les faits poursuivis.[548] La voie est cependant étroite, car il ne peut que qualifier les faits et non l'événement historique.

C'est la raison pour laquelle le juge appelle lorsque cela est nécessaire l'historien à la barre, car il prend en considération son travail et ses aptitudes à vérifier l'authenticité des documents composant le dossier. Le juge est limité dans son analyse et interprétation desdits documents.

---

545 R. Lindon, *Quand la justice s'en mêle*, Broché, 1965

546 Diane de Bellescize, « L'autorité du droit sur l'histoire » in *L'autorité*, op. cit. p. 68

547 G. Kiejman, « L'Histoire au tribunal », *Le Débat,* n° 102, novembre 1998

548 Diane de Bellescize, « L'autorité du droit sur l'histoire » in *L'autorité*, op. cit. p. 62

Chapitre 2 : L'encadrement de la mémoire : entre manipulation et effacement de la mémoire

Comme souligné ci-dessus, on assiste depuis plusieurs années à la montée en flèche du nombre de commémorations. Les *Lieux de mémoire* de Pierre Nora en sont des exemples. La construction de plusieurs monuments atteste d'un véritable besoin de mémoire.

Mais comment expliquer la passion de la mémoire qui habite les contemporains ?

La société actuelle est en matière patrimoniale animée d'un désir de recenser, rassembler et mettre en ordre. L'UNESCO s'attèle d'ailleurs, depuis une vingtaine d'années, à constituer un « patrimoine culturel mondial », qui rassemble dans un catalogue l'humanité tout entière.

L'expression « devoir de mémoire » s'est aujourd'hui imposée. La mémoire est sacralisée et présente un caractère quasi obligatoire.

Face à ce vif intérêt pour la mémoire[549], cette dernière peut se trouver instrumentalisée pour servir une politique. On parle alors d'abus de mémoire.

Quel souci (historique, individuel, national) se cache derrière cet engouement pour la mémoire ? Pourquoi s'intéresse-t-on, aujourd'hui plus qu'hier au passé et au souvenir ?

La mémoire, sans cesse interrogée (Section 1), entraîne malheureusement sa perte (Section 2). Peut-on aussi parler de mémoricide ?

Section 1 : D'une mémoire sans cesse interrogée…

Le terme « manipulation » est très souvent défini de manière péjorative comme « *l'action d'orienter la conduite de quelqu'un, d'un groupe dans le sens qu'on désire et sans qu'ils s'en rendent compte (la manipulation de*

[549] *Le Monde*, 18 février 2006

l'opinion publique) »[550]. C'est le fait d'exploiter la dépendance psychologique d'une personne ou d'un groupe de personnes.

La manipulation, dans ce paragraphe, sera conçue dans un sens beaucoup plus large comme le résultat d'une mémoire sans cesse interrogée qui finit par être reconstruite (paragraphe 1) et instrumentalisée (paragraphe 2).

Paragraphe 1 : Une mémoire construite et reconstruite

En 1925, Maurice Halbwachs s'efforce dans *Les cadres sociaux de la mémoire* de montrer que toute mémoire individuelle est constituée pour une part de souvenirs construits par la société. Il insiste surtout sur la fonction sociale de la mémoire.

Selon Marc Bloch, les mécanismes de construction sociale ainsi que les acteurs de cette dernière doivent davantage être mis en lumière.[551]

La mémoire collective serait donc partagée, transmise et aussi construite par le groupe ou la société moderne. Dans *La topographie légendaire des évangiles en Terre sainte*, Maurice Halbwachs le démontre.[552]

Ainsi, la mémoire et le patrimoine sont des constructions sociales. Chaque groupe social patrimonialise les traces de son passé dans le désir de construire une mémoire collective.[553]

En effet, tout comme la mémoire, la notion de patrimoine apparaît comme une construction sociale. Les procédures de classement et déclassement étudiés ci-dessus soulignent que le patrimoine s'inscrit dans son époque et dépend des préoccupations du moment historique de sa construction.[554]

---

[550] Dictionnaire Larousse

[551] Didier Grivarc'h, « La mémoire collective, de la recherche à l'enseignement », Groupe de recherche en histoire immédiate, Publication 2003

[552] Maurice Halbwachs, *La topographie légendaire des évangiles en terre sainte, Étude de mémoire collective*, PUF, 2008

[553] Anne Sgard, « Mémoires, lieux et territoires », *Territoire en action et dans l'action*, Actes du Colloque de Rennes, Dodier R., Rouyer A., Séchet R. dir., Presses universitaires de Rennes, 2007, pp. 105-117.

[554] Philippe Chaudoir, Maître de conférences à l'Institut d'Urbanisme de Lyon, Millénaire 3, Conseil de développement de l'agglomération lyonnaise, groupe de travail 1 : « Un projet culturel d'agglomération : une ville créative et festive »

La Charte européenne du patrimoine architectural (titre 3) du Conseil de L'Europe dispose :

« *Chaque génération donne une interprétation différente du passé et en tire des idées nouvelles. Toute diminution de ce capital est d'autant plus un appauvrissement que la perte des valeurs accumulées ne peut être compensée, même par des créations de haute qualité.* »[555]

La mémoire collective répondrait ainsi aux exigences d'une société à un moment précis de l'histoire de celle-ci.

Le positivisme sociologique affirme d'ailleurs que le droit se justifie dans la mesure où il est le reflet de l'état des mœurs et de l'histoire ; le droit étant « *le produit d'une histoire, d'un peuple, d'un pays.*[556]»

Lucien Febvre considérait que « *le témoignage renseigne ainsi souvent non tant sur ce qui est vu que sur ce que, de son temps, on estimait naturel de voir* »[557]. Ici, le regard de l'historien dépend de son analyse du temps.[558]

La lecture qu'il donne ou propose du passé s'inscrit dans une époque en fonction des préoccupations actuelles et non définitives.[559]

Aucun passé ne peut donc être conservé en tant que tel. La mémoire est donc sans cesse redéfinie, voire reconstruite en fonction de plusieurs facteurs. Elle est susceptible d'évoluer[560].

On peut ainsi s'interroger sur la possibilité pour les pouvoirs politiques de manipuler la mémoire en fonction des intérêts à défendre. [561]

---

[555] François Chappé, *Histoire, Mémoire, Patrimoine, Du discours idéologique à l'éthique humaniste*, Presses universitaires de Rennes, 2010, p. 35
[556] D. Mainguy, *Introduction générale au droit*, Litec, 2002, n° 83, pp. 63
[557] Jean Foyer, Catherine Puigelier, « L'autorité de l'histoire en droit » in *L'autorité*, sous la direction de Jean Foyer, Gilles Lebreton, Catherine Puigelier, Cahier des sciences morales et politiques, PUF, 2008
[558] M. Werner, « Histoire », in *Vocabulaire européen des philosophes* (sous la direction de B. Cassin), Paris, Seuil, 2004
[559] François Châtelet, *La naissance de l'histoire*, Le Seuil, 1996
[560] Élise Julien, *Paris, Berlin. La mémoire de la guerre 1914-1933,* Rennes, Presses universitaires de Rennes, coll. Histoire, 2009, p. 12
[561] Anthony Michel, « Élise JULIEN, *Paris, Berlin. La mémoire de la guerre 1914-1933* », Revue *Questions de* communication, 18 | 2010, pp. 280-282.

La patrimonialisation peut révéler une reconstruction idéologique. Prenons deux exemples : un en Israël et un en France.

En Israël, la forteresse de Massada est un exemple éloquent. Inscrite sur la liste du patrimoine national depuis 2001, elle est située dans le désert de Judée en Israël.

Au début des années 1920, les sionistes considéraient ce site comme un lieu de résistance entre les autochtones et les Romains. Quelques années plus tard, elle a été considérée comme un symbole de l'État hébreux

Mais selon l'historien Pierre Vidal-Naquet – argumentaire repris par Patrice Béghain, la réalité est différente : « *« la plupart des « résistants » de Massada appartenaient à une secte extrémiste et avaient commis de nombreuses exactions contre la population juive elle-même, avant de succomber sous les coups de l'armée romaine. »*.[562]

En France, la citadelle de Montségur sera notre exemple. Située dans les Pyrénées ariégeoises, elle a été édifiée en 1207. Plusieurs dizaines d'années plus tard, elle a été le lieu d'une histoire tragique. En effet, certains cathares ont été accusés par l'Église de Montségur d'être dans l'hérésie aux valeurs religieuses et universelles.

La répression menée par cette église à leur encontre a été féroce. Refusant de renier ou d'abjurer leurs croyances, leur foi et leur mode de vie, ils décidèrent eux-mêmes de mourir en montant sur le bûcher. Ce fut la fin du catharisme. Il est fait de cette citadelle le symbole de la résistance occitane.

Cependant, il semblerait que les vestiges actuels ne sont pas ceux de l'ultime place forte des cathares, mais du château construit après le siège par les barons français.

« *La patrimonialisation relève ici pour une part d'une reconstruction idéologique.*[563]»

Dans les cas de Massada et de Montségur, le besoin de symboles « valorisant » justifie cette reconstruction idéologique. Il est toutefois important que le monument parle en vérité et que l'approche historique soit

---

562 Pierre Vidal-Naquet, *Les juifs, la mémoire et le présent*, Paris, Seuil/La Découverte, coll. « Points », 1991 ; Voir aussi Patrice Béghain, *Patrimoine, politique et société*, Presses de la fondation nationale des Sciences politiques, 2012, p. 136

563 Patrice Béghain, *Patrimoine, politique et société*, op. cit. p. 137

stricte. Car le patrimoine peut être un instrument de manipulation ou du moins une source de confusion mémorielle.[564]

La construction des lieux de mémoire peut dès lors être problématique.[565] C'est d'ailleurs grâce au travail des sociologues que cette notion a été consacrée par la communauté des historiens.[566]

Maurice Halbwachs image la notion de lieu de mémoire avant Pierre Nora. « *Une vérité pour se fixer dans la mémoire d'un groupe doit se présenter sous la forme concrète d'un événement, d'une figure personnelle, d'un lieu [...].* »[567]

Les lieux de mémoire participent aussi à l'écriture de l'histoire nationale par un renversement de perspective. Aux éléments traditionnels (langue, culture...) viennent s'ajouter les objets matériels symboliquement investis d'une mission.[568]

La difficulté de se projeter historiquement dans un passé trop douloureux explique le fait que certains événements ne sont patrimonialisés que plusieurs années plus tard.

Au sortir des guerres, les sociétés privilégient généralement le silence pour faire le deuil. Ce n'est qu'ensuite qu'ultérieurement que la douleur remonte à la surface.[569]

En effet, certains passés reviennent, remontent à la surface alors qu'on aurait cru qu'ils étaient définitivement oubliés. S'ensuit alors une série

---

[564] Patrice Béghain, op. cit. pp. 136-137

[565] Pierre Nora, René Rémond, *Discours de réception de Pierre Nora à l'académie française et réponse de René Rémond*, Gallimard, 2002

[566] Didier Grivarc'h, « La mémoire collective, de la recherche à l'enseignement », op. cit.

[567] Maurice Halbwachs, *La topographie légendaire des évangiles en terre sainte, Étude de mémoire collective*, PUF, 2008

[568] « Problématique de la mémoire : état des lieux », Karine-Larissa Basset. Ce texte est un document de travail ouvert qui propose un état des lieux des problématiques générales abordées dans le cadre du WPS 1.1 Mémoires en Méditerranée. Il avait pour objectif de préparer la 1re rencontre des 10-11 mars 2006, en jetant les bases d'une réflexion qui devra être approfondie au cours de ces journées. Dakira, le blog de l'ANR IMASUD Sud imaginaires et imaginaires des Suds.

[569] *Les guerres de mémoires, la France et son histoire*, Préface de Benjamin Stora, sous la direction de Pascal Blanchard et Isabelle Veyrat-Masson, Édition La Découverte, avril 2010, p. 7

d'édification de plusieurs mémoriaux ou autres biens mémoriels destinés à conserver l'événement historique.

La représentation d'une chose passée peut être un acte anodin quand il s'agit de souvenirs personnels. Mais, dès que ces représentations touchent une communauté, il en est autrement.

Si l'historien est de son temps et travaille pour son temps, le conservateur du patrimoine n'intervient que lorsqu'une trace, un bien ou un passé devient digne de conservation.

Le classement ou le déclassement des monuments historiques ou des biens mobiliers historiques confirme l'analyse selon laquelle la mémoire collective se construit au fil du temps.

Paragraphe 2 : Une mémoire instrumentalisée

Les premières manifestations qu'on pourrait qualifier de « patrimoniales » remontent aux siècles antérieurs. L'instrumentalisation du passé et du patrimoine au service de la nation et de l'État y existaient déjà.[570]

La lutte pour le pouvoir conduit inévitablement à une instrumentalisation à des fins peu louables du répertoire commun de symboles historiques d'un pays. Chaque partie se présente comme l'héritière légitime d'un passé triste et sanglant. Chacune prétend être la vraie défenseure de l'histoire, de la tradition et de la culture nationale.[571]

Le passé joue en effet un rôle lors des crises politiques et sociales. Beaucoup de partis politiques y voient une pêche miraculeuse où elles pourraient puiser de quoi étayer leurs argumentations et légitimations actuelles lors des crises politiques et sociales. Il s'agit d'un répertoire de symboles potentiellement utiles en temps opportun pour comprendre le présent.[572]

---

[570] Jean-Michel Leniaud, *Les archipels du passé, le patrimoine et son histoire*, Fayard, 2002, quatrième de couverture

[571]Dacia Viejo-Rose, « Identité et mémoire d'après-guerre : la destruction et la reconstruction du patrimoine culturel en Espagne et en Bosnie » in *Le patrimoine culturel, cible des conflits armés, de la guerre civile espagnole aux guerres du 21e siècle*, sous la direction de Vincent Négri, Bruylant, 2014, pp. 105-106

[572] Sous la direction d'Olivier Luminet, *Belgique-Belgie, un État, deux mémoires collectives ?* ÉditionMardaga, 2012, p. 8

L'ex-président de la République Nicolas Sarkozy entretenait un dialogue permanent avec le passé est une trace de cette « omniprésence dans le présent ». On peut citer à titre d'exemple les discours qu'il a prononcé pour diverses commémorations (esclavage, colonisation…).

L'actuel président de la République François Hollande participe à presque toutes les commémorations. Il soutient cette séquence mémorielle très attendue par le peuple[573].

Le vif débat entre « spécialistes » sur le contenu de certains ouvrages, essais et pamphlets souligne aussi cette omniprésence du passé dans le présent.[574] Ils symbolisent la crainte du retour réalisée au travers des manuels scolaires.[575]

L'ex-président de la République française Nicolas Sarkozy[576], dès son entrée en fonction, avait demandé que la lettre du jeune résistant Guy Môquet soit lue et discutée dans les lycées.[577]

Cette décision a été critiquée par un grand nombre d'enseignants qui soulignent qu'une telle lettre peut jouer un rôle sur le registre de l'émotion lorsqu'il est sorti de tout contexte historique. Car le pouvoir politique empiète sur les prérogatives des enseignants.

Certains historiens spécialistes dénoncent ici une instrumentalisation politique. La puissance de l'émotion empêche toute recherche sur un cruel moment historique.[578]

À titre de mise en garde explicite, Claude Lanzmann, cinéaste, auteur de Shoah et directeur des Temps modernes, réagissait à une des déclarations de l'ex-président de la République, en soulignant qu'il fallait se garder de tout

---

573 Le Figaro, « Hollande enchaîne les commémorations », 3 août 2014

574 « Introduction. Les guerres de mémoires : un objet d'étude, au carrefour de l'histoire et des processus de médiatisation » in *Les guerres de mémoires, la France et son histoire*, op. cit. p. 15

575 Benoît Falaise et Françoise Lantheaume, « Entre pacification et reconnaissance : les manuels scolaires et la concurrence des mémoires » in *Les guerres de mémoire, la France et son histoire*, op. cit. p. 177

576 C. Coquery-Vidrovitch, G. Manceron et B. Stora, « La mémoire partisane du président », Libération, 13 août 2007

577 J.-P. Azéma, « Guy Môquet, Sarkozy et le roman national », *L'Histoire*, septembre 2007

578 Blanchard et Isabelle Veyrat-Masson in *Les guerres de mémoires, la France et son histoire*, op. cit. p. 9

« *activisme mémoriel qui semble, à chacune de ses éruptions, redécouvrir à neuf ce qui est sûr depuis si longtemps* ».

Pour lui, un tel retour de la mémoire « *s'ingénie à ouvrir des chemins secondaires qui instituent l'oubli plus que la mémoire* ».[579] Dès lors, s'affirme le sentiment d'une histoire assiégée.[580]

Cet activisme mémoriel se manifeste aussi de manière matérielle. Pendant la Deuxième Guerre mondiale (1939-1945), la « mémoire de pierre » a traduit sur l'ensemble du territoire l'existence de plusieurs mémoires.

Et la politique de l'État s'est immiscée dans le domaine de la « mémoire de pierre » à l'arrivée du général De Gaulle.[581] Ce dernier s'est servi des monuments aux morts plusieurs fois et pour différentes raisons.

La mention « Mort pour la France » a qualifié l'activité des résistants, puis la passivité des déportés avant d'être utilisée pour qualifier les résistants étrangers et les juifs déportés autrefois exclus de cette qualification.

En effet, les entreprises mémorielles divergent en fonction du pouvoir politique en place qui peut utiliser politiquement et idéologiquement la mémoire de pierre[582].

Car un « *monument est à la fois un outil mémoriel au service de ceux qui l'utilisent et un reflet de l'idéologie dominante dans laquelle il s'inscrit* [583] ».

Sur l'utilisation politique des monuments aux morts, on peut aussi voir des divergences sur les intérêts mémoriels dans la construction des monuments contenant une représentation figurée. Ils devaient être présentés

---

[579] Le Monde, 19 février 2008

[580] Blanchard et Isabelle Veyrat-Masson, op. cit. p. 36

[581] Daniel Fleury, « Plaques, stèles et monuments commémoratifs : l'État et la "mémoire de pierre" », Revue historique des armées, 259/2010 ; http://rha.revues.org/index6988.html.

[582] Mechtild Gilzmer, *Mémoires de pierre. Les monuments commémoratifs en France après 1944,* p. 9

[583] Mechtild Gilzmer, *Mémoires de pierre. Les monuments commémoratifs en France après 1944,* Paris, Éd. Autrement, coll. Mémoires/Histoire, trad. de l'allemand par O. Demange, 2009, p. 5

pour avis à la Commission centrale des monuments commémoratifs. Certains le furent, d'autres ne le furent pas.[584]

Des divergences sur les intérêts mémoriels existent également dans l'articulation du local au national. Au cours de ces dernières années, le local cultive sa différence. Les lois de décentralisation ont sans doute favorisé cet éclatement symbolique qui conduit chaque unité territoriale à affirmer une identité propre.[585]

En effet, des mouvements régionalistes ou communautaristes émergent en France pour faire reconnaître leur différence par la mise en place d'une multitude d'associations, de niveau communal ou non, créées autour du patrimoine. Les associations du patrimoine défendent la mémoire locale.[586] Ces dernières entendent précisément « restituer » à des communautés une mémoire commune.

Si la notion de communautarisme fait peur à la France républicaine, il faut tout de même reconnaître que chaque groupe collectif se sentant « exclu » désire matérialiser par la revendication d'une place dans l'espace public.[587]

Les « exclus de l'histoire » (ou les personnes qui se perçoivent comme telles), les minorités mémorielles se sentent toujours victimes d'un déni d'histoire. Elles revendiquent à l'État un droit pour leur mémoire.

C'est le sentiment qui a longtemps été celui des Juifs de France ou des Algériens. Ces derniers réclamaient la reconnaissance de la responsabilité de l'État français dans la déportation des Juifs de France et dans la pratique de la torture en Algérie.

Sur la reconnaissance de la responsabilité de la France dans la déportation des Juifs de France, la déclaration de l'ex-président de la République, Jacques Chirac, est une réponse positive pour les organisations juives qui se

---

584 Anthony Michel, "Mechtild Gilzmer, *Mémoires de pierre. Les monuments commémoratifs en France après 1944*", Questions de communication, 19 | 2011, pp. 324-326.

585 « Introduction » in *Concurrence des passés, usages politiques du passé dans la France contemporaine*, sous la direction de Maryline Crivello, Patrick Garcia, Nicolas Offenstadt, Publication de l'université de Provence, 2006, p. 10

586 « Le nouveau régime d'historicité porté par les Associations du patrimoine » in *Concurrence des passés, usages politiques dans la France contemporaine*, op. cit.

587 E. Benbassa, « À qui sert la guerre des mémoires ? » in *Les guerres de mémoires, la France et son histoire*, Préface de Benjamin Stora, sous la direction de Pascal Blanchard et Isabelle Veyrat-Masson, Édition La Découverte, avril 2010

sont longtemps vues opposer une réponse négative par le président François Mitterand. C'est la matérialisation d'un compromis politique avec certains groupes d'intérêt pour gagner leurs voix sur le marché politique.[588]

Les instances politiques, sous la pression de certains groupes, se retrouvent contraintes d'accorder une attention toute particulière aux blessures du passé, de reconnaître la qualité de victimes à certains groupes oubliés et niés dans leur identité.[589]

Une série de commémorations négatives liées à la reconnaissance des victimes de crimes d'État marque les années 2000[590]. Ce n'est plus le héros qui justifie la mise en place de commémorations, mais la victime.

En effet, l'inculpation pour crimes contre l'humanité de Paul Touvier (novembre 1981), Maurice Papon (janvier 1983) et la reconnaissance victimaire de Shoah ont justifié la reconnaissance de la loi mémorielle n° 90-615 du 13 juillet 1990 dite loi Gayssot. Cette dernière réprime tout acte raciste et antisémite[591].

De manière plus insidieuse, certaines passions partisanes et idéologies rétrogrades défendent le respect de l'identité culturelle locale par le rejet de pratiques culturelles « cosmopolites ». Car le patrimoine se doit d'être exclusif.

Et Patrice Béghain de dénoncer cette captation d'héritage et de rappeler les propos de Proust. « La demeure est assez grande pour que nous puissions tous y trouver place ».[592]

---

[588] Claire Andrieu, « Introduction : le pouvoir central en France et ses usages du passé, de 1970 à nos jours » in *Politiques du passé, usages politiques du passé dans la France contemporaine* sous la direction de Claire Andrieu, Marie Claire Lavabre, Danielle Tartakowsky, Collection le temps de l'histoire, Publications de l'Université de Provence, 2006, pp. 18-19

[589] Diane de Bellescize, op. cit.

[590] Citons par exemple la Journée nationale à la mémoire des victimes des crimes racistes et antisémites de l'État français et d'hommage aux « Justes » de France (loi du 10 juillet 2000) et la Journée nationale de commémoration de l'Abolition de l'esclavage (loi du 10 mai 2001).

[591] Johann Michel, *Gouverner les mémoires, Les politiques mémorielles en France,* Paris, PUF, 2010, p. 91

[592] Patrice Béghain, *Le patrimoine : culture et lien social*, La bibliothèque du citoyen, Presses de la Fondation Nationale Des Sciences Politiques, 1998. p. 10, Voir aussi Patrice Béghain, *Guerre aux démolisseurs ! Hugo, Proust, Barrès, un combat pour le patrimoine*, Éditions Paroles d'aube, 1997

Parce que la politique du patrimoine est assise sur les lois et les règlements des États modernes, il faut éviter d'instrumentaliser le patrimoine et de tomber dans un repli identitaire créateur de nouvelles exclusions.[593]

Et Benjamin Stora d'affirmer que « *quand l'avenir est fermé, quand l'espérance s'épuise, alors l'interprétation de ce qui n'est plus occupe une place centrale, décisive. Le risque est grand alors de voir la mémoire comme un enfermement dans un passé, où se rejouent en permanence les conflits d'autrefois.* » [594]

Un juste équilibre doit par conséquent être trouvé entre le rappel du passé dans le présent et le désir d'oubli nécessaire à la survie de certaines sociétés. Il pourrait être dangereux de répéter sans cesse les détails d'histoires achevées.

L'histoire constitue ainsi un capital symbolique dont les élus locaux ou nationaux peuvent être amenés à user. Mais même dans les cas où ce sont les autorités étatiques, nationales ou locales qui instrumentalisent la mémoire, ce serait un abus de langage que de voir, dans un tel comportement, l'existence d'un mémoricide. L'instrumentalisation de la mémoire n'est pas une forme d'éradication de la mémoire.

<u>Section 2</u> :… À une mémoire qui tend à se perdre

Que chaque société s'arroge un droit de regard sur la mémoire ! Libres, dirons-nous, sont-elles. La mise en place d'une politique culturelle dont l'une des conséquences principales est l'encadrement de la mémoire n'est pas en soi répréhensible.

Les paragraphes ci-dessus soulignent que le mémoricide se rattache à la perte du patrimoine culturel, expression de la mémoire et non à son encadrement.

Mais dès lors qu'un tel encadrement a pour but d'imposer une histoire, un héritage, un patrimoine culturel (Paragraphe 1), la possibilité de soulever un mémoricide est réelle.

---

[593] Patrice Béghain, *Le patrimoine : culture et lien social*, op. cit. p. 10

[594] Préface in *Les guerres de mémoires, la France et son histoire*, Préface de Benjamin Stora, sous la direction de Pascal Blanchard et Isabelle Veyrat-Masson, Édition La Découverte, avril 2010, p. 11

Cependant, parce que la mémoire se révèle comme une puissance créatrice face à ceux qui voudraient effacer ou pas les pages sombres du passé, elle trouve de multiples espaces d'expression, notamment au cinéma, à la télévision ou sur internet. Les hommes, la société ont tendance à refuser de se voir imposer une mémoire (Paragraphe 2).

Paragraphe 1 : Une mémoire imposée

En 1928, Olivier Wendell Holmes Jr., juge à la Cour Suprême des États-Unis affirmait que « *s'il existe un seul principe de la Constitution qui, plus que tout autre exige un rattachement impératif, il s'agit du principe de penser librement, non pas penser librement avec ceux qui sont d'accord avec nous, mais la liberté pour la pensée que nous haïssons*[595]. »

Grâce au travail historique, il est possible de sortir du dilemme entre l'abus de mémoire et l'absence de mémoire. Il n'appartient pas à l'historien d'imposer une vision particulière d'un événement. Il doit juste présenter et chercher à expliquer ledit événement afin de maintenir ouverte la porte aux controverses citoyennes. C'est en cela qu'il préserve sans cesse les outils d'un travail de mémoire.[596]

La construction d'une mémoire par l'imposition d'une vérité ou d'une amnésie nationale existe depuis plusieurs générations. Dans ce cas, on se trouverait en présence d'une majorité ou d'une minorité populaire qui imposerait leur propre vision du passé.

Cela est assez fréquent dans les États totalitaires et dictatoriaux (A). Les États de droit ne sont pas pour autant épargnés (B).

A- Les régimes autoritaires

Deux régimes autoritaires seront étudiés : le totalitarisme et la dictature.

1- Le totalitarisme

Étymologiquement, le totalitarisme signifie « système tendant à la totalité ». Le terme « totalitaire » a donné lieu à un débat qui n'est toujours

---

595 Danielle Corrignan-Carsin, 2007 in *La liberté de critique*, op. cit. p. 131

596 Pascal Blanchard et Isabelle Veyrat-Masson, in *Les guerres de mémoires, la France et son histoire,* Préface, op. cit.

pas clos et à de nombreuses définitions différentes et parfois antagonistes selon les convictions des auteurs.

C'est un système politique qui se matérialise par l'existence d'un régime à parti unique. Il n'y est admis aucune opposition organisée. Celle-ci est interdite et durement réprimée. L'État tend à confisquer la totalité des activités de la société. Et l'emprise totale du pouvoir politique sur tous les aspects de la vie en société est véritable.

Ce régime autoritaire, qui contrôle la vie des hommes vivant dans un territoire, va plus loin qu'un régime dictatorial. Il tente de s'immiscer jusque dans la sphère intime de la pensée, en imposant à tous les citoyens une idéologie obligatoire.[597]

Les libertés individuelles sont supprimées et l'État dispose d'un monopole sur tous les moyens de communication.

Le XXe siècle a été marqué par l'existence de plusieurs États totalitaires qui eurent un impact décisif sur l'histoire et sur le déclenchement des guerres.

Plusieurs régimes ont été qualifiés de totalitaires des régimes de l'Italie fasciste avec Bénito Mussolini en 1922 jusqu'à nos jours.[598]

De nos jours, seul un régime, en l'occurrence le régime communisme de la Corée du Nord, officiellement la République populaire démocratique de Corée est un régime encore souvent qualifié de totalitaire[599].

L'existence d'un parti unique, d'une idéologie officielle développée par le président Kim Il-sung, de l'absence des droits individuels justifie l'utilisation du terme totalitaire pour qualifier ce régime. Dans un tel régime, l'imposition d'une mémoire officielle est réelle.

---

[597] Cf. pour la plupart des critères : Claude Polin, *Le Totalitarisme*, Paris, PUF, coll. « Que sais-je ? », 1982, p. 13.

[598] Voir en particulier Stéphane Courtois (dir.), *Le Livre noir du communisme. Crimes, terreur, répression*, Robert Laffont, Paris, 1997, p. 923

[599] Alain Destexhe, *Corée du Nord, voyage en dynastie totalitaire*, L'Harmattan, octobre 2001

2- La dictature

A l'origine, dans la Rome antique, la dictature désigne les pleins pouvoirs légaux et temporaires d'un magistrat (le dictateur) en cas de troubles graves.

De nos jours, le dictionnaire de la politique Hatier définit la dictature comme « un *régime arbitraire et coercitif, incompatible avec la liberté politique, le gouvernement constitutionnel et le principe de l'égalité devant la loi.* »

Le Robert, quant à lui, la définit comme une « *concentration de tous les pouvoirs entre les mains d'un individu, d'une assemblée, d'un parti ; organisation politique caractérisée par cette concentration de pouvoirs* ».

La dictature désigne surtout un régime politique dans lequel une personne ou un groupe de personnes exercent de façon absolue tous les pouvoirs et limitent l'expression des droits et des libertés.

Si la plupart des États se disent démocratiques, plusieurs d'entre eux sont en réalité des États dictatoriaux. Ces régimes dictatoriaux sont des régimes autoritaires. D'ailleurs, beaucoup de dictateurs arrivent au pouvoir par les armes (coup d'État, guerre) ou d'une guerre civile. D'autres y parviennent légalement, par le biais des élections dites « démocratiques ».

Des élections au suffrage universel pour élire des chefs d'État sont organisées de plus en plus dans le monde. En effet, une « élection démocratique » a le mérite d'asseoir une légitimité. Cependant, plusieurs chefs d'État autoritaire se cachent derrière les élections dites démocratiques pour contrôler les libertés.

Pour asseoir leur légitimité, ces régimes autoritaires usent de plusieurs moyens. Une fois arrivés au pouvoir, ils s'attèlent très souvent à la construction d'une mémoire collective et à l'imposition d'une mémoire officielle.

Il importe de faire une différence entre la construction d'une mémoire collective et l'imposition d'une mémoire collective. Dans le premier cas, une participation collective est nécessaire pour la construction d'une mémoire. Dans le deuxième cas, au contraire, la mémoire est définie d'en haut.

Bien souvent, cette distinction entre la construction et l'imposition d'une mémoire collective est délicate à faire. Prenons juste l'exemple du Rwanda avec l'actuel président Paul Kagame.

À son arrivée au pouvoir, quelques années après le génocide, il travailla pour la reconstruction de ce pays. Il participa ainsi à l'adoption d'une nouvelle Constitution en 2003.

Si beaucoup de personnes défendent Paul Kagame dans le rôle qu'il a eu à jouer dans la reconstruction sociale, économique et culturelle de ce pays dévasté, beaucoup d'autres, en revanche, critiquent avec insistance son régime qu'ils qualifient de dictatorial.

Quoi qu'il en soit, en ce qui concerne l'expression de la mémoire collective, la controverse trouve certainement son origine dans le fait que la langue officielle, l'hymne national et le drapeau officiel du Rwanda ont été changés juste après la fin de la guerre.

La langue. À la suite de l'obtention de l'indépendance au milieu des années 1950, le français et le kinyarwanda sont restés les langues officielles du Rwanda pendant plusieurs années. D'abord supprimé de l'enseignement public[600], le français a été rétabli. Cependant, depuis le génocide de 1994, le gouvernement a souhaité remplacer le français par l'anglais. Celle-ci fait partie des langues officielles à côté du kinyarwanda et du français depuis 2003. Et c'est l'unique langue d'enseignement public depuis 2010.

L'hymne national. Peu après la fin du génocide, il a été décidé par les nouveaux dirigeants de changer l'hymne national. En effet, l'ancien hymne national était très communautaire, car il avait été rédigé en 1961 pendant que le pays était secoué par des massacres interethniques. Sous la présidence de Paul Kagamé, le parlement rwandais a ainsi voté l'adoption d'un nouvel hymne national en 2001.

Le drapeau. Quelques semaines avant l'adoption d'un nouvel hymne national, le Rwanda adopte un nouveau drapeau. Ce dernier marque une rupture avec les événements traumatisants qui avaient ensanglanté le pays.

Le Rwanda matérialise ainsi une volonté de se tourner vers l'avenir en coupant avec la période précédente.

B- Les régimes démocratiques

De prime abord, les régimes démocratiques sont des régimes où la mémoire ne se trouve pas imposée à une communauté. Il importe tout de même d'y accorder une attention toute particulière.

---

[600] Colette Braeckman, *Rwanda. Histoire d'un génocide*, Fayard, 1994, p. 277.

Le terme démocratie peut désigner un ensemble de valeurs politiques, sociales ou culturelles[601]. Dans son sens politique, ce terme peut ainsi qualifier le fonctionnement de tout groupe de personnes (États, organismes, associations, fédérations, entreprises).

La présente étude se limitera à l'étude du gouvernement démocratique. Ce dernier s'oppose aux systèmes monarchiques où le pouvoir est détenu par un monarque, aux systèmes oligarchiques où le pouvoir est détenu par un groupe restreint d'individus, à la dictature et à la tyrannie étudiée ci-dessus.

C'est un système politique qui se matérialise par la possibilité pour le peuple de contrôler ses dirigeants, car le pouvoir lui appartient en droit. Le peuple peut évincer les dirigeants qui ne remplissent pas leurs objectifs sans avoir à recourir à une révolution.[602]

Le pouvoir appartient au peuple qui l'exerce au travers de ses représentants. L'imposition d'une mémoire culturelle est ainsi en principe impossible. Les choses ne sont pourtant pas aussi simples.

Il existe des cas de tentatives d'imposition du passé. Sous la Ve République, la Constitution le permet, car l'instauration d'une journée nationale commémorative ne relève plus nécessairement du domaine de la loi.

Christine Bard donne un exemple d'une tentative de passé imposé avec la commémoration de la journée du 8 mars : « journée internationale de luttes des femmes ».

Officialisée en 1977 par l'Assemblée générale des Nations Unies, cette date est restée assez formelle en France. Même s'il demeure l'occasion de valoriser l'histoire des femmes, la société civile ne se l'est pas vraiment appropriée. En effet, en France, les interventions présidentielles ou étatiques célébrant ce jour sont très rares. La décision prise d'en haut en 1981 n'a pas eu l'effet escompté. La société a rejeté cette mémoire.[603]

---

601 Alexis De Tocqueville, *De la démocratie en Amérique*, tome 1, rééd, GF Flamarion, 1999

602 Karl Popper, *La société ouverte et ses ennemis*, tome 1, L'ascendant de Platon, Seuil, 1979 ; Karl Popper, *La leçon de ce siècle*, Anatolia, décembre 1993

603 Christine Bard, « Les usages politiques de l'histoire des femmes » in *Politiques du passé, usages politiques du passé dans la France contemporaine*, op. cit. p. 71

Ceci n'est pas le cas dans d'autres pays. Au Cameroun par exemple et dans plusieurs pays africains, la journée internationale de la femme est une journée de mobilisation des femmes. Les femmes et même certains hommes s'y préparent soigneusement les semaines précédentes. Le pagne de la journée est imprimé et toutes les femmes qui souhaitent défiler devant la Première Dame doivent être vêtues de ce pagne. Ici, la société accepte avec joie cette commémoration.

Un deuxième exemple de gestion autoritaire du passé est sans doute celui de l'ex-président Valéry Giscard d'Estaing qui supprima la commémoration de la victoire du 8 mai 1945. Il a été vivement critiqué pour cette décision prise sans consultation populaire. Et la commémoration du 8 mai a été rétablie lors du changement politique.[604] Ici, la non-réceptivité de la société civile a fait échouer l'initiative de l'exécutif.[605]

Patrick Garcia pointera du doigt dans *Démocratie française*, parue en 1976, et *État de la France*, en 1981, la lecture du présent de Valéry Giscard d'Estaing.[606]

L'impact des forces mémorielles par rapport à la perception du passé doit être analysé dans tout désir d'imposition d'un passé.[607]

Les manuels scolaires peuvent être des outils ou des armes permettant l'imposition d'une mémoire officielle. Contrôler l'information et la communication par ce biais est un devoir de l'État.

Cependant, ce contrôle peut malheureusement entraîner l'imposition d'une mémoire officielle, et cela même dans un État démocratique.

L'article 4 de la loi du 23 février 2005 portant reconnaissance de la Nation et contribution nationale en faveur des Français rapatriés a été très contesté premièrement par les historiens et ensuite par les juristes. Il disposait ceci :

---

[604] Jérôme Grévy, « Le retour de Jules Ferry » in *Politiques du passé, usages politiques du passé dans la France contemporaine*, op. cit. p. 83

[605] Claire Andrieu, « Introduction : le pouvoir central en France et ses usages du passé, de 1970 à nos jours » in *Politiques du passé, usages politiques du passé dans la France contemporaine*, op. cit. pp. 19-20

[606] Patrick Garcia, Valéry Giscard d'Estaing, « La modernité et l'histoire » in *Politiques du passé, usages politiques du passé dans la France contemporaine*, op. cit. p. 119

[607] Christian-Marc Bosséno, « Du temps au temps, l'inventaire historique du premier septennat de François Mitterrand (1981-1988) in *Politiques du passé, usages politiques du passé dans la France contemporaine*, op. cit. p. 105

« *Les programmes scolaires reconnaissent en particulier le rôle positif de la présence française outre-mer, notamment en Afrique du Nord et accordent à l'histoire et aux sacrifices des combattants de l'armée française issus de ces territoires la place éminente à laquelle ils ont droit* » (article 4, alinéa 2).

Le fait d'attribuer un caractère positif à la colonisation française a été l'un des éléments déclencheurs de la révolte des historiens. [608] Une histoire officielle était imposée. À la suite d'une demande du gouvernement, le Conseil constitutionnel a constaté le caractère réglementaire de ladite loi. Un décret a abrogé l'alinéa 2 de l'article 4 le 15 février 2006.

Il est certes vrai que les autorités politiques n'interviennent pas directement dans le contenu des manuels, mais cela ne veut pas dire qu'elles s'en désintéressent ; elles peuvent s'exprimer à propos de tels ou tels aspects.

Car, parce que chaque groupe revendique une place dans les manuels, la tendance devrait être à l'unification et non à la séparation des mémoires des différentes communautés mémorielles ou groupes d'acteurs. En effet, la tendance devrait être à la construction d'une mémoire commune qui unifie et qui ne divise pas. [609]

L'insertion dans les manuels d'histoire des pages parfois singulières de l'histoire, dans une logique de reconnaissance des victimes, a pour danger de créer une communautarisation des manuels d'histoire avec une simple juxtaposition d'histoires particulières.

La reconnaissance de chacune des mémoires en concurrence entraînerait l'augmentation des données historiques et imposerait une réduction d'autres pans de l'histoire figurant jusque-là dans les manuels d'histoire.[610]

Ces mêmes moyens de communication peuvent aussi empêcher une telle imposition. C'est par ces moyens que des appels contre l'imposition d'une histoire ou mémoire officielle sont lancés.[611]

---

608 Diane de Bellescize, "L'autorité du droit sur l'histoire" in *L'autorité*, op.cit. p. 64

609 Benoît Falaise et Françoise Lantheaume, "Entre pacification et reconnaissance : les manuels scolaires et la concurrence des mémoires" in *Les guerres de mémoire, la France et son histoire*, op. cit. p. 182

610 Benoît Falaise et Françoise Lantheaume, "Entre pacification et reconnaissance : les manuels scolaires et la concurrence des mémoires" op. cit. pp. 185-186

611 Appel des 56 juristes, lancé par Bertrand Mathieu, président de l'Association des constitutionnalistes, en novembre 2006 ; www.ldh-toulon.net/spip.php.

Paragraphe 2 : Le rejet d'une mémoire imposée

La mondialisation, développement des moyens de communication au XXe siècle, l'accélération de la diffusion des informations sont aussi des facteurs qui peuvent empêcher l'imposition d'un passé ou d'une mémoire.

Internet[612], les journaux, les médias, le cinéma, les nouvelles émissions de télévision, les monuments, les musées..., confrontent la société aujourd'hui plus encore qu'hier à des enjeux de mémoire. La sur médiatisation de tel ou tel passé rend impossible l'oubli.[613]

Entre les excès de mémoire d'une part et les mémoires parcellaires d'autre part, produites toutes deux parfois par l'État, la société se retrouve au centre de conflits de mémoire. Pourtant il existe des oublis nécessaires.

À la suite d'un moment tragique, il est parfois préférable de garder le silence afin de faire son deuil. Cet oubli est différent de celui qui est fabriqué dans le seul but de sauvegarder un récit imaginaire. Il est aussi différent des oublis médiatiques qui restent le produit immédiat des enjeux des vecteurs de diffusion de savoirs.[614]

Le désir de mémoire peut provenir de la société qui attend que l'État le conduise. La demande sociale peut être première et l'intervention du pouvoir central, secondaire.

L'institution par un projet de loi d'un jour férié commémorant l'abolition de l'esclavage dans les départements d'outre-mer en 1983[615] et la reconnaissance par des propositions de loi en 2001[616] de la traite négrière et de l'esclavage comme crime contre l'humanité sont des exemples.

Il convient de rappeler que les projets de loi émanent du gouvernement tandis que les propositions de loi sont des initiatives parlementaires.

---

612 L. Merzeau, "Guerres de mémoires on line" in *Les guerres de mémoire, la France et son histoire*, op. cit. p. 287

613 Pascal Blanchard et Isabelle Veyrat-Masson, "Introduction" in *Les guerres de mémoire, la France et son histoire*, op. cit.

614 Pascal Blanchard et Isabelle Veyrat-Masson, "Introduction", op. cit.

615 Loi n° 83-550 du 30 juin 1983 relative à la commémoration de l'abolition de l'esclavage, *Journal officiel de la République française*, 1er juillet 1983. p. 1995.

616 Loi n° 2001-434 du 21 mai 2001 tendant à la reconnaissance de la traite et de l'esclavage en tant que crime contre l'humanité, JORF, 23 mai 2001, p. 8175.

L'exemple de la guerre d'Algérie est un exemple éloquent d'un passé jugé conflictuel opposant le gouvernement et le parlement.[617] En janvier 2002, une proposition de loi, votée majoritairement par la gauche, n'a pas satisfait le gouvernement de gauche au pouvoir qui ne lui apporta pas son soutien.

Le très peu de voix obtenues lors de sa soumission au parlement a poussé l'exécutif à abandonner le projet.[618]

Il en est de même dans certains départements d'outre-mer. Si le gouvernement met l'accent sur le versant lumineux de l'histoire locale, les autochtones et leurs députés y voient plus tôt une face sombre.[619] Il y a ici un dissensus mémoriel.

Le passé imposé ne « passe » pas. La mémoire nationale émerge grâce à la puissance de l'affect.[620] Par conséquent, elle ne se décrète pas. C'est en cela que la mémoire collective entre dans l'ordre du négociable.

En témoigne notamment la création de plusieurs missions de commémoration. Subdivision du service interministériel des Archives de France, la Mission aux commémorations nationales par exemple ne matérialise pas à proprement parler d'interventionnisme d'État[621]. La Mission « *« suscite », « harmonise », « coordonne » et « favorise »* ».[622] Elle n'impose pas un récit officiel.

Les programmes scolaires sont également étroitement négociés. Il appartient à l'institution de l'Inspection générale de l'éducation nationale d'élaborer les programmes scolaires. Cependant, différents groupes de

---

[617] Le livre le plus complet sur la mémoire de la guerre d'Algérie est celui de B. Stora et M. Harbi (dir.), *La guerre d'Algérie : 1954-2004, la fin de l'amnésie*, Paris, Norbert Laffont, 2004, p. 728

[618] Claire Andrieu, "Introduction : le pouvoir central en France et ses usages du passé, de 1970 à nos jours" in *Politiques du passé, usages politiques du passé dans la France contemporaine*, op. cit. p. 22

[619] Claire Andrieu, op. cit. p. 22

[620] Pascal Blanchard et Isabelle Veyrat-Masson, "Introduction" in *Les guerres de mémoire, la France et son histoire*, op. cit

[621] Décret n° 86-1034 du 15 septembre 1986 portant création d'une mission du bicentenaire de la Révolution française et de la Déclaration des droits de l'homme et du citoyen.

[622] Mission du bicentenaire de la Révolution française et de la Déclaration des droits de l'homme et du citoyen, Le Bicentenaire de la Révolution française : Rapport du président de la Mission du bicentenaire au président de la République, sur les activités de cet organisme et les dimensions de la célébration, présenté par Jean-Noel Jeanneney, Paris, La Documentation Française, 1990, p. 383

pression interviennent dans leur élaboration. C'est le cas de plusieurs associations ou syndicats professionnels.[623]

La mémoire nationale est le fruit d'une négociation du passé entre plusieurs protagonistes dont les historiens, les experts, les associations, les juristes, les politiciens et surtout la communauté elle-même.[624]

---

623 Claire Andrieu, op. cit. p. 22

624 Claire Andrieu, "Introduction : le pouvoir central en France et ses usages du passé, de 1970 à nos jours" in *Politiques du passé, usages politiques du passé dans la France contemporaine*, op. cit. p. 23

<u>Sous Partie 2</u> : Le mémoricide, un crime contre l'identité

Dès la Révolution, une attention toute particulière est portée par sur les membres de l'assemblée constituante sur une nouvelle expression introduite dans le langage courant : les monuments historiques.

Une responsabilité nouvelle pèse dorénavant sur la Nation, celle de choisir désormais parmi les monuments et les œuvres devenus propriété publique ceux qui méritaient d'être conservés et transmis aux générations futures et ceux qui méritaient d'être oubliés.

Pour ce faire, un recensement et un tri de ces œuvres d'art sont prescrits par l'Assemblée constituante. Une commission est créée : il s'agit de la commission des monuments.

Cette dernière était un inventaire d'œuvres d'art devant être conservées. Certaines œuvres seront recueillies dans des musées. C'est le cas des biens de l'Église, des propriétés des nobles émigrés et des biens de la Couronne. D'autres œuvres seront destinées à la vente ou à la fonte.[625]

La confiscation de ces biens se trouve légitimée quelques jours après l'insurrection du 10 août 1792 – qui met fin à la monarchie – par les propos de l'Assemblée : « *les principes sacrés de la liberté et de l'égalité ne permettent point de laisser plus longtemps sous les yeux du peuple français les monuments élevés à l'orgueil, au préjugé et à la tyrannie.* »[626]

Le décret du 16 septembre de la même année prise par la même Assemblée précise toutefois qu'il est nécessaire de préserver et de conserver de façon honorable certains chefs-d'œuvre des arts si une demande exceptionnelle est faite à la commission des monuments.[627]

Les avis de la commission des monuments ne seront pas toujours suivis. Certains monuments ou biens qu'elle souhaite conserver seront détruits. Il en est ainsi des tombeaux des rois autrefois conservés à l'abbaye de Saint-Denis, détruits en août 1793.

---

625 Marie-Anne Sire, *La France du patrimoine les choix de la mémoire*, Édition du patrimoine, septembre 1996, p. 18
626 Marie-Anne Sire, op. cit. p. 19
627 Marie-Anne Sire, op. cit. p. 19

Face à une divergence d'opinions, la commission des monuments sera suspendue et remplacée par la commission temporaire des arts, le 18 décembre 1793.

Ces actes de vandalisme aveugles ont été vivement critiqués par plusieurs voix dont celles de l'abbé Grégoire.[628] Ses trois rapports successifs portent sur les « Destructions opérées par le Vandalisme et sur le moyen de réprimer ».

Sur l'utilisation du mot « vandalisme », il écrira dans ses mémoires : « *Je créai le mot pour tuer la chose* ». Selon lui, la sauvegarde d'un patrimoine collectif est d'utilité publique et intéresse la mémoire et l'identité nationale.[629]

Nicolas François de Neufchâteau, ministre de l'Intérieur du directoire dira : « *Français ! Gardez religieusement cette propriété qu'ont léguée à la République les grands hommes de tous les siècles ; ce dépôt qui vous est remis par l'estime de l'univers, ce trésor dont vous devez compte à toutes les postérités.* »

Les combats politiques, les polémiques publiques et les débats d'autrefois ne sont plus d'actualité. Le peuple sait qu'il est nécessaire qu'il s'approprie les monuments du passé. C'est l'acte de fondation de la notion moderne du patrimoine ; ce trésor que l'on reçoit et que l'on transmet à la génération suivante.

Victor Hugo l'exprime parfaitement un quart de siècle plus tard. « *Il y a deux choses dans un édifice, son usage et sa beauté ; son usage appartient au propriétaire, sa beauté à tout le monde ; c'est donc dépasser son droit que les détruire.* »[630]

Le patrimoine dans son champ d'application s'est étendu aux matières les plus diverses. Le concept de patrimoine est devenu « nomade » selon l'expression utilisée par Françoise Choay.[631]

---

[628] Marie-Anne Sire, *La France du patrimoine les choix de la mémoire*, op. cit. p. 20
[629] Marie-Anne Sire, op. cit. p. 20
[630] Auteur cité par Patrice Béghain, op. cit. p. 8
[631] Françoise Choay, *L'allégorie du patrimoine*, Paris, Seuil, 1992 ; Patrice Béghain, op. cit. p. 8

De nos jours, il s'applique à toute sorte de réalités matérielles (monument, littérature, création) et immatérielles (chants, danses, traditions populaires, pratiques sociales, coutume, arts culinaires).[632]

Il n'existe pas de domaines ou de matières qui ne puissent pas être qualifiés de patrimoines. Il existe un patrimoine culturel, génétique, naturel, artistique, linguistique, technique, historique, archéologique et même ethnologique.[633]

Utilisé lors des campagnes électorales ou publicitaires, « *le patrimoine permet de vendre ou de rassurer, de revendiquer ou de contester* ».[634] En témoigne la création par le gouvernement de plusieurs services relatifs aux archives et au patrimoine. Car pour les citoyens, le devoir de patrimoine imposé par des pratiques et des lois préserve la culture et fortifie la cohésion sociale.[635]

En cette fin de siècle et de millénaire, le patrimoine attire. C'est un refuge devant un avenir dépourvu d'espérance. Les foules s'y accrochent afin de se prémunir contre la perte de leur mémoire et la dilution de leur identité.[636]

Il ne peut y avoir d'identité sans mémoire.[637] Inversement, il ne peut y avoir de mémoire sans identité.[638]

Pourtant, il ne suffit pas juste de dire qu'il n'y a pas d'identité sans mémoire, et qu'il n'y a pas de mémoire sans identité. Il est nécessaire d'examiner concrètement les liens qu'entretiennent les deux notions dans le temps ou dans l'espace selon les sociétés.

La revendication identitaire peut-elle se transformer en violence, voire en conduites guerrières ?[639]

---

632 Patrice Béghain, op. cit. p. 8
633 Laurier Turgeon, *Patrimoines métissés, contextes coloniaux et postcoloniaux*, Éditions de la Maison des sciences de l'homme, Paris, Les presses de l'Université Laval, 2003, p. 17
634 Patrice Béghain, *Le patrimoine : culture et lien social*, op. cit. p. 8
635 Laurier Turgeon, *Patrimoines métissés, contextes coloniaux et postcoloniaux*, op. cit. p. 18
636 Patrice Béghain, op. cit. pp.8-9
637 Joël Candau, *Anthropologie de la mémoire*, Armand Collin 2005, p. 114
638 Joël Candau, op. cit. p. 115
639 *La différence culturelle, une reformulation des débats,* Colloques de Cerisy, sous la direction de Michel Wieviorka et Jocelyne Ohana, Éditions Balland, 2001, p. 12

Le mémoricide est l'un des rares si ce n'est le seul crime qui relie la mémoire à l'identité.

La mémoire et l'identité sont deux notions floues et ambigües. Elles ont longtemps été élaborées séparément. De nos jours, les deux notions convergent.

Derrière le patrimoine, se cache le désir de reconnaître, préserver et fructifier un ou des héritages communs. Derrière l'identité, se trouve le besoin de définir, d'établir et d'affirmer les caractères communs d'un groupe culturel, politique ou social. C'est en cela que ces deux notions convergent de nos jours. [640]

L'éclatement du sens du mot « patrimoine » et son utilisation répétée révèlent que le patrimoine se manifeste avec plus ou moins de force dans le temps et dans l'espace, selon les sociétés et les époques. Il demeure sensible aux enjeux sociaux et idéologiques.[641]

Le patrimoine fonctionne comme « *un appareil idéologique de la mémoire* »[642]. Pour cette raison, il importe de bien distinguer la valorisation du patrimoine de la patrimonialisation.

Cette dernière est un acte de mémoire qui peut faire l'objet d'une valorisation. Tous les actes de mémoire ne sont pas valorisés de la même manière. Certains provoquent plus d'émoi que d'autres.[643]

Le patrimoine est le produit d'un travail de mémoire qui, au fil du temps et selon des critères très variables, sélectionne certains éléments hérités du passé pour les ranger dans la catégorie des objets patrimoniaux.

Et les identités collectivement construites et revendiquées se renouvellent autour du patrimoine dans le temps et l'espace. La référence au patrimoine peut devenir nostalgique et nourrir un ensemble de désirs collectifs.[644]

---

[640] Jacques Le Goff, "Introduction des Entretiens du Patrimoine", in *Patrimoine et passions identitaires*, Édition du patrimoine, juin 1998, p. 9

[641] Laurier Turgeon, *Patrimoines métissés, contextes coloniaux et postcoloniaux*, Éditions de la Maison des sciences de l'homme, Paris, Les presses de l'Université Laval, 2003, pp. 17-18

[642] Guillaume, *in Jeudy*, 1990. p. 17

[643] Joël Candau, *Anthropologie de la mémoire*, Armand Collin 2005 ; p. 119

[644] *Patrimoine et désirs d'identité*, sous la direction de Laurent Sébastien Fournier, Dominique Crozat, Catherine Bernié-Boissard, Claude Chastagner, L'Harmattan, 2012, p. 11

L'État utilise la notion de patrimoine pour asseoir la continuité et la stabilité de la communauté nationale.

Le patrimoine suscite ainsi des « passions identitaires[645] ». Il existe en effet « un attachement émotionnel[646] » très fort dans l'idée de patrimoine et dans celle du vivre ensemble.

Si d'une main, la carte du progrès est jouée, de l'autre l'héritage à un passé est défendu. Car il faut résister à l'uniformisation des comportements et la mondialisation des échanges pour maintenir le caractère particulier et spécial de chaque société.

Pour préserver cet héritage, la civilisation actuelle se précipite dans les brocantes pour racheter les objets anciens et les redonner une nouvelle vie. Car aucune société ne souhaite perdre ses trésors nationaux.[647]

Cependant, plusieurs peuples se voient ravir « *cet héritage, où s'inscrit leur identité immémoriale* ».[648] Le vol, la destruction, le pillage et la contrebande des biens culturels faussent la mémoire collective et l'identité des peuples malgré les efforts constants de la communauté internationale.[649]

Cette menace au niveau – national et international, individuel et collectif, gouvernemental et local – rappelle que la préservation du patrimoine culturel et la lutte contre le pillage sont des questions d'éthique collective.[650]

« *Objets inanimés, avez-vous donc une âme... ?* »[651], s'interroge le poète français Lamartine dans un vers célèbre.

---

645 L'expression est de Jacques Le Goff, "Introduction des Entretiens du Patrimoine", dans Jacques Le Goff (sous la présidence de), *Patrimoines et passions identitaires. Actes des Entretiens du Patrimoine*, Paris, Fayard et Éditions du patrimoine, 1998, p. 13

646 Laurier Turgeon, *Patrimoines métissés, contextes coloniaux et postcoloniaux*, Éditions de la Maison des sciences de l'homme, Paris, Les presses de l'Université Laval, 2003, p. 18

647 Patrice Béghain, *Le patrimoine : culture et lien social*, op. cit. p. 9

648 *Témoins de l'histoire, recueil de textes et documents relatifs au retour des objets culturels*, sous la direction de Lyndel V. Prott, Éditions UNESCO, 2011, p. 3

649 Françoise rivière, sous-directrice générale pour la culture, in *Témoins de l'histoire, recueil de textes et documents relatifs au retour des objets culturels*, op cit. p. 12

650 Françoise Rivière, op cit. p. 12

651 Alphonse de Lamartine, *Milly ou la terre natale, dans Harmonies poétiques et religieuses*, troisième livre

Les âmes de certaines communautés, voire d'un peuple entier, d'un groupe, sont souvent associées à certains objets. Ces derniers font partie intégrante de leur identité. Ils en sont l'essence.

Ces objets acquièrent un caractère sacré aux yeux de ces communautés qui les ont créé et chéri. Un sentiment de privation est cruellement vécu lorsqu'ils sont déplacés, perdus ou détruits. Ils ne sont plus de simples objets, ils représentent une âme, un peuple, une histoire, une identité...[652]

Détruire les objets patrimoniaux, c'est détruire l'âme, l'identité d'une société. Au-delà de la mémoire, ce qui est visé c'est aussi l'identité de la collectivité.

Car « *l'identité d'une nation est liée à son histoire. La priver de la mémoire, qui lui permet de construire son histoire, entraîne inévitablement une reconfiguration de son identité.*[653] »

Si l'existence d'une communauté humaine permet l'accroissement de son patrimoine, il est aussi permis d'avancer que le processus de transmission des biens peut contribuer à créer cette communauté.[654]

La tendance actuelle est de limiter le mémoricide à la perte matérielle de biens culturels. La destruction du patrimoine culturel immatériel, même si elle peut affecter les identités collectives, n'est pas prise en compte. La raison en est toute simple. Le mémoricide dérive du mot latin « mémoriae » qui renvoie à l'idée de souvenirs et de monuments historiques. Le caractère matériel est très présent dans la qualification dudit crime.

Pourtant, le patrimoine culturel immatériel, épargné pendant les guerres, peut permettre la reconstruction des objets patrimoniaux (Titre 2). L'axe de questionnement choisi ici concerne la relation entre patrimoine et identité.

Il convient premièrement de rappeler le rôle que joue le patrimoine dans la construction des identités collectives (Remarques préliminaires), avant de s'interroger sur les conséquences du mémoricide sur l'identité (Titre 1).

---

[652] Françoise Rivière, op cit. p. 11

[653] Catherine Puigelier, "Le mémoricide : à propos du temps, de la mémoire et du droit" in *Le temps et le droit*, op. cit.

[654] François Chappé, *Histoire, mémoire, patrimoine, du discours idéologique à l'éthique humaniste*, op. cit. p. 95

Remarques préliminaires : Le rôle du patrimoine dans la construction des identités collectives

On ne pourrait prétendre apporter des éléments inédits aux réflexions sur les identités nationales sans raisonnablement faire preuve de modestie face « au casse-tête de l'identité française »[655].

On assiste depuis une petite vingtaine d'années à des questionnements de plus en plus importants sur cette notion.[656] Tout comme la mémoire, il n'y a pas de définition générale de ce qu'est l'identité.

Les différents termes qui sont liés à l'identité varient suivant les utilisateurs, psychologues, juristes, sociologues, historiens, anthropologues... Les définitions données ici seront certainement floues, mais assez suffisantes pour étayer et l'exposé suivant.

La notion d'identité est définie de manière différente, en philosophie, psychanalyse, sociologie[657]... Elle renvoie au caractère permanent et fondamental d'un individu ou d'un groupe, à l'ensemble des données de fait et de droit qui permettent de différencier les hommes et les groupes.[658]

L'identité individuelle est personnelle et multiple. Elle est personnelle, car chaque individu possède une identité unique et propre. Elle est multiple, car plusieurs éléments la composent : la culture, la religion, la famille, l'éducation, la profession.[659]

---

655 De Montremy J.-M., « Le casse-tête de l'identité française », *L'histoire*, n° 96, n° spécial (« Mille ans d'une nation. La France et les Français, 987-1987 »), 1986, p. 130

656 François Chappé, *Histoire, mémoire, patrimoine. du discours idéologique à l'éthique humaniste*, op. cit. p. 134

657 La construction identitaire dans les arts et la culture, appel à contribution, information publiée le samedi 20 octobre 2012 par Alexandre Gefen (Source : Thomas Cepitelli, Daniela Ricci) www.fabula.org

658 Dictionnaire Larousse

659 Michel MESU, *L'émoi, les « moi » identitaires. L'identité construite, les, manières de la dire*, 2008

Certains de ces traits identitaires sont administrativement « incontournables ». Il en est ainsi du nom patronymique, de la date de naissance, du lieu de naissance et de la localisation régionale.

D'ailleurs, les États reprennent ces attributs pour constituer les identités institutionnelles singulières et pour différencier les citoyens : les cartes d'identité nationale, les passeports...

Car l'identité est par sa nature même profondément personnelle. Elle est ce qui nous distingue d'un autre et qui nous rend par là même un être humain unique et inaliénable.

Cependant, tout être humain se doit de vivre en société. Et les sociétés regroupent des individus aux caractéristiques multiples. Chaque société présente une particularité. C'est en cela que ces collectivités sont des communautés. Ainsi, il existe également une forme d'identité collective.

Parce que l'homme peut vivre dans « des communautés » de tailles très variables, depuis la famille de quelques membres jusqu'à l'État rassemblant des millions d'individus, il peut aussi appartenir simultanément à toute une série de groupes depuis les associations, les partis politiques, la profession jusqu'à la communauté confessionnelle et à la nation.[660]

Car l'identité collective n'est rien d'autre qu'une mise en commun d'hommes qui se sentent des points communs dans leurs identités respectives. Ces groupements humains sont ainsi d'une formidable diversité.

La conscience entoure la notion d'identité. Cette analyse se vérifie aussi bien pour les individus que pour les collectivités. « *Je ne suis une personne que dans la mesure où je le sais, souligne Jan Assmann de même qu'un groupe n'est une « tribu », un « peuple » ou une « nation » que dans la mesure où il se comprend, se représente, se présente en ces termes.* »[661]

Ainsi, qu'il s'agisse ou pas des identités nationales, ces identités collectives supposent donc une construction consciente d'un lien identitaire et communautaire. C'est la raison pour laquelle les identités collectives peuvent évoluer avec les variations de la somme des identités individuelles.

---

660 Jan Assmann, *La mémoire culturelle, écriture, souvenir et imaginaire politique dans les civilisations antiques*, op. cit. p. 117

661 Cette thèse nous range du côté de l'« individualisme méthodologique » au sens où l'entend H. Albert dans « Methodologischer Individualismus und historische Analyse » in K. Acham et W. Schulze (éd), *Teil und Ganzes*, Munich, 1990

Quels que soient les caractères identitaires religieux : culturel, linguistique, gastronomique, l'identité est un enjeu permanent.[662]

En effet, aussi bien pour un individu qu'au sein d'une société, l'identité se construit. Elle se joue à la frontière de ces deux notions complexes que sont l'individu, le groupe et la société.[663]

Plusieurs questions peuvent être posées :

Peut-on fonder sur le patrimoine, souvent constitué et institué par les vainqueurs ou à l'initiative des puissants, mais parfois utilisé par les vaincus comme élément de rebond, une communauté de partage ? Est-il, comme le pensent ses plus fervents défenseurs, un élément fédérateur d'une identité commune ?[664]

Ces questions ne sont pas rhétoriques ; elles ont un intérêt non négligeable. Comme expliqué ci-dessus, plusieurs éléments comme la famille, l'école, les médias, la culture jouent un rôle primordial dans la construction identitaire. Cette dernière se nourrit du patrimoine qui y joue un rôle par le biais de plusieurs éléments dont l'espace.

Section 1 : L'espace : lieu de constructions identitaires

L'espace est défini aussi bien en géographie qu'en science sociale. Les écoles géographiques ne définissent l'espace que par rapport à son lien avec d'autres réalités sociologiques, politiques, économiques, historiques, juridiques…

L'espace, en science sociale, est l'une des dimensions de la réalité. Ainsi, une société peut être analysée selon sa relation avec l'espace.[665]

---

[662] Kaspi A., Ruano-Borbalan J.-C, « Éditorial. La dynamique identitaire », *Sciences humaines*, hors série n° 15 (« Identité, identités »), déc. 1996 - janv. 1997

[663] La construction identitaire dans les arts et la culture, appel à contribution, information publiée le samedi 20 octobre 2012 par Alexandre Gefen (Source : Thomas Cepitelli, Daniela Ricci) www.fabula.org

[664] Patrice Béghain, *Patrimoine, politique et société*, Presses de la fondation nationale des Sciences Politiques, 2012, p. 136

[665] Jacques Levy, « L'espace légitime. Sur la dimension géographique de la fonction politique », Annales Histoire, Sciences sociales, volume 51, numéro 4, 1996, p. 930-932

Dès lors, l'opposition entre un lieu et un espace. Le lieu est une forme de l'espace. Selon Marc Augé, le terme « lieu » est d'un usage plus facile que celui d'espace, car il peut renvoyer à « un événement (qui a eu lieu), à un mythe (lieu-dit) ou à une histoire (haut lieu). »[666]

S'agissant de la place des lieux dans la mémoire, Anne Muxel trouve cette approche pertinente. La mémoire « surdéfinit » le lieu en le dotant d'une fonction symbolique.[667] « *Dans notre mémoire, chaque lieu est plus qu'un espace* » souligne-t-elle.

La culture du souvenir n'est possible qu'à l'aide d'un marquage de l'espace naturel. Se souvenir, c'est circuler dans un monde d'images, de lieux. Les lieux donnent un cadre spatial à la mémoire. Ce cadre peut aussi être temporel.[668]

Car une mémoire, pour durer et se transmettre collectivement, dans une nation, mais aussi pour durer dans l'intimité personnelle de chaque individu, doit « s'être *attachée à quelques points du sol*[669] ».

Pour s'ancrer dans la mémoire, le souvenir doit être fixé dans un lieu, sur un territoire. Il doit faire surgir un décor et doit permettre à la mémoire d'y être retrouvée.[670]

La mémoire collective choisit et utilise des lieux. Ces derniers ont, par-delà leur réalité, d'abord une fonction symbolique. Ils ont ensuite une fonction de reconnaissance et d'appartenance.[671]

---

666 Marc Augé, *Non-lieux. Introduction à une anthropologie de la surmodernité*, Paris, Seuil, 1992, p. 104

667 Anne Muxel, *Individu et mémoire familiale*, Nathan, février 2002, pp. 44-45

668 Anne Muxel, *Individu et mémoire familiale*, op. cit, p. 43

669 Maurice Halbwachs, *La topographie légendaire des évangiles en terre sainte*, Paris, PUF, 1941, p. 126

670 Anne Muxel, op. cit, p. 44

671 Cicéron, *De Finibus*, V, 1, 2, passage auquel se réfèrent H. Cancik et H. Mohr dans « Erinnerung/Gedachtnis », in *Handbuch religionswissenschaftlicher Grundbergriffe* 2, Stuttgart, 1990, p. 312 : « *tanta vis admonitionis inest in locis, ut non sine causa ex iis memoriae ducta sit disciplina* » (Des termes extrêmes des biens et des maux II, trad. J. Martha, Paris, *Les Belles Lettres*, 1989, p. 108 : « Les lieux ont un tel pouvoir de rappel que, non sans raison, on les a utilisés pour créer un art de la mémoire. »

On peut recourir ici à l'expression « lieux de mémoire » développée par Pierre Nora. L'identité de l'individu se dit par les lieux auxquels il se réfère dans son souvenir.

Dans la mémoire collective, le choix des lieux de mémoire est pertinent dans les rapports que la société souhaite entretenir avec son passé.

En effet, de la même manière que les lieux rassemblent, ils peuvent aussi diviser. Ils peuvent tout autant matérialiser la cohésion d'un groupe comme révéler une rivalité dans l'existence dudit groupe.[672]

Plusieurs exemples peuvent être cités : celui des *totemic landscapes* des aborigènes d'Australie, celui des villes de l'Orient antique ou encore celui de Rome qui formait depuis plusieurs siècles un « paysage sacré ».

Les aborigènes font régulièrement des pèlerinages sur des sites de mémoire[673]. Et plusieurs grandes fêtes sont aussi régulièrement organisées dans les rues festives des villes de l'Orient.

Dans son dernier ouvrage, *La topographie légendaire de la Terre sainte*, Maurice Halbwachs révèle en étudiant la Palestine comme paysage commémoratif que chaque époque, mais surtout chaque groupe localise et monumentalise ses souvenirs de différentes manières.[674]

Cette situation n'est pas nouvelle. Des paysages entiers peuvent devenir des lieux de mémoire.[675]

La mémoire humaine permet de revenir sur des points essentiels d'une histoire personnelle. Ces points essentiels résultent d'une appropriation. Chaque individu détermine ses lieux de référence – des lieux stables, intimes – qui rappellent une histoire personnelle. George Perec se lamente d'ailleurs de ne pas les avoir connus.[676]

---

672 Anne Muxel, *Individu et mémoire familiale*, op. cit. p. 45
673 Voir T. G. H. Strehlow, *Totemic Landscapes*, Londres, 1970
674 Jan Assmann, *La mémoire culturelle, écriture, souvenir et imaginaire politique dans les civilisations antiques,* op.cit. pp. 54-55
675 Une unité paysagère est définie par le ministère en charge de l'Environnement comme *« un ensemble de composants spatiaux, de perceptions sociales et de dynamiques paysagères qui, par leurs caractères, procurent une singularité à la partie de territoire concernée. Elle se distingue des unités voisines par une différence de présence, d'organisation ou de formes de ces caractères »*. Ministère de l'Énergie, de l'Environnement, du Développement durable et de l'Aménagement du territoire, les unités et structures paysagères dans les Atlas de paysages, 2007
676 Georges Perec, *Espèces d'espaces*, Paris, Galilée, 1974, p. 122

La fonction et le sens qui peuvent être donnés à ces lieux diffèrent selon le contexte social et biographique de celui qui se souvient. La société a un impact dans la construction identitaire d'un individu.[677]

Les lieux de mémoire font aussi l'objet d'une appropriation collective. Le retour sur ces lieux est souvent l'occasion d'une prise de conscience. Ils se portent une histoire qui se transforme en une vérité collective. [678]

En y retournant, la société contemple, revendique, proclame et affirme une appartenance. La société exprime par là son désir que cette mémoire soit partagée et transmise. [679]

« *L'espace est un doute : il me faut sans cesse le marquer, le désigner ; il n'est jamais à moi, il ne m'est jamais donné, il faut que j'en fasse la conquête* ».[680] C'est la raison pour laquelle il peut diviser, déchirer, séparer, trancher dans le vif les débats sur la mémoire.[681]

La formation des États-nations balkaniques et turcs qui donna lieu à l'expulsion voire à l'extermination plus ou moins poussée de nombreuses ethnies est un exemple de l'idéalisation du territoire.[682]

Attardons-nous un instant sur la création de l'État d'Israël.

Proclamé le 14 mai 1948, Israël constitue un exemple spécifique car il implique deux populations : la population juive qui après avoir été dispersée dans le monde entier est retournée sur ses terres et la population non juive constituée principalement de Palestiniens.

L'expulsion des Palestiniens par Israël en 1947-1948 et celle des juifs des pays arabes (1948-1975) sont à peu près équivalentes. L'objectif de ces expulsions est la mise en place d'un État-nation homogène. On envisagera ici uniquement l'expulsion des Palestiniens, la Naqba.[683]

Illan Pape, dans son livre intitulé *Le nettoyage ethnique de la Palestine* aborde un chapitre sur le mémoricide de la Nakba qui se produisit lors de

---

[677] Anne Muxel, op. cit. p. 57
[678] Anne Muxel, op. cit. pp. 55-56
[679] Anne Muxel, *Individu et mémoire familiale*, op. cit. p. 55
[680] Georges Perec, *Espèces d'espaces*, Paris, Galilée, 1974, p. 122
[681] Anne Muxel, op. cit. p. 45
[682] Stephane Rosière, *Le nettoyage ethnique, terreur et peuplement*, op. cit. p. 81
[683] Stephane Rosière, op. cit. p. 111

l'exode de la population arabe palestinienne pendant la guerre de 1948 entre les Juifs et les Arabes.

Israël, sur le fondement de la Bible, a récupéré les terres palestiniennes et a créé de nouvelles implantations juives sur les terres des villages détruits. L'objectif était d'hébraïsation la Palestine, car historiquement ce territoire était le leur.[684]

En effet, la construction de certains villages palestiniens sur des ruines laissées par la civilisation hébraïque a compliqué le travail du comité de chercheurs établi en 1920. Ce comité avait pour objectif de localiser les sites hébreux. Et cette mission fut difficile à accomplir.[685]

Dans sa thèse sur l'expropriation, Fabienne Cavaillé démontre l'importance du marquage et de l'appropriation de l'espace dans le processus d'identification des individus. Elle souligne que « notre identité sociale apparaît toujours en premier lieu dans et par l'espace »[686].

Car l'espace est une donnée objectale. Et les mémoires collectives qui forgent l'identité d'un groupe, d'un peuple, d'une nation peuvent éventuellement y être modélisées.

Pareil « espace identitaire » revêtirait une silhouette matérielle : un monument[687], un musée, une bibliothèque. Cet espace est ainsi jalonné par toute sorte de signes, de biens et d'objets. [688]

En effet, si l'appropriation de l'espace représente la matérialisation de l'identité individuelle et collective, les objets constituent le support de cette matérialisation. Ces objets ne sont pas nécessairement imposants. Ils peuvent être de petite taille. J.-P. Kauffmann parle de « l'objet des objets »[689] pour qualifier certains supports de mémoire.

---

684 Illan Pape, *Le nettoyage ethnique de la Palestine*, op. cit. pp. 289-290

685 Illan Pape, op. cit. p. 290

686 Françoise Cavaillé, *L'expérience de l'expropriation,* ADEF, Paris, p. 15. 1999

687 Luc Noppen, « De la production des monuments, Paradigmes et processus de la reconnaissance » in *Les espaces de l'identité*, sous la direction de Laurier Turgeon, Jocelyn Létourneau, Khadiyatoulah Fall, les Presses de l'université Laval, p. 24, 1997

688 Jan Assmann, *La mémoire culturelle, écriture, souvenir et imaginaire politique dans les civilisations antiques,* op. cit. p. 54

689 Jean-Paul Kauffmann, *Le cœur à l'ouvrage*, Collection essais et recherches, Nathan, Paris, p. 238, 1997

L'édification de monuments, de musées et de mémoriaux apparaît comme une solution pour conserver le patrimoine d'un peuple pensé comme voué à l'extermination.

Le terme « monument » dérive du substantif latin *monumentum*. Le dictionnaire Larousse le définit comme : « *1- ouvrage d'architecture, de sculpture, ou inscription destinés à perpétuer la mémoire d'un homme ou d'un événement remarquable. 2- ouvrage d'architecture remarquable d'un point de vue esthétique ou historique.* »

Le monument perpétue et rappelle la mémoire. Il est conçu par une communauté humaine dans cet objectif. Il est donc constitutif d'une identité. Par sa matérialité, il a une fonction identificatoire. Il s'avère un dispositif fondamental dans le processus d'institutionnalisation des sociétés humaines.[690]

L'objet, qu'il soit un monument ou un tout autre bien, détient plusieurs spécificités.

Dans la sphère publique, c'est un lieu de production d'un discours, un lieu de la transmission.[691] Son rôle mnémonique est consacré par la sauvegarde et la conservation.[692]

Section 2 : L'objet : porteur de sens

Venons-en aux choses qu'il faut garder et conserver.[693] « Conserver pour transmettre », telle est ainsi la définition exacte du patrimoine qu'il soit familial, national ou international dans nos sociétés occidentales modernes.

Le patrimoine renvoie premièrement à un objet matériel. Ce dernier permet de concrétiser des valeurs culturelles abstraites et d'offrir aux groupes

---

690 Françoise Choay, *Le patrimoine en question, anthologie pour un combat*, Éditions du Seuil, 2009, p. 5

691 Dominique Chevalier, « Patrimoines culturels et territoires de deux hauts lieux mémoriels » in *Patrimoine et désirs d'identité*, sous la direction de Laurent Sébastien Fournier, Dominique Crozat, Catherine Bernié-Boissard, Claude Chastagner, op.cit.

692 Luc Noppen, « De la production des monuments, Paradigmes et processus de la reconnaissance » in *Les espaces de l'identité*, op. cit. p. 24

693 Maurice Godelier, *Au fondement des sociétés humaines. Ce que nous apprend l'anthropologie*, Paris, Albin Michel, 2007, pp. 82-83

humains un support mémoriel. Grâce à sa nature, il définit et transporte la mémoire des personnes et des événements dans le temps.[694]

Les objets du patrimoine familial ou national, transmis de génération en génération, témoignent de ces pratiques ou structures pérennes.

L'objet matériel est une mémoire directe (monument) ou indirecte (livre). Dans ce dernier cas, il faut lire le livre pour saisir l'histoire et la mémoire dont il est question.[695]

Si l'importance des objets à l'intérieur d'une même culture n'était plus à démontrer, il a fallu attendre une évolution récente pour que le rôle des objets entre différentes cultures dans l'expression de l'identité des individus ou des groupes soit étudié.[696]

Les choses ont évolué de nos jours. Il est possible de s'interroger sur ce qui se passe lorsqu'un même objet change radicalement d'environnement c'est-à-dire lorsqu'il passe d'une culture à une autre culture. Cette perspective met l'accent sur l'échange d'objets dans la transformation des groupes.[697]

Les échanges d'objets matériels favorisent les interactions entre communautés[698] et participent à la reconstruction des mondes sociaux et culturels.[699] La prise en considération d'objets nouveaux entraîne en effet

---

694 Anne-Marie Losonczy, « Le patrimoine de l'oubli. Le "parc-musée des Statues" de Budapest », *Ethnologie française* vol. 29, vol. 3, 1999, pp. 445-452 ; Serge Tisseron, *Comment l'esprit vient aux objets*, Paris, Aubier, 1999, pp. 49-69

695 Laurier Turgeon, *Patrimoines métissés, contextes coloniaux et postcoloniaux*, Éditions de la Maison des sciences de l'homme, Paris, Les presses de l'Université Laval, 2003, p. 61

696 Thomas J. Schlereth (dir.), « Material Culture Studies in America, 1876-1976», dans Thomas J. Schlereth (dir.), *Material Culture Studies in America*, Nashville, American Association for State and Local History, 1982, pp. 1-75

697 Jean Bazin et Alban Bensa, « Des objets à la chose », Genèse, vol. 17, 1994, pp. 4-7 ; Miller, Daniel, « Why some thing matter », dans Daniel Miller [dir.], *Material Cultures*, Chicago, University of Chicago Press, 1998, p. 3-21.

698 Miller, Daniel, « Why some thing matter [...] », op. cit. pp. 10-12 ; voir aussi, sur cette question, Michael Brian Schiffer, *The Material Life of Human Beings. Artifacts Behavior and Communication*, Londres et New York, Routledge, 1999, p. 3

699 David Howes, « Commodities and Cultural Borders », dans David Howes (dir.), *Cross-Cultural Consumption. Global Markets, Local Realities*, Londres, New York, Routledge, 1996, pp. 1-16.

une reproduction et une régénération des individus et des groupes grâce aux conservations culturelles.[700]

Autour de l'objet matériel, trois bases et trois principes fondent la société : donner, vendre et garder. Certaines choses doivent être données, vendues ou conservées. Seuls les objets conservés seront étudiés.

Conserver, c'est garder, c'est refuser de séparer les choses des personnes. Car de cette union s'affirme une identité historique qu'il faut transmettre, du moins jusqu'à ce qu'on ne puisse plus la reproduire. Seuls les objets sacrés ne doivent pas être vendus ou donnés. Ils doivent être conservés en vue d'une transmission future. [701]

En effet, à la différence de l'objet de valeur, l'objet sacré se présente comme inaliénable et inaliéné. À la lumière de cette analyse, Marcel Gauchet à la suite de Max Weber souligne que « *le culte moderne du patrimoine, « source de pouvoir dans et sur la société » aurait pour conséquence un « transfert de sacralité »* ».[702] Les choses sont ainsi investies de sens. Elles ont une signification et une fonction.[703]

Paragraphe 1 : L'interdit de propriété, l'État et la communication

Les règles de propriété encadrent, définissent ou interdisent l'utilisation d'un bien[704]. Le rapport que tout citoyen entretient avec un bien est un rapport socialisé.

Ainsi, il sujet doit recevoir l'autorisation de la communauté organisée politiquement pour vendre, donner ou acheter un bien. [705] Ce corps social –

---

[700] Laurier Turgeon, *Patrimoines métissés, contextes coloniaux et postcoloniaux*, op. cit. p. 62

[701] Maurice Godelier, *Au fondement des sociétés humaines. Ce que nous apprend l'anthropologie*, Paris, Albin Michel, 2007, pp. 87-88 ; Maurice Godelier, *L'Énigme du don*, Fayard, Paris 1996, p. 50

[702] Nathalie Heinich, *La fabrique du patrimoine*, Éditions de la Maison des sciences de l'homme, Ethnologie de la France, Paris, août 2009, p. 29 ; Voir aussi Marcel Gauchet, *Le désenchantement du monde. Une histoire politique de la religion*, Paris, Gallimard, 1985

[703] G. Mercier et G. Ritchot, « Géographie et mythologie, Les fondements épistémologiques d'une théorie géographique de la mythologie » in *Les espaces de l'identité* sous la direction de Laurier Turgeon, Jocelyn Létourneau, Khadiyatoulah Fall, Les Presses de l'université Laval, p. 8, 1997

[704] G. Mercier et G. Ritchot, « La dimension morale de la géographie humaine », *Diogène*, n° 166, 1994, p. 49 ; Jean-Jacques Wunenburger, *Questions d'éthique*, Paris PUF, 1993, p. 9.

l'État – administre à la fois l'interdit général et les permissions singulières[706]. L'interdit doit être levé ou la permission signifiée par l'État pour que le sujet puisse « consommer » ou utiliser un bien.[707]

En édictant l'intérêt général, l'État représente tous les sujets. Ces derniers ont tous un intérêt sur la conservation ou l'utilisation des biens sociaux.

Comment définir cet intérêt général ? C'est la grande question éthique du début de ce siècle. Deux approches peuvent être soulevées :

- L'approche anglo-saxonne définit l'intérêt général comme l'ensemble des intérêts particuliers.
- L'approche française définit l'intérêt général comme une volonté sociale générale qui supérieure à la somme des intérêts particuliers.[708]

Paragraphe 2 : Des biens appartenant à la collectivité

La plupart des biens « sacrés » appartenant à la collectivité sont généralement présentés dans un musée. Le musée est sans contexte l'institution qui regroupe la plupart des collections privées et publiques de biens ou d'œuvres d'art.

Dans la constitution des collections, se manifeste une tendance quasi compulsive « *à inventorier, à comparer, à classer, à étiqueter et à exhiber tous les artefacts humains, toutes les espèces animales et végétales, toutes les œuvres d'art pour la gloire et la délectation savante de l'esprit éduqué* [709]», et en ce qui concerne plus précisément la présente étude, tous les objets porteurs de sens.

---

[705] G. Mercier et G. Ritchot, « Géographie et mythologie, Les fondements épistémologiques d'une théorie géographique de la mythologie », op cit, p. 15

[706] G. Mercier et G. Ritchot, « Géographie et mythologie, Les fondements épistémologiques d'une théorie géographique de la mythologie », op. cit, p. 43-54

[707] G. Mercier et G. Ritchot, « Géographie et mythologie, Les fondements épistémologiques d'une théorie géographique de la mythologie », op cit, p. 15

[708] Louis Bachoud, Philippe Jacob, Bernard Toulier, *Patrimoine culturel bâti et paysager, classement, conservation, valorisation*, op. cit. p. 222

[709] Daniel Vander Gucht, *Ecce Homo Touristicus, identité, mémoire et patrimoine à l'ère de la muséalisation du monde*, Éditions Labor, avril 2006, p. 10

Car la pure et simple nostalgie du passé donne sens à l'inventaire patrimonial, comme l'atteste le « culte moderne des monuments », pour reprendre le titre du célèbre essai d'Alois Riegl.[710]

Le monument historique se distingue du mémorial.[711] Sans être conçu avec une quelconque intention, obtient postérieurement une valeur historique, mémorielle et patrimoniale.[712] Le mémorial, par contre, a dès sa création une valeur historique, mémorielle et patrimoniale.

Pour s'intégrer dans le présent, les objets du passé doivent être réactualisés Objets transgénérationnels, ils traversent le temps pour avoir la possibilité de revivre une nouvelle saison.

Rescapés de l'histoire, ils ont une valeur inestimable selon Pierre Legendre qui reconnaît l'importance du processus intergénérationnel de transmission dans toute société.[713]

Ils n'ont pas de prix et remplissent une fonction symbolique. L'affect, les émotions, les sentiments et les souvenirs priment sur la valeur marchande de ces objets. Les biens hérités ont une valeur différente des biens acquis. Leur économie et les règles qui leur sont applicables diffèrent.[714]

Ils permettent d'entretenir un dialogue possible avec le passé dans une société en perte de références, car régulièrement en transition. Ils révèlent l'omniprésence du besoin de mémoire. Ce besoin, devenu une obsession de la postmodernité, est une façon d'exorciser les incertitudes quant à l'avenir.

Pierre Nora décrit cet investissement de la mémoire dans les sociétés occidentales contemporaines. La peur de la disparition de la mémoire traditionnelle pousse la société moderne à accumuler toutes les traces de son

---

[710] Alois Riegl, *Le Culte moderne des monuments* (1903), Le Seuil, Paris, 1984. Historien viennois dont les travaux sur la mémoire historique ne sont pas sans rappeler ceux de son compatriote et contemporain Sigmund Freud, Riegl attribue ce culte moderne rendu aux édifices sur lesquels a passé le temps à un sentiment « vaguement esthétique » à une mélancolie du passé.

[711] Françoise Choay, *Le patrimoine en question, anthologie pour un combat*, Éditions du Seuil, octobre 2009, pp. 7-8

[712] Daniel Vander Gucht, op. cit. p. 16-17

[713] Pierre Legendre, *L'inestimable Objet de la transmission. Étude sur le principe généalogique en Occident,* Paris, Fayard, 1985. Voir aussi Anne Muxel, op. cit. p. 155

[714] Anne Gotman, « L'économie symbolique des biens de famille », *Dialogue*, n° 89, 1995. Anne Gotman, *Hériter*, Paris, PUF, 1988,

passé (documents, images, vestiges…) comme des éléments de preuve pouvant servir devant le tribunal de l'histoire. [715]

Éléments du passé retenus dans le présent, ces objets redonnent la vie aux morts. Ils sont là pour rappeler leur présence, pour empêcher l'oubli, pour les maintenir vivants, pour les incarner quelquefois afin que l'histoire et l'identité commune puissent se poursuivre.[716]

Paragraphe 3 : Des biens nécessitant une vigilance étatique

Une vigilance étatique est nécessaire pour la protection de ces biens. En effet, ils peuvent être exposés à une destruction délibérée qui peut prendre deux formes : positive ou négative.

La destruction positive se matérialise lorsqu'une communauté décide de laisser tomber dans l'oubli ou de démolir un monument parce qu'il a perdu complètement ou partiellement sa valeur mémorielle.

La destruction négative se manifeste contre des ennemis extérieurs ou intérieurs. Dans le premier cas, les monuments seront détruits pour anéantir une culture, une mémoire, une identité. Dans le deuxième cas, les membres d'une communauté décident de se faire la guerre. Les destructions peuvent alors être considérées comme des dommages collatéraux de la guerre civile, ces monuments n'étant pas principalement visés dans la plupart des cas.[717]

Ces biens peuvent ne pas faire l'objet d'une destruction, mais d'une confiscation. La communauté internationale et l'État doivent rendre possible la restitution des objets culturels aux victimes pour atténuer ou corriger une injustice.

Sur l'injustice, il est nécessaire que les États devenus indépendants récupèrent les objets culturels détournés pendant la colonisation dans l'objectif de restaurer une identité culturelle collective autonome.

La restitution du patrimoine culturel est un moyen de combattre les effets de certaines politiques et d'assurer la contribution de chaque groupe au

---

[715] Pierre Nora, *Introduction aux Lieux de mémoire*, t. I, Paris, Gallimard, p. XXVII
[716] Anne Muxel, *Individu et mémoire familiale*, op. cit. p. 157
[717] Françoise Choay, *Le patrimoine en question, anthologie pour un combat*, op. cit. p. 5

« patrimoine culturel de toute l'humanité ». Elle permet de redresser des torts internationaux.[718]

La communauté internationale admet que la reconnaissance à un groupe de la propriété et de la maîtrise de son patrimoine culturel est d'une importance capitale pour l'exercice par ce groupe du droit de déterminer et préserver son identité culturelle.[719]

L'identité collective repose sur le partage d'un savoir, d'une langue ou plus généralement d'un système symbolique commun. Car il ne s'agit pas seulement d'objets, de monuments, d'images, de paysages, mais aussi des rites, danses, costumes, motifs et ornements…[720] En un mot, il s'agit aussi du patrimoine immatériel.

Section 3 : Le patrimoine culturel immatériel et l'identité collective

Qu'est-ce que le patrimoine culturel immatériel ? Pourquoi inventer une nouvelle catégorie de patrimoine dans un monde déjà obsédé par la conservation des traces du passé ? Ce patrimoine joue-t-il un rôle dans la construction de l'identité collective ?

Dès l'immédiat après-guerre et au lendemain de la signature de la Convention de l'UNESCO concernant la protection du patrimoine mondial, culturel et naturel en 1973, certains pays, possédant peu ou pas de biens relevant de cette Convention (monuments historiques et sites naturels), se sont sentis exclus du patrimoine mondial.

L'histoire de la constitution de ce patrimoine est politique. En 1973 il existait un rapport de force (toujours présent mais moins marqué) entre le nord et le sud. Les États du nord ont fait prévaloir leur vision du patrimoine dans la Convention citée ci-dessus.

Les États du sud ont revendiqué et exigé la prise en compte d'autres éléments dans le périmètre du champ patrimonial. Ce dernier doit pouvoir accueillir des éléments immatériels tels les coutumes ou les savoir-faire.

---

[718] A. F Vrdoljak, « Le droit international, les musées et le retour d'objets culturels » in *Témoins de l'histoire, Recueil de textes et documents relatifs au retour des objets culturels*, sous la direction de Lyndel V. Prott, Éditions UNESCO, 2011

[719] A. F. Vrdoljak, op. cit

[720] Jan Assmann, *La mémoire culturelle, écriture, souvenir et imaginaire politique dans les civilisations antiques*, op. cit. p. 125

Ceci suppose un élargissement du champ patrimonial fondé généralement sur le beau, le rare, l'authentique… pour s'ouvrir à des catégories autrefois oubliées, car moins européanocentrées.

Ce mouvement s'est consolidé par la signature le 17 octobre 2003 d'une nouvelle Convention pour la sauvegarde du patrimoine culturel immatériel.[721] Ce texte normatif, qui institue à l'échelle mondiale une nouvelle catégorie patrimoniale, a pu entrer en vigueur moins de deux ans plus tard, avec la signature d'un trentième État.[722]

L'article 2.2 de la Convention pour la sauvegarde du patrimoine culturel immatériel soulève cinq domaines « ethnologiques » ou cinq expressions du patrimoine culturel immatériel:

- « *Les traditions et expressions orales, y compris la langue comme vecteur du patrimoine culturel immatériel ;*
- *Les arts du spectacle ;*
- *Les pratiques sociales, les rituels et les événements festifs ;*
- *Les connaissances et pratiques concernant la nature et l'univers ;*
- *Les savoir-faire liés à l'artisanat traditionnel.* »

Cette nouvelle catégorie de patrimoine culturel, introduite par l'Organisation des Nations unies pour l'éducation, la science et la culture (UNESCO), remet en question un patrimoine historiquement fondé sur un « régime d'objet ».

L'application du concept de patrimoine aux traditions orales et gestuelles a été très critiquée. Les institutions patrimoniales peinent d'ailleurs à concevoir la dimension immatérielle du patrimoine culturel et à l'intégrer dans leur organisation.

Les professionnels du patrimoine n'ont pas les compétences techniques et scientifiques pour déterminer les valeurs sociales à prendre en compte même si ces dernières sont des véritables enjeux de politiques de sauvegarde du patrimoine culturel immatériel.[723]

---

[721] Frédéric Maguet, « L'image des communautés dans l'espace public » in *le patrimoine culturel immatériel, enjeux d'une nouvelle catégorie*, sous la direction de Chiara Bortolotto avec la collaboration d'Annick Arnaud et Sylvie Grenet, Éditions de la maison des sciences de l'homme, Paris, 2011, p. 47

[722] Chiarra Bortolotto, *Le patrimoine culturel immatériel, enjeux d'une nouvelle catégorie*, op. cit. p. 25

[723] Chiarra Bortolotto, « Introduction : Le trouble du patrimoine culturel immatériel » in *Le patrimoine culturel immatériel, enjeux d'une nouvelle catégorie*, op. cit. p. 21

Les théoriciens du patrimoine tels Henri-Pierre Jeudy en dénoncent les limites conceptuelles, voyant dans cette notion *« une « aberration intellectuelle », une « obsession patrimoniale », « cette hantise qui rongerait la société contemporaine jusqu'à anéantir le présent dans une « rétroaction perpétuelle »* [724]».

Par ailleurs, l'UNESCO qui a érigé cette notion de patrimoine culturel immatériel est soupçonnée par les ethnologues de favoriser une vision particulière du patrimoine[725] en encourageant le développement ou la mise en lumière d'un patrimoine qui n'est pas toujours traditionnel. Le risque serait en effet que certains États inventent des traditions ou font renaître des pratiques devenues désuètes.[726]

Au-delà de ces difficultés, il a fallu se rendre à l'évidence. La société civile porte un intérêt évident au patrimoine culturel immatériel. Cela s'est matérialisé au travers des trois premières « Proclamations des chefs-d'œuvre du patrimoine oral et immatériel de l'humanité » (2001, 2003 et 2005) et suivi par la création des listes internationales du patrimoine culturel immatériel à l'initiative de l'UNESCO.

Les efforts des hommes pour organiser leur coexistence avec les autres et se forger une image et une identité collective sont mis en exergue dans la définition du patrimoine culturel immatériel.[727]

Devant l'enthousiasme des communautés, les institutions chargées de sauvegarder le patrimoine culturel immatériel sont sollicitées en vue de traiter des dossiers et de dresser des inventaires nationaux du patrimoine culturel immatériel.[728] Il appartient en effet aux collectivités locales et aux communautés culturelles de constituer des dossiers de candidature. Ces dossiers seront déposés pour étude à l'UNESCO. [729]

---

[724] Henri Pierre Jeudy, *La machinerie patrimoniale*, Paris, Sens et Tonka, Coll. « Essai 10/vingt ». 2001

[725] Jean-Loup Amselle, « Patrimoine immatériel et art contemporain africain » *Museum International*, n° 221-222, « Visages et visions de l'immatériel », pp. 86-92.

[726] Chiarra Bortolotto, op. cit. p. 21,

[727] « La définition du PCI dans la Convention de l'UNESCO, à l'épreuve de communautés en destruc (tura) tion » de Papa Massène Sene in *Le patrimoine culturel immatériel et les collectivités infraétatiques*, sous la direction de Leila Kankarani et Francette Fines, Éditions A. Pedone, 2013, p. 32

[728] Chiarra Bortolotto, op. cit. p. 22

[729] Chiarra Bortolotto, op. cit. p. 22

Les acteurs sociaux (communautés, groupes et, le cas échéant, individus) jouent un rôle essentiel dans la détermination du patrimoine qui sera transmis de génération en génération et qui sera « recréé en permanence ». Ce dernier leur procure un « sentiment d'identité » aux acteurs sociaux.[730]

Constitutif d'une identité, le patrimoine culturel immatériel, transmis de génération en génération « *est recréé en permanence par les communautés et groupes en fonction de leur milieu, de leur interaction avec la nature et de leur histoire, et leur procure un sentiment d'identité et de continuité, contribuant ainsi à promouvoir le respect de la diversité culturelle et la créativité humaine.* » (UNESCO 2003 : 3.)

Ainsi, les catégories patrimoniales de l'UNESCO – des monuments commémoratifs à la culture immatérielle – révèlent-elles que « *la culture matérielle n'est en dernière mesure qu'une expression des capacités mentales de l'être humain.*[731]»

C'est en cela que cette catégorie patrimoniale est en soi un objet privilégié d'étude pour les anthropologues prêts à se livrer à toute forme d'analyse et réflexion sur les processus de patrimonialisation au sein des institutions et des communautés. Ils essaient de retrouver des versions patrimoniales des pratiques culturelles[732].

L'invention du patrimoine culturel immatériel au sein de l'UNESCO et son admission par les institutions culturelles nationales a en effet conduit les anthropologues à utiliser l'ethnographie institutionnelle dans l'étude du patrimoine culturel immatériel[733]. Ces processus qui mobilisent en effet des notions (« identité », « tradition », « transmission ») sont depuis toujours au cœur de la discipline.[734]

---

[730] Chiarra Bortolotto, op. cit. p. 26

[731] Regina Bendix, « Héritage et patrimoine : de leurs proximités sémantiques et de leurs implications » in *Le patrimoine culturel immatériel, enjeux d'une nouvelle catégorie*, op. cit. p. 99

[732] Dorothy Noyes, " The Judgment of Solomon. Global protections for tradition and the problem of community ownership", Cultural Analysis, vol. 5, "Theory/Policy", 2006, pp. 27-55.

[733] Chiarra Bortolotto, « Il processo di definizione del concetto di « patrimonio culturale immateriale »? Elementi per una riflessione », in Chiara Bortolotto (dir.), *Il patrimonio immaterial second l'Unesco. Analisi e prospettive*, Rome, Istituto poligrafico e Zecca dello Stato, 2008, P. 7-48; Valdimar Tr. Hafstein, "The making of intangible cultural heritage. Tradition and authenticity, community and humanity", these de doctorat soutenue à l'université de Californy, Berkeley. 2004

[734] Chiarra Bortolotto, op. cit. p. 23

Le savoir, garant de l'identité du groupe, n'a d'autre lieu que la mémoire humaine s'il n'est pas enregistré par écrit.[735]

L'écriture lie la mémoire et le temps. Parce que certains événements ne se répètent pas, il est nécessaire pour ne pas prendre le risque de les oublier, de les conserver par écrit. C'est en cela que l'écrit permet de préserver et de transmettre certains souvenirs.[736]

La transmission peut se faire sous la forme poétique, par un partage collectif ou par une mise en scène rituelle.[737]

Dans la mise en scène rituelle, le savoir se transmet par la voix, le corps, les mimiques, la gestuelle, une danse, un rythme, une action rituelle.[738] En effet, c'est le savoir ou les propriétés mentales qui produisent de telles interprétations.[739]

Les fêtes, les danses, jeux, rites, masques, images, rythmes, mélodies, nourritures, boissons, espaces, lieux, costumes, tatouages, parures… occupent une place non négligeable. Car l'identité sociale peut passer par des cérémonies.[740]

Ces dernières sont des modes d'organisation primitifs qui permettent d'introduire dans les sociétés sans écriture une mémoire temporelle en faisant la différence entre le temps du quotidien et le temps festif.[741]

L'identité culturelle peut être transmise par la répétition rituelle, laquelle garantit la cohérence du groupe, dans l'espace et dans le temps. Les rites maintiennent en marche le système identitaire du groupe. Ils se différencient légèrement des mythes.[742]

---

[735] Jan Assmann, *La mémoire culturelle, écriture, souvenir et imaginaire politique dans les civilisations antiques*, op. cit. p. 51

[736] Catherine Puigelier, « Le mémoricide (à propos du temps, de la mémoire et du droit) » in *Le temps et le droit*, op. cit.

[737] À ce propos, voir notamment E. Havelock qui parle de « *preserved communication* » (Préface to Plato, Cambridge (Mass), 1963).

[738] P. Zumthor, *Introduction à la poésie orale*, Paris, 1983

[739] Regina Bendix, op. cit. p. 101

[740] Jan Assmann, *La mémoire culturelle, écriture, souvenir et imaginaire politique dans les civilisations antiques*, op. cit. p. 129

[741] Jan Assmann, *La mémoire culturelle, écriture, souvenir et imaginaire politique dans les civilisations antiques*, op. cit. p. 52

[742] Georges Balandier, *Le désordre, Éloge du mouvement*, Paris, 1988.

Les mythes sont un mode de communication cérémonielle. Ils assurent la bonne marche du groupe – en même temps que son unité, son identité et sa spécificité. Ils préservent les traditions sacrées du groupe. « *Ils définissent qui « nous » sommes, d'où « nous » venons, quelle place « nous » occupons dans le cosmos.*»[743]

La mémoire culturelle ne s'attache ainsi pas exclusivement à des textes qu'il faut conserver. Dans les cultures sans écriture, il faut que soient créées des occasions de se réunir pour partager la mémoire culturelle. Celle-ci peut donc être transmise par le biais d'un patrimoine culturel matériel ou par le biais de traditions orales et gestuelles : le patrimoine culturel immatériel.

Le patrimoine culturel matériel pose en apparence moins de problèmes lorsque vient le moment de déterminer à qui échoit la responsabilité d'assurer leur conservation. Pourquoi ? La raison en est toute simple. Ils sont exposés à la destruction.

Même si les textes internationaux exigent de ne pas détruire les biens culturels pendant les guerres (Convention de Genève de 1954), ces biens peuvent subir des dommages collatéraux même lorsqu'ils ne sont pas principalement visés.

Mais toute atteinte volontaire aux biens culturels est un mémoricide. Le patrimoine culturel immatériel n'est pas pris en compte dans un mémoricide. N'ayant pas une expression physique, il est moins exposé à la destruction. Il peut toutefois jouer un rôle dans la reconstruction du patrimoine culturel d'une collectivité.

Si la mémoire, l'histoire peuvent être reconstruites grâce au patrimoine culturel immatériel, le mémoricide, dont l'objectif est de tuer la mémoire, ne peut être atteint. À moins que ce soit l'intention de détruire la mémoire qui soit constitutive du mémoricide et non la perte effective de la mémoire.

Dès lors, après avoir démontré en quoi le mémoricide pouvait entraîner la perte d'une identité (Titre 1), il est important de relever que le mémoricide n'empêche pas la possibilité d'une reconstruction du patrimoine culturel (Titre 2).

---

[743] Jan Assmann, op. cit. p. 128

Titre 1 : La construction d'une identité culturelle comme acte de mémoricide

L'identité est un thème omniprésent qui occupe aujourd'hui une place croissante dans les médias et les débats publics[744].

C'est un concept qui inspire des recherches dans de multiples champs scientifiques : les sciences humaines, l'anthropologie, la psychologie, la sociologie et bien évidemment les sciences politiques.

Bien que le terme « mémoricide » renvoie davantage à l'idée de mémoire qu'à celle d'identité, les biens culturels ne sont pas détruits en tant qu'objets physiques, mais en tant que liens mémoriels et identitaires.

En ce sens, les acteurs du mémoricide procèdent à la destruction du patrimoine culturel c'est-à-dire qu'ils choisissent des lieux de mémoire qu'ils détruisent pour reconfigurer une identité collective.

Qu'elle soit identité individuelle ou identité collective, l'identité renvoie quasi automatiquement à des conceptions de l'universel et du particulier. Elle désigne d'une part les spécificités individuelles. Il en est ainsi des éléments propres à chaque individu qui figurent sur une pièce d'identité. Elle désigne d'autre part des particularités collectives. Il en est ainsi des éléments considérés comme faisant partie de l'identité nationale.

Les identités individuelles et collectives se construisent et se développent. Elles sont donc l'objet d'une transmission intergénérationnelle.

Qu'en est-il de l'identité culturelle (Paragraphe 1)? Comment se construit-elle (Paragraphe 3) ? Certains facteurs peuvent-ils l'influencer (Paragraphe 2) ?

Paragraphe 1 : La notion d'identité culturelle

On oppose traditionnellement le mythe à la réalité.

---

744 Les essentiels d'Hermès, *Les identités collectives à l'heure de la mondialisation*, janvier 2009, p. 7

Le dictionnaire Larousse définit le mythe comme « *l'ensemble de croyances, de représentations idéalisées autour d'un personnage, d'un phénomène, d'un événement historique, d'une technique et qui leur donnent une force, une importance particulière* ». C'est ce qui est imaginaire, dénué de réalité.

L'identité culturelle est-elle un mythe ou une réalité ?

La tour de Babel est généralement considérée comme un mythe. Tous les hommes de la planète partageaient la même langue et avaient sans doute la même culture. Pour éviter qu'ils ne construisent une tour qui atteigne les cieux, il semblerait que Dieu ait décidé de semer la confusion. Du jour au lendemain, ces hommes ne se comprirent plus. Ce serait la naissance des communautés nationales, culturelles.[745]

Joseph de Maistre affirmait n'avoir jamais rencontré d'homme, juste des nationaux (Français, Italiens, Russes..). Si cela peut être considéré comme une négation du genre humain, il reconnaît toutefois à chaque être humain la possibilité de ne pas être un être abstrait et d'avoir des fidélités multiples.[746]

Il existe en effet plusieurs traits identitaires tels la langue, le sexe, la religion, la race, la profession… Si chacun de ces traits identitaires est important, il serait faux de prétendre cependant qu'elles ont toutes la même valeur dans une société.[747]

Parce que l'identité renvoie au caractère identique,[748] peut-on considérer que tous les individus d'une même collectivité sont-ils culturellement identiques ? L'identité dans le domaine culturel peut-elle se définir ainsi ?

Si le nationalisme prétend le faire, l'identité culturelle d'une personne devrait toutefois être définie comme un ensemble et une constellation de plusieurs identifications culturelles particulières.[749]

---

[745] Marcos Ancelovici, Francis Dupuis-Déri, *L'archipel identitaire, recueil d'entretien sur l'identité culturelle*, Boréal, février 1997. p. 15

[746] L'entretien d'Alain Frinkielkraut, in *L'archipel identitaire, recueil d'entretien sur l'identité culturelle*, Boréal, op. cit. p. 42

[747] Marcos Ancelovici, Francis Dupuis-Déri, op. cit. pp. 15-16

[748] Jean Larose, entretien sur l'identité culturelle in *L'archipel identitaire, recueil d'entretien sur l'identité culturelle*, op. cit. p. 71

[749] *La diversité culturelle* coordonnée par Paul Rasse, Les essentiels d'Hermès, CNRS Éditions, Paris 2013, p. 200

Par ailleurs, tout homme est lié à la culture d'un groupe. Cette culture a une incidence sur son comportement et sur celui du groupe. Un individu qui viendrait à changer de groupe peut-il conserver la culture de l'ancien groupe ? Peut-il avoir plusieurs cultures ? L'ancienne culture s'efface-t-elle devant la nouvelle ? Comment s'opère la rencontre des cultures ? Peut-on choisir une culture et en délaisser une autre ? Les cultures des groupes minoritaires ont-elles une chance de survivre face à la mondialisation ?[750]

La notion de culture a longtemps été le moyen permettant de désigner le patrimoine et l'héritage qui permettent de donner une identité à un groupe humain et à ses membres. La culture serait première et l'identité seconde.

Aujourd'hui, le raisonnement contraire peut être tenu. L'effondrement des différences et le développement de la mixité donnent un sens nouveau à l'idée de culture. La culture, au lieu d'être à l'origine de l'identité collective, devient sa finalité et son produit.

La culture est une construction sociale en constant mouvement dont l'une des fonctions est de garder constamment les frontières d'une collectivité particulière.[751] Les individus sont des acteurs sociaux qui créent, organisent et donnent sens à leurs existences collectives. Ce faisant, ils peuvent aussi les réviser, les faire évoluer, les transformer.

L'anthropologie dynamiste, celle d'Edmund R. Leach[752] et celle de Georges Balandier[753] soulignent d'ailleurs le rôle des luttes sociales et des enjeux de pouvoir dans la constitution des cultures.[754]

Tout comme le proposait Roger Bastide, on peut réétudier ici la question de l'acculturation. Le dictionnaire Larousse donne deux définitions de l'acculturation.

La première souligne que l'acculturation est la « *modification des modèles culturels de base de deux ou plusieurs groupes d'individus, de deux ou*

---

[750] Denys Cuche, *La notion de culture dans les sciences sociales,* La Découverte, Paris, 2011,

[751] Denys Cuche, « Nouveaux regards sur la culture : l'évolution d'une notion en anthropologie » in *La culture, de l'universel au particulier*, Éditions Sciences Humaines, octobre 2002, p. 204.

[752] E. R. Leach, *Critique de l'anthropologie*, PUF, 1968 (Éditionoriginale en anglais 1967)

[753] Georges Balandier, *Sens et Puissance*, PUF, 1971 (réÉdition1986)

[754] Denys Cuche, « Nouveaux regards sur la culture : l'évolution d'une notion en anthropologie », in *La culture, de l'universel au particulier*, op. cit. p. 208

plusieurs ethnies distinctes, résultant du contact direct et continu de leurs cultures différentes. »

La deuxième définition souligne que l'acculturation serait « *l'adaptation d'un individu ou d'un groupe à la culture environnante* ».

Ce phénomène n'est pas nouveau. L'humanité tout entière a dû y faire face. Dans l'histoire des sociétés humaines, il n'existe pas de cultures « pures ». Elles sont toutes des cultures « mixtes ».[755]

Si cela est vrai pour la majorité des sociétés humaines, ce raisonnement ne peut être absolu. En effet, pour avoir minutieusement étudié la question, l'historien américain E. Weber situe la fin des cultures traditionnelles occidentales au début du XXe siècle.

Cependant, dans le reste du monde, en revanche, malgré la mondialisation et le développement de l'industrie et des sciences, certaines cultures continuent de vivre à l'écart des autres cultures. Elles gardent et conservent leur tradition pour le plus grand plaisir des touristes et chercheurs qui s'efforcent d'en collecter les traces.[756]

Qu'une culture soit pure ou métisse, ce qui préexiste, expliquait A. R. Radcliffe-Brown, ce ne sont pas des cultures, mais des êtres humains. En conséquence, la culture est seconde et les individus sont premiers.

Ce sont les individus qui sont à l'origine de la culture car ils la produisent. La culture est en effet une production collective qui peut muter, évoluer ou être transformée selon plusieurs facteurs.

À la fin des années 30, les sociologues de l'université de Chicago ont beaucoup critiqué l'idée selon laquelle la culture préexisterait aux pratiques des individus et leur conférerait a priori du sens.

Ils ont développé deux idées. La première est qu'une « *culture nouvelle peut naître d'un certain rapport social* ». La deuxième est qu'elle « *s'élabore quotidiennement dans les interactions collectives et individuelles* ».[757]

---

755 Denys Cuche, op. cit. pp. 208-209

756 E. Weber, *La fin des terroirs. La modernisation de la France rurale, 1870 -1914*, Paris, Fayard, 1998 ; Voir aussi *La diversité culturelle* coordonnée par Paul Rasse, Les essentiels d'Hermès, CNRS Éditions, Paris 2013, p. 14

757 Denys Cuche, « Nouveaux regards sur la culture : l'évolution d'une notion en anthropologie », op. cit. p. 207

Les effets de la mondialisation, l'évolution des moyens de communication ont cependant transformé les conditions de coexistence de toutes ces cultures. La construction européenne bouleverse dans une certaine mesure les perceptions des identités collectives et leur définition.[758]

Paragraphe 2 : Les effets de la mondialisation sur l'identité culturelle

Si la mémoire est essentielle à tous les instants de la vie privée d'un individu, elle joue aussi un rôle non négligeable dans sa vie sociale. Le cerveau ou la mémoire de chaque individu accumule les traces de son environnement.

Ainsi, les changements dans l'environnement, la mondialisation peuvent influencer l'identité d'un individu ou d'une collectivité.

Le terme « mondialisation », apparu dans la langue française il y a une trentaine d'années, est généralement défini en économie.

Économiquement, la mondialisation signifie l'accroissement des activités économiques de l'échelle nationale à l'échelle internationale.
Géopolitiquement, elle renvoie à « *l'interaction généralisée entre les différentes parties de l'humanité* »[759]. La mondialisation désigne ainsi l'expansion de la relation d'interdépendance humaine, politique et économique qui existe entre les peuples.

Si le vocable « mondialisation » est récent, ses expressions sont anciennes. La première expression de ce processus remonte au second millénaire avant Jésus-Christ avec la création de zones commerciales[760]. Plusieurs zones commerciales ont été créées (dans l'Empire perse, les cités indiennes, grecques).

Le brassage des populations et l'intensification des échanges sont les principales caractéristiques de la mondialisation. Ces caractéristiques ont toujours été présentes dans les divers processus assimilables à la mondialisation que l'Histoire a connue.[761]

---

[758] Paul Rasse, Les essentiels d'Hermès, op. cit. p. 15
[759] Dictionnaire Larousse
[760] Une période archaïque de la civilisation grecque et crétoise.
[761] Nayan Chanda, « Qu'est-ce que la mondialisation ? », Yale global online, http://yaleglobal.yale.edu/about/essay_fr.jsp , Nayan Chanda, « Au commencement

Si l'idée de mondialisation ou de globalisation[762]signifie davantage le triomphe de l'économie sur le politique, elle renvoie aussi à une échelle non négligeable aux rapports et projets de développement sociaux.[763]

Toutefois, avec la mondialisation, beaucoup craignent de voir l'uniformité l'emporter sur la diversité. Certains pays dont les États-Unis sont des puissants opérateurs et diffuseurs numériques. Les potentialités infinies de la révolution numérique et l'intrusion de l'économie dans le domaine culturel (cinéma, musique) renforcent cette crainte. En effet, les nouvelles techniques de communication influencent les marchés culturels.

Ainsi, l'admission de la mondialisation comme une éventuelle cause d'une crise d'identité a alimenté un important contentieux et soulevé de nombreuses controverses. Les enjeux théoriques et pratiques d'une telle affirmation ne sont pas négligeables. Le formidable succès de la notion qui fut tardif en France par rapport à de nombreux autres pays oppose les intellectuels.

Pour les partisans de la mondialisation, cette dernière apporterait au monde entier la généralisation de l'économie de marché. Pour les adversaires de la mondialisation, les dégâts que cause une économie non contrôlée ni même régulée à la vie sociale ou à la culture sont considérables.[764]

Très souvent, les rapports entre la mondialisation et la culture sont abordés sous un angle conflictuel[765]. Certains auteurs n'hésitent pas à mettre en lumière cette guerre culturelle.

était la mondialisation. La grande saga des aventuriers, missionnaires, soldats et marchands » (trad. de l'amér. par Marie-Anne Lescourret), CNRS, Paris, 2010, p. 446 (ISBN 978-2-271-06961-0)

762 Les notions de globalisation et de mondialisation sont couramment utilisées l'une pour l'autre. La mondialisation est la traduction française de la globalisation, terme utilisé par les Anglo-saxons. Plusieurs auteurs font une différence entre les deux. Nous n'en ferons pas dans cette thèse. Il faut simplement retenir que la mondialisation et la globalisation rendent compte de l'interdépendance qui lie les États souverains.

763 Michel Wierviorka, « Mondialisation et culture » in *Identités et démocratie*, sous la direction de Ronan Le Coadic, Presses universitaires de Rennes, 2003, p. 81.

764 Michel Wierviorka, op. cit. p. 82.

765 Centre d'études prospectives et d'informations internationales (CEPII), Centre d'analyse stratégique, Les dossiers de la mondialisation, dossier n° 6, *Mondialisation et diversité culturelle*, avril 2007 p. 1

C'est le cas de Daniel Lindenberg qui déclare que « *la guerre culturelle, théorisée par les néoconservateurs, ne fait que commencer* »[766].

La mondialisation serait ainsi un mécanisme de domination dans lequel le dominant est le pays qui renforce son emprise économique sur le monde et qui impose au monde une conception de ses orientations culturelles de la vie collective.[767]

Ce mouvement s'accompagne simultanément d'une sorte de dévalorisation des identités culturelles locales, nationales, considérées un peu comme inadéquates, traditionnelles, en un mot « dépassées ».

Pour éviter cela, il est nécessaire de préserver la place des identités culturelles nationales, de peur qu'elles ne se perdent et ne disparaissent. La diversité culturelle doit être considérée comme un des enjeux de la mondialisation.

Généralement considérée comme un facteur d'homogénéisation et non de replis identitaires, la mondialisation au contraire pourrait sauver des cultures en voie de disparition.[768]

« *Ne peut-on pas dire que ce qui sauve certaines cultures, ou ce qui leur permet de se développer de manière créative, c'est précisément l'ouverture au monde, une ouverture que facilite éventuellement la logique économique de la globalisation ?* », s'interroge Michel Wierviorka avant d'apporter la réponse suivante.

« *Les mouvements culturels peuvent fort bien non pas s'opposer à la mondialisation, mais en être partie prenante, s'appuyer sur elle, y trouver l'occasion d'une affirmation identitaire et d'une participation à la modernité, y compris dans ses dimensions économiques.* »[769]

Ainsi, au sein de la communauté internationale, le discours sur la diversité culturelle monte en puissance. Cependant, il est important de souligner que la mondialisation, l'évolution des mœurs, des pratiques ne peuvent être assimilables à des actes de mémoricide.

---

766 Bruno Bernard, *L'export facile pour PME-PMI*, p. 107

767 Michel Wierviorka, « Mondialisation et culture », op. cit. p. 82

768 Michel Wierviorka, op. cit. p. 82

769 Michel Wierviorka, op. cit. pp. 82-83

Le mémoricide, au sens juridique du terme, est un crime qui nécessite un fait matériel, une intervention humaine, pour pouvoir être sanctionné.

Et comme le souligne Bénédicte Tratnjek, le mémoricide pose d'autres questions que la seule destruction des lieux de mémoire. La construction de bâtiments procède, elle aussi, de l'effacement d'une mémoire collective.

Paragraphe 3 : La construction matérielle d'une identité culturelle

L'identité culturelle est une construction symbolique et une construction matérielle.

En tant que construction symbolique, l'identité culturelle se rattache au désir ou à la volonté d'appartenir à une communauté dont les membres partagent un vécu. C'est en ce sens que Bénédict Anderson dira que la nation est une « communauté imaginée[770] ».[771]

En tant que construction matérielle, l'identité culturelle trouve ses racines dans l'emplacement de certains lieux de mémoire. Cet emplacement est pensé géographiquement pour transmettre un message et produire une appropriation identitaire. En effet, chaque élément spatial mémoriel a un sens et porte un message.[772]

Dans l'analyse des affiches politiques de Beyrouth en guerre, le géographe Michael F. Davie souligne d'ailleurs que certains lieux sont des marqueurs idéologiques.[773] Et Bénédicte Tratnjek de rappeler que les acteurs du mémoricide produisent au travers la destruction ou de la construction des lieux de mémoire un urbanisme en guerre de l'impossible vivre ensemble.[774]

---

770 Bénédicte Anderson, *Imagined Communitie: Reflections on the Origin and Spread of Nationalism,* Londres, Verso, 1991.

771 Marcos Ancelovici, Francis Dupuis-Déri, *L'archipel identitaire, recueil d'entretien sur l'identité culturelle*, op. cit. p. 17

772 Bénédicte Tratnjek, *Géographie des conflits. Les lieux de mémoire dans la ville en guerre : un enjeu de la pacification des territoires*, op. cit.

773 Michael F. Davie, « Les marqueurs de territoires idéologiques à Beyrouth (1975-1990) », sous la direction de Pierre Fresnault-Deruelle, Dans la ville, l'affiche, EIDOS, Tours, 1993 pp. 38-58 : almashriq.hiof.no/lebanon/900/902/MICHAEL-Davie/MARQUEURS/Affiches-a-Beyrouth.html

774 Bénédicte Tratnjek, *Géographie des conflits. Les lieux de mémoire dans la ville en guerre : un enjeu de la pacification des territoires*, op. cit.

Par la reconstruction et même par la construction d'un patrimoine culturel commun, une identité collective peut être perdue, et cela même à l'absence de conflits armés.

Dans les États multiethniques ou multiculturels, quand des unités ethniques fusionnent en une entité unique, des problèmes d'intégration ou d'acculturation apparaissent. L'identité culturelle de l'ethnie dominante s'impose.[775]

Par ailleurs, de nombreuses études, notamment le travail dirigé par l'historien Éric Hobsbawn[776] sur l'Europe, ont d'ailleurs démontré que « *l'ancienneté des traditions est souvent reconstruite et répond à des intérêts idéologiques actuels.*[777]»

Il est dès lors toujours délicat de parler de l'identité culturelle, car il s'agit d'un concept qui a trop souvent servi à légitimer les pires atrocités. Le nazisme, l'ex-Yougoslavie et le Rwanda en sont des exemples. Ces événements tragiques soulignent que l'affirmation de l'identité peut être généralement violente et destructrice.

Dans certains cas cependant, les revendications identitaires sont le résultat d'une situation de domination dont l'opprimé veut se libérer. Il peut y parvenir par la mise en jeu du principe du droit des peuples à disposer d'eux même.

L'identité culturelle soulève ainsi toute une série de craintes et d'espoirs.[778]

La destruction du patrimoine culturel a des conséquences plus dramatiques que la simple ruine des objets et des sites. C'est une forme de violence psychologique.

De la même manière que la destruction consacre les divisions et les différences, la reconstruction rebâtit plus que des objets et des sites physiques du patrimoine alors qu'elle devrait rebâtir ce qui était là avant.[779]

---

775 Jan Assmann, *La mémoire culturelle, écriture, souvenir et imaginaire politique dans les civilisations antiques*, op. cit. p. 130

776 E. Hobsbawn (éd.), *The Invention of Tradition*, Cambridge University Press, 1983

777 Denys Cuche, « Nouveaux regards sur la culture : l'évolution d'une notion en anthropologie », op. cit. p. 209

778 Marcos Ancelovici, Francis Dupuis-Déri, *L'archipel identitaire, recueil d'entretien sur l'identité culturelle*, op. cit. p. 16

Ayant déjà étudié la destruction matérielle du mémoricide, l'étude de ce dernier sera analysée ici sous le prisme de la construction d'une identité culturelle collective. Il convient tout de même de souligner que la construction d'un récit culturel politico-historique sera écartée de notre analyse, car elle a déjà été étudiée dans la manipulation de la mémoire (sous titre 2 de la première partie de la présente thèse).

Tout au long des chapitres suivants, il sera mis l'accent sur le fait que la construction d'une mémoire culturelle collective n'est pas en soi mauvaise (Chapitre 1). Elle ne peut être rattachée au mémoricide que si elle devient excluante (Chapitre 2).

---

[779] Dacia Viejo-Rose, « Identité et mémoire d'après-guerre : la destruction et la reconstruction du patrimoine culturel en Espagne et en Bosnie » in *Le patrimoine culturel, cible des conflits armés, de la guerre civile espagnole aux guerres du 21e siècle*, sous la direction de Vincent Négri, Bruylant, 2014

Chapitre 1 : La construction d'une identité culturelle collective détachable du Mémoricide

Les biens collectifs qui concrétisent les valeurs abstraites d'une nation, d'une région ou d'une famille, sont toujours présentés comme des choses existantes.[780] La construction du patrimoine est très peu expliquée.

En effet, l'attention se porte davantage sur l'opération de sélection des biens et sur leur transmission aux générations suivantes que sur la fabrication des biens collectifs.[781]

Plusieurs auteurs se sont attelés à rappeler le caractère pluriel et construit du patrimoine. On peut à titre d'exemple citer l'étude de David Lowenthal sur l'Angleterre[782], celle de Dominique Poulot sur la France, celle de Barbara Kirshenblatt-Gimblett aux États-Unis, celle de Bernard Schiele au Québec, les travaux d'Henri-Pierre Jeudy et ceux de Daniel Fabre mettent l'accent sur la réactualisation des monuments historiques[783].

Loin d'être fixe et figé, le patrimoine est continuellement reconstruit par les individus et les groupes différents. Le patrimoine est une continuelle (re) interprétation du passé, « *qui est toujours transformation, métamorphose des traces et des restes, recréation anachronique* ».[784]

Dans son analyse de la situation patrimoniale française, Dominique Poulot estime que *« les modes de transmission du patrimoine varient dans le temps*

---

780 Michel de Certeau, *L'Invention du quotidien. I. Arts de faire*, Paris, Gallimard, 1990, pp. 173-174

781 Laurier Turgeon, *Patrimoines métissés, contextes coloniaux et postcoloniaux*, Éditions de la Maison des sciences de l'homme, Paris, Les presses de l'Université Laval, 2003, p. 18

782 David Lowenthal, *The Past is a foreign Country*, Cambridge University Press, 1985; David Lowenthal, *Possessed by the Past*, New York, Free Press, 1996;

783 Henri-Pierre Jeudy, « Introduction » dans Henry-Pierre Jeudy (dir.), *Patrimoine en folie*, Paris, Éditions de la Maison des sciences de l'homme, 1990, pp. 8-10 ; et Daniel Fabre, « L'ethnologie devant le monument historique », dans Daniel Fabre (dir.), *Domestiquer l'histoire. Ethnologie des monuments historiques,* Paris, Éditions de la Maison des sciences de l'homme, 2000, pp. 1-29

784 Dominique Poulot, *Patrimoine et musées : L'institution de la culture*, Paris, Hachette, 2001, p. 3

et dans l'espace et ils entraînent des appropriations diverses, voire concurrentes, qui répondent à une société en perpétuel devenir.[785]»

La même conclusion est faite aux États-Unis par Barbara Kirshenblatt-Gimblett sur les mécanismes d'appropriation et de désappropriation des objets patrimoniaux[786].

Au Québec, les travaux de Bernard Schiels sur la médiation culturelle matérialisent la prise en compte des différentes transformations que subit le patrimoine lors de ses transmissions aux générations futures.[787]

Les travaux scientifiques cités ci-dessus soulignent l'idée développée depuis quelques années par l'UNESCO sur l'existence d'une diversité de patrimoines. La protection de cette diversité représente une richesse.[788]

C'est la raison pour laquelle, les notions de respect et de préservation des cultures minoritaires et locales sont introduites dans la politique du patrimoine de plusieurs pays occidentaux.

Le concept de métissage en matière de patrimoine a d'ailleurs fait l'objet de plusieurs études au Canada par exemple. Plusieurs groupes ethnoculturels occupent le territoire québécois depuis la fin de la colonisation.[789]

---

785 Dominique Poulot, « Introduction », dans Dominique Poulot (dir.), *Patrimoine et modernité*, Paris, L'Harmattan, 1998, pp. 9-10. Voir aussi à ce sujet, Daniel Sibony, « Le patrimoine. Un lieu d'être autrement » sous la présidence de Jacques Le Goff, *Patrimoines et passions identitaires. Actes des Entretiens du Patrimoine,* op. cit. pp. 34-37

786 Barbara Kirshenblatt-Gimblett, « Objects of Ethnography », dans Ivan Karp et Steven D. Lavine (dir.), *Exhibiting Cultures: The Poetics and Politics of Museum Display*, Washington (D.C), Smithsonian Institution Press, 1991, pp. 410-431; et *Destination Culture : Tourism, Museums, and Heritage, Berkeley*, University of California Press, 1998, pp. 53-60.

787 Bernard Schiele, « Jeux et enjeux de la médiation patrimoniale », in Bernard Schiele (dir.), *Patrimoines et identités*, Québec, Éditions MultiMondes, 2002, pp. 1-12. Voir aussi, pour le patrimoine du Québec, l'excellente synthèse de Paul-Louis Martin, « Le patrimoine », in Denise Lemieux (dir.), *Traité de la culture*, Québec, Presses de l'Université Laval, 2002, pp. 64-80. Sur la question de la médiation culturelle, voir Élisabeth Caillet, *Approches du musée : la médiation culturelle*, Lyon, Presses de l'Université de Lyon, 1995 ; Bernard Lamizet, *La médiation culturelle*, Paris, L'Harmattan, 1999.

788 UNESCO, *Nouvelles notions du patrimoine : itinéraires culturels*, site web de l'UNESCO (http : mirror-us.unesco.org).

789 Groupe-Conseil sur la Politique du patrimoine culturel du Québec, sous la présidence de Roland Arpin, *Notre patrimoine, un présent du passé*, Québec, Communications Science-Impact, 2000, pp. 11-12. Le nouvel Institut du patrimoine

Qu'en est-il de la France – pays dont on sait que les notions de minorité ou de métissage sont difficilement acceptées – ? Le rejet des minorités ou l'établissement d'un État culturellement homogène est-il synonyme de mémoricide ?

Section 1 : Entre unicité et diversité culturelle

Chaque nation se caractérise par une âme ou une essence spécifique. C'est du moins l'idée développée par le courant romantique. Joseph de Maistre le souligne d'ailleurs.[790]

Parce que la nation souhaite se présenter comme une « entité homogène », l'identité nationale serait une construction idéologique dont l'objectif est d'unir les citoyens présentant des particularités culturelles différentes : ethniques, régionales, culturelles, religieuses.[791]

Dans *La défaite de la pensée*, Alain Frinkielkraut s'oppose toutefois à l'homogénéité de l'identité nationale. Selon lui, il faut tenir compte des spécificités de chaque sujet formant la société.

Il faut établir un consensus entre le passé et le présent, la mémoire et l'identité. Le passé ne peut être homogène ou pur. Aucune collectivité ne peut donc naître sans mémoire, sans patrimoine, sans une histoire hétérogène.

L'identité désigne à la fois le caractère unique d'un individu et les éléments culturels qu'il partage avec d'autres individus. Dans ce dernier cas, l'identité rime avec la notion de similitude, d'identique (du latin identitas).

---

culturel de l'Université Laval fait également une large place à la problématique de la médiation culturelle et à celle de la dynamique interculturelle : Martine Cardin, « Présentation de l'Institut du patrimoine culturel », in Marie-Claude Rocher (dir.), *La pertinence sociale du patrimoine dans la Cité contemporaine*, Québec, Communications Science-Impact, 2002, pp. 69-70.

[790] L'entretien d'Alain Frinkielkraut, in *L'archipel identitaire, recueil d'entretien sur l'identité culturelle*, Boréal, op. cit. pp. 39

[791] Stuart Hall, « The Local and the Global: Globalization and Ethnicity », in King, A. D. (dir.), *Culture, Globalization and the world-system. Contemporary Conditions for the representation of identity,* Minneapolis, University of Minnesota Press, 1997 (1991), pp. 29-31

L'identité collective ou nationale se construit de la même façon. Elle tient compte des notions de différence et d'unification. Affirmer une différence, reconnaître celle de l'Autre rend un individu unique. Les individualités qui composent tout groupe social s'intègrent dans le développement d'une même identité culturelle collective.[792]

Ainsi, une nation est une entité dont l'objectif est de favoriser le développement d'une identité culturelle collective. Mais les individus qui la composent présentent nécessairement des spécificités culturelles particulières.[793]

Dans une nation, le sentiment de communauté est important pour toute cohésion sociale. Mais l'obsession pour une identité culturelle commune, pour une purification ou une homogénéité culturelle s'avère dangereuse.

L'identité serait invoquée contre tout. Elle justifierait tout. Au nom de l'identité culturelle, l'expression des libertés serait écrasée car tout désaccord serait inadmissible.[794]

Il existe une diversité de cultures. Celle-ci s'est forgée il y a plus de 5 à 8000 ans. Des spécificités et des divergences entre communautés vivant sur des territoires différents se faisaient remarquer.

Chaque communauté vivait repliée sur elle-même, en autarcie non seulement pour se protéger des autres communautés, mais surtout pour développer sa particularité. Cette dernière pouvait être liée à un territoire ou un paysage. C'est le fondement de la diversité culturelle des communautés.[795]

Fernand Braudel souligne que la diversité est le fuit de la distance. Selon lui, la France était un espace composé de plusieurs cellules indépendantes qui appartiennent aujourd'hui au même ensemble politique et religieux.[796]

---

[792] *La diversité culturelle* coordonnée par Paul Rasse, Les essentiels d'Hermès, CNRS Éditions, Paris 2013, p. 200

[793] L'entretien d'Alain Frinkielkraut, *L'archipel identitaire, recueil d'entretien sur l'identité culturelle*, op. cit. p. 40

[794] L'entretien d'Alain Frinkielkraut, op. cit. pp. 41

[795] Paul Rasse, *La diversité culturelle*, Les essentiels d'Hermès, CNRS Éditions, Paris 2013, pp. 9-10

[796] F. Braudel, *La Méditerranée et le monde méditerranéen à l'époque de Philippe II* (2 volumes), Paris, Armand Colin, 1987 (1949) pp. 114-115. Voir aussi Paul Rasse, *La diversité culturelle*, op. cit. p. 13

L'État n'a plus le monopole dans la création du droit. Il est concurrencé par des entités locales et supra-étatiques[797]. Et la mondialisation ravive le débat sur les minorités socioculturelles. La consécration d'une nouvelle catégorie de droits de l'homme, les droits des minorités, est devenue réelle.[798]

Quelques contradictions sur le développement des minorités doivent être soulevées. L'État moderne repose sur les principes d'unité nationale, de liberté et d'égalité.

Selon l'article premier de la Déclaration des droits de l'homme de 1789 : « *Les hommes naissent et demeurent libres et égaux en droits. Les distinctions sociales ne peuvent être fondées que sur l'utilité commune* ».

Or comment concilier aujourd'hui l'égalité et les particularismes culturels de certains groupes ? Comment reconnaître ces derniers sans remettre en question le vivre ensemble de notre société politique ?

Les droits culturels – droits permettant à chaque individu de chacun de parler sa langue, de pratiquer sa religion ou de respecter des interdits alimentaires – sont premièrement des droits individuels. La communauté peut être amenée à les définir et à les reconnaître juridiquement. Il lui appartient en effet de trouver un consensus entre l'altérité collective et le principe d'unité.[799]

Les partisans du droit des minorités culturelles pensent que leur reconnaissance ne pourrait être que bénéfique pour toute société, car elle permettrait que les individus qui la composent vivent en harmonie. Une telle vision, optimiste pour le coup, ressemblerait à une utopie.

---

[797] H. Pallard, « Histoire et mondialisation, Diversité culturelle et droits fondamentaux » in *La mondialisation et la question des droits fondamentaux*, sous la direction de H. Pallard, S. Tzitzis, Québec, 2003, p. 6 ; H. Pammard : « Droits collectifs et diversité culturelle. Libéralisme, communautarisme et universalité des droits fondamentaux », in *Minorités, culture et droits fondamentaux*, textes recueillis et présentés par H. Pallard, S. Tzitzis, Paris, 2001, p. 122, n° 19 : « L'État-nation peut se voir contesté de l'intérieur par des groupes minoritaires et de l'extérieur par des entités supranationales ».

[798] P. Meyer-Bisch, « Redéfinition de l'État de droit par la reconnaissance des droits culturels et des droits économiques », in *État de droit, droits fondamentaux et diversité culturelle*, textes réunis et présentés par P. Arsac, J.-L. Chabot, H. Pallard, Paris, 1999, p. 255. Cf. égal. D. Thierry : « Les développements récents du droit des minorités en Europe. De timides avancées contrariées par un conservatisme dominant », in RRJ, 2000-3, pp. 1073-1099.

[799] « Introduction » par Arnaud de Raulin in *Droit, culture et minorités*, op. cit. p. 12

Les minorités qui vivent dans des pays qui leur reconnaissent des droits (la « dhimmitude » par exemple est une loi islamique qui protège les juifs et les chrétiens indigènes) ont le sentiment de ne pas être juridiquement aussi bien protégées que la communauté majoritaire.

Les États musulmans ne tolèrent pas toujours leurs minorités ethniques ou religieuses. Il en est de même de certains États à confession catholique, hindouiste ou autre.

De nombreuses concessions sont dès lors faites dans les États où vivent plusieurs minorités ethniques (Canada, Belgique…) afin d'éviter l'explosion.[800] Le génocide perpétré au Rwanda par la majorité hutue sur la minorité tutsie est un bien triste exemple[801]

Selon Gilles Lebreton[802], la reconnaissance des minorités culturelles n'empêche pas en pratique une guerre culturelle.[803] La reconnaissance des différences, loin d'apaiser les tensions, peut les attiser. [804]

Les revendications identitaires des minorités nationales ne se conçoivent souvent que comme faisant partie d'un projet politique plus ambitieux.

Dans l'hypothèse où une minorité aurait le sentiment d'appartenir à la majorité nationale d'un État voisin,[805] ce dernier peut décider de porter un intérêt aux minorités extérieures. La Hongrie, la Roumanie, la Croatie, la Slovénie, la Macédoine [806] accordent un « statut » aux minorités des pays

---

800 Sur le Canada, Gilles Lebreton, « Intégration et respect des différences : le point de vue d'un souverainiste », dans *La démocratie : crise d'identité et/ou réconciliation nationale* (dir. M. Nedeljkovic), Publications du CEPAC, 2001, p. 3

801 « Reconnaître ou intégrer les minorités ethniques : un choix entre déterminisme et liberté » Par Gilles Lebreton in *Droit, culture et minorités*, op. cit. p. 383.

802 J. Harbemas, *L'intégration républicaine*, Fayard, 2003, pp. 139-140.

803 « Reconnaître ou intégrer les minorités ethniques : un choix entre déterminisme et liberté » Par Gilles Lebreton in *Droit, culture et minorités*, op. cit. p. 384

804 « Reconnaître ou intégrer les minorités ethniques : un choix entre déterminisme et liberté » Par Gilles Lebreton in *Droit, culture et minorités*, op. cit. p. 383. Charte européenne des langues régionales ou minorités du 5/11/1992, et Convention-cadre pour la protection des minorités nationales du 1/2/1995 ; CEDH 18/1/2001, Chapman c. Royaume-Uni RTDH 2001. 887 obs. F. Sudre : reconnaît à la requérante le droit « de conserver son identité tsigane » ; cf. aussi CEDH 27/5/2004, Connors c. Royaume-Uni, et CEDH 7/2/2006 DH.C. Rép. Tchèque RTDH 2006.851 note E. Dubout.

805 S. Pierré-Caps, « Constitution, nation et minorités : exemples européens et asiatiques », dans *Droit constitutionnel et minorités*, préc. pp. 446-447

806 S. Pierré-Caps, op. cit. pp. 439- 440

voisins en vue de renforcer leur sentiment d'appartenance à leur nation d'origine.[807]

La reconnaissance des minorités nationales est délicate.[808] Certains États dont la France l'a compris il y a bien longtemps. En droit français, l'intégration des minorités ethniques semble préférable à la reconnaissance des différences théorisée par Harbemas.[809]

Section 2 : De la diversité culturelle à l'intégration culturelle

Comment peut-on arriver à vivre ensemble si les individus qui forment la société présentent de nombreuses différences ? Que peut signifier le projet de vivre ensemble avec nos différences ?

Les questions sont lourdes de sens. Elles ont suscité des positions rendant le débat houleux dans plusieurs pays sauf en France.

En effet, la culture politique française fondée sur l'unité nationale est profondément enracinée et n'appelle guère de discussions. Pour beaucoup d'intellectuels, un immense danger serait couru par la collectivité si les particularismes culturels étaient reconnus dans la vie politique ou publique.

Ces particularismes ne doivent pas s'épanouir en dehors de la sphère privée. Par conséquent, l'espace public ne doit pas être un lieu d'expression des revendications communautaires. Ces dernières doivent être rejetées, refoulées, condamnées.[810]

Le droit français fait prédominer l'intégration au communautarisme. Ce sont deux conceptions et logiques distinctes. Elles s'affrontent.

Le modèle communautariste met en exergue les différences culturelles. Le modèle d'intégration tolère les différences culturelles, mais travaille pour une unité collective. Cette dernière idée s'inscrit davantage dans la conception française.

---

807 S. Pierré-Caps, op. cit. pp. 437-439

808 S. Pierré-Caps, op. cit. p. 393.

809 « Reconnaître ou intégrer les minorités ethniques : un choix entre déterminisme et liberté » Par Gilles Lebreton in *Droit, culture et minorités*, op. cit. p. 385

810 « Introduction. Un débat nécessaire » par Michel Wieviorka in *Une société fragmentée ? Le multiculturalisme en débat*, sous la direction de Michel Wieviorka, La découverte/Poche, 1993, p. 5

La liberté, l'égalité et la solidarité – la fraternité – du peuple français s'opposent à toute forme de reconnaissance politique et institutionnelle de droits « communautaires ».[811]

Le débat est-il déjà tranché ? La conception républicaine a-t-elle des vertus atemporelles ?

La situation des populations issues de l'immigration invite à la réflexion. Très souvent assimilées aux images inquiétantes du communautarisme, de l'intégrisme et de la violence terroriste, ces populations sont stigmatisées[812].

Par ailleurs, le traitement de certaines collectivités d'outre-mer peut paraître s'opposer à la conception républicaine.

Ainsi, avant d'étudier l'intégration des différents groupes ethniques ou régionaux dans la communauté française (paragraphe 2), une réflexion sur l'intégration des étrangers (paragraphe 1) est nécessaire.

<u>Paragraphe 1</u> : L'intégration des étrangers

Les étrangers sont généralement considérés comme la source de tous les malheurs supportés par la nation.

L'inquiétude suscitée par l'insécurité et le terrorisme amène certains partis politiques à réaffirmer l'identité nationale. La création au sein du gouvernement Fillon, issu des élections législatives de 2007 conformément à la politique de l'ex-président de la République, Nicolas Sarkozy, d'un ministère « de l'Immigration, de l'Identité nationale et du Co développement », est un exemple éloquent.[813]

Dorénavant, la volonté d'intégration de l'étranger souhaitant séjourner en France doit être manifeste. Un contrat d'accueil et d'intégration a ainsi été mis en place. Par ce contrat, l'étranger « *s'oblige à suivre une formation civique et, lorsque le besoin en est établi, linguistique* ».[814]

---

811 « Introduction. Un débat nécessaire » par Michel Wieviorka, op. cit. p. 6

812 « Introduction. Un débat nécessaire » par Michel Wieviorka, op. cit. p. 6

813 « Le Conseil constitutionnel face aux crises sociales de 2005 et 2006 » par Gilles Lebreton, in *Crises sociales et droits fondamentaux de la personne humaine*, sous la direction de Gilles Lebreton, L'Harmattan, 2009, pp. 14-15

814 Les modalités de mise en œuvre des formations prévues au CAI sont fixées par un arrêté du 9 janvier 2007 (JORF 30 janvier 2007). Pour un premier bilan de la

Cette dernière a principalement pour objectif de présenter les valeurs et principes de la République (liberté, égalité, fraternité, laïcité...)[815] L'intégration de l'étranger ne passerait que par l'acceptation de cette formation.

L'intégration exigée de l'étranger s'inscrit dans une logique gouvernementale qui se veut essentiellement assimilatrice. Mais l'étranger ne sera jamais considéré comme un citoyen.

Une inégalité civique et politique est maintenue en dépit des efforts d'intégration que ce dernier pourrait faire.[816] Il n'y a pratiquement pas d'acceptation de l'altérité (linguistique, culturelle, religieuse) dont l'étranger est porteur.

Par l'immigration choisie, la France choisit ses immigrés. Et Nicolas Guillet de souligner que « *ce phénomène renforce au passage le constat d'un glissement xénophobe qui affecte la société française en ce sens qu'elle ne tolère plus l'étranger en soi, mais seulement s'il accepte d'être assimilé à un national.*[817]»

Cette immigration choisie ne peut en aucun cas être rattachée au mémoricide. Les étrangers ont le choix. Ils peuvent décider sans aucune contrainte de s'intégrer à la culture française s'ils souhaitent séjourner sur le territoire.

Ils peuvent aussi décider de ne pas signer le contrat d'accueil et d'intégration. Dans ce cas, ils choisiront un autre pays d'accueil. Mais qu'en est-il de l'intégration des régionaux et des nationaux ?

Paragraphe 2 : L'intégration des minorités ethniques nationales

Deux objectifs fondent la création des démocraties culturelles. Le premier est d'ordre individuel. Le deuxième est d'ordre collectif. En ce sens, les communautés ne s'opposent pas l'établissement de droits individuels.[818]

---

mise en œuvre du CAI : Cour des comptes, Rapport public annuel 2006, Paris, La Documentation française, 2007, pp. 296-316.

[815] Article L. 311-9 CESEDA.

[816] « Le(s) droit(s) des étrangers » par Nicolas Guillet in *Crises sociales et droits fondamentaux de la personne humaine*, op. cit. p. 211

[817] Nicolas Guillet, « Le(s) droit(s) des étrangers », op. cit. pp. 213-214

[818] Voir aussi l'allocution du sociologue A. Touraine à l'occasion du Forum international de l'Académie universelle des cultures : « Communauté », UNESCO, 9 et 10/11/2004

La construction d'une identité culturelle commune peut ainsi tenir compte des particularités culturelles. Les rejeter reviendrait à nier que chaque homme a une vie, une histoire, un passé spécifique avec des particularités sociales et culturelles spécifiques.[819]

Et la reconnaissance de ces dernières est une des conséquences de l'application des droits de l'homme.[820]

Deux visions et deux positions des droits de l'homme sont mises en valeur.

La première souligne qu'il n'y a pas d'intégration possible d'un homme dans une communauté sans une acceptation par cette dernière de ces particularismes. L'individu doit être respecté dans ses spécificités. Il est prioritaire sur la communauté.[821]

La deuxième conduit à la reconnaissance du groupe auquel l'individu appartient. [822] La communauté est prioritaire sur l'individu.[823]

Les deux visions des droits de l'homme ne sont pas contradictoires, mais complémentaires. Tous les hommes, quoique différents, sont égaux devant la loi et la société. Cette dernière est juridiquement reconnue parce qu'elle reconnaît et respecte chaque homme qui vit en son sein, lequel est nécessairement porteur d'une différence.[824]

Ce n'est pas le particularisme qui est mis en valeur, mais la dignité de l'homme porteur d'une différence. Si exercer un droit se fait essentiellement

---

819 UNESCO, *Déclaration universelle de l'UNESCO sur la diversité culturelle*, Paris, 2 novembre 2001, Paris 2002, UNESCO, *Convention sur la protection et la promotion de la diversité et des exceptions culturelles*, Paris 2005, Paris, 2005,

820 M. Tardu : « Normes internationales, droits de l'homme et diversités culturelles », in *État de droit, droits fondamentaux et diversité culturelle*, op. cit. p. 37, distingue les droits individuels et collectifs ; Arnaout, loc. cit. p. 244

821 H. Pallard : « Droits collectifs et diversité culturelle. Libéralisme, communautarisme et universalité des droits fondamentaux » in *Minorités, culture et droits fondamentaux*, textes recueillis et présentés par H. Pallard, S. Tzitzis, Paris 2001, p. 123

822 Nations Unies, *Charte des Nations Unies*, chapitre IV, Article 13-1, p. 11

823 François Rigaux, « La protection de la vie privée et des autres biens de la personnalité » Revue internationale de droit comparé, volume 43, n° 22, 1991. *Droit, culture et minorités*, sous la direction d'Arnaud de Raulin, Sidi Mohamed Ould Abdallahi, Gourmo Lô, op. cit.

824 H. Pallard, « Droits collectifs et diversité culturelle », op. cit. p. 114 ; p.116 ; pp.119-120

dans la sphère privée[825] et exceptionnellement dans la sphère publique[826], il appartient à l'ordre public de garantir sa reconnaissance.[827]

Cependant, le clivage individuel/collectif n'est pas toujours dépassé. [828] Il existe un rapport de force entre les deux concepts. Comme soulevé ci-dessus, la poussée des revendications communautaires dans certains États (USA[829], Canada, Grande-Bretagne…[830]), est un phénomène relativement fort.

La situation est différente en France. [831] Cette dernière ne peut traiter les différences culturelles de la même manière que les pays dont la tradition politique et l'histoire leur sont plus ouvertes et favorables.

Expression forte de l'État-nation, attachée à des valeurs républicaines, la France est un pays où les spécificités culturelles ne sont pas interdites. Elles sont juste confinées dans l'espace privé, car l'accent est porté sur les individus-citoyens.

Les spécificités culturelles des groupes particuliers ne sont donc pas incompatibles avec le républicanisme et les exigences de la vie commune. [832]

L'idéologie républicaine française se différencie de celle de plusieurs pays dont les États-Unis. Si, dans ce dernier, les notions de multiculturalisme et de communautarisme tendent à se mélanger, il en est différemment en France.

---

[825] UNESCO, Déclaration universelle, article 3 : « *La diversité culturelle élargit les possibilités de choix offertes à chacun* » ; article 5 : « *toute personne doit pouvoir participer à la vie culturelle de son choix et exercer ses propres pratiques culturelles dans les limites qu'impose le respect des droits de l'homme et des libertés fondamentales* ».

[826] Convention relative aux peuples indigènes et tribaux, 1989, OIT, C 169

[827] Pallard, « Droits collectifs et diversité culturelle », op. cit. p. 113 ; Voir aussi Guillaume Bernard, « Dualisme des droits de l'homme et du droit des minorités » in *Droit, culture et minorités*, sous la direction d'Arnaud de Raulin, Sidi Mohamed Ould Abdallahi, Gourmo Lô, op. cit.

[828] P. Meyer-Bisch, « Redéfinition de l'État de droit par la reconnaissance des droits culturels et des droits économiques », in *État de droit, droits fondamentaux et diversité culturelle*, textes réunis et présentés par P. Arsac, J.-L. Chabot, H. Pallard, Paris 1999, p. 264

[829] Anthony D. Smith, *The Ethnical Revival in the Modern World*, Cambridge University Press, Cambridge, 1981

[830] Cf. le best-seller d'Alex Halex, *Racines*, Lattès, Paris, 1993.

[831] « Culture, société et démocratie » par Michel Wievorka, in *société fragmentée ? Le multiculturalisme en débat*, op. cit. pp. 34-36

[832] Dominique Schnapper, *La communauté des citoyens*, Gallimard, Paris, 1994

Un universalisme tempéré, ouvert à la différence, tel est le souhait de Dominique Schnapper qui rappelle les excès destructeurs d'un multiculturalisme débridé. Le modèle d'intégration républicaine choisi par la France présente toutefois des limites.[833]

Si autrefois, il a pu avec plus ou moins de facilité et de souplesse constituer l'horizon des projets d'intégration et de socialisation (école publique, centres culturels, bibliothèques, musées...), une crise profonde de ces institutions est perceptible.[834]

Dans certaines hypothèses, le fait minoritaire n'est pas officiellement reconnu en droit français – la Constitution du 4 octobre 1958 souligne que le peuple français est indivisible –, est implicitement admis.

Cela se traduit par la reconnaissance des discriminations positives accordée à certaines populations, celles des ZUP (Zone urbaine prioritaire), des ZEP (Zone d'éducation prioritaire), des COM (collectivités d'outre-mer).

Selon l'article 74 de la constitution française (Titre 12. Des Collectivités territoriales), « *les collectivités d'outre-mer régies par le présent article ont un statut qui tient compte des intérêts propres de chacune d'elles au sein de la République.* »

L'article 75 dispose que « *les citoyens de la République qui n'ont pas le statut civil de droit commun, seul visé à l'article 34, conservent leur statut personnel tant qu'ils n'y ont pas renoncé* ».

L'article 77 quant à lui prévoit un statut coutumier, une citoyenneté et un régime électoral autonome aux populations calédoniennes par rapport à celle de la métropole.

Ainsi, les populations faisant partie de la République française peuvent avoir des intérêts propres qui diffèrent de ceux d'autres territoires de la République.

Est-ce la reconnaissance pure et simple de communautés distinctes ? Doit-on assimiler ces communautés à des minorités ?

---

[833] « Culture, société et démocratie » par Michel Wievorka, in *société fragmentée ? Le multiculturalisme en débat*, op. cit. p. 40

[834] Dominique Schnapper, *La France de l'intégration. Sociologie de la nation en 1990,* Gallimard, Paris, 1990

Il s'agit peut-être d'une atteinte aux principes d'unité et d'indivisibilité de la République et d'une admission du fait minoritaire en droit français.[835]

Toutefois, le désir de construire une identité culturelle collective n'est pas un crime. La démonstration faite ci-dessus souligne que la politique d'intégration culturelle française est détachable du mémoricide.

Il convient maintenant d'étudier la construction d'une mémoire culturelle assimilable au mémoricide.

[835] « Introduction » par Arnaud de Raulin in *Droit, culture et minorités*, op. cit. p. 13

Chapitre 2 : La construction d'une identité culturelle collective assimilable au Mémoricide

De nombreuses pratiques discriminatoires ont été et continuent d'être établies par plusieurs pays. Prenons l'exemple de l'Australie.

Marcia Langton, professeur d'anthropologie à l'université de Darwin et porte-parole des Aborigènes auprès des Nations Unies durant plusieurs années, a dénoncé avec véhémence les pratiques discriminatoires du gouvernement australien à l'encontre des aborigènes. Qui sont-ils ?

Les aborigènes d'Australie sont les premiers hommes à avoir occupé ce territoire. Ces autochtones furent longtemps considérés comme une race inférieure, des sous-hommes qui ne pouvaient bénéficier des mêmes droits que les Australiens de race blanche. [836]

En effet, une politique physiquement non meurtrière avait été établie au siècle dernier. Cette politique pratiquée par tous les gouvernements « racistes » qui se sont succédés en Australie avait pour objectif de favoriser l'éradication de la culture et de la langue des aborigènes. Ce qui était principalement visé était une assimilation forcée[837] et une homogénéisation culturelle.[838]

Aujourd'hui les choses ont changé et évolué. L'ex-premier ministre australien, Kevin Rudd, a présenté des excuses officielles en 2008 aux aborigènes. Ces excuses pourraient s'inscrire dans le désir de favoriser la réconciliation de la société australienne avec son passé.

---

[836] M. Decoust, *Manière de voir*, op. cit, p. 77

[837] Henry Panhuys, « Génocides des minorités : produits de l'occidentalisation du monde ? » in *Droit, culture et minorités*, sous la direction de Arnaud de Raulin, Sidi Mohamed Ould Abdallahi, Gourmo Lô, L'harmattan, 2010, p. 157

[838] Policiers et protecteurs étaient, jusqu'à très récemment autoriser à effectuer des raids dans les communautés pour y embarquer les enfants à peau claire et en assurer l'« absorption définitive », les chiefs protectors nommés par chaque État devenant les tuteurs officiels des enfants métis jusqu'à l'âge de 18 ans. Cf. M. Decoust : « Le rêve perdu des aborigènes », in *Manière de voir 76*, op. cit., p. 75.

Cette politique d'assimilation culturelle qui ne reconnaît pas la diversité culturelle entre les peuples est catastrophique pour les communautés concernées et doit se rattacher davantage à la définition donnée à l'ethnocide qu'à celle donnée au mémoricide.

Une étude sur un éventuel mémoricide en Australie ne pourrait se limiter que sur l'utilisation des terres des aborigènes par les colons anglais et les Australiens.

La construction culturelle et matérielle d'une mémoire collective, comme en témoigne l'exemple retenu pour étayer notre propos, peut soit être synonyme de violences symboliques (Section 2), soit servir aux idéologies séparatistes (Section 1).

Et comme l'a souligné Bénédicte Tratnjek, les acteurs du mémoricide souhaitent inscrire dans le paysage le rejet d'une identité individuelle et le rejet d'une identité commune.[839]

Section 1 : La construction d'une identité culturelle : une idéologie séparatiste

De nombreux mouvements indépendantistes ou séparatistes émergent. Ces mouvements remettent en question non seulement le consensus sur lequel se fondent les identités nationales, mais aussi l'idée de l'État-Nation.

Parce que la mémoire collective joue un rôle crucial et déterminant dans la construction des identités collectives, de nombreux conflits liés à l'intégrité des États-nations sont des conflits politiques, des conflits de mémoire. Ils impliquent le plus souvent le rejet de la mémoire de l'adversaire.[840]

Cela se matérialise par la construction d'un patrimoine culturel exclusif. Car définir ce qu'une nation était dans le passé permet de projeter l'image de ce qu'elle devrait devenir dans le futur.

---

[839] Bénédicte Tratjnek, *Géographie des conflits. Les lieux de mémoire dans la ville en guerre : un enjeu de la pacification des territoires*, op. cit.

[840] Sous la direction d'Olivier Luminet, *Belgique-Belgie, un État, deux mémoires collectives ?* ÉditionMardaga, 2012, p. 15

Cette « communauté imagée [841]» peut être créée et établie par les cultes aux soldats morts pour la patrie. C'est du moins ce que pense Benedict Anderson dans son célèbre ouvrage *L'Imaginaire national.*

Les monuments aux morts jouent un rôle dans la constitution de l'identité nationale. Ils sont « *les lieux de fondation de l'identité des survivants.*[842] » Ils fondent en effet l'existence d'une nation sur le témoignage d'un passé commun, en rappelant aux générations suivantes les personnes tombées pour la patrie et dont la mémoire collective se doit de conserver le souvenir.

Ils prennent place dans le présent du fait de leur édification et dans l'avenir du fait de leur intégration dans la mémoire de la nation.[843]

L'édification de ces monuments, qu'il s'agisse d'un monument mémoriel ou d'un monument aux morts, n'est pas toujours un moment de paix ou de communion parfaite. En effet, pendant leur édification, les aspirations des parties en présence peuvent être différentes.[844]

Les monuments mémoriels matérialisent généralement la mémoire et l'identité collective. Ils s'inscrivent dans un dispositif dont l'objectif est de façonner une unité et une cohésion entre les membres du groupe.

Cependant, ils peuvent être ou devenir des facteurs de tension ou de dissension. Inscrits dans la vie spatiale politique pour transmettre un message, un discours, une vision, une image, un texte, ils peuvent être au centre des rivalités ou au contraire mettre un terme aux rivalités.

Facteur de cohésion, ces monuments sont susceptibles de rassembler. Facteur de dissension, ils sont susceptibles de diviser les mémoires. [845] Muets, ce sont les cérémonies, discours, commentaires associés aux monuments qui leur donnent ainsi un sens.

---

[841] B. Anderson, *L'imaginaire national : réflexion sur l'origine et l'essor du nationalisme*, La Découverte, Paris, 2002.

[842] R. Koselleck, *Les Monuments aux morts, lieux de fondation de l'identité des survivants. L'expérience de l'Histoire*, Gallimard/Seuil, Paris, 1997, pp. 135-160.

[843] A. Ben Amos, « A War Commemoration and the Formation of Israeli National Identity », *Journal of Political and Military Sociology*, 2003, vol. 31, n° 2, pp. 171-195

[844] Catherine Brice, « Monuments : pacificateurs ou agitateurs de mémoire » in *Les guerres de mémoires, la France et son histoire*, Préface de Benjamin Stora, sous la direction de Pascal Blanchard et Isabelle Veyrat-Masson, Édition La Découverte, avril 2010

[845] Catherine Brice, op. cit

Chaque monument peut faire l'objet d'un classement. Certains monuments sont choisis, d'autres ne sont « tout simplement pas vus » [846]. Ils peuvent aussi faire l'objet d'un déclassement. Ici, le déclassement se justifie par le fait qu'ils ont été abandonnés, écartés, oubliés.

Pour Jan Assmann, « *le passé est une création culturelle* »[847] et le message du monument est sélectif en fonction du groupe de personnes commémoré (paragraphe 1) et de la période d'édification. Et pour Mechtild Gilzmer, le monument est considéré comme « *l'instrument de pouvoir le plus à même d'ancrer la réalité souhaitée, par l'image et pour l'éternité* » [848](Paragraphe 2).

Paragraphe 1 : Les conflits culturels non violents entre groupes ethniques

Une mémoire peut être détruite ou écarter au profit d'une autre par la construction d'un patrimoine culturel. Cela est beaucoup plus fréquent dans les États multiethniques. Les conflits ethniques d'Irlande du Nord, des Balkans ou de la Belgique entre francophones et néerlandophones sont des exemples. Il est toutefois nécessaire de noter que contrairement aux deux premiers, le dernier conflit ne présente quasiment aucun épisode de violence physique.

En effet, la Belgique connaît très peu de manifestations de violences physiques ou verbales entre les groupes linguistiques et culturels. Ces derniers ne partagent tout simplement pas les mêmes références historiques et préférences politiques. [849]

D'où la nécessité de s'interroger sur l'existence de mémoires collectives divergentes entre groupes pouvant constituer un État. La Belgique (A) et la France (B) seront des cas d'étude.

A- Le cas de la Belgique

La Belgique constitue un exemple idéal pour examiner les identités collectives dans un contexte pacifique.

---

[846] Mechtild Gilzmer, *Mémoires de pierre. Les monuments commémoratifs en France après 1944,* Paris, Éd. Autrement, coll. Mémoires/Histoire, trad. de l'allemand par O. Demange, 2009, p. 14

[847] Mechtild Gilzmer, op. cit. p. 16

[848] Mechtild Gilzmer, op. cit. p. 19

[849] Sous la direction d'Olivier Luminet, *Belgique-Belgie, un État, deux mémoires collectives ?* ÉditionMardaga, 2012, p. 20

La Belgique est un petit pays devenu indépendant en 1830. Sa superficie est de 30 528 km^2 et sa population avoisine les onze millions d'habitants. Deux groupes linguistiques principaux – néerlandophones et francophones – composent le pays. À ces derniers, s'adjoint une petite communauté germanophone.

La création de l'État fédéral en 1970 a entraîné un transfert de compétences aux communautés culturelles/linguistiques Belges dans une série de domaines essentiels comme l'éducation et l'économie.[850]

Contrairement à plusieurs nations européennes, l'attachement national des Belges à leur pays est relativement faible. Le communautarisme est une notion qui trouve sa place et un intérêt en Belgique. Les belges s'identifient davantage à leur région d'appartenance, à leur groupe linguistique qu'à leur pays.

On note un désintérêt de l'actualité des autres communautés, car chaque communauté se concentre et se renferme sur elle-même.[851] Certaines communautés comme les francophones manifestent davantage un attachement à la Belgique. D'autres, les néerlandophones sont beaucoup plus communautaires.[852]

S'agissant du patrimoine culturel, chaque collectivité élabore sa propre mémoire. C'est la raison pour laquelle les souvenirs collectifs peuvent présenter des divergences subtiles ou radicales entre les communautés.[853]

Les représentations sociales du passé peuvent soit être partagées par l'ensemble d'une société, soit être adoptées au fur et à mesure par les

---

[850] Sous la direction d'Olivier Luminet, *Belgique-Belgie, un État, deux mémoires collectives ?* op. cit, p. 16. En réalité, deux divisions parallèles organisent les institutions belges : trois « Régions » (Flandre, Bruxelles, Wallonie) sont définies selon un axe territorial et organisent principalement la politique économique alors que trois « Communautés » (néerlandophone, francophone, germanophone) définies sur une base linguistique sont responsables des matières relatives aux personnes comme l'éducation ou la culture. Les communautés française et flamande sont toutes deux actives à Bruxelles.

[851] Sous la direction d'Olivier Luminet, op. cit. p. 20

[852] Sous la direction d'Olivier Luminet, op. cit, pp. 16-17

[853] Licata L., Klein O. et Gély R. *Mémoire des conflits, conflits de mémoires : Une approche psychosociale et philosophique du rôle de la mémoire collective dans les processus de réconciliation intergroupe.* Social Science Information 46 : 563-589. 2007

communautés composant la société.[854] Elles peuvent également faire l'objet de polémique entre communautés.

Dans le contexte d'une nation multiethnique comme la Belgique, le passé est analysé différemment selon les communautés.[855] Cela a pu parfaitement se vérifier avec l'instauration d'une mémoire de pierre après la Première Guerre mondiale.

À la fin d'une guerre, il est nécessaire que les héros tombés sur le champ de bataille soient honorés dans la mémoire collective[856] au travers des cérémonies mémorielles, des mémoriels ou des monuments aux morts.[857]

La Belgique et plusieurs États européens maintiennent vivant le souvenir des soldats morts pour la nation. Des messages contradictoires peuvent cependant être lancés dans ce désir de sacralisation du souvenir et de la douleur d'une guerre.

En témoignent les pratiques commémoratives concrètes concernant les frères Van Raemdonck.[858]
Le soldat flamand Frans Van Raemdonck fut mortellement touché par une balle allemande dans la nuit du 25 au 26 mars 1917. Son corps fut retrouvé à côté de la dépouille d'un de ses compagnons d'uniforme. Ils étaient dans les bras l'un de l'autre.

Il en est ressorti de cette histoire que les deux soldats cités ci-dessus ne pouvaient qu'être les frères Van Raemdock. Des dessins, des poèmes en l'honneur de ces derniers ont été répandus afin de célébrer cet amour fraternel. [859]

Il semblerait que les faits soient légèrement différents de ceux retenus et présentés en zone flamande. Marnix Beyen fournit ici un bon exemple de la création d'une mémoire collective flamande par la déformation de la réalité.

---

[854] En accord avec la distinction introduite par Moscovici, *European Journal of Social Psychology* 18 : pp. 211-250.
[855] Sous la direction d'Olivier Luminet, *Belgique-Belgie, un État, deux mémoires collectives ?*op. cit, p. 35
[856] S. Audoin-Rouzeau et A. Becker, *Retrouver la guerre*, Paris Gallimard, 2000
[857] Valérie Rosoux et Laurence Van Ypersele, « Le passé national belge : entre commémoration et silence » in Sous la direction d'Olivier Luminet, *Belgique-Belgie, un État, deux mémoires collectives ?* op. cit. p. 59
[858] Les écrits de Michel Foucault (1926-1984)
[859] Marnix Beyen, « Le souvenir comme parricide. L'univers commémoratif de la Flandre : produit et producteur d'histoire belge » in *Belgique-Belgie, un État, deux mémoires collectives ?* Sous la direction d'Olivier Luminet, op. cit. p. 76

Les deux frères moururent la même nuit ainsi qu'un soldat wallon nommé Aimé Fiévez. C'est ce dernier qui aurait été trouvé dans les bras Frans Van Raemdonck. La communauté flamande a choisi de présenter l'amour fraternel unissant ses deux soldats plutôt que de renforcer l'unité des Flamands et des Wallons contre l'envahisseur allemand.[860]

Ainsi, le souvenir préservé substitue le frère de Van Raemdonck, Edward à Fiévez. Un souvenir a été fabriqué immatériellement (poèmes, chants…) et matériellement au travers du monument de la tour de l'Yser, lequel inclut l'acronyme AVV-VVK, qui signifie « Tout *pour la Flandre, la Flandre pour le Christ.* »[861]

Aimé Fiévez fut longtemps ignoré des commémorations organisées à l'occasion du Pèlerinage de l'Yser – lieu où il était en poste le jour de sa mort –. Le 26 août 2012, sa famille a été invitée pour la première fois lors de la 86ème édition au pèlerinage de l'Yser à Dixmude. Au même titre que la mémoire des frères Raemdonck, la mémoire d'Aimé Fiévez a été honorée.

Est-ce le signe tangible de la volonté de rapprochement des deux communautés ?
La question présente un intérêt, car dans les années 1920 et 1930, la fabrication de ce souvenir aurait pu remettre en question non pas seulement certains aspects du « vivre ensemble » des communautés belges, mais aussi son existence.[862]

B- Le cas de la France

Les revendications régionales ou locales de la mémoire en France sont très souvent délicates.

---

860 R. Van de Winkelet et D. Biltereyst, Filmen voor Vlaanderen. Vlaamse Beweging, propaganda en film. Chent: Provincie Oost Vlaanderen and Antwerp: ADVN. (Le tournage de la Flandre. Mouvement flamand, la propagande et le cinéma. Khent: Province de Flandre Orientale et Anvers: ADVN)

861 William Hirst et Loana Apetroaia Fineberg, « Perpestives psychologiques sur la mémoire collective et l'identité nationale : le cas de la Belgique », in *Belgique-Belgie, un État, deux mémoires collectives ?* op. cit. p. 144

862 Marnix Beyen, « Le souvenir comme parricide. L'univers commémoratif de la Flandre : produit et producteur d'histoire belge », op. cit. pp. 76-77

Admettre de telles revendications serait permettre à des groupes culturels de se réapproprier le passé et de concevoir l'histoire générale qui se doit d'être nationale comme une histoire spécifique et singulière.[863]

François Vergès s'insurge, dans *Les guerres de mémoire, La France et son histoire*, contre les revendications identitaires et les approches communautaristes du récit national qui considèrent les expériences (au sujet de l'esclave par exemple) comme ne concernant que « *les descendants d'esclaves, alors même que cette histoire fait partie intégrante de l'histoire nationale* ».[864]

Ce courant de pensée empêche le partage d'une mémoire collective. Celle-ci se retrouve au centre des conflits culturels entre les communautés. C'est la raison pour laquelle de telles revencications peuvent servir comme caution aux idéologies séparatistes. [865]

Prenons l'exemple du Puy-du-Fou. Le Puy-du-Fou est un parc de loisirs. Situé dans la commune des Épesses en Vendée, il a été élu meilleur parc du monde en 2014. Spectacle nocturne, créé en 1978 à l'initiative de Philippe de Villiers[866], cette cinéscénie est le plus grand spectacle de nuit au monde avec plus de 1200 acteurs.

Les « touristes amateurs d'histoire » y accourent, car ce spectacle présente à une moindre échelle l'histoire de la Vendée du moyen âge la Seconde Guerre mondiale à travers le destin d'une famille, les Maupillier. La mémoire devient ici un produit de consommation. [867]

Ce spectacle exalte les relations existantes entre les nobles et les gens du peuple. Ces derniers auraient été liés par un même idéal communautaire.

---

[863] Henry Rousso, *La Hantise du passé,* Textuel, Paris, 1998

[864] « Introduction. Les guerres de mémoires : un objet d'étude, au carrefour de l'histoire et des processus de médiatisation » in *Les guerres de mémoires, la France et son histoire*, op. cit. p. 35

[865] Henry Rousso considère que c'est la « mémoire du génocide » qui a su, la première, sortir du « cercle restreint des communautés juives » pour « investir l'espace public ».

[866] L'Express, 25 octobre 2004, Le mystère Villiers,

[867] « Introduction. Les guerres de mémoires : un objet d'étude, au carrefour de l'histoire et des processus de médiatisation », in *Les guerres de mémoires, la France et son histoire*, op. cit. p. 35

Valérie Sottocasa révèle cependant que, dans la réalité de l'époque, cela ne fut pas le cas[868].

La mobilisation des populations locales peut s'inscrire dans le désir de présenter une autre image de l'histoire de la France et de la Révolution. [869]

S'il est bâti une mémoire parcellée au travers de ce spectacle, il faut tout de même reconnaître, le projet politique autour de la République française donne des instruments idéologiques pour parer certaines difficultés.

Le développement des identités régionales[870] avec le « à chacun sa souffrance » ne met pas en péril l'identité nationale. Dès lors, les exemples tels que celui du Puy-du-Fou entre autres sont des exceptions sur l'échiquier de la mémoire en France.[871]

Contrairement à la Belgique, et tel que démontré dans les paragraphes précédents, la France travaille davantage pour une unité nationale que pour une reconnaissance des spécificités culturelles des communautés la formant.

Toujours est-il qu'à côté de l'État, les collectivités territoriales sont également des faiseurs de mémoires à travers leurs politiques, leurs stratégies et leurs subventions au niveau local.

Paragraphe 2 : Le rôle de l'État dans les conflits culturels ethniques

L'évolution des esprits en France sur la mémoire de pierre se fit sous la Révolution et la période qui suivit la guerre de 1870-1871.

En effet, après la Révolution française et la guerre de 1870-1871 qui se soldèrent par la défaite de la France face à la Prusse et par l'arrestation de

---

868 Valérie Sottocasa, « Ceux qui disent non », *L'Histoire*, 342, mai 2009, p. 65

869 Jean-Clément Martin, *Dictionnaire de la contre-révolution*, Perrin, 2011

870 Voir sur ce point les travaux de Catherine Bertho sur la Bretagne, ceux de Maurice Agulhon sur les régions, ou, plus récemment, le numéro du Mouvement social dirigé par Gilles Pécout : C. Bertho, « L'Invention de la Bretagne. Genèse sociale d'un stéréotype », in *Actes de la Recherche en sciences sociales*, n° 35, 1980, pp. 45-62 ; M. Agulhon, *Conscience nationale et conscience régionale en France de 1815 à nos jours, in Histoire vagabonde. III. La politique en France d'hier à aujourd'hui*, Gallimard, Paris, 1988.

871 « Introduction. Les guerres de mémoires : un objet d'étude, au carrefour de l'histoire et des processus de médiatisation », in *Les guerres de mémoires, la France et son histoire*, op. cit. p. 35

l'empereur Napoléon III, le monument public – à un personnage national ou non – rentre au cœur du débat public et de l'opinion.

Il n'est plus réservé à une catégorie de personnes, mais est ouvert à toutes les personnes qui souhaiteraient s'y intéresser. Il devient un objet de discussions aussi bien au conseil municipal, au parlement que dans les réunions diverses (associations, universités…).[872]

L'État restera tout de même maître de cette « mémoire de pierre ». L'ordonnance française du 10 juillet 1816 en vigueur jusqu'en 1958 dispose qu'« *aucun hommage ne pourra être voté comme témoignage de la reconnaissance publique par les conseils généraux, conseils municipaux, gardes nationales ou tout autre corps civil ou militaire sans notre autorisation préalable.* »

Pendant la Première Guerre mondiale (1914-1918), l'ampleur des pertes et la tristesse du peuple justifièrent la construction des « monuments aux morts ». L'État a ainsi accepté de prendre en compte solennellement ses morts.

En témoignent la création de la mention « Mort pour la France » (loi du 2 juillet 1915) et la consécration des sépultures de guerre entretenues aux frais de l'État (loi du 29 décembre 1915).[873] Toutefois, en recevant peu d'aides financières, les communes ne pouvaient faire face à l'entretien de tous les monuments.[874]

En 1916, quelques communes (Toulon, Chauvigny…) décident de rendre un hommage public à leurs morts en gravant leur nom sur des plaques commémoratives.[875] Ce désir des communes de construire rapidement leur monument commémoratif a été légalement autorisé et encadré par l'État quelques années après la fin de cette guerre.[876]

---

[872] Catherine Brice, « Monuments : pacificateurs ou agitateurs de mémoire » in *Les guerres de mémoires, la France et son histoire*, Préface de Benjamin Stora, sous la direction de Pascal Blanchard et Isabelle Veyrat-Masson, Édition La Découverte, avril 2010

[873] Daniel Fleury, « Plaques, stèles et monuments commémoratifs : l'État et la "mémoire de pierre" », Revue historique des armées, 259/2010 ; http://rha.revues.org/index6988.html.

[874] Daniel Fleury, op. cit.

[875] Daniel Fleury, op. cit.

[876] Daniel Fleury, « Plaques, stèles et monuments commémoratifs : l'État et la 'mémoire de pierre' », op. cit.

Sans privilégier une collectivité en particulier, l'État a pu aider financièrement des initiatives locales liées à la mémoire. Plusieurs interrogations s'imposent ainsi.

L'État doit-il soutenir certaines initiatives locales ? Les collectivités territoriales, les associations, peuvent-elles matérialiser une mémoire locale ? [877] Comment l'État belge et l'État français gèrent-ils la mémoire locale ?

Commençons par la Belgique.

Il était difficile pour les autorités belges de promouvoir une mémoire unanime qui renforcerait l'identité nationale. Entre l'oubli de la guerre et le souvenir de cette dernière, elles eurent beaucoup de mal à faire un choix.

La commémoration de la Première Guerre mondiale et la construction d'une tombe au soldat inconnu ont été tardives et rendues possibles uniquement grâce à la pression de la population.[878]

Cette inaction du gouvernement au sujet de la guerre telle a rendu possible la coexistence de messages concurrents. L'inscription du logo « AVV-VVK » est un exemple.

Selon Marnix Beyen, « *le gouvernement belge n'a pratiquement fait aucune tentative pour rétablir les faits concernant la mort des frères van Raemdonck. Pourtant l'image de Frans Van Raemdonck tenant dans ses bras le wallon Aimé Fiévez aurait fourni une image poignante de l'unité nationale. Le gouvernement belge ne profita pas de cette opportunité.* »[879]

Revenons maintenant à la France.

Les initiatives régionales ont été encouragées et soutenues par l'État. Ce dernier a lui-même décidé d'ériger plusieurs monuments : un monument franco-anglo-allemand en 1990, un monument concrétisant la mémoire juive de la Seconde Guerre mondiale en 1993, des plaques commémoratives

---

[877] Daniel Fleury, op. cit.

[878] William Hirst et Loana Apetroaia Fineberg, "Perpestives psychologiques sur la mémoire collective et l'identité nationale : le cas de la Belgique", *Belgique-Belgie, un État, deux mémoires collectives ?* Sous la direction d'Olivier Luminet, Édition Mardaga, 2012, p. 146

[879] William Hirst et Loana Apetroaia Fineberg, "Perpestives psychologiques sur la mémoire collective et l'identité nationale : le cas de la Belgique", op. cit. 146

rendant hommage aux anciens Harkis en 2001, un mémorial des musulmans « Morts pour la France » en 1914-1918 érigé en 2006...[880]

Cette dernière construction reconnaît une spécificité communautaire de la mémoire monumentale nationale.[881]

Certaines composantes de la société française souhaitent se prévaloir de leur propre histoire et mémoire pour demander une reconnaissance officielle, parfois sous forme monumentale, de sa spécificité. La construction d'une mémoire collective n'empêche cependant pas l'État de considérer la nation dans sa globalité avec ses composantes dans leur diversité.[882]

Ces dernières ont des particularités culturelles qu'il faut respecter. L'autorisation d'édification de certains monuments ou statues représentant des personnalités locales est un exemple éloquent.

Il est difficile de dire si d'autres pays ont autant que la France honoré des personnalités locales par le biais d'une monumentalité publique. Ces monuments ne devraient pas être considérés et analysés comme un synonyme du refus de vivre ensemble.

Bien souvent, ils sont intégrés à une forme de tourisme qualifiée de « tourisme de mémoire ». L'État contribue d'ailleurs à ce tourisme. La visite des sites historiques par les touristes a un impact économique, financier et mémoriel. Elle favorise en outre la connaissance des faits historiques.[883]

Le degré de tolérance de la vie en communauté diffère d'un État à un autre. Dans certains pays, la séparation des communautés est réelle, violente et voire inquiétante.

Section 2 : La construction d'une identité culturelle : une violence symbolique

L'appropriation de l'espace par la construction et la destruction de biens culturels permet de rappeler et légitimer le pouvoir qui s'y exprime. Le

[880] Daniel Fleury, « Plaques, stèles et monuments commémoratifs : l'État et la 'mémoire de pierre' », op. cit

[881] Daniel Fleury, op. cit.

[882] Daniel Fleury, op. cit.

[883] Daniel Fleury, op. cit

marquage de l'espace peut correspondre à « *la dimension spatiale de la violence symbolique* », dans le sens défini par Pierre Bourdieu[884].

Le marquage peut inscrire une violence symbolique et permettre une appropriation de certains lieux.[885] En effet, des signes de contestation des formes de pouvoir peuvent marquer un espace. Par ces formes de marquages « contestataires », l'appropriation identitaire de l'espace révèle que ce dernier est l'objet de luttes symboliques. Et les groupes sociaux sont inégalement armés.[886]

La question des lieux de mémoire érigés dans le cadre d'un processus de pacification impliquant l'ensemble des populations et celle de ceux érigés dans un processus d'exclusion sont aujourd'hui parallèlement mis en exergue.

Les acteurs de la guerre et ceux de la pacification utilisent aussi l'outil de la construction pour mettre en scène un paysage de guerre, de paix ou d'exclusion visible aux yeux de tous.[887]

La construction peut être une destruction. Les lieux de mémoire érigés après un conflit peuvent transmettre un message contraire à la construction d'une identité collective ou nationale. Ils peuvent participer à la construction d'une mémoire excluante qui matérialise la géographie du « vivre sans l'Autre ».[888]

Ainsi la construction d'une identité culturelle ne se fait pas toujours de manière pacifique. Bien souvent, elle sert à inscrire, à l'échelle spatiale, le rejet de l'Autre (Paragraphe 1), ou la guerre (Paragraphe 2).

---

884 Pierre Bourdieu, "Effet de lieu", in *La Misère du monde,* Bourdieu Pierre (dir.), Seuil, Collection Points, Paris, 1993

885 Vincent Veschambre, 2004, "Appropriation et marquage symbolique de l'espace : quelques éléments de réflexion", *Travaux et documents de l'ESO*, n° 21, p. 74.

886 Vincent Veschambre, 2004, op. cit.

887 Bénédicte Tratnjek, "Géographie des conflits. Les lieux de mémoire dans la ville en guerre : un enjeu de la pacification des territoires", op. cit

888 Bénédicte Tratnjek, "Le projet Skopje (1), la (re) construction de la mémoire comme mémoricide", in Géographie de la ville en guerre, http://geographie-ville-en-guerre.blogspot.fr/2013/05/le-projet-skopje-2014-1-la.html

Paragraphe 1 : L'inscription spatiale du rejet de l'Autre ou d'une identité commune

Tout héritier d'un espace souhaite se l'approprier. Les productions de traces sont des enjeux de mémoire. Elles peuvent représenter des formes de marquage légitimant une réappropriation identitaire par des populations aussi bien dominées que libres.[889]

Les lieux sont utilisés pour signifier aux habitants que seul le rejet de « l'Autre » est tolérable. La construction de certains biens culturels dans les pays Balkans entraîne actuellement de nombreuses controverses (A).

C'est en analysant la guerre qui frappa l'ex-Yougoslavie que Mirko Grmerk a créé le terme « mémoricide ». Notre étude s'est dès lors toujours un peu focalisée sur les pays Balkans. Toutefois, le cas de l'Irlande du Nord (B) où la construction d'un patrimoine culturel peut être synonyme de violences symboliques sera aussi mis en lumière.

A- Les pays Balkans

La Macédoine (1) et le Kosovo (2) seront les deux pays analysés dans cette section.

1- Le projet Skopje 2014 en Macédoine

Arrêtons-nous un instant sur le contexte culturel de la Macédoine. La Macédoine compte plus de 2 000 000 d'habitants. Les Macédoniens représentent 64 % de la population, 25,2 % sont Albanais, 3,9 % sont Turcs, 2,7 % sont Roms, 1,8 % sont Serbes, 0,8 % sont Bosniaques, 0,5 % sont Valaques et 20 993 n'appartiennent à aucun des groupes précédents[890].

Les minorités, reconnues par l'État macédonien, sont citées par le préambule de la Constitution qui dispose que tous les citoyens macédoniens sont, quelle que soit leur culture, égaux devant la loi. Les cultures de toutes les communautés sont protégées et promues par l'État[891].

---

889 Vincent Veschambres, 2004, op. cit.

890 Office national macédonien des statistiques, http://www.stat.gov.mk/Publikacii/knigaXIII.pdf

891 Constitution de la République de Macédoine

On peut citer à titre d'exemple l'utilisation officielle des langues minoritaires dans les municipalités où elles forment un pourcentage non négligeable. C'est le cas de la langue albanaise[892].

Le climat interethnique est relativement calme. Certaines oppositions, principalement entre les Macédoniens et les Albanais, existent toutefois. L'entretien de préjugés par chaque communauté rend la vie collective difficile.

Ainsi, les Macédoniens sont souvent réticents à l'Islam et rejettent par conséquent les Albanais majoritairement musulmans. De leur côté, les Albanais ont souvent l'impression que les Macédoniens ne les acceptent pas.

Le plan d'aménagement du centre-ville de la capitale macédonienne, « Skopje 2014 » a été depuis son lancement officiel en 2007 un exemple éloquent des difficultés de coexistence des communautés macédoniennes et albanaises.

Peu de temps après le conflit de 2001 entre les Slaves macédoniens et les Albanais, Skopje 2014 a agité ce petit pays et réveillé les conflits nationalistes passés internes et externes.[893]

La plupart des monuments du centre-ville de Skopje avaient été détruits dans les années 1960 à la suite d'un tremblement de terre. La ville a été reconstruite sur des principes modernes. Elle était ainsi dépourvue d'édifices emblématiques, prestigieux et historiques. Très peu de quartiers ont gardé leur caractère historique.

Ainsi, Skopje est devenue une ville présentant quelques monuments anciens. Le but du projet *Skopje 2014* était de redonner à Skopje un passé, une histoire, un visage monumental traditionnel comme il en existe dans la plupart des capitales européennes.[894]

---

[892] *Svetomir Skaric, « Ohrid Agreement and Minority Communities in Macedonia », Friedrich Ebert Stiftung in Macedonia.*

[893] Marion Dautry, « Skopje 2014, un projet polémique », Café Balkans. http://cafebalkans.wordpress.com/

[894] Siniša Marusić, « Skopje 2014: The new face of Macedonia, updated » , *BalkanInsight, 11 mai 2012*

Ce projet, quoique prometteur, n'a malheureusement pas fait l'unanimité. La minorité albanaise, dont l'intégration pose régulièrement problème, ne se reconnaissait pas dans les symboles choisis.[895]

Pourtant, le projet *Skopje 2014* avait pour objectif de favoriser la réconciliation des communautés macédonienne et albanaise.

Il avait en effet été décidé, dans le but de relier ces deux communautés vivant chacune à une rive du fleuve, de construire deux ponts sur le Vardar. Aucune représentation d'Albanais n'était cependant incluse dans le projet[896]. Ce n'est qu'ultérieurement que les autorités ont décidé d'ajouter les statues de Nexhat Agolli, Josif Bagëri et Pjetër Bogdani.

Par ailleurs, le gouvernement macédonien a aussi cherché à ancrer des personnages historiques comme Alexandre le Grand, Gotsé Deltchev et Damé Grouev dans le paysage culturel national. L'installation de ces statues a provoqué la colère de la Grèce et de la Bulgarie. Ces derniers estiment que ces personnages relèvent de leur histoire nationale et non de celle de la Macédoine.

Ainsi, le monument d'Alexandre le Grand a été rebaptisé la « statue du guerrier à cheval », au grand bonheur des autorités grecques.

Et pour ce qui concerne la Bulgarie, les figures telles que Gotsé Deltchev et Damé Grouev sont toujours considérées en Bulgarie comme faisant uniquement partie de l'histoire bulgare.

En effet, avant que la nation macédonienne ne soit reconnue internationalement, les Macédoniens étaient généralement considérés comme des bulgares[897].

---

895 *Ghosts of the past endanger Macedonia's future.* Boris Georgievski, BalkanInsight, October 27, 2009 « http://www.balkaninsight.com/en/article/ghosts-of-the-past-endanger-macedonia-s-future »

896 « Skopje : Controversy Over Albanian Monuments Continues », *BalkanInsight, 2010. http://www.balkaninsight.com/en/article/albanian-monuments-to-complement-skopje-2-aa4-project*

897 *Michael Kubiena, « Skopje 2014 — Musealizing the City, Re-inventing History? », The Western Balkan Policy Review,* 2012.

2- Le Kosovo

Dans le nord du Kosovo, il existe une dispute territoriale entre les Serbes et les Albanais du Kosovo. Plusieurs monuments sont érigés dans la ville de Mitrovica[898], pour célébrer une identité excluante. Chaque groupe souhaite marquer sa présence par l'édification d'un monument communautaire.[899]

En effet, deux communautés culturelles (les Serbes et les Albanais) vivent le long de la rivière (Ibar) dans la ville de Mitrovica. Bien que plusieurs ponts aient été érigés pour les relier, ces communautés ne partagent pas la même mémoire collective.

Le quartier au sud de la rivière Ibar est majoritairement serbe. Les monuments et marqueurs spatiaux reflètent l'orthodoxie serbe.

Le quartier au nord de la rivière de l'Ibar est majoritairement albanais. Les monuments et marqueurs spatiaux reflètent la double identité culturelle de ce territoire (musulmane et catholique).

Par ailleurs, chaque communauté honore ses héros de guerre tombés sur le champ de bataille par l'édification de monuments, statues... et souhaite exclure de sa mémoire collective l'autre communauté. [900]

La construction de bâtiments participe à la destruction de la mémoire collective. L'édification des lieux d'une mémoire permet de mettre en scène dans la ville en guerre la division identitaire.

B- L'Irlande du Nord

L'Irlande du Nord compte moins de 2 millions d'habitants. Pendant le conflit qui opposa les deux communautés principales du pays, plus de 3600 personnes ont trouvé la mort. L'Union européenne n'a pas pu en dépit des moyens dont elle dispose empêcher les dissensions internes. Et cela peut paraître surprenant.

---

[898] Communément nommée Mitrovica dans le vocabulaire des acteurs internationaux, cette ville est l'objet d'une dispute toponymique, représentative des tensions entre les deux communautés majoritaires qui se disputent son appropriation : Kosovska Mitrovica la Serbe et Mitrovicë l'Albanaise se font face de part et d'autre de la rivière frontière Ibar/Ibër

[899] Bénédicte Tratjnek, *Géographie des conflits. Les lieux de mémoire dans la ville en guerre : un enjeu de la pacification des territoires*, op. cit.

[900] Bénédicte Tratjnek, *Géographie des conflits. Les lieux de mémoire dans la ville en guerre : un enjeu de la pacification des territoires*, op. cit.

Le débat sur la possibilité réelle de faire vivre ensemble des groupes aux identités culturelles et religieuses différentes peut donc être relancé.[901]

En se penchant sur le conflit nord-irlandais, il est possible d'affirmer que les multiples processus de paix lancés par le gouvernement britannique semblent ne pas avoir atteint l'objectif recherché.[902]

Les deux communautés d'Irlande du Nord, l'une qualifiée de « catholique », la seconde de « protestante » ont, contrairement à ce que pourraient laisser penser leurs appellations, une querelle de nature historique et non une querelle de nature religieuse.[903]

Suite à de nombreuses vagues de colonisation par les Celtes, puis les Vikings jusqu'au IXe siècle, mais surtout par les Britanniques au cours des XIIe, XVI et XVIIes siècles, la population nord-irlandaise est devenue hétérogène.

La première vague de colons britanniques, de tradition gaélique et catholique, fut acceptée par la population irlandaise parce qu'ils partageaient une même religion. Ce ne fut pas le cas pour la deuxième vague de colons britanniques.

Ces derniers arrivèrent aux XVIe et XVIIe siècles, parlaient anglais et étaient de religion protestante. Ils furent moins acceptés par la population irlandaise parce qu'ils étaient de religion différente et parce qu'ils s'étaient accaparés la plupart des terres appartenant aux chefs irlandais dès leur arrivée sur l'île.[904]

Les deux communautés partagent des projets politiques largement différents. Les « nationalistes » sont pour une grande partie les catholiques. Ils souhaitent une réunification avec le sud de l'île. Les « unionistes » sont pour la plupart des protestants. Ils sont favorables au maintien de l'union entre l'Irlande du Nord et la Grande-Bretagne.

L'identité politique de chacune de ces communautés est dès lors bien spécifique. Chaque communauté se doit de la défendre et la promouvoir. C'est la raison pour laquelle ce conflit a duré pendant des décennies. Toutes

---

901 Élise Féron, *Abandonner la violence ? Comment l'Irlande du Nord sort du conflit ?* Éditions Payot et Rivage, 2011, p. 7
902 Élise Féron, op. cit. p. 17
903 Élise Féron, op. cit. p. 31
904 Élise Féron, op. cit. p. 18

les ressources possédées constituent une arme qu'il convient de mettre à profit dans cet affrontement politique.[905]

Le territoire est un des éléments qui oppose ces deux communautés. Il constitue un enjeu essentiel dans le conflit. Dans une province aussi petite que l'Irlande du Nord, le territoire est communautarisé, car il a une valeur affective.

Chaque communauté élabore une stratégie d'occupation et de marquage de l'espace pour maintenir une homogénéité confessionnelle. L'intégrité des frontières territoriales communautaires doit être assurée, y compris par la force, par des conquêtes territoriales, avec pour seul objectif la prise en possession de cet espace.[906]

Des symboles qui représentent avant tout la mémoire collective et qui lui donnent ainsi un sens dans l'esprit de la population jalonnent le territoire. Chacun des deux groupes veut affirmer sa souveraineté sur les lieux où se sont déroulés des épisodes importants de son histoire afin d'éviter toute confusion.

Déposséder une communauté du lieu dont il tire ses références, c'est la spolier et la priver de son identité. C'est la raison pour laquelle l'une ou l'autre communauté rappelle, par des cérémonies régulières, la signification et l'importance de ces lieux.[907]

Comme cérémonies et pratiques culturelles sont souvent perçues comme de véritables « violences symboliques ». Chaque communauté défile et célèbre son histoire, son passé, son drapeau et ses héros communautaires.

Les marches orangistes se caractérisent par une exhibition de symboles communautaires et une mise en valeur d'une mémoire aussi bien douloureuse que glorieuse. Elles sont essentiellement symboliques. Leur disparition s'avère à l'heure actuelle totalement impensable.

En dépit du contexte de tension régnant dans la province, le maintien de ces coutumes se justifie par le fait que chaque communauté souhaite maintenir sa spécificité et son identité. Elles sont considérées comme essentielles à la préservation de l'héritage culturel des deux communautés.

---

[905] Élise Féron, op. cit. p. 32

[906] Élise Féron, *Abandonner la violence ? Comment l'Irlande du Nord sort du conflit ?* op. cit. p. 150

[907] Élise Féron, op. cit. p. 151

La peur d'une reprise des affrontements justifie le maintien de ces pratiques culturelles.[908]

Pourtant, l'espoir de la fin de ce conflit culturel renaît en Irlande du Nord en 1998 avec la signature de plusieurs accords de paix. Mais la signature d'un document politique de paix ne signifie pas nécessairement une véritable réconciliation sociale.[909]

Ces deux principales communautés ont depuis des décennies appris à vivre l'une à côté de l'autre sans relation particulière. Le défi s'annonce de taille. Les habitudes ne se perdent pas facilement.

Il semble difficile d'oublier le passé, d'essayer de pardonner ou du moins d'accepter l'Autre, de dialoguer avec l'Autre, de comprendre l'Autre, et de partager le pouvoir politique ou même l'espace urbain avec l'Autre.[910]

Paragraphe 2 : L'inscription spatiale de la guerre

La construction matérielle des biens culturels sur un espace déterminé pendant la guerre est rare. Que ce soit pendant le temps des combats ou dans celui de l'immédiat après-guerre, toutes constructions s'avèrent délicates tant la peur est ancrée dans chaque habitant.

À la fin de la guerre, certaines constructions peuvent vouloir encore inscrire un sentiment de guerre dans un territoire. En témoigne notamment la construction du mur de Berlin.

Pendant plusieurs années, ce mur a rappelé en Allemagne et à Berlin plus particulièrement un sentiment de guerre. Le pays continuait d'être marqué par une guerre qui était pourtant finie plusieurs années plus tôt.

La gestion de la mémoire immédiatement après la guerre peut tout autant être un outil de paix qu'un outil de conflit. Dans le dernier cas, l'utilisation de la mémoire dans un territoire a pour objectif d'empêcher les processus de réconciliation et de pacification.

Bénédicte Tratjnek considère que « les lieux du mémoricide » sont aussi bien des lieux de destruction que de construction d'une mémoire. Ils

---

908 Élise Féron, op. cit. pp. 143-144

909 Élise Féron, op. cit. quatrième de couverture

910 Élise Féron, *Abandonner la violence ? Comment l'Irlande du Nord sort du conflit ?* op. cit. pp. 7-8

véhiculent un message, une mémoire collective qui exclue, efface ou écarte ou une mémoire collective qui rassemble et unit. [911]

L'exclusion de la communauté qui présente des critères identitaires différents des acteurs et des vainqueurs de la guerre tels que la religion, l'ethnie, la langue se matérialise aussi par la reconstruction des monuments détruits.

Cette communauté est indésirable. Elle n'a pas le droit de vivre dans le territoire, car elle est considérée comme étrangère, ennemie. Sa présence est perçue comme une menace pour la sécurité et pour l'identité collective. Toute construction ou reconstruction est faite dans l'objectif de lui rappeler cette réalité.[912]

Dans cette perspective, le processus de pacification et de réconciliation dans l'immédiat après-guerre est inenvisageable.[913] Le repli identitaire est mis en exergue par les acteurs de la division.

Des lieux de mémoire de la haine sont ainsi construits. Et certaines ruines de la mémoire collective sont toutefois maintenues dans des emplacements qui leur permettent de matérialiser une frontière.[914]

---

[911] Bénédicte Tratjnek, *Géographie des conflits. Les lieux de mémoire dans la ville en guerre : un enjeu de la pacification des territoires*, op. cit.
[912] Bénédicte Tratjnek, op. cit.
[913] Bénédicte Tratjnek, *Géographie des conflits. Les lieux de mémoire dans la ville en guerre : un enjeu de la pacification des territoires*, op. cit.
[914] Bénédicte Tratjnek, op. cit.

Titre 2 : La reconstruction matérielle du patrimoine culturel détruit comme acte de lutte contre le mémoricide

Eduardo Galeano pouvait affirmer : « *Il n'y a pas d'histoire muette. On a beau la brûler, on a beau la briser, on a beau la tromper, la mémoire humaine refuse d'être bâillonnée. Le temps passé continue de battre, vivant, dans les veines du temps présent, même si le temps présent ne le veut pas ou ne le sait pas.* »[915]

Plusieurs années plus tôt, Primo Levi écrivait ceci : « *N'oubliez pas que cela fut, non ne l'oubliez pas : Gravez ces mots dans votre cœur. Pensez-y chez vous, dans la rue, en vous couchant, en vous levant ; répétez-les à vos enfants. Ou que votre maison s'écroule, que la maladie vous accable, que vos enfants se détournent de vous.* »[916]

La résistance au mémoricide est clairement un enjeu politique .[917] Le fait que le patrimoine culturel immatériel soit épargné dans un mémoricide (chapitre 1) rend possible la reconstruction de certains biens culturels (chapitre 2).

Certains biens ne peuvent cependant pas être reconstruits. Est-ce uniquement pour cette catégorie de biens culturels que le mémoricide pourrait être rattaché ?

---

[915] Valérie Lange-Eyre, *Mémoire et droits humains : enjeux et perspectives pour les peuples d'Afrique et des Amériques*, Édition d'en bas, action de carême, 2009
[916] P. Levi, *Si c'est un homme*, Julliard, 1987, p. 9

[917] Blandine Destremau, CNRS/LISE, analyse bibliographique de l'ouvrage des auteurs Magdi Amin, Ragui Assaad, Nazar al-Baharna, Kemal Dervis, Raj M. Desai, Navtej S. Dhillon, Ahmed Galal, Hafez Ghanem, Carol Graham, Daniel Kaufmann, *After the Spring : Economic Transitions in the Arab World*, New York, Oxford University Press, 2012, p.192, ISBN : 978-0-1999-2492-9, http://www.cairn.info/revue-tiers-monde-2012-4-page-189.htm

Chapitre 1 : Le patrimoine culturel immatériel : patrimoine épargné dans un Mémoricide

Les formes et les contenus du patrimoine évoluent régulièrement.[918] S'il existe de nos jours un champ immatériel du patrimoine culturel, cela ne fut pas toujours le cas. Pendant plusieurs années, seule la Convention concernant la protection du patrimoine mondial, culturel et naturel de 1972 était l'unique disposition juridique applicable au patrimoine. Et le patrimoine culturel avait à cette époque une nature essentiellement matérielle.

Réduite à une dimension matérielle (sites et monuments historiques), la mise en œuvre de cette Convention en a révélé les limites. L'aspect immatériel du patrimoine a ainsi été mis en lumière par l'adoption de la Convention pour la sauvegarde du patrimoine culturel immatériel en 2003.[919]

L'article 2-1 de la Convention de l'UNESCO pour la sauvegarde du patrimoine culturel du 17 octobre 2003 dispose ceci:

« On entend par « patrimoine culturel immatériel » les pratiques, représentations, expressions, connaissances et savoir-faire – ainsi que les instruments, objets, artefacts et espaces culturels qui leur sont associés – que les communautés, les groupes et, le cas échéant, les individus reconnaissent comme faisant partie de leur patrimoine culturel. Ce patrimoine culturel immatériel, transmis de génération en génération, est recréé en permanence par les communautés et groupes en fonction de leur milieu, de leur interaction avec la nature et de leur histoire, et leur procure un sentiment d'identité et de continuité, contribuant ainsi à promouvoir le respect de la diversité culturelle et la créativité humaine. Aux fins de la présente Convention, seul sera pris en considération le patrimoine culturel immatériel conforme aux instruments internationaux existants relatifs aux droits de l'homme, ainsi qu'à l'exigence du respect mutuel entre communautés, groupes et individus, et d'un développement durable. »

---

[918]« Présentation » par Henri Mahé de Boislandelle, in *Le patrimoine dans tous ses états*, sous la direction d'Henri Mahé de Boislandelle, Collection Études, Presses Universitaires de Perpignan, septembre 2011, p. 9

[919] « La définition du PCI dans la Convention de l'UNESCO, à l'épreuve de communautés en destruc (tura) tion » de Papa Massène Sene in *Le patrimoine culturel immatériel et les collectivités infraétatiques*, sous la direction de Leila Kankarani et Francette Fines, Éditions A. Pedone, 2013, pp. 27-28

Le patrimoine culturel immatériel englobe ainsi la pensée, les idées, la parole, les croyances habituelles, les convenances et pratiques sociales, la communication des connaissances aux générations futures et à travers lesquelles ces sociétés se reproduisent et se perpétuent. Ainsi, toutes les formes de connaissances théoriques et pratiques, reconnues comme composantes de leur patrimoine par ceux qui les produisent et en font usage, entrent dans cette définition.[920]

Le patrimoine matériel et le patrimoine immatériel ne s'opposent pas l'un à l'autre. Au contraire, ils peuvent être considérés comme indissociables, et la Convention de 2003 comme complétant celle de 1972.

C'est du moins la pensée de Pape Massène Sene. « *Alors que le patrimoine culturel matériel renvoie à ce que fait l'homme, le patrimoine culturel immatériel restitue ce qui fait l'homme et révèle ce qu'est l'homme. [...] Le patrimoine culturel immatériel permet d'aller en profondeur, pour trouver des réponses aux questions fondamentales « pourquoi ? Comment ? Par qui ? Et pour qui ?* » »[921]

Le patrimoine culturel immatériel correspond à la dimension inanimée du patrimoine culturel matériel. Sa préservation et sa promotion, tout comme celui du patrimoine culturel matériel répond à d'autres finalités que le désir de transmettre aux générations futures un héritage que le temps peut dégrader ou laisser tomber dans l'oubli.

Parmi ces finalités plurielles, il ne sera question ici que de la construction d'identités collectives.

Dans l'étude du mémoricide, le patrimoine culturel immatériel est épargné. Seuls les biens culturels matériels sont visés. Ceci pourrait surprendre. Car la communauté et les hommes qui la composent sont les acteurs principaux du patrimoine culturel (matériel et immatériel).

Ils sont porteurs de mémoire. Détruire l'expression matérielle de la mémoire sans tuer les hommes porteurs de celle-ci n'entraîne pas automatiquement la perte de cette dernière.

Vansina, sur la base de ses recherches en Afrique centrale, estime d'ailleurs que : « *Le bon témoin est quelqu'un qui vit dans la vie coutumière,*

---

[920] « La définition du PCI dans la Convention de l'UNESCO, à l'épreuve de communautés en destruc (tura) tion » de Papa Massène Sene, in *Le Patrimoine culturel immatériel et les collectivités infraétatiques*, op. cit. p. 31
[921] Papa Massène Sene, op. cit. p. 32-33

qui produit des traditions sans trop d'hésitation, qui en comprend le contenu, mais qui n'est pas trop brillant, car on peut craindre qu'il ne les déforme, et qui enfin est déjà d'âge mur et possède en conséquence une expérience personnelle de sa culture. En résumé, le bon témoin est l'homme ordinaire qui possède un statut qui lui permet de connaître la tradition. »[922]

La place de l'homme dans la communauté détentrice d'un patrimoine culturel est dès lors déterminante. Il est important de s'en rappeler, car la tendance est à l'oubli.[923]

Si les communautés humaines créent au travers de leurs pratiques et expressions le patrimoine culturel immatériel, ce dernier définit la communauté en même. On peut ainsi affirmer que le patrimoine culturel immatériel et la communauté se définissent mutuellement par le biais de cette formule circulaire. [924]

Même si de nombreux États limitent l'autonomisation des communautés, l'un des principaux objectifs de la Convention consiste à construire des communautés (Section 1) auxquelles leurs membres puissent s'identifier.

Et la construction patrimoniale, propre à toute communauté qui revendique une singularité, se traduit par la mise en scène de rites, danses, chants, mélodies, mimes… Elle se traduit aussi par la mise en discours/scène de mots, mais aussi d'expressions, de phrases, de textes dans la langue (ou dans la parlure) en usage dans la communauté.[925]

En effet, la Convention internationale pour la sauvegarde du patrimoine immatériel définit les traditions, les arts du spectacle, les pratiques sociales, les rituels, les événements festifs et les expressions orales comme composant le patrimoine culturel immatériel.[926]

---

[922] J. Vansina, *De la tradition orale : essai de méthode historique*, Tervuren, Musée royal de l'Afrique centrale, 1961, p. 159

[923] Papa Massène Sene, in *Le Patrimoine culturel immatériel et les collectivités infraétatiques*, op. cit. pp. 37-38

[924] « Célébrer les différences, renforcer la conformité » par Valdimar Tr. Hafstein in *Le patrimoine culturel immatériel, enjeux d'une nouvelle catégorie*, sous la direction de Chiarra Bortolotto, op. cit. p. 88

[925] « Mots et patrimoine, mots du patrimoine » par Henri Boyer in *Le patrimoine dans tous ses états*, sous la direction de Henri Mahé de Boislandelle, op. cit. p. 33

[926] Sophie Monnier, *L'essentiel du Droit de la culture*, Gualino Lextenso Édition, 2009, p. 92

Toute langue sert avant tout à communiquer. Et tout savoir ou savoir-faire composant le patrimoine culturel immatériel est d'abord transmis de manière orale. Ainsi la langue est un vecteur du patrimoine culturel immatériel.

Ayant déjà abordé différentes formes d'expressions du patrimoine culturel immatériel, notre présentation serait incomplète si l'on ne traitait pas un bien immatériel précieux entre tous pour un pays et pour un peuple : sa langue ou ses langues (Section 2).

Section 1 : La communauté, actrice sociale dans la construction du patrimoine culturel

Le patrimoine culturel immatériel est valorisé par la communauté. Selon les termes de la Convention, il est constitué de traits « *que les communautés, les groupes et, le cas échéant, les individus reconnaissent comme faisant partie de leur patrimoine culturel* ».

La communauté a la lourde tâche de reconnaître les éléments pouvant faire partie de son patrimoine culturel immatériel. Et cette charge ne pèse pas sur des spécialistes appointés, mais sur tous les individus.

Ici l'objet et le sujet participent au projet de sauvegarde. Ce sont bien les sujets, les hommes qui identifient des éléments relevant du susceptible de faire l'objet d'une demande de reconnaissance au titre du patrimoine culturel immatériel.

La reconnaissance des différents éléments du patrimoine pensés et créés par le groupe qui les portent assure la perpétuation de ce groupe sur un territoire. Comme l'indique très précisément la Convention, « *un sentiment d'identité et de continuité* » est donné aux communautés. Dans cette optique, les deux notions que sont le patrimoine culturel immatériel et les communautés sont indissociables.[927]

Grâce à l'UNESCO, les groupes humains ne possédant ni statut politique ni puissance économique sont valorisés aux yeux du monde. Au travers de leurs pratiques, ils sont valorisés et reconnus.[928]

---

[927] « L'image des communautés dans l'espace public » par Frédéric Maguet in *Le patrimoine culturel immatériel, enjeux d'une nouvelle catégorie*, sous la direction de Chiara Bortolotto, op. cit. pp. 48-49

[928] Frédéric Maguet, « L'image des communautés dans l'espace public », op. cit. p. 50

Ces dernières sont transformées en un patrimoine. L'artisanat, la tradition orale, les rituels… sont incorporés de manière légitime dans la mémoire collective.[929] Pour reprendre la formule de Barbara Kirshenblatt-Gimblett, on leur offre « *une seconde vie comme représentation d'elles-mêmes* »[930].

Ils constituent le sujet communautaire et invitent à porter une attention particulière sur les relations affectives, sur les identités et sur la manière dont le patrimoine culturel immatériel est désigné.[931]

Une communauté qui survit à une guerre peut continuer à produire et transmettre un héritage.

Que se passe-t-il lorsqu'on est en présence d'une communauté déstructurée, mais pas détruite ? (Paragraphe 2) La définition préalable de la notion de communauté (Paragraphe 1) peut permettre de répondre à cette question.

Paragraphe 1 : La notion de communauté

Qu'est-ce qu'une « communauté » ? Comment définir « les groupes » qui ne sont pas des communautés ? Ces questions sont pratiquement inévitables dès lors qu'on souhaite étudier le patrimoine culturel immatériel.

Présente depuis l'origine des sciences sociales, notamment en sociologie et en anthropologie avec les travaux d'Henri Maine puis de Ferdinand Tonnies, l'idée de « communauté » a fait l'objet de profondes discussions.[932] Et il est important de considérer les rapports entre communautés et État.[933]

Quelle que soit la manière dont on construit la « communauté », il s'agit forcément d'un groupe composé d'individus. La détermination de ce groupe présente ici un intérêt. Elle permet de définir les acteurs sociaux qui peuvent participer à l'élaboration du patrimoine culturel immatériel.

---

[929] Raymond Williams, *Marxism and Literature*, Oxford, Oxford University Press, 1977, p. 122

[930] Barbara Kirshenblatt-Gimblett, *Destination Culture. Tourism, Museums, and Heritage,* Berkeley, University of California Press, 1998. p. 150

[931] « Célébrer les différences, renforcer la conformité » par Valdimar Tr. Hafstein in *Le patrimoine culturel immatériel, enjeux d'une nouvelle catégorie*, op. cit. p.90

[932] Ferdinand Tonnies, *Communauté et société. Catégories fondamentales de la sociologie pure*, Paris ? PUF, 1944

[933] Frédéric Maguet, « L'image des communautés dans l'espace public », op. cit. p. 52

Car pour impliquer les communautés dans une démarche de conservation, il faut d'abord les circonscrire, définir l'ensemble de leurs membres et désigner les autorités compétentes pour l'élaboration du patrimoine culturel immatériel. Dès lors, il convient de définir la communauté par opposition à la société (A) et à l'État (B).

A- Communauté et société

L'ouvrage de Tonnies publié en 1887 sous le titre « *Communauté et société. Catégories fondamentales de la sociologie pure* » en France, inaugure la réflexion sur la communauté. Il oppose tout comme Maine la communauté à la société.

La société, selon Jean-Jacques Rousseau, est une union contractuelle entre plusieurs individus. Si Maine y voit un lieu d'échange, de commerce, Tonnies fait reposer la société sur des fondements qu'il tient pour naturels tels la parenté, le voisinage, l'amitié... Cette analyse introduit deux types de volontés que ce dernier auteur nomme : « volonté organique » et « volonté réfléchie ».

La volonté organique conduit à la création d'un lien communautaire, lequel « *repose sur une proximité affective et corporelle, sur des sentiments et des habitudes* »[934].

La volonté réfléchie conduit à la création d'un lien communautaire fondée sur un intérêt quel qu'il soit.[935]

Si certains commentateurs[936] ont voulu doter la communauté d'une valeur positive et la société d'une valeur négative, Tonnies ne fait pas une telle différence.[937]

Dans l'esprit de la Convention de l'UNESCO sur le patrimoine culturel immatériel, les communautés définies sont, dans la grande majorité des cas, des communautés ethniques, c'est-à-dire de groupes qui se reconnaissent

---

934 Max Weber, *Économie et Société*, Paris, Pocket, coll. « Agora », 2003

935 Ferdinand Tonnies, *Communauté et société. Catégories fondamentales de la sociologie pure*, op. cit. p. 5

936 Manfred Gangl, « La communauté contre la société. Apories de la sociologie allemande entre les deux guerres mondiales », in *Communauté et modernité*, sous la direction de Gérard Raulet et Jean-Marie Vaysse, Paris, L'Harmattan, coll. « La philosophie en commun », pp. 200-217.

937 Frédéric Maguet, « L'image des communautés dans l'espace public », op. cit. p. 52

d'une commune origine et culture.[938] Comme l'a noté Dorothy Noyes, « *l'attrait des communautés tient pour partie à ce qu'elles semblent avoir de naturel.*[939]»

Certains groupes de personnes peuvent être qualifiés de communautés. Il en est ainsi des praticiens tels les artisans, les musiciens, les guérisseurs. Ils sont également représentés au sein des 90 Proclamations provisoires.[940]

Toutes les communautés ne sont pas éligibles pour constituer un patrimoine. Les images de ces communautés doivent satisfaire certains critères et ne pas concurrencer l'État.

B- Communauté et État

Les communautés auxquelles la définition du patrimoine immatériel par l'UNESCO se réfère occupent toutes des positions dans lesquelles elles sont assujetties aux États. Elles ne doivent en aucun cas entrer en compétition avec l'État.

Sujets collectifs, ces communautés sont soumises à un ensemble de règles établi par l'État. Elles peuvent être autonomes. La loi de la décentralisation de 1982 accorde une autonomie administrative et financière aux collectives territoriales. Elles ne sont toutefois pas indépendantes, car elles entretiennent avec leur gouvernement central, un lien administratif.[941]

Toute forme de revendication d'autonomie politique, culturelle, voire d'indépendance dans les États assimilationnistes par une communauté rend extrêmement problématique la présentation d'un dossier contenant des traits identitaires spécifiques et non partagés par l'ensemble de la population.

C'est le cas de la Turquie qui n'a à ce jour présenté aucun dossier concernant des traditions de peuples enclavés comme celles de la minorité kurde. Elle a toutefois proposé et obtenu la reconnaissance de l'art des

---

[938] Frédéric Maguet, op. cit. p. 65

[939] « Group », of Dorothy Noyes, in *Eight Words for the Study of Expressive Culture*, Urbaba, University of Illinois Press, P. 7-41, Burt Feintuch (dir.)

[940] Frédéric Maguet, « L'image des communautés dans l'espace public », op. cit p. 65

[941] « Célébrer les différences, renforcer la conformité » par Valdimar Tr. Hafstein in *Le patrimoine culturel immatériel, enjeux d'une nouvelle catégorie*, op. cit. pp.89-90

Meddah, qui sont des conteurs publics représentatifs de la culture populaire admise par le pouvoir d'Ankara.[942]

Il n'est en effet pas facile pour un État de faire un choix entre le désir de reconnaître les particularités culturelles que l'on peut rapprocher au respect des droits de l'homme et le désir de créer une unité ou une homogénéité de la population.

Certaines demandes de reconnaissance sont des demandes politiques. Les dossiers présentés par des ensembles culturels régionaux appartenant à la France ou à une nation traditionnelle peuvent être lus dans une telle optique.[943]

La situation est différente dans les États qui reconnaissent sur leur territoire la légitimité, voire la nécessité des expressions communautaires. Les principaux États porteurs d'une tradition communautariste affirmée tels la Grande-Bretagne, l'Allemagne, les Pays-Bas, les États-Unis ou le Canada, n'ont pas ratifié la Convention sur le patrimoine culturel immatériel. La crainte d'une mise en péril d'un équilibre politique fragile obtenu au terme d'un long processus d'ajustement le justifie sans doute.[944]

En définitive, la Convention sur le patrimoine culturel immatériel a davantage de succès dans les pays où le communautarisme n'est pas accepté que dans les pays où il est admis.

Dans le premier cas, la Convention permet aux États de reconnaître les particularismes culturels. Dans le deuxième cas, la reconnaissance des particularismes culturels est déjà de mise. La ratification de la Convention pourrait être perçue comme sans intérêt.

L'action culturelle est premièrement une affaire d'État, que ce dernier soit communautariste ou qu'il soit non communautariste[945]. Il est légitime de laisser à chaque État le soin de toute reconnaissance des particularités

---

[942] Frédéric Maguet, op. cit. p. 66

[943] Voir Emmanuel Todd, *Le Destin des immigrés. Assimilation et ségrégation dans les démocraties occidentales*, Paris, Éditions du Seuil, 1994, p. 234 ; Maurice Agulhon « Le centre et la périphérie » in *Les Lieux de mémoire, t. II, La nation, la France*, Paris, Gallimard, coll. « Quarto », p. 2889-2906, sous la direction de Pierre Nora

[944] « L'image des communautés dans l'espace public » par Frédéric Maguet in *Le patrimoine culturel immatériel, enjeux d'une nouvelle catégorie*, sous la direction de Chiara Bortolotto, op. cit. p. 67

[945] Frédéric Maguet, « L'image des communautés dans l'espace public », op. cit. p. 67

culturelles afin de préserver l'idée d'une politique culturelle ayant une dimension nationale.[946]

En France, les collectivités territoriales partagent avec l'État l'action culturelle. La reconnaissance de l'intérêt public local justifie leur intervention. La loi 2004-809 du 14 août 2004 (article 99) relative aux libertés et responsabilités locales, est consacrée la notion de « patrimoine rural non protégé » (PRNP).[947]

Les autorités locales sont donc désormais en capacité juridique de mettre en œuvre par elles-mêmes les mesures nécessaires à la sauvegarde ou à la valorisation du patrimoine à la place ou en complément de l'action de L'État.[948]

Le décret n° 005-837 du 20 juillet 2005 autorise les initiatives locales et la gestion des crédits budgétaires affectés à l'entretien, à la conservation et à la restauration du patrimoine rural non protégé.[949]

Le patrimoine rural non protégé s'applique aussi bien aux éléments matériels qu'aux éléments immatériels du patrimoine. L'intérêt public local renvoie à la mémoire matérielle, à la préservation des traditions orales, au savoir-faire, à certaines pratiques sociales ou certains rites festifs qui peuvent être en lien parfois avec des édifices immobiliers. [950]

L'État garde le contrôle de l'action culturelle. Il encourage ou limite l'action des collectivités locales. Il s'assure que l'héritage laissé par les générations passées soit transmis aux générations futures.

---

[946] Conformément à la mission du Ministère de la Culture dont la mission, définie initialement par le décret du 24 juillet 1959, consistait notamment à « rendre accessibles les œuvres capitales de l'humanité, et d'abord de la France, au plus grand nombre possible de Français » et à « assurer la plus vaste audience à notre patrimoine ».

[947] Le patrimoine rural non protégé *« est constitué par les édifices, publics ou privés, qui présentent un intérêt du point de vue de la mémoire attachée au cadre bâti des territoires ruraux ou de la préservation du savoir-faire ou qui abritent des objets ou décors protégés au titre des monuments historiques, situés dans des communes rurales et des zones urbaines de faible densité »*.

[948] Jean-François Brisson, "La compétence culturelle des collectivités infraétatiques" in *Le patrimoine culturel immatériel, enjeux d'une nouvelle catégorie*, sous la direction de Chiara Bortolotto, op. cit. p. 99

[949] Jean-François Brisson, op. cit. p. 99

[950] Jean-François Brisson, op. cit. p. 100

Paragraphe 2 : Le cas des communautés déstructurées

Le patrimoine culturel immatériel est un patrimoine vivant et dynamique. Il ne saurait être statique. Il est créé, choisi, assemblé et interprété par les communautés. Il les définit, forge leur image et identité collective et donne une voix à ses membres.

Ces derniers devraient parler d'une seule et même voix pour l'établissement dudit patrimoine. Mais est-ce toujours le cas ? Censure-t-on les voix discordantes ?[951]

Les mutations sociales et les exigences contemporaines poussent les communautés dépositaires de patrimoine culturel immatériel à prendre l'initiative de recréer, c'est-à-dire d'améliorer et reconstruire.

La Convention le rappelle d'ailleurs. Elle met l'accent sur « *la transmission générationnelle, la recréation permanente des expressions et pratiques culturelles, et l'interaction avec la nature (c'est-à-dire notre milieu et notre environnement) et l'histoire* ».[952]

Il ne s'agit pas de conserver à tout prix « l'avoir été » dont la perte serait préjudiciable pour la société, de rester enfermer dans le passé, de demeurer nostalgique.[953] Il serait vain de courir après un « paradis perdu ». Ce serait une perte de temps, car aucune communauté ne peut maintenir une authenticité originelle.[954]

Le monde change ; il évolue. Les communautés et les sociétés modifient ainsi leurs pratiques et expressions culturelles (récits, spectacles, rituels…) au gré des nouvelles aspirations du présent. Des dysfonctionnements internes ou externes peuvent ainsi survenir et déstructurer des communautés autrefois unies.

Si un groupe de personnes mal intentionnées peut avoir le désir de déstructurer une communauté pour établir un mémoricide, la mondialisation

---

951 Valdimar Tr. Hafstein, « Célébrer les différences, renforcer la conformité », op. cit. p. 90.

952 Valdimar Tr. Hafstein, op. cit. p. 90

953 Papa Massène Sene, « La définition du PCI dans la Convention de l'UNESCO, à l'épreuve de communautés en destruc (tura) tion », in *Le Patrimoine culturel immatériel et les collectivités infraétatiques*, op. cit. pp. 37, 39

954 Papa Massène Sene, « La définition du PCI dans la Convention de l'UNESCO, à l'épreuve de communautés en destruc (tura) tion » in *Le Patrimoine culturel immatériel et les collectivités infraétatiques*, op. cit. p. 33

(facteur externe), l'évolution des mœurs et des pratiques (facteur interne) sont autant de circonstances susceptibles d'entraîner la perte de la mémoire[955].

Dans un souci de modernisation, les pays africains s'inspirent de plus en plus de la culture européenne.[956] En effet, les structures « coutumières » africaines disparaissent lentement mais sûrement.[957]

La nouvelle mentalité citadine impose son modèle au monde rural. Les États signataires de la Convention, bien qu'ils aient éprouvé une grande fierté de voir reconnaître leur riche patrimoine culturel, [958] se trouvent malheureusement dans l'incapacité d'accomplir convenablement leur mission.[959]

De sociétés à tradition orale, elles deviennent des sociétés d'écriture. Une place est désormais faite aux professionnels de l'écriture et non plus aux griots[960] comme ce fut le cas pendant plusieurs, qui à travers des écrits, se mettent à la quête des traces du passé et de la tradition orale.[961]

Les pensées portées par nos langues continuent toutefois de laisser des empreintes.

---

[955] V. Fernando Báez, *Histoire universelle de la destruction des livres,* Fayard, 2008, p. 129

[956] Papa Massène Sene, op. cit. p. 33

[957] « Le savoir historique et ses détenteurs en Afrique noire » par Nicoué Gayibor in *Entre la parole et l'écrit, contributions à l'histoire de l'Afrique en hommage à Claude-Hélène Perrot*, sous la direction de Monique Chastanet et Jean-Pierre Chrétien, Éditions Karthala, 2008.

[958] Papa Massène Sene, « La définition du PCI dans la Convention de l'UNESCO, à l'épreuve de communautés en destruc (tura) tion », op. cit. pp. 34-35

[959] Papa Massène Sene, op. cit. p. 37

[960] D. T. Niane, *Soundjata ou l'épopée mandingue*, Paris, Présence africaine, 1960, pp. 5-6.

[961] « Oralité et récits de vie : repenser l'histoire sociale et politique du Sénégal » par Babacar Fall, in *Entre la parole et l'écrit, contributions à l'histoire de l'Afrique en hommage à Claude-Hélène Perrot,* Contributions à l'histoire de l'Afrique en hommage à Claude-Hélène Perrot, sous la direction de Monique Chastenet et Jean-Pierre Chrétien, Éditions Karthala, Paris 2008, p. 66

Section II : La langue : mode de communication par excellence

Il est écrit dans le livre biblique de Jean au chapitre 1 verset 1 : « *Au commencement était la parole [...]* ». Le livre biblique de la Genèse parle d'un Dieu qui, du haut des cieux, appelle à l'existence les choses qui n'existent pas grâce à la parole. Genèse 1 verset 3 : « *Dieu dit : que la lumière soit ! Et la lumière fut.* » Avant l'écriture était la parole !

La parole s'inscrit dans un langage qui est encadré par une langue. Elle est le moyen le plus utilisé pour communiquer et transmettre des messages.[962]

Pour Pierre Chaunu, « *la parole (Ha Dabar) aussi loin que nous explorions notre mémoire, c'est l'homme* ».[963] Il ne dissocie pas la parole de l'écriture.[964]

Il existe des multiples moyens de communication : l'oral, l'écrit, le visuel ou les nouvelles technologies. Ils favorisent le développement ou le déploiement de la parole. Elle est dans ce sens une notion large[965] qui sera ici limitée à sa dimension orale.

La parole est à tout homme. « *Aussi loin que nous explorons notre mémoire, la parole c'est l'homme* ».[966] Si les mots n'appartiennent à personne, [967] la parole concrétise le langage qui permet à tout homme de se faire comprendre par des mots qui figurent dans une langue. [968]

La langue fournit le cadre pour l'exercice de la parole. Elle n'existe cependant que grâce à la parole (exception faite de la langue des signes) qui la valorise et la met en lumière.

---

962 Georges Gusdorf, *La parole*, PUF, 1952, p. 5

963 « Préface » in J.-H. Martin, *Histoire et pouvoirs de l'écrit*, Perrin, 1988, p. 12 ; V. encore L. Febre et J.-H. Martin, *L'apparition du livre* (postface, F. Barbier), Albin Michel, 1999

964 J.-H. Martin, *Histoire et pouvoirs de l'écrit*, op. cit. p. 12

965 Philippe Breton, *Éloge de la parole*, Éditions La Découverte/Poche, Paris, 2007, p. 6

966 Cf. « Préface » in J. H. Martin, *Histoire et pouvoirs de l'écrit*, Perrin, 1988 p. 12

967 M. Bakhtin, « Estetika slovesnogo tvorchestva (Esthetic of Verbal Creation) », in T. Todorov, *Mikhail Bakhtin, le principe dialogique. Écrits du Cercle de Bakhtin*, Paris, Seuil, "Coll. Poétique", 1981, p. 83

968 M. Bakhtin, « Problemy poétiki Dostoevskogo (Problems of Dostoievski's Poetics) », (extraits traduits) in T. Todorov, Mikhail Bakhtin..., op. cit.

Avant de parler telle langue, l'homme parle (Paragraphe 1). L'homme est un être de relation. Tout échange parlé est la conséquence de cette nature relationnelle de la réalité humaine.[969]

La volonté de vivre ensemble, constitutive d'une nation, s'affirme dans le maintien d'une langue commune.[970] On parle en France du droit de la langue française (Paragraphe 2).

Paragraphe 1 : Le droit de parler

René Descartes pouvait affirmer ceci : « *je pense, donc je suis* » (Cogito ergo sum).[971] Cette célèbre phrase étudiée par de nombreux philosophes, sociologues et scientifiques dans de nombreux pays signifierait simplement ceci : « *j'existe parce que je pense* ».

La pensée n'est pas explicitement encadrée par le législateur français. C'est sans doute parce que la liberté de pensée ne peut, en aucun cas, être ôtée à un être humain que le législateur n'a pas trouvé opportun de l'encadrer juridiquement.

Toujours est-il que la liberté d'opinion existe et est encadrée par le législateur, tout comme la liberté d'expression ; celle-ci pouvant se définir comme le droit de penser et le droit de révéler sa pensée.[972]

Ces libertés sont des libertés de l'esprit. Parce que le corps d'un être humain bénéficie d'une protection effective, l'esprit se doit également d'être protégé.

La Déclaration universelle des droits de l'homme de 1789 consacre d'ailleurs la liberté d'expression dans son article 11 : « *tout citoyen peut... parler, écrire, imprimer librement* ». Il découle de cet article un droit de parler. Et ce droit est intimement lié à la liberté d'opinion et à la liberté d'expression.

Le droit de parler, développé ici, va bien au-delà du fait d'émettre des sons provenant de la bouche ou d'aligner une succession de mots formant une phrase. Il concerne la qualité des informations que nous transmettons par

---

[969] Georges Gusdorf, *La parole*, op. cit. p. 63

[970] Georges Gusdorf, op. cit. p. 61

[971] René Descartes, *Discours de la méthode*, Imprimerie de l'an Maire, 1637

[972] Gilles Lebreton, *Libertés publiques et droits de l'homme*, Sirey université, 8e Édition, décembre 2008

le biais de la parole. La parole ne trouve un intérêt que lorsqu'elle permet à un individu de s'exprimer.

Si le silence est devenu rare dans les sociétés modernes, la pratique courante de la parole pousse à oublier l'importance et le rôle qu'elle occupe dans une vie.[973]

Elle favorise le lien qui unit les membres d'une communauté. Elle leur permet de rentrer en relation et de briser momentanément celle que l'on entretient avec soi tout au long de la journée. Il existe en effet un dialogue intérieur.[974]

Elle représente un redoutable pouvoir qui pourrait avoir des conséquences si elle est mal utilisée. C'est la raison pour laquelle le droit de parler est limité et encadré. En effet, si on ne peut pas retirer à l'homme sa liberté de pensée, sa liberté de parler ou d'écrire peut être restreinte par la puissance publique.

« *Parlez, mais taisez-vous ! Voilà au fond le vrai problème de la parole dans le monde contemporain.*[975]»

Par conséquent, on ne peut tout dire et tout écrire. On ne peut pas toujours s'exprimer comme on le souhaite ou le désire. Dans l'intérêt général, les autorités essaient de définir les limites de certaines libertés collectives.[976]

Paragraphe 2 : Le droit de la langue française

Art de la parole, facteur d'expression et héritage collectif,[977] l'importance de la langue dans la communication n'est plus à démontrer.

Elle est un facteur d'identité. Son utilisation est associée à l'affirmation d'une unité nationale. Elle n'est par conséquent pas un instrument neutre.

---

973 Philippe Breton, *Éloge de la parole*, Éditions La Découverte/Poche, Paris, 2007, p. 5

974 Philippe Breton, op. cit. p. 5

975 Philippe Breton, op. cit. p. 6

976 Carole Vivant, *l'historien saisi par le droit. Contribution à l'étude des droits de l'histoire*, (préface, P. Pétel ; avant-propos, R. Rémond), Dalloz, 2007, p.131

977 Jean-Marie Pontier, *Droit de la langue française*, Dalloz, 1997, p. 1

La langue française a attiré l'attention du législateur et du constituant. Il est consacré de nos jours un droit de la langue française.[978] Comme toutes les autres langues, elle ne laisse pas le droit international indifférent.

La Convention pour la sauvegarde du patrimoine culturel immatériel ratifiée par la France est un exemple éloquent. À cet égard, la langue que l'on peut rattacher au patrimoine immatériel fait l'objet d'une protection particulière.

Au côté du droit de la langue française (A),[979] les langues de France sont aussi prises en considération (B).

A- La protection de la langue française

Dans l'Ancien Régime, l'Ordonnance de Villers-Cotterêts, en date de 1539, de François 1er, impose l'utilisation du français dans les actes officiels et de justice.

Son article 111, jamais abrogé, dispose en effet que « *pour ce que de telles choses sont souvent advenues sur l'intelligence des mots latins contenus esdits arrests, nous voulons, d'oresnavant que tous arrests, ensemble toutes autres procédures, soient de nos cours souveraines et autres subalternes et inférieures, soient de registres, enquestes, contrats, commissions, sentences, testaments et autres quelconques, actes et exploicts de justice, ou qui en dépendent, soient prononcés, enregistrés et délivrés aux parties en langage maternel français et non autrement.* »[980]

À la suite de la Révolution, la loi du 2 thermidor an II (20 juillet 1794) confirmera en des termes très clairs ce texte. L'article 1 de la présente loi dispose qu' « *à compter du jour de la publication de la présente loi, nul acte public ne pourra, dans quelque partie que ce soit du territoire de la République, être décrit qu'en langue française.* »

---

978 Jean-Marie Pontier, op. cit. Quatrième de couverture

979 Jean-Marie Pontier, op. cit. p. 2

980 « *Et parce que de telles choses sont arrivées très souvent, à propos de la [mauvaise] compréhension des mots latins utilisés dans les arrêts, nous voulons que dorénavant tous les arrêts et autres procédures, que ce soit de nos cours souveraines ou autres, subalternes et inférieures, ou que ce soit sur les registres, enquêtes, contrats, commissions, sentences, testaments et tous les autres actes et exploits de justice ou de droit, que tous ces actes soient dits, écrits et donnés aux parties en langue maternelle française, et pas autrement.* »

Ces textes (si peu nombreux fussent-ils) sur la langue sont de nature législative. Or, la supériorité de la Constitution sur les autres normes exige que ce soit dans la Constitution que la question de la langue française soit réglée.[981] Et c'est ce qui fut fait.

Introduite par la loi constitutionnelle du 25 juin 1992 relative au Traité de Maastricht, l'alinéa 1 de l'article 2 de la Constitution de 1958 énonce que « *la langue de la République est le français* ».[982]

Ainsi, depuis 1992, il existe une disposition de niveau constitutionnel sur la langue française ou sur l'usage de celle-ci.

Le projet de loi de ratification du traité de Maastricht a soulevé toutefois plusieurs craintes. Les partisans de la protection de l'identité nationale poussent l'opposition de l'époque[983] à déposer deux amendements afin que soit inscrite une disposition relative à la langue française. Le gouvernement ne s'opposa point à ces amendements. Ils ont été jugés utiles par le ministre des Affaires étrangères[984].

Ainsi, la République française a plusieurs attributs constitutionnels : un drapeau tricolore, un hymne, « la Marseillaise », une devise, « Liberté, Égalité, Fraternité », une langue, la langue française.

La plupart de ces derniers ont été inscrits dans le texte constitutionnel pour la première fois en 1946. Seule la disposition relative à la langue française intervient en 1992. [985]

Constitutifs de l'identité nationale, ces éléments constitutionnels sont considérés par le peuple français comme des composantes de la nation. Le constituant a estimé indispensable d'inscrire dans le droit et la « norme fondamentale », la langue française.[986] Qu'en est-il des langues de France ?

---

[981] Jean-Marie Pontier, *Droit de la langue française*, op. cit. p. 35
[982] Sophie Monnier, *L'essentiel du Droit de la culture*, op. cit. p. 92
[983] Jean-Marie Pontier, *Droit de la langue française*, op. cit. p. 35
[984] « La reconnaissance constitutionnelle de la langue française » R. Debbasch, Revue française de droit constitutionnel, 1992, n° 11, pp. 457 et s.
[985] Jean-Marie Pontier, « La République », Recueil Dalloz, 17 septembre 1992, pp. 239
[986] Jean-Marie Pontier, *Droit de la langue française*, op. cit. p. 37

B- La protection des langues de France

La langue française est la langue de la République française et de la nation française. Il est souvent fait un lien entre cette langue, qui est unique comme la République est une, et la langue de la nation. La nation, notion riche et complexe, se définit pourtant aussi par sa diversité, dont l'une des expressions est la pluralité des langues utilisées. L'expression « langues de France » renvoie à cette diversité et pluralité.[987]

Les langues de France, à côté de la langue française, sont constituées des langues régionales. Elles sont juridiquement reconnues. La loi Deixonne[988] du 11 janvier 1951 ne cite que quatre langues régionales : le breton, le basque, le catalan et l'occitan.

Pour des raisons sans doute purement politiques à cette époque, deux langues n'avaient pas été prises en compte. Il s'agit de l'alsacien et du corse. Le corse a été reconnu en 1974 et l'alsacien en 1992.

Bien que n'étant pas nationales, ces langues peuvent être parlées et promues traditionnellement par des citoyens français sur le territoire de la République. Certaines collectivités territoriales soutiennent la réalisation des œuvres cinématographiques ou audiovisuelles d'expression dans la langue régionale.[989]

Une telle reconnaissance peut paraître paradoxale. En effet, la Charte européenne des langues régionales ou minoritaires, élaborée dans le cadre du Conseil de l'Europe, mais non ratifiée par la France, a été jugée contraire à plusieurs principes essentiels de la Constitution par le Conseil constitutionnel.

Il était reproché à ce texte d'être contraire à l'indivisibilité de la République, à l'égalité devant la loi, à l'unicité du peuple français et enfin à la disposition de l'article 2 de la constitution qui fait du français la langue de la République.

---

[987] Jean-Marie Pontier, *Droit de la langue française*, op. cit. p. 44
[988] La loi Deixonne ne parle que des lois locales. Elle a été adoptée à une époque où le terme de « région » et tout ce qui s'y rapportait n'avaient guère le droit de cité dans les enceintes parlementaires.
[989] Jean-Marie Pontier, *Droit de la langue française*, op. cit. p. 45

La loi constitutionnelle du 23 juillet 2008 de modernisation des institutions a inséré une nouvelle disposition dans le chapitre sur les collectivités territoriales.

L'article 75-1 dispose que « *les langues régionales appartiennent au patrimoine de la France* ». Cette disposition devra néanmoins être conciliée avec l'article 2 susvisé qui n'a cependant pas été modifié par la loi constitutionnelle.[990]

[990] Sophie Monnier, *L'essentiel du Droit de la culture*, op. cit. p. 93

Chapitre 2 : Le patrimoine culturel immatériel : un patrimoine pouvant venir au secours du patrimoine culturel matériel

La conception matérielle du patrimoine est celle qui prédomine dans la plupart des pays occidentaux. C'est également celle que véhicule la Convention internationale sur le patrimoine mondial adoptée en 1972 sous l'égide de l'UNESCO. Elle n'est toutefois pas la seule conception.[991]

De nombreux pays privilégient la dimension immatérielle du patrimoine. La transmission se fait essentiellement par voie orale. À titre d'exemple, les lois japonaises favorisent et encadrent la transmission orale et gestuelle du savoir-faire artistique permettant d'assurer la reconstruction à l'identique des temples shinto endommagés.[992]

Recréée en permanence par les communautés et groupes en fonction de leur milieu, de leur interaction avec la nature et de leur histoire,[993] cette conception du patrimoine, si on la trouve principalement en Afrique et en Asie, émerge en Europe.[994]

L'opposition entre les aspects matériels et immatériels du patrimoine culturel est à la fois trompeuse et significative. La plus immatérielle des références a besoin de supports matériels. De même, le support matériel est la représentation d'une œuvre immatérielle.

Cette opposition entre le matériel et l'immatériel peut être étudiée sous le prisme d'une complémentarité.[995]

Ainsi, le patrimoine culturel immatériel peut venir au secours du patrimoine culturel matériel. Car la destruction des biens culturels

---

991 Sophie Monnier, *L'essentiel du Droit de la culture*, op. cit. p. 91

992 Sophie Monnier, op. cit. p. 91

993 Code du patrimoine et autres textes relatifs aux biens culturels, 2012, commentés par Marie Cornu et Vincent Négri, p. 49

994 En Belgique, nous pouvons citer le décret du 11 juillet 2002 relatif aux biens culturels mobiliers et au patrimoine immatériel de la communauté française

995 Jean-Louis Tornatore, « Du patrimoine ethnologique au patrimoine culturel immatériel : suivre la voie politique de l'immatérialité culturelle » in *Le patrimoine culturel immatériel, enjeux d'une nouvelle catégorie*, sous la direction de Chiarra Bortolotto, op. cit. p. 219

n'empêche pas la possibilité (comme peut le prouver l'Histoire) d'un rappel (fut-il deviné) de leur présence (Section 1) ou d'une reconstruction (Section 2).

Section 1 : Un rappel

Le mémoricide consiste à effacer ou à éradiquer toute trace de la mémoire en vue de reconfigurer l'identité d'une communauté. Si les supports de la mémoire sont intégralement détruits, rien n'empêche un possible rappel de leur existence. Et cela est d'autant plus vrai dans les sociétés à tradition orale.

Le cliché répandu selon lequel les peuples sans écritures n'auraient pas d'histoire a été remis en question au début des années 1960. Rudiger Schott a pu affirmer à l'université de Munster en 1968 que « les traditions historiques orales, plus encore que les notations écrites, sont liées aux groupes dont elles relatent le destin ».[996]

Jan Vansina[997], pionnier dans l'étude des traditions orales, définit la tradition orale comme : « *un témoignage transmis oralement d'une génération à une des suivantes et concernant une même séquence d'événements*[998] ». La verbalité et le témoignage auriculaire sont des caractéristiques de la tradition orale.[999]

La véracité des récits d'origine dans les traditions orales inquiète. Les récits peuvent varier de façon sensible selon les individus et laisser transparaître des lignes de faille. Dans l'élaboration de la mémoire collective, ce sont les indices révélateurs d'une histoire en danger.[1000]

---

[996] E. Rothacker, « Das historische bewusstsein », Zeitschrift Fur Deutschkunde 45 (1931), cité d'après R. Schott, « Das Geschichtsbewusstsein schriftloser Volker », Archiv Fur Begriffsgeschichte 12 (1968), pp. 166-205; Voir aussi Jan Assmann, *La mémoire culture. Écriture, souvenir et imaginaire politique dans les civilisations antiques*, op. cit. p. 61

[997] J. Vansina, *De la tradition orale, essai de méthode historique*, Tervuren, Musée royal de l'Afrique Centrale, 1961

[998] J. Ki-Zerbo (dir.), *Histoire générale de l'Afrique*, vol. 1, Méthodologie et préhistoire africaine, Paris, UNESCO, 1980, p. 168

[999] Nicoué Gayibor, « Le savoir historique noir » in *Entre la parole et l'écrit*. Contributions à l'histoire de l'Afrique en hommage à Claude-Hélène Perrot, sous la direction de Monique Chastenet et Jean-Pierre Chrétien, Éditions Karthala, Paris 2008, p. 17

[1000] Jean-Pierre Chrétien, « Mythes et stratégies autour des origines du Rwanda (XIXe-XXe siècles). Kigwa et Gihanza, entre le ciel, les collines et l'Éthiopie » in

La mémoire peut être sujette à manipulation dans toutes les civilisations, qu'elles soient de tradition écrite ou orale. Dans le but de légitimer leur pouvoir, les tenants de l'autorité peuvent faire coller la tradition historique à l'idée qu'ils se font de ce pouvoir. En effet, afin de répondre aux exigences de leurs seigneurs, certains traditionalistes, en Afrique, ont été amenés à édulcorer les récits d'origine.

« *À la différence de la tradition écrite où le récit, une fois « forgé » et manuscrit, devient figé aussi bien dans la forme que dans le fond, la permanence du texte transmis oralement repose uniquement sur la mémoire.*[1001]»

Il ne s'agit pas pour autant d'une faiblesse. L'histoire juridique révèle que les constitutions coutumières (cas de la Grande-Bretagne) sont tout aussi difficilement révisables que les constitutions écrites.

Dans cette section, l'accent sera mis sur le côté positif de la mémoire orale. L'interprétation ou la réinterprétation de la mémoire doivent ici être dissociées de la manipulation de la mémoire.

Parce que l'écoulement du temps favorise l'oubli, il est nécessaire d'effectuer un travail mémoriel de communication. [1002] Maurice Halbwachs, dont la théorie de la mémoire a l'inestimable mérite d'être aussi une théorie de l'oubli met en lumière le passage du souvenir vivant ou de la « mémoire vécue » (paragraphe 1), c'est-à-dire communiquée, jusqu'au souvenir cultivé et conservé[1003] (paragraphe 2).

Paragraphe 1 : La mémoire vécue ou communiquée

En règle générale, la mémoire communicationnelle appartient à tous les membres d'une société. Tout membre d'une communauté est un potentiel témoin et un acteur de la mémoire communicationnelle. La « culture du souvenir » judéo-chrétienne est un exemple éloquent.

Histoire d'Afrique. Les enjeux de mémoire, sous la direction de Jean-Pierre Chrétien et Jean-Louis Triaud, Éditions Karthala, 1999. pp. 281-282

[1001] L.-J. Calvet, *La Tradition orale*, Paris, PUF, coll. « Que sais-je ? », n° 2122, 1984, pp. 27

[1002] Jan Assmann, *La mémoire culturelle. Écriture, souvenir et imaginaire politique dans les civilisations antiques*, op. cit. p. 53

[1003] Jan Assmann, op. cit. pp. 58-59

Arrêtons-nous un instant sur l'histoire du peuple juif. Les thèmes de l'oubli et du souvenir y sont presque omniprésents.[1004]

Après sa sortie du pays d'Égypte dans lequel il a séjourné pendant plusieurs siècles, le peuple d'Israël devait se rendre à Canaan, la terre que Dieu leur avait promise. Le livre de Deutéronome s'ouvre au moment où Israël s'apprête à entrer en terre promise après quarante années passées dans le désert.

Il s'adresse à la génération de témoins qui a vu de ses yeux les miracles et les signes de la sortie d'Égypte, à la génération qui après quarante années passées dans le désert s'est éteinte. Les jeunes sont devenus les anciens.

Et pour éviter que ne se perde le souvenir vivant de la sortie d'Égypte, de l'alliance conclue sur le Sinaï et de l'errance dans le désert,[1005] le peuple doit pratiquer le culte du souvenir. Et ce rôle incombe à tous les membres de la communauté israélite.

De manière spécifique, dans les sociétés traditionnelles d'Afrique de l'Ouest, les griots étaient les témoins de l'histoire. Cette dernière se faisait de manière orale.

Djibril Tamsir Niane, dans l'épopée mandingue de Soundjata souligne la fonction exercée par les griots. « *Depuis les temps immémoriaux, les Kouyaté sont au service des princes du Mandingue. Nous sommes les sacs à parole, nous sommes des sacs qui renferment les secrets plusieurs fois séculaires, nous sommes la mémoire des peuples, par la parole nous donnons vie aux faits et gestes des rois devant les jeunes générations. Ma parole est pure et dépouillée de tout mensonge, c'est la parole de mon père.* »[1006]

Et Lamine Konte de rajouter sur le rôle des griots que « *comme l'écriture n'était pas alors en usage dans certaines régions de l'Afrique, il fallut confier à un groupe social le soin de raconter l'Histoire, et de jouer ainsi le rôle de mémoire du peuple africain. Il revint donc à la communauté des griots de transmettre l'histoire oralement. Pour véhiculer cette histoire, il fallut lui trouver un support musical [...]. (Les griots) sont comédiens,*

1004 B. S. Childs, *Memory and Tradition in Israël*, Naperville (III.), « Studies in Biblical Theology 37 », 1962.

1005 Jan Assmann, *La mémoire culturelle. Écriture, souvenir et imaginaire politique dans les civilisations antiques*, op. cit. p. 196

1006 DT. Niane, *Soundjata ou l'épopée mandingue*, op. cit. pp. 9-10

poètes, danseurs, mimes et font intervenir tous les arts dans leurs représentations. »[1007]

Les griots, chamans, bardes, prêtres, professeurs, artistes, scribes, érudits, mandarins et autres mandataires du savoir – quelque nom qu'on leur donne – sont des porteurs de la mémoire.[1008] Ils sont « la mémoire des hommes ».[1009] Par leur voix, ils sont les témoins d'un temps passé qu'ils exaltent afin de lutter contre l'oubli et le silence.[1010]

Dans sa réflexion sur les discours historiques des traditions orales en Sénégambie, Boubacar Barry établit bien que cette fonction incombe au griot qui doit rompre le silence de l'oubli et exalter la gloire de la tradition.[1011]

Cependant, les conditions de transmission de la mémoire communicationnelle dans ces sociétés ont évolué à la suite de nombreuses crises et des nouvelles formes de diffusion des informations liées à la mondialisation.

Les repères de la mémoire et de la communication orale se fissurent. Les vieux – terme non péjoratif en Afrique – et les griots ont constaté qu'on s'intéresse moins à eux qu'auparavant.

Paragraphe 2 : La mémoire cultivée

Pour ne pas se perdre, un souvenir communicationnel – souvenir vécu qui s'incarne dans des témoins directs – doit se muer ou se transformer en souvenir culturel et collectif. [1012]

1007 *Courrier de l'UNESCO*, avril 1986, p. 22 ; P. Mbunwe-Samba, « Oral Tradition and the African Past », in R. Layton (éd.), *Who Needs the Past? Indigenous Values and Archaeology*, Londres, 1989, pp. 105-118.

1008 Nicoué Gayibor, « Le savoir historique noir » in *Entre la parole et l'écrit*, op. cit. p. 18

1009 DT. Niane, *Soundjata…*, op. cit. p. 9

1010 C. H. Kane, *Les Gardiens du Temple*, Abidjan, Nouvelles Éditions ivoiriennes, 1996, pp. 7-8.

1011 B. Barry, « Réflexion sur les discours historiques des traditions orales en Sénégambie », in B. Barry (dir.), *Sénégambie : plaidoyer pour une histoire régionale*, Amsterdam/Rio de Janeiro, Sephis/Centro de estudos afro-asisticos, 2001, p. 5. Voir aussi Babacar Fall, « Oralité et récits de vie : repenser l'histoire sociale et politique du Sénégal » in *Entre la parole et l'écrit*, op. cit. p. 66

1012 Jan Assmann, op. cit. p. 200

Le souvenir, une fois transmis aux générations futures, doit être cultivé, honoré, entretenu et solennellement commémoré par des monuments publics – lorsque cela est possible – et des cérémonies mémorielles.

Ainsi, chaque société peut conserver de manière immatérielle sa mémoire au travers de ce que certains auteurs, tel Jan Assmann, ont pu appeler « la culture du souvenir ». Cette dernière renvoie à un devoir social qu'il s'agit de remplir : celui de se souvenir, de témoigner.

Chaque groupe se pose de façon plus ou moins explicite ou centrale la question suivante : « Que ne devons-nous pas oublier ? » La réponse à cette question détermine l'identité du groupe. Car aucun groupe social n'est pensable sans le maintien et l'entretien du souvenir.

Cette culture du souvenir a pris chez le peuple israélite une forme impérative. Certains peuples comme Israël se sont constitués et perpétués au travers de cet ordre « Garde et souviens-toi ».[1013]

Faute de se transmettre héréditairement, la mémoire culturelle doit s'entretenir culturellement à travers les générations. L'identité est une affaire de mémoire et de souvenir.[1014]

Ainsi, seuls certains souvenirs sont objet du Souvenir, seul un passé significatif est digne de faire l'objet de nos souvenirs.

Le souvenir se distingue de la science historique. On n'attend pas de l'historien qu'il « *nourrisse le souvenir, forge les concepts et interprète le passé* [1015]». Le souvenir est une fonction de la mémoire sociale.[1016]

Et la transformation du passé en histoire fondatrice pousse Jan Assmann à parler de mythes. Et quand il parle de mythes, ce n'est nullement pour contester la réalité des événements, mais pour en souligner le caractère

---

[1013] Jan Assmann, *La mémoire culturelle. Écriture, souvenir et imaginaire politique dans les civilisations antiques*, op. cit. p. 28

[1014] Jan Assmann, op. cit. p. 28

[1015] La formule est de Michael Sturmer. Cpr. H. U. Wehler, « Geschichtswissenschaft heutzutage: Aufklarung oder "Sinnstiftung" , in *Zwischenbetrachtungen. Im Prozess der Aufklarung* (Mélanges pour le 60e anniversaire de Jurgen Habermas), Francfort, 1989, pp. 775-793.

[1016] La distinction entre mémoire collective et histoire se brouille. L'histoire (au sens historiographie) n'est plus traitée, au fond, que comme un type particulier de mémoire collective. Voir Jan Assmann, *La mémoire culturelle. Écriture, souvenir et imaginaire politique dans les civilisations antiques*, op. cit. p. 70.

contraignant, fondateur pour l'avenir : ils sont ce qu'il ne faut surtout pas oublier.

Section 2 : Un patrimoine culturel matériellement reconstruit

Malgré les divers textes internationaux relatifs à la protection du patrimoine culturel pendant la guerre, il est important de souligner que le patrimoine culturel se retrouve généralement détruit pendant les guerres. La question de la reconstruction de ce qui a disparu se révèle dès lors nécessaire.

L'inutilisation d'un passé commun risquerait de détruire les liens sociaux construits autour de ce passé. Cependant, les projets de reconstruction peuvent aussi créer des conflits sur la détermination du patrimoine culturel à valoriser. Ainsi, il s'avère difficile, encore aujourd'hui, de formuler un jugement satisfaisant sur les expériences de reconstruction dans certains États d'Europe de l'Est.[1017]

En Bosnie, par exemple, dans le projet appelé « Réhabilitation du vieux pont de Mostar », l'objectif principal des investisseurs n'était pas uniquement de relier les deux faces d'une rivière. Ces derniers voulaient en réalité unir de nouveau les peuples à Mostar[1018].

Cependant, la reconstruction du pont de Mostar en Bosnie-Herzégovine n'a malheureusement pas pu permettre la réintégration des communautés bosniaques et croates ni persuader la communauté serbe d'y revenir.[1019]

Les périodes de reconstruction post-conflit sont souvent le théâtre de nouvelles polémiques. Comment reconstruire ?

[1017] Sawsan Awada Jalu, "Patrimoine et reconstruction : Le cas de Beyrouth aujourd'hui" in *Patrimoine et modernité*, sous la direction de Dominique Poulot, L'Harmattan, 1998, p. 225.

[1018] M. Bell, "The Rise and Fall of Yugoslavia : The Story of Tito", épisode 2, programme de radio de la BBC4, 3 mai 2010.

[1019] Dacia Viejo-Rose, "Identité et mémoire d'après-guerre : la destruction et la reconstruction du patrimoine culturel en Espagne et en Bosnie" in *Le patrimoine culturel, cible des conflits armés, De la guerre civile espagnole aux guerres du 21e siècle*, Sous la direction de Vincent Négri, Bruylant, 2014

Certaines reconstructions se veulent identiques à l'original (Paragraphe 1). D'autres, en revanche, marquent une volonté radicale de rompre avec le passé (Paragraphe 2).

Paragraphe 1 : Une reconstruction identique

Les exemples d'une reconstruction identique aux bâtiments ou monuments originaux sont légion. Il est impossible de tous les citer. La présente étude se limitera à la reconstruction de deux pays : la Pologne (A) et le Liban (B).

A- La Pologne

L'amour ou la passion des Polonais pour les monuments historiques remontent à l'ancienne République nobiliaire. La Pologne avait à cette époque un héritage qui suscitait l'admiration.

Pendant les Première et Deuxième Guerre mondiale, cet amour sera rudement mis à l'épreuve. Le patrimoine culturel et les monuments historiques seront détruits à la suite de plusieurs opérations militaires.[1020]

Dans la période 1939-1945, la destruction du patrimoine polonais fut sans commune mesure avec les destructions antérieures : celles de la Première Guerre mondiale. Les destructions préméditées des édifices, bibliothèques et collections d'art pendant ou juste après les hostilités caractérisent cette guerre.[1021]

Un désir de restauration de cet héritage jugé décisif pour l'identité nationale a fondé la reconstruction, le sauvetage et la remise en valeur de centaines de monuments.

Après cette guerre, il a fallu répondre à la question suivante : que faut-il ressusciter ? Et comment ressusciter les biens détruits ? Faut-il faire prévaloir l'idée d'une reconstruction à l'identique ? Faut-il rompre avec le passé ?

1020 Aleksander Gieysztor, "La reconstruction polonaise d'après-guerre : le cas de Varsovie et de Gdansk" in *Patrimoine et passions identitaires*, sous la présidence de Jacques Le Goff, Éditions du patrimoine, Librairie Arthème Fayard, 1998, p. 303

1021 Aleksander Gieysztor, op. cit. p. 304

Le désir de retrouver l'image d'hier cruellement détruite par les effets de la guerre a poussé les Polonais à reconstruire à l'identique les monuments historiques, symboles de cette identité.[1022]

Les autorités politiques optèrent en effet pour une restitution exacte de l'urbanisme et pour la reconstruction – document à l'appui – des édifices tout en modernisant les anciennes demeures afin de les adapter aux monuments historiques environnants.

Certains spécialistes polonais (architectes, restaurateurs d'œuvres d'art) reprochent au régime politique en vigueur[1023] une conservation du patrimoine influencée par l'idéologie soviétique.[1024]

D'autres estiment le contraire, car Varsovie, capitale de la Pologne, est connue pour ses façades reconstruites à l'identique.

B- Le Liban ?

Le centre historique de Beyrouth, capitale du Liban, a été au centre des conflits communautaires au début de la guerre civile en 1975. Divisée en deux parties du fait des combats, la ville dans son ensemble sera détruite symboliquement et sociologiquement.[1025]

Tout au long des seize années de guerre, l'urbanisation dans les périphéries et dans le centre historique de Beyrouth s'effectuera par « segments communautaires ». Chaque groupe s'enfermera à l'intérieur de son territoire.[1026]

À la sortie de cette guerre fratricide, des interrogations multiples accompagnent la reconstruction du centre historique de la capitale. Comment reconstruire ? Et que reconstruire ? [1027]

[1022] Aleksander Gieysztor, op. cit. p. 309

[1023] Aleksander Gieysztor, "La reconstruction polonaise d'après-guerre : le cas de Varsovie et de Gdansk", op. cit. p. 303

[1024] J. S. Majewski, "Le charme de la vieille ville de Varsovie", *Villes reconstruites. Du dessin au destin*, Actes du 2e colloque international des villes reconstruites, volume 1, sous la direction de P. Dieudonné, 1994, p. 55.

[1025] Sawsan Awada Jalu, "Patrimoine et reconstruction : Le cas de Beyrouth aujourd'hui" in *Patrimoine et modernité*, op. cit. p. 225

[1026] N. Beyhum (sous la direction de), *Reconstruire Beyrouth, les paris sur le possible*, Lyon, éd. Maison de l'Orient méditerranéen, coll. Études sur le monde arabe, nº 5, 1991.

[1027] Sawsan Awada Jalu, "Patrimoine et reconstruction : Le cas de Beyrouth aujourd'hui", op. cit. p. 226

La stratégie de reconstruction choisie par le gouvernement fut d'abord économique[1028], tournée vers les affaires ou le tourisme[1029]. Elle sera incarnée par la suite dans un vaste projet urbain[1030] et confiée en 1994 à une société foncière et immobilière de droit privé (Solidere).

Dans un élan de modernité, le projet ne réhabilitera que quelques bâtiments préexistants. Pourtant, il stipulait que tous les bâtiments publics et religieux devaient intégralement être préservés, protégés et mis en valeur… Les Souks (îlots, bâtiments, quartiers) devaient être reconstruits sur leurs tracés et emplacements anciens afin de conserver leurs caractères et leurs fonctions. [1031]

La destruction de la quasi-totalité des vieux souks ainsi que des bâtiments entourant la Place des Martyrs, cœur symbolique du centre historique, a été le fondement d'une révolte de la population.

Celle-ci a manifesté son mécontentement[1032] en choisissant un petit édifice oublié, pour en faire l'enjeu d'une lutte pour sa présence dans le centre. Cet édifice « Ibn Irâq » fut l'élément central des actions et réactions des groupes impliqués dans la reconstruction de la ville.[1033]

Construit en 1517 par Ibn Irâq Al Dimasqui pour servir de lieu de prière,[1034] cet édifice était partagé en trois commerces différents avant le déclenchement de la guerre civile. Avec la destruction du vieux souk,

---

[1028] Le nombre de bâtiments démolis pour le projet a dépassé celui de ceux détruits par les quinze ans de guerre civile, pour un total de destructions atteignant 80 % du tissu original.

[1029] Schmid, H. 2006. "Privatized Urbanity or a Politicized Society ? Reconstruction in Beirut after the Civil War", *European Planning Studies*, vol. 14, n° 3, pp. 365-381 ; Ragab, T. S. 2010. « The Crisis of Cultural Identity in Rehabilitating Historic Beirut-Downtown », *Cities*, vol. 28, pp. 107-114.

[1030] Le périmètre opérationnel s'étend sur plus de 160 hectares, une surface comparable à celle du site de la Défense.

[1031] Bruno Marot et Serge Yazigi, « La reconstruction de Beyrouth, vers de nouveaux conflits ? » 11 mai 2012, http://www.metropolitiques.eu/La-reconstruction-de-Beyrouth-vers.html

[1032] Sawsan Awada Jalu, op. cit. p. 230

[1033] Sawsan Awada Jalu, op. cit. p. 229 ; An – Nahar (quotidien en langue arabe), 30 avril 1992, article de Hassane Hallak sur les origines historiques de l'édifice ; M. Davie "L'espace communautaire orthodoxe dans la ville de Beyrouth", *Les cahiers du CERMOC*, n° 8, 1994, Du privé au public : espaces et valeurs du politique au Proche-Orient, collectif, Beyrouth, pp. 99-111.

[1034] M. Davie, "L'espace communautaire orthodoxe dans la ville de Beyrouth", op. cit.

plusieurs groupes ont souhaité se l'approprier : les Kurdes, les sunnites, les orthodoxes. Ils revendiquaient tous une légitimité sur ce lieu.

Pour éviter de nouveaux conflits, et conformément au projet initial, cet édifice à coupole a fait l'objet d'une conservation. Il n'a pas été détruit dans le cadre du projet de reconstruction de la ville Beyrouth.

Les Libanais ne souhaitaient pas totalement rompre avec leur passé – du moins, en ce qui concerne certains bâtiments.

Paragraphe 2 : Une reconstruction rompant avec le passé

Il est en pratique fréquent que certaines reconstructions soient réalisées non pas conformément au bâtiment initial, mais dans une volonté de rompre radicalement avec le passé. Quelques-unes étayeront notre propos.

A- La Russie

Le cœur de Moscou, et principalement ses quartiers les plus anciens ses murs, ses tours, ses édifices qui bordent la place Rouge, constitue le symbole le plus fort de l'État russe. Ces monuments ne sont pas seulement historiques. Ils sont empreints de sacralité. Ils sont porteurs de « l'âme du peuple ».

À la dislocation de l'URSS, la question de la reconstruction et de toute construction dans la ville de Moscou s'est posée. Cette société postsoviétique qui a longtemps vécu renfermée sur elle-même s'est ouverte à la nouveauté, au monde.

Que faire de l'ancien ? Quelle politique adopter ?

Sur l'aménagement du cœur historique de la capitale, le respect du passé et de l'histoire revient dans un premier temps au centre des conceptions du nouveau pouvoir.[1035] Les premières constructions ont été choisies non pour leur valeur artistique, mais en tant que signes évocateurs de l'histoire russe ou moscovite.

[1035] Dimitri Chvidkovski, "Reconstruction russe : le cas des églises de Moscou" in *Patrimoine et passions identitaires*, sous la présidence de Jacques Le Goff, op. cit. pp. 321-322

Il en est ainsi de plusieurs églises (l'église de l'Icône-de-le-Vierge-de-Kazan, l'église du Christ-Sauveur...) construites sur le modèle des bâtiments initiaux avec parfois l'utilisation de matériaux différents.

Si le nouveau pouvoir se réfère de manière tangible à la Russie impériale dans la reconstruction de Moscou, ce n'est pas pour retourner aux idées du XIXe siècle, mais avant tout par besoin de rompre avec l'héritage soviétique.[1036]

Ces projets architecturaux ou de reconstruction s'inscrivent dans un nouveau langage qui véhicule une idéologie se trouvant à mi-chemin entre la modernité et la tradition.[1037]

B- L'Allemagne

Continuons notre analyse avec la capitale de l'Allemagne : Berlin. Ville récente presque totalement dépourvue de monuments historiques, Berlin porte encore dans sa chair une histoire douloureuse.

« Si d'autres métropoles, telles Rome ou Paris, peuvent s'enorgueillir d'une antiquité plus haute et d'un héritage plus riche », note à juste titre Emmanuel Terray dans son beau livre *« Ombres berlinoises », « seule Berlin porte aussi profondément gravée sur son visage la marque des passions et des délires dont notre espèce s'est rendue capable, en particulier depuis un siècle. »*[1038]

En 1961, les deux États (RDA et RFA) se partagent la ville dans un climat quasi conflictuel. Chaque État a pour ambition d'apparaître comme celui qui est porteur du meilleur projet d'avenir. Pour y parvenir, les deux États détruisent autant qu'ils construisent.[1039]

Aussi bien dans la partie occidentale que dans la partie orientale, les destructions sont faites pour des raisons éminemment symboliques et politiques. L'objectif est d'oublier le passé afin de construire une société nouvelle.

1036 Dimitri Chvidkovski, “Reconstruction russe : le cas des églises de Moscou”, op. cit. pp. 322-323

1037 Dimitri Chvidkovski, op. cit. pp. 323-325

1038 Auteur cité par Étienne François, “Reconstruction allemande : les monuments de Berlin, de la guerre à la réunification” in *Patrimoine et passions identitaires*, op. cit. pp. 311

1039 Étienne François, “Reconstruction allemande : les monuments de Berlin, de la guerre à la réunification”, op. cit. p. 313

Cette dynamique de destruction-reconstruction présente dès 1961 est relancée à la réunification des deux Républiques. La ville, redevenue capitale, est confrontée à de nombreux défis : assumer deux passés foncièrement antagonistes et réunir deux moitiés longtemps séparées. Un compromis est trouvé.

Ce compromis juxtapose deux notions a priori exclusives l'une de l'autre : l'innovation architecturale et la préservation du passé.

À ce titre, Étienne François exprime les deux formules qui définissent ce compromis.

« *La première est celle de la « reconstruction critique » qui cherche à concilier – ou plutôt qui fait comme si on pouvait concilier – préservation de l'héritage et innovation architecturale, rentabilité financière et projet urbanistique ; la seconde est celle de la « capitale modeste » qui cherche, elle aussi, à faire aller de pair la volonté de construire une capitale radicalement nouvelle – et celle du refus d'une monumentalité perçue comme antinomique de la démocratie.*[1040]»

[1040] Étienne François, op. cit. pp. 315-317

PARTIE II : LE RÉGIME JURIDIQUE DU MÉMORICIDE

Le régime juridique est l'ensemble des règles de droit applicables à une notion. Les éléments constitutifs de cette dernière – éléments caractéristiques qui forment, par leur association, le critère de la catégorie juridique – permettent la mise en œuvre d'un régime juridique.

L'application d'un régime juridique suppose que soit préalablement procédée une opération de qualification juridique.

Le *Lexique des termes juridiques* définit la qualification comme une « *opération intellectuelle consistant à rattacher une situation de fait ou de droit à une catégorie juridique déjà existante (concept, institution).* »[1041]

Elle permet de faire entrer un ensemble d'éléments dans une catégorie juridique préexistante afin de déclencher l'application du régime juridique opportun.[1042]

La qualification juridique fut consacrée tardivement en matière pénale. Pourtant, tout comme en matière civile, la qualification en droit pénal revêt une importance considérable. « *Elle constitue le lien entre les faits et l'incrimination, et détermine la nature et le quantum des peines encourues.*[1043]»

L'analyse juridique permet de discerner, ordonner et classer les éléments essentiels d'une notion dans une catégorie juridique.[1044] Les diverses catégories juridiques existantes rendent leur maniement parfois malaisé.

Par ailleurs, certaines notions de base ne sont pas toujours définies par la loi. Et la définition légale, lorsqu'elle existe, n'est pas toujours la plus satisfaisante.

[1041] *Lexique des termes juridiques*, sous la direction de Serge Guinchard et Thierry Debard, Dalloz, 2013

[1042] Muriel Fabre-Magnan, *Introduction générale au droit*, PUF, Paris 2009, p. 43

[1043] Eudoxie Gallardo-Gonggryp, *La qualification pénale des faits*, préface de Philippe Bonfils, Presses Universitaires d'Aix-Marseille, 2013

[1044] Gérard Cornu, *Droit civil, Introduction au droit*, 13e Édition, Montchrestien, 2007, p. 105

La définition de telles notions est parfois le fruit plus ou moins abouti d'une élaboration prétorienne ou doctrinale, phénomène qui entretient une incertitude.[1045]

Lorsque la qualification juridique est incertaine, la classification en catégorie de l'objet qualifié[1046] et le régime juridique applicable le sont aussi.

Le mémoricide est un crime qui n'est défini dans aucune législation interne ou internationale. Il est le résultat ou le produit de la conjugaison des efforts de la doctrine et de la justice qui, en se fondant sur les textes en vigueur en matière de patrimoine culturel et d'identité, purent y déceler son existence.

Dans la première partie de la présente thèse, le mémoricide a été considéré aussi bien comme un crime contre la mémoire que comme un crime contre l'identité. La communauté internationale et plusieurs auteurs vont plus loin et classent aujourd'hui le mémoricide dans la catégorie des crimes contre l'humanité justifiant l'application des règles encadrant lesdits crimes.

Une telle situation ne peut être totalement réjouissante. La raison est toute simple : à la différence du génocide et des crimes de guerre, il n'existe pas de Conventions générales et/ou spécifiques relatives aux crimes contre l'humanité.

L'article 7 du Statut de la Cour pénale internationale élabore une liste non exhaustive d'actes commis dans le cadre d'une attaque généralisée ou systématique lancée contre une population civile. Il constitue la définition la plus généralement admise par les États Parties.[1047]

Si le mémoricide n'apparaît pas textuellement dans l'article 7 susvisé, la communauté internationale pourrait le rattacher à l'alinéa *g* de ce même article qui condamne la « *persécution de tout groupe ou de toute collectivité identifiable pour des motifs d'ordre politique, racial, national, ethnique, culturel, religieux ou sexiste au sens du paragraphe 3, ou en fonction d'autres critères universellement reconnus comme inadmissibles en droit international, en corrélation avec tout acte visé dans le présent paragraphe ou tout crime relevant de la compétence de la Cour* »

1045 Gérard Cornu, op. cit. p. 105

1046 Mélina Douchy-Oudot, *Droit civil, 1re année, Introduction, personnes, famille*, Dalloz, 6e Édition, 2011, p. 14

1047 H. D. Bosly et D. Vandermeersch, *Génocide, cimes contre l'humanité et crimes de guerre face à la justice, les juridictions internationales et les tribunaux nationaux*, LGDJ 2010, p. 30

Il peut aussi être rattaché à l'alinéa *k* qui réprime tous les « *actes inhumains de caractère analogue causant intentionnellement de grandes souffrances ou des atteintes graves à l'intégrité physique ou à la santé physique ou mentale.* »

Le mémoricide est donc un crime d'une extrême gravité ; un crime particulièrement inhumain. Mais ne vaudrait-il pas mieux classer le mémoricide dans la catégorie des crimes de guerre ?

Les crimes de guerre constituent des crimes de droit commun non justifiés par les lois de la guerre. Ce sont les violations graves du droit international humanitaire commises à l'encontre de civils ou de combattants ennemis à l'occasion d'un conflit armé international ou interne. Ces violations engagent la responsabilité pénale individuelle de leurs auteurs.

Ces crimes sont prévus essentiellement par les Conventions de Genève du 12 août 1949 et de leurs Protocoles additionnels I et II de 1977, et les Conventions de La Haye de 1899 et 1907. Leur codification la plus récente se trouve à l'article 8 du Statut de Rome de la Cour pénale internationale (C.P.I) de 1998.

Parmi les actes réprimés au titre de crimes de guerre figurent les pillages et la destruction de biens civils. Ainsi, la destruction des biens culturels renvoie à la catégorie des crimes de guerre.

Rentre également dans la catégorie de crimes de guerre, le recours, dans un conflit armé, à des moyens ou à des méthodes de combat prohibés comme le bombardement de villes, villages, habitations et bâtiments qui ne sont pas défendus et qui ne sont pas des objectifs militaires.

Ces actes sont plus proches du mémoricide que ceux énumérés dans la détermination des crimes contre l'humanité. Dès lors, il serait peut-être préférable de considérer le mémoricide comme un crime de guerre et non comme un crime contre l'humanité.

Un problème se pose toutefois. Le mémoricide ne peut-il exister que dans un État en guerre ou dans un conflit armé international ou interne ?

Il existait au moment de la création du Tribunal de Nuremberg une légère confusion entre les notions de crimes contre l'humanité et celles de crimes de guerre.

Les crimes contre l'humanité recouvraient simultanément les crimes contre la paix et les crimes de guerre. L'article 6c du Statut de Nuremberg énonce d'ailleurs que le crime contre l'humanité doit avoir été « *commis à la suite de tout crime rentrant dans la compétence du Tribunal ou en liaison avec ce crime* ».[1048]

Si aujourd'hui le crime contre l'humanité a une nature autonome et distincte de celle du crime de guerre, considérer le mémoricide comme un crime contre l'humanité n'est-il pas pour autant abusif ?

« *Derrière la notion de crime contre l'humanité, c'est la protection de l'humanité en l'homme et l'intégrité de la collectivité humaine qui est visée, et non le patrimoine de l'humanité.* »[1049]

L'extension de la destruction intentionnelle du patrimoine culturel au crime contre l'humanité est critiquable. Elle transforme et dénature la notion de crime contre l'humanité qui recouvre tous les préjudices liés à l'humanité.[1050]

Ne devrait-on pas plutôt aller au plus simple et considérer le mémoricide comme un crime de droit international ?

Une telle solution ne résoudrait malheureusement pas le problème.

L'examen de l'ensemble des instruments internationaux révèle que le langage utilisé en droit pénal international ainsi que les autres normes pénales prévues par ses Conventions pour définir les crimes internationaux est moins précis que celui des codes pénaux nationaux contemporains. La notion de « mémoricide » reste donc assez imprécise.

Quoiqu'il en soit, chargée de la répression de ce crime, la justice nationale et internationale apparaît fort démunie.[1051]

Confronté à de tels crimes, comment le juge peut-il mesurer la responsabilité de leur auteur et en déterminer une peine satisfaisante ?

[1048] Yann Jurovics, *Réflexions sur la spécificité du crime contre l'humanité*, LGDJ, 2002, pp. 237-238

[1049] Yann Jurovics, op. cit. p. 209

[1050] Yann Jurovics, op. cit. p. 210

[1051] H. D. Bosly et D. Vandermeersch, *Génocide, cimes contre l'humanité et crimes de guerre face à la justice, les juridictions internationales et les tribunaux nationaux,* op. cit. p. 232

Lors de plusieurs procès devant les juridictions internationales ad hoc, il a été constaté que le principal débat était sur la culpabilité. Celui sur la peine apparaissait comme secondaire.

Quelles peines pourraient compenser les pertes qui découlent d'un mémoricide ?

L'absence de réponses précises à ces questions découle peut-être de l'absence de réglementations en la matière. On ne peut raisonnablement s'intéresser à la répression dudit crime (sous Partie 2) sans avoir réfléchi à sa reconnaissance juridique (sous Partie 1).

Sous Partie 1 : Le mémoricide : un crime reconnu ou méconnu ?

Il existe dans chaque société un système de valeurs sociales. Ce qui est admis dans telle société ne l'est pas nécessairement dans une autre. Tout interdit repose sur un choix de valeurs ou d'intérêts. Le droit pénal exprime en quelque sorte ces valeurs et sanctionne tout désordre à l'ordre social.[1052]

En règle générale, la loi qui exprime une valeur est souvent distincte de celle qui réprime sa violation.[1053] Rousseau et Portalis ont d'ailleurs souligné que la loi pénale est « *moins une espèce particulière de loi que la sanction de toutes les autres* [1054]».

Le droit pénal a donc une fonction essentiellement répressive. Il peut toutefois exprimer des valeurs sociales[1055] puisqu'en tant que discipline normative, il décrit le comportement du bon père de famille en édictant des interdits.[1056]

L'histoire de l'humanisation des conflits armés donne des exemples instructifs. Sur le droit de la guerre, Sun-Tzu recommandait dans ses écrits plusieurs siècles avant Jésus-Christ que les blessés, les civils et même des prisonniers de guerre soient traités avec respect et dignité.[1057] Dans la Grèce antique, le même principe est défendu par Hérodote qui déplore les conduites barbares.[1058]

Plus près de nous, en Europe occidentale, les écrits de Vitoria[1059], Suarez[1060], Ayala[1061] et Gentili[1062], expriment en termes juridiques les valeurs

---

[1052] R. Badinter, *Présentation du projet de nouveau Code pénal*, Dalloz, 1988, p. 10.
[1053] Par exemple, en réprimant le vol, la loi pénale sanctionne l'atteinte à la propriété régie par le droit civil.
[1054] J.J. Rousseau, Du contrat social ou Principes du droit, M-M, Rey, Amsterdan, 1762, p. 119
[1055] En incriminant l'omission de ne porter secours à personne en péril, le Code pénal impose, dans certains cas, l'obligation d'aider autrui.
[1056] Xavier Pin, *Droit pénal général*, Dalloz, 4e Édition, 2010, p. 10
[1057] John Keegan, *A history of warfare,* p. 173, 1994
[1058] Coleman Phillipson, *1The International Law and Custom of Ancient Greece and Rome*, p. 59, 1911; Pierre Roussel et al., *La Grèce et l'Orient : Des Guerres Mediques à la Conquête Romaine* (2d. éd. 1938).
[1059] Franciscus De Vitoria, « De Indis et de Jure Belli », in *Classics of International Law* (James B. Scott, éd., 1917).

du droit naturel défendu par Platon, Aristote, St Augustin et St Thomas dans leur sens éthique et chrétien.[1063]

C'est ainsi que le *jus gentium* ou le droit des gens vit le jour. Sur cette lancée, plusieurs conventions internationales ont été adoptées en faveur de l'humanisation des conflits armés. Toutes reflètent les valeurs humanitaires.[1064]

Ces valeurs sont regroupées dans un ensemble de normes nommées « Droit pénal international (DIP). » « *Ce droit ne s'est développé, comme le remarque Chérif Bassiouni, qu'à partir du moment où la communauté mondiale a dégagé des valeurs et des espoirs communs et a considéré nécessaire d'exiger de tous ses membres un plus haut degré de conformité et de soumission à certaines règles de conduite minima.*[1065]»

Le DIP est donc une discipline juridique qui véhicule des valeurs humaines et universelles. Elle reflète la condition humaine et traduit ces valeurs en action juridique sur le plan international et national.[1066]

Les éléments constitutifs du mémoricide à savoir la destruction du patrimoine culturel, la perte d'un héritage, d'une identité, d'une mémoire, sont vivement condamnés par la communauté internationale.

La création d'une société civile internationale donne une voix à la conscience universelle. Les gouvernements ne peuvent l'ignorer.[1067]

Le droit est ainsi une norme correctrice des comportements antisociaux.[1068] Il a un caractère obligatoire et son non-respect entraîne

---

1060 Francisco Suarez, « On War », in *Classics of International Law* (James B. Scott, éd., 1917).

1061 Balthazar Ayala, « Three Books on the Law of War », dans *Classics of international Law*, op. cit.

1062 Alberico Gentili, « De Jure Belli Libri Tres », in *Classics of International Law*, op. cit.

1063 M. Cherif Bassiouni, *Introduction au Droit Pénal International*, Bruylant, Bruxelles 2002, p. 7

1064 M. Cherif Bassiouni, *Introduction au Droit Pénal International*, op. cit. p. 8

1065 M. Chérif Bassiouni, « Le droit pénal international, son objet, son histoire », RIDP, vol. 52, 1981, p. 41

1066 M. Cherif Bassiouni, *Introduction au Droit Pénal International*, op. cit. p. 11

1067 M. Cherif Bassiouni, « Impunity for International Crimes », 71 *U. Colo. L. Rev.* 409, 2000.

1068 Mélina Douchy-Oudot, *Droit civil, 1re année, Introduction, personnes, famille*, Dalloz, 6e Édition, 2011, p. 29

automatiquement une sanction. Et on ne peut sanctionner qu'un comportement qui est textuellement interdit.[1069]

En l'absence de textes juridiques internes et internationaux condamnant expressément le mémoricide, les juges nationaux ou internationaux ne devraient logiquement pas connaître les affaires relatives à ce sujet.

Il n'appartient pas aux juges de créer la règle de droit. Ils ont cependant le droit et le devoir d'interpréter la loi en application de l'article 4 du Code civil en vertu duquel « *le juge qui refusera de juger, sous prétexte du silence, de l'obscurité ou de l'insuffisance de la loi, pourra être poursuivi comme coupable d'un déni de justice* ».

Aucun système juridique, aussi achevé soit-il, ne peut être parfaitement abouti et suffisamment précis. La loi doit nécessairement être générale. Elle ne peut appréhender tous les cas particuliers.

Expliquer, comprendre, interpréter la loi est un instrument indispensable accordé au juge. Si toute interprétation est inutile en présence d'un texte clair, il en est autrement lorsque la loi est silencieuse ou ambiguë. L'interprétation juridique reste ici indispensable pour permettre au juge d'accomplir sa mission.[1070]

En ce qui concerne le mémoricide, le juge peut interpréter l'ensemble des textes relatifs à l'intégrité humaine, au patrimoine culturel, à la mémoire, à l'identité, à la culture... pour le sanctionner.

C'est sans doute la lecture de ces textes qui a permis à Mirko Grmek de mettre un mot sur un crime qui existe depuis plusieurs siècles. Le mémoricide n'est pas un crime nouveau. L'histoire de l'humanité en est jalonnée d'exemples.

Il est par conséquent possible d'affirmer que l'on est passé d'une méconnaissance du mémoricide (Titre 1) à une reconnaissance implicite du mémoricide (Titre 2).

[1069] Mélina Douchy-Oudot, op. cit. p. 30

[1070] Sophie Druffin-Bricca, Laurence-Caroline Henry, *Introduction générale au droit*, 6e Édition 2012-2013, Éditions Gualino, juin 2012, p. 57

Titre 1 : D'une méconnaissance du mémoricide...

Le *Nouveau Petit Robert* définit la méconnaissance comme le fait d'ignorer quelque chose. Méconnaître un crime signifie ne pas lui reconnaître une existence juridique. Il n'est pas une infraction. Il n'est pas interdit par la loi. Il n'existe aucune sanction. Et aucun individu ne devrait être condamné pour un crime méconnu.

Chaque crime doit être préalablement défini par la loi. Comme démontré ci-dessus, le mémoricide est l'œuvre conjointe de la doctrine et de la jurisprudence. Il ne figure dans aucune disposition juridique. Le terme est tout de même de plus en plus employé aussi bien par les professionnels du droit que par les profanes.

Il serait légitime de penser que ce crime est un crime méconnu du droit et cela même si son principal élément constitutif, à savoir le patrimoine culturel – expression de la mémoire et de l'identité – fait l'objet d'une protection juridique interne et internationale (chapitre 1).

Il n'y aurait peut-être même aucun intérêt à reconnaître un crime dont l'autonomie et l'indépendance semblent discutables (chapitre 2).

Chapitre 1 : Le mémoricide : un crime dont les éléments constitutifs sont juridiquement protégés

Le mémoricide dérive du latin tardif « mémoriae » qui désigne les souvenirs et les monuments historiques.

Dans son acception ordinaire, le mémoricide est la destruction du patrimoine culturel et des biens culturels (Section 1) en vue de reconfigurer l'identité d'une communauté (Section 2).

Les deux éléments constitutifs du mémoricide bénéficient d'une protection juridique non négligeable qu'il est important de présenter.

Section 1 : La protection des biens culturels

Une confusion est généralement faite entre les biens culturels et les biens patrimoniaux. [1071] Or, tous les biens culturels ne sont pas des biens patrimoniaux. Il est important de faire une distinction entre les deux notions.[1072]

L'expression « bien culturel » désigne toutes sortes de productions, de supports susceptibles d'un contenu culturel : le livre, la musique, le cinéma, le multimédia... Il est de ce fait au centre des opérations relatives au droit de la propriété intellectuelle, au droit d'auteur.

Le droit des biens culturels ne concerne que les éléments du patrimoine culturel.[1073] Si le texte ne le précise pas, le code du patrimoine traite en réalité spécifiquement de la notion de patrimoine culturel.

Le patrimoine est une notion civiliste. Il n'est pas défini dans le Code civil. Il est le fruit d'une réflexion purement doctrinale – théorie initiée par Aubry et Rau dans le sillage du juriste allemand Zachariae.

[1071] A. Chastel et J.-P. Babelon, op. cit. p. 105

[1072] http://www.univ-avignon.fr/es/formations/choix/fiche/diplome/master-droit-des-biensculturels/presentation.html

[1073] Marie Cornu, *Droit des biens culturels et des archives*, article paru sur le site Internet : www.educnet.education.fr en novembre 2003

Une définition du patrimoine et des biens qui le composent a été proposée dans l'avant-projet de la loi portant réforme du Livre II du Code civil relatif aux biens. Elle a été présentée par un groupe de travail constitué par l'association Henri Capitant et a été présidée par le professeur H. Périnet-Marquet.

Aux termes de l'article 579 de ce projet, « *le patrimoine d'une personne est l'universalité de droit comprenant l'ensemble de ses biens et obligations, présents et à venir, l'actif répondant du passif. Toute personne physique ou morale est titulaire d'un patrimoine et, sauf si la loi en dispose autrement, d'un seul.* »

Et en vertu de l'article 520 : « *Sont des biens, au sens de l'article précédent, les choses corporelles ou incorporelles faisant l'objet d'une appropriation, ainsi que les droits réels et personnels tels définis aux articles 522 et 523.* »[1074]

La notion de patrimoine culturel, quant à elle, est une notion administrative. Elle a été expressément définie dans le Code du patrimoine en 2004.[1075] Elle justifie les interventions de l'État dans une sphère qui n'était autrefois pas qualifiée de patrimoniale.

Tout bien culturel est susceptible de devenir un bien patrimonial dès sa production si la société le sélectionne comme le signe d'une génération qui se doit d'être transmis aux générations futures ou si la société se l'approprie symboliquement en lui conférant une valeur. Cette prise de conscience fait passer un objet du statut de bien culturel à celui d'œuvre patrimoniale.[1076]

J.-M. Leniaud soulignait que « *le patrimoine est le fruit d'une décision* »[1077]. A. Chastel et J.-P. Babelon rajoutent que « *le patrimoine se reconnaît au fait que sa perte constitue un sacrifice et que sa conservation suppose des sacrifices* »[1078].

[1074] Code du patrimoine et autres textes relatifs aux biens culturels, 2012, commentés par Marie Cornu et Vincent Négri, p. 38

[1075] « Elle apparaît dans l'article 1er du décret n° 59-889 du 24 juillet 1959 portant organisation du ministère chargé des affaires culturelles (V.D. n° 59-889, 24 juillet 1959, article 1er, p. 36 ; JO 26 juillet 1959), texte fondateur du ministère de la Culture aujourd'hui remplacé par le décret n° 2007-994 du 25 mai 2007 relatif aux attributions du ministre de la Culture et de la Communication (V.D. n° 2007-994, 25 mai 2007) » Code du patrimoine commenté

[1076] Pierre-Laurent Frier, *Droit du patrimoine culturel*, PUF, 1999, pp. 15-16

[1077] J.-M. Leniaud, *L'utopie française. Essai sur le patrimoine*, Mengès, 1992, p. 3

[1078] A. Chastel et J.-P. Babelon, *La notion de patrimoine*, Liana Levi, 1995, p. 101.

Les deux termes, biens culturels et biens patrimoniaux, tendent à se confondre aussi bien dans le langage courant que dans la langue du droit.[1079]

Il en sera ainsi dans les paragraphes suivants. Le terme « bien culturel » sera utilisé pour désigner les biens culturels et patrimoniaux.

Si le patrimoine culturel comporte de multiples dimensions, seul l'aspect matériel de cette notion intéresse directement le mémoricide. Le patrimoine culturel immatériel intéresse indirectement le mémoricide. Car toute expression immatérielle (la littérature, musique…) a besoin d'un support matériel (livres, manuscrits, documents informatiques…)

Que doit-on considérer comme un bien culturel ? Quels sont les biens susceptibles d'être qualifiés de biens culturels ? En d'autres termes, quels sont les critères permettant d'identifier les biens culturels ?

Paragraphe 1 : La qualification de biens culturels en droit interne

Le 17 octobre 2003, la Convention de l'UNESCO pour la sauvegarde du patrimoine culturel immatériel fut signée à Paris. On aurait pu penser avec raison que la définition du Code du patrimoine de 2004 tiendrait compte de la conception matérielle et de la conception immatérielle du patrimoine. Cela ne fut pas le cas.

L'article 1 du Code du patrimoine définit le patrimoine culturel comme « *l'ensemble des biens, immobiliers ou mobiliers, relevant de la propriété publique ou privée, qui présentent un intérêt historique, artistique, archéologique, esthétique, scientifique ou technique* ».

A- L'intérêt public

Divers intérêts publics justifient la protection du patrimoine.

1079 Les immeubles d'intérêt architectural (monuments historiques, ensembles urbains, sites archéologiques) sont ainsi considérés comme des biens culturels par la convention de La Haye du 14 mai 1954 liés au patrimoine culturel (« biens qui présentent une grande importance pour le patrimoine culturel des peuples », art. 1, a) et directement comme des éléments de ce patrimoine culturel dans celle relative au patrimoine mondial du 16 novembre 1972.

La notion d'intérêts historique et artistique a été créée par la loi de 1887 pour la protection des monuments historiques, celle d'intérêts scientifique et légendaire par la loi de 1930 sur les sites, celle d'intérêt archéologique par la loi de 1941 sur les fouilles et celle d'intérêt esthétique par la loi du 7 janvier 1983.

Il est toutefois important de souligner que dans le domaine patrimonial, aucune loi ne fait référence à un intérêt technique qui dépend de la politique du ministère de la Culture.[1080]

Si les biens patrimonialisés présentent un intérêt historique, artistique, culturel, scientifique, identitaire et souvent environnemental en ce sens qu'ils ont une valeur vénale, ils présentent surtout un intérêt historique[1081].

L'objectif est surtout de conserver les traces essentielles du passé qui doivent être transmises aux générations futures.[1082]

En dépit des distinctions relatives aux intérêts à protéger, la notion de patrimoine unifie le régime de protection du droit de propriété.

B- La propriété des biens culturels

Les biens culturels peuvent appartenir aussi bien à des personnes privées qu'à des personnes publiques. Le régime de propriété conserve dès lors une grande importance. Les règles de protection diffèrent selon le statut public ou privé du propriétaire.

La propriété publique reste le modèle dominant notamment en matière mobilière. Elle a été confirmée dans le Code général de la propriété des personnes publiques qui s'applique entre autres au domaine public culturel.

Contrairement au domaine public immobilier qui peut concerner toutes sortes de biens, le domaine public mobilier ne concerne que les biens culturels et renvoie à la définition du Code du patrimoine. L'article 2112-1 du Code général de la propriété des personnes publiques dispose :

1080 J.-M. Bécet et R. Rézenthel, *Dictionnaire juridique des ports maritimes et de l'environnement littoral*, PUR, 2004, p. 137, Voir Philippe Ch.-A. Guillot, *Droit du patrimoine culturel et naturel*, Ellipses, mars 2006, p. 7

1081 C. Groulier « Quelle effectivité juridique pour le concept de patrimoine commun ? » *AJDA*, 2005, p. 1035

1082 C. Chamard, *La distinction des biens publics et des biens privés. Contributions à la notion de biens publics*, Dalloz, 2004, pp. 557

« [...] *Font partie du domaine public mobilier de la personne publique propriétaire les biens présentant un intérêt public du point de vue de l'histoire, de l'art, de l'archéologie, de la science ou de la technique notamment* [...] ».

Les biens qui font partie du domaine public mobilier sont notamment les biens des collections des musées de France, les objets mobiliers classés et inscrits au titre des monuments historiques.[1083]

La plupart des monuments historiques français appartiennent à des propriétaires privés. La valeur historique et artistique de ces derniers justifie une protection nationale. C'est la raison pour laquelle ils sont intégrés au patrimoine national et leurs propriétaires peuvent recevoir une aide financière de l'État pour encourager leur conservation et leur restauration.

Qu'est-ce qui pourrait justifier que certains monuments historiques soient de la propriété de l'État et d'autre soient de la propriété des particuliers ? Pourquoi une différence de traitement ?

Le monument historique ne s'adresse pas premièrement à la mémoire vivante. Il n'a pas toujours une fin mémorielle. Il est choisi dans un corpus d'édifices préexistants, en raison de sa valeur pour l'histoire et/ou de sa valeur esthétique. Ces deux valeurs et exigences ont un impact sur le traitement des monuments historiques.[1084]

Ainsi, le monument historique se réfère davantage à une construction intellectuelle et à une sensibilité esthétique qu'à la mémoire collective.

En conclusion, les catégories de biens culturels visées par ce code sont d'une grande variété. Certaines étant soumises à protection, d'autres étant présumées revêtir un intérêt « patrimonial ».

Paragraphe 2 : La qualification de biens culturels en droit international

La définition de « biens culturels » donnée par le droit international est légèrement différente de celle donnée par le droit national.

[1083] Code du patrimoine et autres textes relatifs aux biens culturels, 2012, commentés par Marie Cornu et Vincent Négri, p.43

[1084] Alois Riegl, *Le culte moderne des monuments*, (1903) Le Seuil, Paris, 1984, Voir aussi Françoise Choay, *Le patrimoine en question, anthologie pour un combat*, Éditions du Seuil, octobre 2009, pp. 7-8

La protection accordée par le droit international au patrimoine culturel a été originellement mise en place par le droit des conflits armés.

« *Les édifices qui font honneur à l'humanité [...] tous les ouvrages respectables par leur beauté [...] les monuments des arts* »[1085] doivent être préservés par les États lors des conflits armés, soulignait de Vattel.

Son raisonnement a été suivi lors de l'élaboration des Conventions de La Haye de 1899 et 1907. Ici, les États Parties s'obligent à ne pas détruire les biens culturels et instaurent une forme d'immunité de ces derniers lors des conflits armés.

Il faudra attendre le préambule du Pacte de Roerich en 1935 pour que soit introduite, dans son acception actuelle la notion de patrimoine[1086]. Celle-ci figurera dans la Convention du 14 mai 1954 pour la protection des biens culturels en cas de conflit armé.[1087]

Selon la Convention de 1954 citée plus haut, sont considérés comme biens culturels, quels que soient leur origine ou leurs propriétaires :

« a. *Les biens, meubles ou immeubles, qui présentent une grande importance pour le patrimoine culturel des peuples, tels que les monuments d'architecture, d'art ou d'histoire, religieux ou laïques, les sites archéologiques, les ensembles de constructions qui, en tant que tels, présentent un intérêt historique ou artistique, les œuvres d'art, les manuscrits, livres et autres objets d'intérêt historique ou artistique, les œuvres d'art, les manuscrits, livres et autres objets d'intérêt artistique, historique ou archéologique, ainsi que les collections scientifiques et les collections importantes de livres, d'archives ou de reproductions des biens définis ci-dessus ;*
b. Les édifices dont la destination principale et effective est de conserver ou d'exposer les biens culturels meubles définis à l'alinéa a, tels que les musées, les grandes bibliothèques, les dépôts d'archives, ainsi que les refuges destinés à abriter, en cas de conflit armé, les biens culturels meubles définis à l'alinéa a.;
c. Les centres comprenant un nombre considérable de biens culturels qui sont définis aux alinéas a. et b, dits "centres monumentaux" ».

[1085] E. de Vattel, *Le droit des gens*, Neuchâtel, 1758, Livre III, chapitre IX, par. 168
[1086] Traité concernant la protection des institutions artistiques et scientifiques et des monuments historiques, adopté à Washington, 15 avril 193.
[1087] Code du patrimoine commenté, op cit, p. 46

En droit interne, le patrimoine culturel peut être défini grâce à un système de valeur historique, artistique, archéologique, esthétique, scientifique ou technique. Aucun intérêt n'est supérieur à un autre. Il n'est opéré aucune gradation des intérêts cités.

En droit international, les principes de qualification patrimoniale sont différents. Un système de gradation de valeur et d'intérêt s'applique. C'est l'importance du bien culturel pour le patrimoine national qui justifie une protection en droit international.

La protection internationale est restrictive. Elle ne peut pas embrasser l'intégralité du patrimoine national. Tous les biens culturels ne sont pas éligibles aux mécanismes de protection internationale.[1088]

Prenons l'exemple de la Convention concernant les mesures à prendre pour interdire et empêcher l'importation, l'exportation et le transfert de propriété illicites des biens culturels, adoptée par l'UNESCO le 14 novembre 1970.

Cette dernière oblige les États à désigner les biens culturels considérés comme étant d'importance pour l'archéologie, la préhistoire, l'histoire, la littérature, l'art ou la science, et qui appartiennent aux catégories définies à l'article premier de la convention.

La Convention Unidroit sur les biens culturels volés ou illicitement exportés, adoptée le 24 juin 1995, prolonge celle de l'UNESCO de 1970 et reproduit le même critère d'importance pour l'identification des biens culturels.

Quant à la Convention pour la protection du patrimoine mondial, culturel et naturel, adoptée par l'UNESCO de 1972, elle exige une valeur universelle exceptionnelle des biens du point de vue de l'histoire, de l'art ou de la science (monuments), ou du point de vue historique, esthétique, ethnologique ou anthropologique (sites).[1089]

Les biens culturels nationaux sont donc hiérarchisés. Certains sont de faible importance, d'autres de grande importance et d'autres encore sont de très haute importance pour le patrimoine des peuples.

Il existe ainsi un régime de protection générale, un régime de protection spéciale et un régime de protection renforcée. La protection générale

---

[1088] Code du patrimoine commenté, op. cit. p. 48
[1089] Code du patrimoine commenté, op, cit, p. 48-49

s'appliquerait aux biens culturels de faible importance. La protection spéciale concernerait les biens culturels de grande importance (Conv., 14 mai 1954, article 8) et la protection renforcée concernerait les biens culturels de très haute importance pour l'humanité (Deuxième protocole relatif à la Convention de La Haye de 1954, art 10, adopté en 1999).[1090]

La notion de mémoricide a été utilisée dans l'affaire Karadžić /Mladić par le juge du Tribunal pénal de l'ex-Yougoslavie. Il a été souligné dans cette affaire que la Convention de 1954 et les lois et coutumes de la guerre n'avaient pas été respectées.

Ainsi les biens culturels pouvant être pris en compte dans un mémoricide sont les biens culturels de grande importance pour l'humanité.

Le juge international a sans doute voulu accentuer la protection des biens culturels en soulignant les conséquences que la destruction de certains biens pouvait avoir sur une communauté.

En effet, « *le patrimoine ne se conçoit que rattaché à un sujet de droit* », expliquait P.-L. Frier[1091]. Qu'il soit mobilier ou immobilier, tout élément du patrimoine culturel est d'abord conçu comme rattaché à l'Homme.[1092] Le patrimoine culturel est ancré dans l'humain.

Le contexte humain[1093] est ainsi l'un des traits distinctifs et fondamentaux du patrimoine culturel.[1094] Le contexte humain détermine la qualification juridique du patrimoine.[1095]

[1090] Code du patrimoine commenté, op, cit, p. 49

[1091] P.-L. Frier, dans : D. Alland, S. Rials, *Dictionnaire de la culture juridique*, Quadrige Dicos de Poche, Paris : Lamy/PUF., 2003 p. 1135

[1092] Clémentine Bories, *Le patrimoine culturel en droit international, les compétences des États à l'égard des éléments du patrimoine culturel*, Préface Allain Pellet, Éditions A. Pedone, 2011, p. 45

[1093] M. Cornu insiste d'ailleurs sur l'importance de la « *relation du patrimoine à son titulaire comme critère de définition du patrimoine.* » M. Cornu, *Le droit culturel des biens. L'intérêt culturel juridiquement protégé*, Bruxelles, Bruylant, 1996, p. 20

[1094] Clémentine Bories, *Le patrimoine culturel en droit international*, op. cit. p. 46

[1095] R. Moulin, « Patrimoine national et marché international. Les dilemmes de l'action publique », Revue française de sociologie vol. XXXVIII-3, 1997, p. 472. Plaidoyer de Quatremère de Quincy (1796) en faveur d'une contextualisation mémorielle, communément appelé « Lettres au Général Miranda » : Quatremère de Quincy, *Lettres sur le préjudice qu'occasionneraient aux arts et à la science le déplacement des monuments de l'art de l'Italie, le démembrement de ses écoles, et la spoliation de ses collections, galeries, musées,* etc. Paris : Éd. Macula, 1989 (rééd.), p. 146

Les textes officiels qui mentionnent d'ailleurs le patrimoine culturel le font toujours pour mettre en valeur l'homme et le lien qu'il entretien avec la culture.

Aussi, la Convention de 1970[1096] rappelle-t-elle que « *les biens culturels sont un des éléments fondamentaux de la civilisation et de la culture des peuples* ».

De même, les Statuts du Comité intergouvernemental pour la promotion du retour de biens culturels à leur pays d'origine ou de leur restitution en cas d'appropriation illégale[1097] précisent que « *tout bien culturel qui a une signification fondamentale du point de vue des valeurs spirituelles du patrimoine et du peuple d'un État membre* »[1098] est susceptible d'être restitué à son propriétaire originel.

Section 2 : La protection de l'identité ou le respect de la diversité culturelle

Le droit des minorités monte en puissance au sein d'une communauté internationale qui défend de plus en plus la diversité culturelle. Les revendications minoritaires, fondées sur l'idéologie des droits de l'homme en général et sur le droit des peuples à disposer d'eux-mêmes en particulier, apparaissent comme un contrepoids face au processus d'uniformisation sociale, économique et culturelle.

Si pendant longtemps certains régimes ont été jusqu'à nier l'existence même des minorités, le système international, bien que réticent à l'idée d'autoriser la consécration de droits qui appartiendraient en propre aux minorités et plus généralement de droits dont les collectivités non étatiques seraient détentrices, tend aujourd'hui à ranger le respect des droits dus aux minorités dans la catégorie des normes impératives de droit international (jus cogens).

[1096] Convention concernant les mesures à prendre pour interdire et empêcher l'importation, l'exportation et le transfert de propriété illicites des biens culturels, Paris, 14 novembre 1970, Préambule

[1097] UNESCO, Conférence générale, Statuts du Comité intergouvernemental pour la promotion du retour des biens culturels à leur pays d'origine ou de leur restitution en cas d'appropriation illégale, Résolution 4/7. 6/5, Paris, 24 octobre-28 novembre 1978

[1098] Statuts du Comité intergouvernemental pour la promotion du retour des biens culturels à leur pays d'origine ou de leur restitution en cas d'appropriation illégale, article 3, al 2

Inscrits dans de nombreux instruments internationaux, les droits dus aux minorités sont de plus en plus reconnus.

Une analyse toutefois discutable consiste à affirmer que la répression du génocide s'inscrit non seulement dans un souci de protection du droit à l'existence d'une race, mais aussi dans la préservation et la sauvegarde d'une identité culturelle. Car la suppression d'un groupe priverait l'humanité des contributions dont il serait susceptible de l'enrichir.[1099]

Pour Raphaël Lemkin, artisan du concept de génocide, « *des considérations d'ordre culturel plaident en faveur d'une protection internationale de groupes nationaux, religieux et raciaux [...] tout notre héritage culturel est le fruit des apports de toutes les nations. [...] les nations sont les éléments essentiels de la communauté mondiale* ».[1100]

Qu'en est-il des minorités nationales ? L'assimilation forcée d'une minorité culturelle au sein d'un État matérialisée par une remise en cause de son patrimoine culturel devrait-elle être considérée comme un acte matériel de mémoricide dans la mesure où elle participerait à la perte d'une mémoire et à la reconfiguration d'une identité ?

La Commission européenne pour la démocratie par le droit dite Commission de Venise a présenté au Conseil de l'Europe le 8 février 1991 un projet pour la protection des minorités nationales. Une convention-cadre a été signée.

L'article 5 dispose ceci :

« *1. Les parties s'engagent à promouvoir les conditions propres à permettre aux personnes appartenant à des minorités nationales de conserver et développer leur culture, ainsi que de préserver les éléments essentiels de leur identité que sont leur religion, leur langue, leurs traditions et leur patrimoine culturel.*

2. Sans préjudice des mesures prises dans le cadre de leur politique générale d'intégration, les parties s'abstiennent de toute politique ou pratique tendant à une assimilation contre leur volonté des

[1099] Mathieu Jacquelin, *L'incrimination de génocide, Etude comparée du droit de la Cour pénale internationale et du droit français,* Fondation Varenne, Collection des thèses, 2012, p. 77

[1100] R. Lemkin, "Le crime de génocide" in *RDISDP, Tome XXIV*, 1946, p. 215 ; Mathieu Jacquelin, *L'incrimination de génocide, Etude comparée du droit de la Cour pénale internationale et du droit français,* Fondation Varenne, Collection des thèses, 2012, pp. 73-77

personnes appartenant à des minorités nationales et protègent ces personnes contre toute action destinée à une telle assimilation. [...]»

Elle n'a pas fait l'objet d'une ratification par la France. L'absence de définition de la notion de « minorité nationale [1101]» dans la présente convention justifierait sans doute les réticences de la France.

En effet, la France est réfractaire à la reconnaissance du droit des minorités. Une telle reconnaissance serait contraire à sa tradition constitutionnelle. Elle n'a officiellement qu'une identité. En témoigne le principe d'indivisibilité et d'unicité du peuple français.

Selon Gilles Lebreton, les minorités ethniques peuvent créer des « entités intermédiaires » entre les citoyens et la nation. Leur reconnaissance s'avère dangereuse dans un État comme la France.

Elle justifierait davantage l'établissement de « discriminations positives », c'est-à-dire des différences de traitement supposées compenser leur situation d'infériorité et les particularités culturelles.[1102]

Le citoyen est un être abstrait, un être politique, un être d'obligations et un être de droit[1103]. Ces caractéristiques soulignent la dimension universelle de

---

[1101] Voir La Déclaration sur les droits des personnes appartenant à des minorités nationales adoptée par l'assemblée générale de l'ONU le 18 décembre 1992 ; La Convention-cadre du Conseil de l'Europe pour la protection des minorités nationales du 1er février 1995 ; Marc Bossuyt, "Protection internationale des minorités : le cas particulier de la Belgique", dans l'ouvrage collectif *Droit constitutionnel et minorités*, Recueil des cours de l'Académie internationale de droit constitutionnel, volume 12, 2003 p. 21 ; Aucun de ces textes ne donne une définition précise de la notion de minorités nationales.
Lors du colloque "Droit, culture et minorités" organisé par l'université du Havre et la faculté de Droit de l'université d'Artois, les professeurs Gourmo Lô et Béatrice Bourdelois ont tenté de définir cette notion. Le premier a repris celle proposée par la Cour permanente de justice internationale dans un avis du 31 juillet 1930 : « *un groupe minoritaire dans un État est un groupe ayant en commun "une race, une religion, une langue et des traditions qui lui sont propres"* ». La deuxième a complété cette définition de quatre conditions : une condition politique, une condition psychologique, une condition temporelle et une condition juridique. Gilles Lebreton in *Droit, culture et minorités*, p. 379

[1102] "Reconnaître ou intégrer les minorités ethniques : un choix entre déterminisme et liberté" par Gilles Lebreton in *Droit, culture et minorités*, sous la direction de Arnaud de Raulin, Sidi Mohamed Ould Abdallahi, Gourmo Lô, L'Harmattan, 2009, pp. 379-380

la citoyenneté dans la conception française. Elle s'adresse à tous les citoyens sans distinction d'origine, de race ou de culture.[1104]

L'homme n'est pas « *un pur résultat* [1105]». Il a un pouvoir: celui de déterminer qui il est et ce qu'il souhaite devenir. Il ne devrait pas être enfermé dans une communauté en fonction de ses particularités ethniques, religieuses ou de ses caractéristiques biologiques.[1106].

Bien au contraire, il devrait être libre[1107] de choisir le groupe auquel il souhaiterait être rattaché. C'est d'ailleurs cette conception de la citoyenneté qui est retenue en droit français. Elle s'oppose au communautarisme.[1108]

Le Conseil constitutionnel définit le communautarisme comme « *la reconnaissance des droits collectifs à des groupes définis par une communauté d'origine, de culture, de langue ou de croyance* ».[1109]

Pour l'ancien secrétaire général de l'ONU, Javier Perez de Cuellar, des relations harmonieuses peuvent s'établir et se développer dans un État qui participe à la protection des minorités établies sur son territoire. [1110] Selon lui, cela permettrait d'éviter les conflits et les revendications sécessionnistes des minorités[1111].

1103 M. Leroy, *Vers une République heureuse*, éd. Du progrès civique 1922, cité par P-H. Prélot, "Citoyenneté et communautarisme", in *Figures de la citoyenneté*, L'Harmattan 2006, p. 85.

1104 "Reconnaître ou intégrer les minorités ethniques : un choix entre déterminisme et liberté" par Gilles Lebreton in *Droit, culture et minorités,* Colloque organisé par les universités du Havre, d'Artois et du littoral, op. cit. p. 377

1105 Karl Jaspers (1883-1969)

1106 Gilles Lebreton, "Reconnaître ou intégrer les minorités ethniques : un choix entre déterminisme et liberté", *Droit, culture et minorités* op. cit.

1107 Cf. l'article "Liberté", dans le *Dictionnaire des droits de l'homme* (dir. S. Rials), PUF 2007.

1108 « Vous êtes tous égaux devant la loi. Canaille que te faut-il de plus ? » G. Baboeuf, auteur cité par Sylvain Maréchal, *Manifeste des Égaux*, 1801. À l'époque, on ne parlait pas encore de "racaille"…

1109 CC n° 412 DC du 15/6/1999, Charte européenne des langues régionales et minoritaires : cf. aussi CC n° 505 DC du 19/11/2004, Traité établissant une Constitution pour l'Europe. Cette définition est mise en lumière par P-H. Prélot, op. cit. p. 96

1110 "Reconnaître ou intégrer les minorités ethniques : un choix entre déterminisme et liberté" par Gilles Lebreton in *Droit, culture et minorités,* op. cit. p. 378

1111 J. Perez de Cuellar, "La problématique minoritaire", in *Droit constitutionnel et minorités*, préc., p.7

Le modèle d'intégration républicaine ne s'oppose pas à la diversité culturelle. Celle-ci ne remet pas en cause l'unicité du peuple français.

Ainsi, les langues régionales ont été reconnues comme faisant partie du patrimoine culturel. La loi constitutionnelle du 23 juillet 2008 de modernisation des institutions de la Vᵉ République a introduit dans la Constitution un article 75-1 nouveau aux termes duquel « *Les langues régionales appartiennent au patrimoine de la France* ».

Contre une uniformité culturelle excessive, la diversité culturelle renvoie aussi à la défense de dialectes et de patrimoines régionaux.

La France a ainsi joué un rôle prépondérant tout au long du processus d'élaboration d'une Convention.

Un an plus tôt, la Convention UNESCO sur la protection et la promotion de la diversité des expressions culturelles, ratifiée par la France le 18 décembre 2006 et entrée en vigueur en mars 2007. Cette dernière accorde un rôle majeur à la société civile dans la mise en œuvre de la Convention.

Elle réaffirme « *le droit souverain des États d'élaborer des politiques culturelles, tout en assurant la libre circulation des idées et des œuvres* ». Elle « *vise à créer les conditions permettant aux cultures de s'épanouir et d'interagir librement de manière à s'enrichir mutuellement* ».

Il est stipulé que la diversité culturelle doit être considérée comme un « *patrimoine commun de l'humanité* » et sa « *défense comme un impératif éthique, inséparable du respect de la dignité de la personne humaine* ». Le principe « d'exception culturelle » dont écarte ainsi celui de standardisation et d'uniformisation.

Parce que plusieurs langues régionales sont en « danger d'extinction », un certain nombre de collectivités régionales concernées par la pratique de ces langues tentent depuis plusieurs années de mettre en place une politique favorable à l'entretien et à la sauvegarde de ces dernières.

Elles reconnaissent par là leur originalité et leur différence. Car selon elles, le droit à la diversité, à la différence permet dans une certaine mesure de favoriser le vivre ensemble.[1112]

[1112] Edgar Morin, *Les sept savoirs nécessaires à l'éducation du futur*, Seuil, 1999

Il convient toutefois de souligner que la mention de l'appartenance des langues régionales au patrimoine national a été introduite au sein du titre de la Constitution relatif aux collectivités territoriales afin de lever tout doute quant à la primauté du français.

Cette nouvelle disposition ne remet pas en cause la jurisprudence du Conseil constitutionnel relative à la langue officielle de la République ainsi que celle relative à l'indivisibilité de la République, l'égalité devant la loi et l'unicité du peuple français.

Elle ne crée pas non plus des droits linguistiques au profit des locuteurs des langues régionales et de l'administration régionale. Ceci irait à l'encontre des principes constitutionnels consacrés aux articles un et trois de la Constitution.

Chapitre 2 : Le mémoricide : un crime dont l'autonomie est discutée

Le mémoricide peut-être rattaché à plusieurs crimes. Certains auteurs le rattachent et le limitent à l'autodafé[1113] (Section 1). D'autres estiment qu'il s'insère dans une politique de nettoyage ethnique (Section 2). D'autres encore considèrent le mémoricide comme un quatrième crime de génocide (Section 3) ; le tribunal international de Nuremberg de 1945 ne définissant que trois crimes de génocide.

Section 1 : Le mémoricide : un autodafé ?

Le Nouveau Petit Robert de la langue française définit l'autodafé comme une action de détruire par le feu.

L'un des exemples les plus connus de l'autodafé est celui des livres. Le poète et écrivain Fernando Báez affirme qu'« *un livre n'est pas détruit en tant qu'objet physique, mais en tant que lien mémoriel* »[1114].

C'est aussi ce que pense l'Argentin Jorge Luis Borges. « *Des divers instruments de l'homme, le plus étonnant est sans doute le livre. Les autres sont des extensions de son corps. Le microscope, le télescope sont des extensions de sa voix ; nous avons ensuite la charrue et l'épée, extensions de son bras. Mais le livre, c'est autre chose : le livre est une extension de la mémoire et de l'imagination.* »[1115]

1113 *Mémoricide ou la purification culturelle : la guerre contre les bibliothèques de Croatie et de Bosnie-Herzégovine*, Vesna Blazina, Chef de service, Développement des collections et Publications officielles Bibliothèque des lettres et des sciences humaines, Université de Montréal © *Documentation et bibliothèques*, vol. 42 (1996) : pp. 149-164. Reproduit avec permission ; V. Fernando Báez, *Histoire universelle de la destruction des livres,* Fayard, 2008 ; V. Abdi Abd-Allah, bu.univ-alger.dz

1114 V. Fernando Báez, *Histoire universelle de la destruction des livres,* Fayard, 2008, p. 25

1115 V. Fernando Báez, *Histoire universelle de la destruction des livres,* op. cit, p. 24

Le livre, sous l'impulsion de l'écriture, a transformé de manière effective la mémoire collective de plusieurs civilisations. L''écriture est en effet une activité culturelle et un outil inégalable d'organisation sociale.

Un système très abouti de communication a été développé par l'homme. Au travers de la parole, du langage, du son, des signes visibles en général ou de l'écriture en particulier, l'homme assure la protection de ses traditions ou de sa mémoire.[1116]

L'écriture, source de la mémoire protégée, fascine [1117] depuis son invention par les Égyptiens jusqu'à nos jours[1118]. Catherine Puigelier souligne : « *peu importe la forme de l'écriture, peu importe sa profondeur. Toute mémoire peut s'inscrire dans l'écrit, toute l'histoire (et toute l'Histoire) peut être retenue par lui*[1119]».

Et « *le livre est l'un des supports de l'écriture* » [1120] et par conséquent de la mémoire. En effet, il ne peut être séparé de l'homme. Ils sont liés. C'est la raison pour laquelle le livre est étudié par Fernando Báez comme « *la pièce clé du patrimoine culturel d'une société* ».[1121]

Car une bibliothèque et les livres qu'elles renferment sont considérés comme des temples de la mémoire. Dans le phénomène de l'autodafé des livres, la destruction des écrits et de l'esprit de ces écrits est recherchée.

Pour imposer une vision culturelle, politique ou religieuse, les acteurs de l'autodafé reconnaissent qu'il est indispensable d'aller à la racine du problème et d'interdire ou d'empêcher l'écriture.

Sur les dizaines de causes de destruction des livres et des bibliothèques prédomine cette intention délibérée de forcer l'oubli.

En Grèce par exemple il y a plusieurs siècles, l'élimination partielle des archives était admise. Toutes les personnes qui sauveraient le registre ou oseraient rappeler le passé avec malice étaient sanctionnées.

[1116] Fernando Báez, op. cit. p. 23

[1117] D. Roche, *Les républicains des lettres. Gens de la culture et lumières au XVIIIe siècle*, Fayard, 1988.

[1118]J.H Martin, *Histoire et pouvoirs de l'écrit*, Perrin, 1988, pp. 12-13

[1119] Catherine Puigelier, "Le mémoricide : à propos du temps, de la mémoire et du droit" in *Le temps et le droit*, op. cit.

[1120] Fernando Báez, op.cit. p. 25

[1121] Fernando Báez, op.cit. p. 25

Les Romains appelaient *damnatio mémoriae* la « condamnation de la mémoire » de toutes les personnes qualifiées d'infâmes. Leurs noms étaient effacés de toutes les inscriptions, tous les livres et monuments afin qu'elles fussent oubliées par les nouvelles générations.[1122]

Et les Hébreux ont, quant à eux, créé dans leurs synagogues une chambre *Genizah* destinée à conserver les manuscrits ou exemplaires contenant des versets ou des textes sacrés afin d'éviter leur possible destruction. La Genizah du Caire par exemple abritait des milliers de textes écrits dans l'alphabet hébreu.[1123]

La condition particulière des bibliothèques – « *pôles culturels d'une communauté, creuset de la mémoire, lieu de dialogue avec le passé et de transmission des savoirs* »[1124] – les expose au danger. Pendant les guerres, s'ils ne sont pas des objectifs militaires courants, ils peuvent être malheureusement détruits.

Car celui qui déchire ou brûle un livre condamne la mémoire. Et les livres sont brûlés, les bibliothèques sont bombardées parce que ce sont des symboles. Ils sont considérés comme des objets sacrés.

Il est toutefois important de souligner que le mémoricide ne saurait se réduire à la simple destruction des livres et des bibliothèques bien que l'histoire de l'humanité soit jalonnée de ce genre de crimes. Tout autodafé est un mémoricide, mais tout mémoricide n'est pas un autodafé.

Une vision plus grande consiste à considérer le mémoricide comme un crime s'inscrivant dans le cadre d'une politique de nettoyage ethnique.

Section 2 : Le mémoricide : un composant du nettoyage ethnique ?

Le dictionnaire Larousse définit le nettoyage dans son langage familier comme *« l'action de débarrasser un lieu, un groupe de tous les éléments indésirables, ennemis, en arrêtant, en parlant de la police, en tuant, en parlant d'une bande de gangsters, en congédiant ou en parlant d'une entreprise.* »

[1122] Fernando Báez, op.cit. p. 25

[1123] Fernando Báez, *Histoire universelle de la destruction des livres,* op.cit. p. 26

[1124] M. Baratin et C. Jacob, *Le pouvoir des bibliothèques, la mémoire des livres en occident*, bibliothèque Albin Michel Histoire, février 1996

Le nettoyage permet littéralement de rendre propre. Il s'agit, en ce qui concerne le nettoyage ethnique, de purifier culturellement un territoire.[1125] Les auteurs du nettoyage ethnique considèrent que le groupe ethnique qui y vit le rend impur.

Il y aurait ainsi une dimension positive dans leurs actes. D'ailleurs la notion de nettoyage a une dimension positive.

Ce n'est certainement pas dans une telle optique et pensée que la notion de nettoyage ethnique, cristallisée lors du conflit bosniaque (1992-1995), a été choisie et acceptée. Une telle conception est moralement déplacée.

L'expression de nettoyage ethnique est utilisée pour désigner des processus visant à modifier radicalement et plus souvent de manière violente le peuplement de certains territoires[1126]. Les bourreaux participent à l'expulsion ou à l'élimination arbitraire d'une population.[1127] Le territoire a plus de valeur qu'un groupe ethnique.

Le nettoyage ethnique est associé au nettoyage culturel et à la purification culturelle. Ces trois termes renvoient à la même problématique. Cette expression est apparue en 1860 sous la plume de l'écrivain serbe Vuk Karadžić (1787-1864) lors du conflit qui a existé entre les serbes et les Turcs[1128].

Ses racines pourraient se trouver avant Jésus Christ. Certains auteurs emploient cette expression ou celles qui lui sont équivalentes pour mettre en lumière certains actes accomplis contre des populations autochtones.[1129]

Malgré l'indignation qu'il suscite et sa réprobation généralisée par la Communauté internationale, le nettoyage ethnique ne fait pas l'objet d'une règle prohibitive spécifique en droit international.

1125 Cette expression a été utilisée le 12 février 2002 par Mme Carla Del Ponte, procureure du tribunal pénal international pour l'ex-Yougoslavie, dans l'acte d'accusation de S. Milosevic. Elle souligna alors que "[…] les événements (liés à la guerre dans l'ex-Yougoslavie) étaient de notoriété publique et qu'un nouveau terme, 'nettoyage ethnique', est alors entré dans le langage courant." Texte en anglais traduit par Stéphane Rosière, site du T.P.I.Y : http:// www.un.org/icty/transe54/020212IT.htm

1126 Stéphane Rosière, *Le nettoyage ethnique. Terreur et peuplement*, op. cit. p. 3

1127 Stephane Rosière, *Le nettoyage ethnique. Terreur et peuplement*, op. cit. p. 3

1128 *Le nettoyage ethnique*, Documents historiques rassemblés, traduits et commentés par Mirko Grmek, Marc Gjidara et Neven Simac, p. 340, Fayard, Paris, 1993

1129 Ilan Pappe, *Le nettoyage ethnique de la Palestine*, Édition Fayard, février 2008, p. 20

Il n'existe pas de définition juridiquement opposable. C'est vers la doctrine qu'il a fallu se tourner pour trouver un début de réponses. Le nettoyage ethnique, tout comme le mémoricide, est considéré comme un crime contre l'humanité pouvant faire l'objet d'une répression par le droit international.

L'encyclopédie Hutchinson définit le nettoyage ethnique comme « *une expulsion par la force visant à homogénéiser la population ethniquement mixte d'une région ou d'un territoire particuliers.* » « L'expulseur » dispose toutefois de tous les moyens, y compris les non-violents pour provoquer le départ de la population.

Les experts du département d'État des États-Unis ont accepté cette définition. Ils ont rajouté que l'éradication de l'histoire d'une région est une des composantes de l'essence même du nettoyage ethnique.[1130]

Les Nations unies y recourent également. Le conseil des droits de l'homme (CDH) des Nations unies sanctionne les régimes visant à imposer une domination ethnique sur un territoire mixte.

Et la résolution 819 du Conseil de sécurité de l'ONU condamne toutes les violations du droit international humanitaire en particulier le nettoyage ethnique et réaffirme que ceux qui commettent ou ordonnent de commettre de tels actes en seront tenus individuellement responsables.

« *La séparation des hommes et des femmes, la détention des hommes, la destruction des maisons par des explosifs* », puis le repeuplement des habitations restantes par un autre groupe ethnique sont des actes de nettoyages ethniques.[1131]

L'universitaire Drazen Petrovic a publié l'une des études les plus exhaustives sur les définitions du nettoyage ethnique. Un groupe est selon lui éliminé d'un territoire sur la base de l'origine religieuse, ethnique ou nationale. De ce point de vue, il souligne les liens étroits entre la politique et l'armée dans la perpétration du crime.[1132]

1130 Illan Pappe, op. cit. p. 20 ; Département d'État, rapport spécial sur le “nettoyage ethnique” 10 mai 1999.

1131 Nations unies, rapport suivant la résolution 819 du conseil de sécurité, 16 avril 1993

1132 Drazen Petrovic, « Ethnic Cleansing – An attempt at Methodology », *European Journal of International Law*, vol 5, n° 3, 1994, pp. 342-360

Le désir d'homogénéisation qui tend à réduire la population d'un territoire en un seul groupe (nation, peuple ou ethnie) peut être la source d'un nettoyage ethnique.

Mais cette homogénéisation peut aussi être envisagée sans massacres ou déplacements.

C'est le cas lorsqu'un peuple perd ses caractéristiques originelles (identitaires) au profit de celles d'un autre peuple. Cette incorporation peut se produire par des facteurs objectifs : la mondialisation, la colonisation...

Toutes les formes d'assimilation culturelle ne peuvent donc pas toujours être rattachées au nettoyage ethnique.

Il y a bien une forme d'homogénéisation,[1133] mais la plupart d'entre elles sont beaucoup plus proches de l'ethnocide que du nettoyage ethnique.

Il est important de souligner que le nettoyage ethnique est aussi bien un phénomène politique qu'un phénomène géographique.

Il a longtemps été sous-estimé par la géographie. Pourtant, c'est la géographie de la population qui explique le plus souvent la répartition des hommes sur la planète par des causes naturelles et économiques. Les causes politiques ne sont peu, voire pas du tout, évoquées.[1134]

Dans un article intitulé « Géographie des conflits, les lieux de mémoire dans la ville en guerre : un enjeu de la pacification des territoires », Bénédicte Tratnjek a mis en lumière la destruction des lieux de la ville et la construction d'une mémoire excluante.

Si elle distingue la reconstruction des monuments et la destruction de ces derniers, les deux actes participent au mémoricide, à l'effacement d'une mémoire collective.[1135]

La question que l'on se pose est celle de savoir si le mémoricide est une composante du nettoyage ethnique ou du nettoyage territorial. Le mémoricide peut-il être un crime autonome ? Doit-on toujours le rattacher au nettoyage ethnique ?

[1133] Stéphane Rosière, *Le nettoyage ethnique. Terreur et peuplement*, op. cit. p. 8

[1134] Stéphane Rosière, *Le nettoyage ethnique. Terreur et peuplement*, op. cit.

[1135] Bénédicte Tratjnek, *Géographie des conflits. Les lieux de mémoire dans la ville en guerre : un enjeu de la pacification des territoires*, op. cit.

Paolo Rumiz, dans l'analyse qu'il fît de la guerre de l'ex-Yougoslavie écrira ceci : « *Dans une terre où le droit de vivre se base sur la longueur de la mémoire, plus les souvenirs sont anciens, plus ils doivent être effacés. Les détruire c'est déraciner les gens, leur voler la raison la plus importante de rester. Voilà donc les canons qui frappent les cimetières, les monuments, les vieux ponts, les clochers, les bibliothèques, même l'archéologie.* » Le mémoricide est donc la base stratégique du nettoyage ethnique.[1136] Il est ici au service du nettoyage ethnique. Il permet d'atteindre plus facilement la dépopulation d'un territoire.

Illan Pappe, dans *Le nettoyage ethnique de la Palestine,* soutient : « *la plupart des soldats engagés dans le nettoyage n'ont pas besoin d'ordres directs. Ils savent ce qu'on attend d'eux. Des massacres accompagnent les opérations, mais là où ils se produisent, ils ne font pas partie d'un plan génocidaire : ils constituent une tactique cruciale pour accélérer la fuite de la population vouée à l'expulsion. Plus tard, les expulsés sont effacés de l'histoire officielle et populaire du pays, excisés de sa mémoire collective* »[1137].

Ce dernier paragraphe semble apporter un début de réponse quant aux liens qui unissent les deux crimes. Il y a dans un premier temps une politique de nettoyage ethnique qui se matérialise par le fait de chasser une population de son territoire. Il y a ensuite une volonté d'éradiquer tout ce qui en rappelle la présence. Le nettoyage ethnique serait ici au service du mémoricide contrairement à l'idée première défendue par Paolo Rumiz.

En réalité, ce sont deux crimes distincts. Mirko Grmek le souligne aussi dans son article paru dans le journal Le Figaro en écrivant ceci : « *bon nombre de ces actes de vandalisme ont été commis après l'occupation des lieux et non dans les feux du combat* »[1138].

Le mémoricide est ainsi un crime autonome par rapport au nettoyage ethnique. Il ne s'insère pas toujours dans une politique de nettoyage ethnique. L'objectif du nettoyage ethnique est la transformation du peuplement tandis que celui du mémoricide est l'éradication de la mémoire au travers de la destruction du patrimoine culturel.

[1136] Paolo Rumiz, "Imbécilité du bien et mémoire manipulée" dans Hannah Arendt, *"La banalité du mal" comme mal politique* par Marie Claire Caloz-Tschopp, L'Harmattan 1998, p. 10

[1137] Illan Pappe, *Le nettoyage ethnique de la Palestine*, op. cit. p. 22

[1138] Mirko Grmek, « le mémoricide », op. cit

Les personnes qui désirent homogénéiser un territoire auront toujours tendance à vouloir effacer toutes les traces rappelant l'existence de la population chassée. C'est la raison pour laquelle le mémoricide est la suite logique des nettoyages ethniques. Il est néanmoins impossible d'affirmer que cela soit toujours le cas.

Si le mémoricide n'est pas le versant culturel du nettoyage ethnique, il reste à savoir s'il doit être considéré comme le versant culturel du génocide.

Section 3 : Le mémoricide : un génocide culturel ?

Le génocide a été forgé durant la Seconde Guerre mondiale par le juriste américain Raphaël Lemkin sur les racines grecques *genos* (race) et latine *cide* (meurtre).

Parce qu'il fallait à l'époque établir une incrimination autonome des notions de crimes contre la paix ou de crime de guerre, il a proposé cette notion spécifique qui traduit au plan juridique la gravité de certains actes.

Il définit le génocide comme « *le résultat d'un plan organisé, coordonné autour de différentes actions ayant pour but la désintégration sociale, politique, culturelle, religieuse, linguistique... d'un ou de plusieurs groupes internes d'une population sans distinction d'âge ou de sexe avec l'intention délibérée de les annihiler partiellement ou totalement* ».[1139]

En tant qu'incrimination, cette notion est récente au regard du droit international. Elle marque la prise de conscience de la communauté internationale vis-à-vis des massacres perpétrés lors des conflits armés mondiaux de la première partie du XXe siècle.

Dans l'élaboration de ce crime, Raphaël Lemkin s'est inspiré du génocide des juifs par les nazis.[1140]

La Convention pour la prévention et la répression du crime de génocide adoptée à l'unanimité par l'Assemblée générale des Nations Unies du 9 décembre 1948 la reconnaît juridiquement.

1139 Henry Panhuys, « Génocides des minorités : produits de l'occidentalisation du monde ? » in *Droit, culture et minorités*, sous la direction de Arnaud de Raulin, Sidi Mohamed Ould Abdallahi, Gourmo Lô, L'harmattan, 2010, p. 154

1140 Auteur cité par Stéphane Rosière, *Le nettoyage ethnique. Terreur et peuplement*, op. cit. p. 5

L'article 2 de ladite Convention dispose : « *Dans la présente convention, le terme génocide inclut les actes suivants accomplis dans l'intention de détruire, en totalité ou en partie, un groupe national ethnique ou religieux : (a) l'exécution de membres d'un de ces groupes (b) infliger de mauvais traitements physiques ou psychologiques à des membres de ces groupes* ».

Il importe néanmoins de noter que cet article ne vise que les seuls groupes qualifiés de national, ethnique ou religieux. Ce qui permet d'exclure par définition les groupes à caractère politique, économique et culturel.

« *Or un groupe humain peut s'identifier lui-même à partir de critères d'appartenance très variés : ethnique, linguistique, religieux, géographique, professionnel, économique, politique et scientifique, etc.*[1141]»

Raphaël Lemkin envisageait ainsi par génocide des actions allant au-delà de l'extermination d'une race – sens implicite et restrictif. Il ressort de sa première définition une volonté d'inclure un nombre important d'actes constitutifs de génocide.[1142]

Car par l'étude des pratiques nazies, différentes formes de génocide semblaient pouvoir faire l'objet d'une incrimination : génocide politique, génocide social, génocide culturel, génocide économique, génocide biologique, génocide physique, génocide religieux, génocide moral.

D'ailleurs, une première tentative de définition juridique de la notion de génocide fut apportée par la résolution 96 de l'Assemblée générale des Nations Unies, en date du 11 décembre 1946. Elle définissait le génocide comme « *un déni du droit à la vie des groupes humains* » que ces « *groupes raciaux, religieux, politiques et autres aient été détruits entièrement ou en partie* ».

En raison de la mention faite aux groupes politiques et culturels, cette proposition de 1946 n'a pas été retenue. Un consensus fut trouvé en retirant de l'accord final toute référence à la notion desdits groupes.

1141 Henri Panhuys, op. cit. p. 156

1142 Stéphane Rosière, op. cit. p. 5

Le 9 décembre 1948, la Convention pour la prévention et la répression du crime de génocide exclut les crimes commis à l'encontre des groupes politiques et culturels.[1143]

Sur l'aspect culturel du génocide, le projet de Convention élaboré par le Secrétaire général (article I, paragraphe 3) et le projet présenté par le Comité ad hoc sur le génocide (article III) incluaient plusieurs actes dont la destruction systématique des principales manifestations de la culture du groupe : livres, monuments…

L'exclusion des atteintes culturelles volontairement portées à un groupe de la définition du génocide se justifie par le fait que la préservation des spécificités culturelles n'est pas l'élément primordial ou essentiel justifiant la reconnaissance du génocide.[1144]

1143 Résolution 96 de l'Assemblée générale des Nations-Unies en date du 11 décembre 1946

1144 *United Nations audiovisual library of international law « Dans sa résolution 96 (I) du 11 décembre 1946, l'Assemblée générale, affirmant que le génocide est un crime de droit des gens que le monde civilisé condamne, a invité les États membres à prendre les mesures législatives nécessaires pour prévenir et réprimer ce crime, recommandé d'organiser la collaboration internationale à cet effet et chargé le Conseil économique et social d'entreprendre les études nécessaires en vue de rédiger un projet de Convention sur le crime de génocide. Sur instruction du Conseil économique et social, le Secrétaire général, assisté de la Division des droits de l'homme et d'un groupe de trois experts (Henri Donnedieu de Vabres, Raphael Lemkin et Vespasien Pella), a élaboré un projet de convention accompagné d'un commentaire (E/447, 26 juin 1947). Dans sa résolution 77 (V) du 6 août 1947, le Conseil économique et social s'est proposé de poursuivre l'examen de la question du génocide aussi rapidement que possible sous réserve de nouvelles instructions de l'Assemblée générale. Les États ont été invités à soumettre leurs observations sur le projet (A/362, 25 août 1947). Dans sa résolution 180 (II) du 21 novembre 1947, l'Assemblée générale a invité le Conseil économique et social à poursuivre ses travaux sur la question et à procéder à l'établissement du texte définitif d'une convention sans attendre d'avoir reçu les observations de tous les États membres. Dans sa résolution 117 (VI) du 3 mars 1948, le Conseil économique et social a institué un comité spécial sur le génocide composé des représentants nationaux de la Chine, des États-Unis d'Amérique, de la France, du Liban, de la Pologne, de l'Union soviétique et du Venezuela, qui a élaboré un deuxième projet de convention accompagné de commentaires (E/794, 5 avril-10 mai 1948). La Sixième Commission (questions juridiques) a examiné ce projet de ses 63es à 110es séances, et de ses 128es à 134es séances à la troisième session de l'Assemblée générale en 1948. L'Assemblée générale a adopté la Convention sur le génocide par un vote unanime des 56 participants à sa 179e séance plénière, le 9 décembre 1948 [(résolution 260 [III]].* » http://legal.un.org/avl/pdf/ha/cppcg/cppcg_ph_f.pdf

La définition juridique du génocide est donc actuellement limitée aux actes de destruction physique et parfois biologique d'un groupe racial, religieux, ethnique ou national. La destruction exclusivement culturelle, proposée par Raphaël Lemkin dès 1933 sous le vocable de vandalisme, n'a pas été retenue.

Si le Tribunal pénal international pour l'ex-Yougoslavie a toutefois récemment admis qu'il pouvait exister de multiples manières d'éliminer un groupe par-delà l'extermination physique de ses membres, deux arrêts viennent illustrer les réticences des juridictions pénales internationales à établir un génocide culturel (l'arrêt Jelisic et l'arrêt du 26 février 2007 Bosnie-Herzégovine c. Serbie-et-Monténégro).[1145]

Dans cette dernière affaire, la Cour internationale de justice a refusé sur le fondement de la lettre c) de l'article 6 de la Convention pour la prévention et la répression du crime de génocide « *de considérer les actes de destruction du patrimoine historique, religieux et culturel tendant à effacer les traces d'un groupe protégé comme des actes de génocide dans la mesure où ces actes n'entraînent pas en eux-mêmes la destruction physique ou biologique des membres du groupe* ».

La communauté internationale reste ferme sur ses positions. La définition du génocide contenue dans la Convention de 1948 n'a pas été modifiée, et cela malgré la pression de certains groupes politiques.

Les actes destinés à porter atteinte à une communauté sur le plan identitaire et culturel ne sont pas des actes de génocide. Et cela pour la plus grande joie des opposants du génocide culturel qui ont toujours souligné les dangers qu'il y a à percevoir le génocide de manière trop large.

Ainsi, pour le Professeur Burgorgue-Larsen, il ne faudrait pas appliquer la notion de génocide à tous les crimes qui porteraient atteinte à l'intégrité d'un groupe. Une telle extension participerait à la banalisation dudit crime.[1146]

Il est par ailleurs difficile sur le plan émotionnel de considérer comme équivalents le massacre de milliers de personnes et la fermeture de

---

1145 Affaire citée ci-dessus *Ministère public/Radislav Krsti*, Jugement N IT-98-33-T, Chambre I, CPIY (2 août 2001), p. 574

1146 Laurence Burgogue-Larsen, « Le génocide ignoré du Timor oriental », dans Katia Boustany et Daniel Dormoy (Dir.), *Génocide(s)*, Bruylant, Bruxelles, 1999, p. 248

bibliothèques même si les deux pratiques participent à la destruction d'un groupe.

L'absence de reconnaissance du génocide culturel en droit international a relégué la question culturelle en matière de répression du génocide au second plan.

Avec la Déclaration concernant la destruction intentionnelle du patrimoine culturel, adoptée par l'UNESCO en 2003, la confiscation et la destruction des expressions culturelles et religieuses d'un groupe visé sont des éléments qui permettent de reconnaître l'existence d'une politique génocidaire.[1147]

En effet, si le juge international ne considère pas les actes tendant à détruire la culture d'un groupe comme les actes de génocide, il les utilise pour démontrer l'existence de l'intention génocidaire.

Dans l'affaire Karadžić/Mladić, le T.P.I.Y a retenu que « *la destruction des mosquées ou des églises catholiques vise à l'anéantissement de la présence séculaire du ou des groupes, à la destruction des bibliothèques, à l'annihilation d'une culture enrichie de la participation des diverses composantes nationales de la population* ». Les juges ont exploité ces éléments pour déterminer l'existence du dolus specialis.

Dès lors, les actes visant la destruction d'un groupe par l'élimination de sa culture pourront être sanctionnés en tant qu'actes de génocide lorsqu'ils seront perpétrés en relation avec des actes de destruction physique ou biologique du groupe.

Cependant, on peut très bien détruire le patrimoine culturel d'un peuple sans s'attaquer physiquement audit peuple. La destruction du patrimoine culturel est un crime autonome et il doit être différencié du génocide.

C'est la raison pour laquelle l'exclusion du génocide culturel de la Convention de 1948 a conduit une partie de la doctrine à envisager la destruction délibérée du patrimoine culturel comme un concept juridique à part entière, distinct du génocide physique ou biologique.

1147 A. F Vrdoljak, « Le droit international, les musées et le retour d'objets culturels » in *Témoins de l'histoire, Recueil de textes et documents relatifs au retour des objets culturels*, sous la direction de Lyndel V. Prott, Éditions UNESCO, 2011

Cette façon d'appréhender le concept est nécessaire non seulement pour ne pas affaiblir celui de génocide, mais aussi pour mettre en exergue les spécificités de la mort délibérée des cultures.

Dans cette logique de singularisation, le génocide culturel a été rebaptisé d'« ethnocide » par certains auteurs, c'est-à-dire la destruction intentionnelle de la culture d'un peuple qui n'entraîne pas nécessairement la mort de ses membres.

Issiaka-Prosper Lalèyé préfère le néologisme « culturacide ». Car pour cet auteur, la destruction d'une ethnie entraîne aussi la mort d'une culture.[1148]

Malgré les divergences sémantiques, la finalité de ces crimes est la destruction d'un groupe par la destruction de son identité culturelle. La terminologie du professeur Mirko Grmek, qui souligne que la destruction matérielle de la culture ou les actes de vandalisme effectués en ex-Yougoslavie par les Serbes sont des actes de mémoricide, a été retenue dans la présente thèse.

Remarque :

Cette présentation ne peut se terminer sans que soit abordée une conception du mémoricide qui apparaît sur tous les moteurs de recherche. Celle défendue par l'historien et écrivain français, Reynald Secher, auteur du livre *Vendée : Du génocide au Mémoricide*. Il y dénonce l'oubli des crimes passés de la République.

Il n'est pas question de rentrer dans le débat sur l'existence ou l'inexistence du génocide vendéen. L'objectif ici est de soulever la définition qu'il donne du mémoricide.

Et selon lui, ce serait un crime contre l'humanité dont la finalité serait de favoriser la négation, la relativisation ou la justification partielle ou totale d'un acte premier de génocide.[1149]

[1148] Issiaka-Prosper Lalèyé, « Comment meurent les cultures ? Interrogations philosophico-anthropologiques sur le concept de génocide culturel » in Collection de droit international, Katia Boustany et Daniel Dormoy (dir.) publication du Réseau Vitoria, Éditions de l'université de Bruxelles, 1999, p. 292

[1149] Entretien avec Reynald Secher et réalisé par Éric Martin, proposé en exclusivité par Nouvelles de France, partenaires du Bréviaire des patriotes, article consulté le 19 juin 2012 .

Cette définition du mémoricide n'a pas été retenue dans la présente thèse pour deux raisons.

La première raison est que la définition qu'il donne du mémoricide est très large. Elle englobe plusieurs crimes tels le négationnisme. L'idée de la destruction du patrimoine culturel et par conséquent de la mémoire soulevée par Mirko Grmek est aussi soulevée par Reynald Secher. Le seul problème est la place secondaire que lui accorde l'historien. L'aspect matériel de la mémoire incontournable dans la définition de Mirko Grmek ne l'est pas forcément dans celle de Reynald Secher.

La deuxième raison est le rattachement du mémoricide au génocide – le premier relativisant, justifiant ou niant le deuxième.

À ce niveau, une question taraude notre esprit. Le génocide pourrait-il être au service du mémoricide et non le mémoricide au service du génocide ? Selon Reynald Secher, le mémoricide permet d'oublier le génocide.

Une thèse contraire peut être défendue. L'éradication de la mémoire collective ne serait possible que si tous les membres de cette collectivité avaient été tués au préalable. Car chaque homme est porteur d'une mémoire. Et ce n'est qu'à l'éradication totale d'un groupe que l'on parvient à la perte d'une mémoire.

Ainsi, le mémoricide peut être au service du génocide tout comme le deuxième peut être au service du premier.

Toutefois, un aspect de la définition de Reynald Secher a attiré notre attention et a de ce fait été mis en lumière.

Il s'agit du rattachement du mémoricide à la manipulation de la mémoire. Plusieurs auteurs, à l'exception de Mirko Grmek, l'ont d'ailleurs fait. En effet, la politique joue un rôle non négligeable dans la construction de la mémoire collective.

Titre 2 : ... À une reconnaissance implicite du mémoricide

Une infraction, quelle qu'elle soit, se caractérise par le fait que le comportement prohibé est prévu par une norme pénale.

Cela n'a pourtant pas toujours été le cas. La Révolution française constitue un tournant dans l'histoire du droit pénal. En réaction contre l'arbitraire de l'Ancien Droit[1150], les philosophes des Lumières ont inspiré la Déclaration des droits de l'homme et du citoyen élaborée en 1789. Celle-ci rejette l'individualisation des peines et choisit un système de peines fixes.[1151]

« *Les peines sont arbitraires en ce royaume* », tel était l'un des adages les plus célèbres de l'Ancien Droit.

Cela ne signifiait nullement que les règles criminelles étaient inexistantes. Des textes et des coutumes organisaient le droit criminel. Cela signifiait que les juges et le roi disposaient d'un pouvoir arbitraire. Ils pouvaient, même en l'absence de règles écrites ou coutumières, réprimer certains comportements ou interpréter extensivement les règles existantes.[1152]

Le juge exerçait ainsi un pouvoir important puisqu'il était chargé de compenser les lacunes de ces deux sources du droit. Il déterminait seul l'étendue des agissements répréhensibles et choisissait les sanctions à appliquer – sanctions pouvant aller de la peine capitale aux châtiments corporels.[1153]

Ce droit était par conséquent particulièrement incertain. C'est la raison pour laquelle le droit pénal français est de nos jours dominé par le principe de légalité.

[1150] Le principe de la légalité des délits et des peines a vu le jour sous les impulsions conjuguées de Montesquieu, Voltaire et Beccaria, dont *le traité des délits et des peines* constitue en 1764 (« siècle des Lumières ») la traduction en droit criminel des théories du contrat social proposées par Jean-Jacques Rousseau

[1151] Marie-Christine Sordino, *Droit pénal général*, Ellipses, 2011, p. 26

[1152] Harald Renout, *Droit pénal général*, Collection Paradigme, Larcier, 18e Édition, 2013, p. 27

[1153] Marie-Christine Sordino, op. cit. p. 33

L'ensemble du système répressif doit être organisé par des textes. Et ce principe de légalité (appelé aussi textualité par certains auteurs) signifie avant tout qu'un texte est exigé pour définir l'incrimination et la sanction encourue.

Le criminaliste bavarois Feuerbach avait formulé au début du XIXe siècle le principe de la légalité des délits et des peines sous la forme *Nullum crimen, nulla poena sine lege* (pas d'infraction, pas de peine sans texte).[1154]

Accepté par la doctrine française, il sera consacré en législation au travers de la Déclaration de 1789 qui dispose en son article 7 :

« *Nul homme ne peut être arrêté ni détenu que dans les cas déterminés par la loi et dans les formes qu'elle a prescrites* » et en son article 8 que « *la loi ne peut établir que des peines strictement et évidemment nécessaires et que nul ne peut être puni qu'en vertu d'une loi établie et promulguée antérieurement au délit et légalement appliquée* ».

Les Constitutions de 1791 (article 8 et 10), de 1793 (article 4) et de l'an III (article 14) réaffirment ce principe à la fois dans son aspect matériel et dans son aspect formel. Le Code pénal de 1810 le reprend également.

La phrase écrite et prononcée par Portalis dans le *Discours préliminaire au premier projet de Code civil*[1155] qui souligne qu'« *en matière criminelle... il faut des lois précises et point de jurisprudence* », illustre cette prise de position remarquable.

Aucune distinction n'est faite ici entre les lois nationales et les lois internationales.

De nombreuses lois nationales sont d'ailleurs la transposition de Conventions internationales. L'ensemble des infractions internationales découle par hypothèse d'une Convention internationale ou, à tout le moins, de la coutume internationale. Les lois pénales nationales définissant et réprimant le génocide ne sont en effet que la transposition de la Convention internationale afférente.[1156]

1154 R. Garraud, *Traité théorique et pratique de droit pénal*, 3e Édition, Sirey, Volume 1, n° 138, 1913

1155 François Ewald, *Naissance du Code civil*, Flammarion, 1989, p. 45.

1156 Didier Rebut, *Droit pénal international*, 1re Édition, Dalloz, Paris 2012, pp. 12-13

Il est donc possible d'affirmer que le droit international est ainsi soumis en quelque sorte au principe de légalité.

Il est exposé à l'article 11 alinéa 2 de la Déclaration Universelle des Droits de l'Homme de 1948 :

« *nul ne sera condamné pour des actions ou omissions qui, au moment où elles ont été commises, ne constituaient pas un acte délictueux d'après le droit national ou international. De même, il ne sera infligé aucune peine plus forte que celle qui était applicable au moment où l'acte délictueux a été commis.* »

Le Pacte international relatif aux droits civils et politiques souligne que « *nul ne sera condamné pour des actions ou des omissions qui ne constituaient pas un acte délictueux d'après le droit national ou international au moment où elles ont été commises.* » Ce texte est juridiquement contraignant contrairement au premier texte cité.

En ce qui concerne le mémoricide, on note un ensemble de textes juridiques internationaux qui touche d'une manière ou d'une autre les éléments caractéristiques dudit crime. Leur effectivité est subordonnée à l'intervention des législateurs nationaux.

La loi pénale nationale peut provenir de diverses autorités. Le parlement reste la principale autorité compétente dans la détermination des crimes, délits et peines applicables. Et le gouvernement, en dehors de sa compétence exclusive en matière contraventionnelle, peut être amené à préciser les éléments d'une infraction déterminée par la loi.

En d'autres termes, seul le parlement peut édicter les crimes et les délits – la loi pouvant elle-même prévoir l'intervention d'un règlement pour la compléter – et seul le gouvernement peut fixer les contraventions.

Le principe de légalité criminelle hérité de la Révolution renvoie aujourd'hui à deux acceptions différentes.

Dans un sens formel (chapitre 2), il signifie qu'il n'y a pas d'incrimination sans texte ni de peine sans texte.

Dans un sens matériel (chapitre 1), il renvoie à la nécessité pour toute norme pénale y compris non écrite d'être conforme à un double principe de qualité et de proportionnalité. Les textes de droit pénal doivent être suffisamment clairs et précis, pour que le citoyen sache les comportements interdits.

Ces deux conceptions sont justifiées par la liberté individuelle et la volonté de lutte contre l'arbitraire. Aucun individu ne devrait être puni d'avoir posé un acte non expressément interdit.

Chapitre 1 : La légalité matérielle : la qualité de la norme

Le droit pénal contemporain connaît une diversification de sources nationales et internationales.

Même si les États demeurent jaloux de leur souveraineté en matière pénale, les sources pénales internationales tendent aujourd'hui à se multiplier. Une collaboration entre les États permet de lutter efficacement contre la criminalité internationale.

Le maintien de la paix par la menace d'une sanction pénale devant frapper un État transgresseur[1157] – si puissant qu'il soit – est l'un des buts les plus nobles de la communauté internationale[1158].

Si l'existence d'une loi est évidemment nécessaire au principe légaliste, celle-ci n'est cependant pas suffisante. La loi doit répondre à des objectifs de modération et de précision rédactionnelle pour ne pas risquer d'être la source des abus qu'elle doit justement conjurer.

C'est le principe de la légalité matérielle.

La légalité matérielle est une conception moderne et réaliste. Elle découle des systèmes de common law qui avaient originairement pour particularité de donner le pouvoir au juge dans la création des infractions – pouvoir qu'il n'a plus de nos jours.

Des mécanismes d'autocontrôle, pour exclure l'arbitraire, ont ainsi été mis en place[1159].

[1157] Bertrand De Lamy, « Le principe de légalité dans la jurisprudence du Conseil constitutionnel », Cahier du Conseil constitutionnel n° 26, Dossier : la Constitution et le droit pénal, Août 2009.

[1158] Henri Donnedieu de Vabres, *Les principes modernes du droit pénal international*, Éditions Panthéon Assas, Avant-Propos Jean Foyer, 2004, p. 4

[1159] Pour une comparaison, V. E. Grande, « Droit pénal, principe de légalité et civilisation juridique : vision globale », Revue internationale droit comparé, 2004. pp. 119 et s. Pour une analyse du recul en France de la légalité formelle, P. Maistre du Chambon, « Le déclin du principe de la légalité en matière pénale », Mélanges R. Decottignies, PUG, 2003, pp. 209 et s.

Comme le soulignait Portalis, « *le législateur ne doit point frapper sans avertir : s'il en était autrement, la loi, contre son objet essentiel, ne se proposerait donc pas de rendre les hommes meilleurs, mais seulement de les rendre plus malheureux.* »[1160]

En droit international, les restrictions aux droits reconnus sont très encadrées. [1161] Il est dit notamment que les restrictions doivent « *être prévues par la loi* ».[1162]

Celle-ci doit certes être précise, mais ce n'est pas tant son existence qui intéresse la Cour européenne des droits de l'homme, mais c'est surtout la sécurité juridique du justiciable.

En déterminant préalablement les comportements pénalement sanctionnés, le droit criminel remplit une fonction intimidatrice. Les individus sont prévenus au travers de l'ensemble des textes pénaux des actes interdits et par voie de conséquence des actes autorisés.[1163]

En ce qui concerne le mémoricide, même si plusieurs textes de loi convergent et interdisent les comportements remettant en cause le patrimoine culturel, la mémoire, l'identité, la dignité humaine, la culture..., on ne pourrait sanctionner qu'un crime défini de manière claire et précise. [1164]

La peine ne peut, dans tous les cas, frapper légitimement que si l'auteur de l'infraction a violé l'interdit pénal en pleine connaissance de cause. Dès lors, les incriminations doivent être définies dans leurs éléments matériels et intentionnels.[1165]

La tentation que pourraient avoir certains juges d'étendre des règles obscures est neutralisée au travers des principes de prééminence, de prévisibilité et de clarté de la loi.

1160 Jean-Etienne-Marie Portalis, *Discours préliminaire sur le projet de code civil*, discours présenté le 1er Pluviose an IX

1161 Xavier Pin, *Droit pénal général*, Dalloz, 4e Édition, 2010, p. 18

1162 Olivier De Frouville, *Droit international pénal*, Éditions A. Pedone, 2012, p. 33

1163 Harald Renout, *Droit pénal général,* op. cit. p. 28

1164 Arrêt CEDH du 25 mai 1993, *Kokkinakis contre Grèce*, série A, n° 260 A ; arrêt du 15 novembre 1996, Cantoni contre France, Rec. 1996-V, n° 20

1165 Bertrand De Lamy, op. cit ; Déc. du 22 janvier 1999 op cit, cons. n° 22. Pour une décision censurant un texte jugé de mauvaise qualité : déc. n° 84-183 DC du 18 janv. 1985, cons. nos 9 et s.

- La prééminence de la loi

La prééminence du droit caractérise toute société démocratique. Pour respecter ce principe, le texte qui constitue la base légale de la restriction doit être analysé dans un sens matériel, comme réunissant certaines caractéristiques qui conditionnent la qualité de la règle juridique.

La multiplication des textes, l'enchaînement de réformes ont une incidence sur la qualité rédactionnelle. Par ailleurs, la technicité grandissante du droit ne contribue ni à sa stabilité ni à sa lisibilité. Pourtant le droit pénal se doit d'être accessible et prévisible.

Ce sont là, les deux caractéristiques de la norme pénale. Elle doit non seulement être écrite, mais aussi matériellement accessible pour un public qui se doit d'être informé.

Autrement dit, le justiciable doit avoir la possibilité de prendre connaissance à l'avance de l'incrimination et de la peine qu'il encourt en adoptant un comportement.

Dans l'arrêt Sunday times rendu en 1979, le juge européen exige que la loi soit suffisamment « accessible » :
« *Le citoyen doit pouvoir disposer de renseignements suffisants, dans les circonstances de la cause, sur les normes juridiques applicables à un cas donné. [...] On ne peut considérer comme une loi qu'une norme énoncée avec assez de précision pour permettre au citoyen de régler sa conduite ; en s'entourant au besoin de conseils éclairés, il doit être à même de prévoir, à un degré raisonnable dans les circonstances de la cause, les conséquences de nature à dériver d'un acte déterminé. Elles n'ont pas besoin d'être prévisibles avec une certitude absolue : l'expérience la révèle hors d'atteinte* ».

- La prévisibilité de la loi

Le principe de prévisibilité du droit pénal assure une sécurité au destinataire de la norme. Ce principe n'est malheureusement pas clairement défini. Le Conseil Constitutionnel évite de se prononcer sur ce point et préfère se placer sur le terrain de la clarté et de l'accessibilité de la norme.

L'arrêt Cantoni /France de 1996 apporte quelques précisions. La prévisibilité de la loi ne s'opposerait pas à la possibilité de recourir à des conseils éclairés d'un professionnel.[1166]

[1166] Olivier De Frouville, *Droit international pénal*, Éditions A. Pedone, 2012, p. 34

La portée de la notion de prévisibilité dépend du contexte et des destinataires.

- La clarté de la loi

L'infraction doit présenter un degré suffisant de clarté. Une disposition de manière tellement générale permet « *de poursuivre toute personne ne se situant pas dans la ligne officielle.* »[1167]

Les incriminations trop larges violent aussi le principe de légalité au même titre que l'absence de texte, puisqu'aucune garantie n'est assurée et que la possibilité d'arbitraire demeure entière.

On peut citer à titre d'exemple la loi de Vichy du 7 septembre 1941 donnait compétence au Tribunal d'État pour juger tout acte « *de nature à troubler l'ordre, la paix intérieure, la tranquillité publique ou d'une manière générale à nuire au peuple français* ».

L'article 82 de l'ancien Code pénal punissait « *quiconque, en temps de guerre, accomplira sciemment un acte de nature à nuire à la défense nationale non prévu et réprimé par un autre texte* ».

Ces exemples sont sans doute extrêmes. Mais la clarté des crimes est une obligation rappelée à l'échelle nationale et internationale. Le législateur français, lorsqu'il utilise des termes vagues qu'il omet de définir, encourt le même grief d'imprécision.

Le Conseil constitutionnel le lui rappelle. Il se doit de « *définir les infractions en termes suffisamment clairs et précis pour exclure l'arbitraire* »[1168]. De même, il doit déterminer les éléments constitutifs des incriminations qu'il crée. Les faits caractérisant l'infraction doivent être « *matériellement tangibles et aisément vérifiables* ».[1169]

1167 Harald Renout, *Droit pénal général*, op. cit. p. 31

1168 C. const., 19-20 janvier 1981, J.C.P., 1981. II. 1970, note Franck, D., 1982. 441, note A. Dekeuwer ; 2 mars 2004, J.O. 10 mars, p. 4637, J.C.P. 2004-II.10048, note J.C. Zarka. Add. N. Molfessis, Combattre l'insécurité juridique ou la lutte du système contre lui-même, in *Sécurité juridique et complexité du droit*, Rapport public au Conseil d'État, 2006, EDCE, pp. 233 et s.

1169 Voir aussi Jean Pradel, *Droit pénal général*, Éditions Cujas, 19e Édition, Paris, septembre 2012, p. 115

Par ailleurs, une bonne qualité rédactionnelle est aussi nécessaire pour lutter contre le déclenchement inutile de certaines procédures d'investigation.

Si aucun individu ne devait être poursuivi pour un crime non clairement défini par les lois pénales internationales et nationales, qu'en est-il des auteurs du mémoricide ? La situation est-elle différente ?

Il existe un ensemble de règles internationales qui protègent le patrimoine culturel et sa destruction intentionnelle en période de guerre ou de paix. Ces règles sont de nature différente. Elles sont tantôt des règles écrites, tantôt des règles non écrites.

Le principe de légalité des délits et des peines prend un sens différent selon le système juridique considéré. Le droit écrit et la Common Law, parce qu'ils sont soucieux du respect des droits fondamentaux, s'accordent sur son respect. Seule diffère, selon le système, la forme sous laquelle cette règle préexiste.

Dans le droit écrit interne, le principe de la légalité des délits et des peines impose un texte légal préalable à la commission de l'acte. Au contraire, la Common Law n'exige pas de formes particulières. Il peut s'agir d'une règle non encore formulée.[1170]

Le droit pénal international, quant à lui, est encore rudimentaire. Cela vaut aussi bien pour les règles substantielles ou matérielles que pour les règles procédurales. En effet, de nombreuses notions pénales ne sont pas définies par des textes normatifs pertinents.[1171]

L'article 38 du Statut de la Cour internationale de justice énumère ces sources du droit international général :
« *a. les Conventions internationales, soit générales, soit spéciales, établissant des règles expressément reconnues par les États en litige ;*
b. la coutume internationale comme preuve d'une pratique générale, acceptée comme étant le droit ;
c. les principes généraux de droit reconnus par les nations civilisées ;

[1170] Jean-François Roulot, *Le crime contre l'humanité*, Préface de Charalambos Apostolidis, L'Harmattan, 2002, pp. 24-25

[1171] Antonio Cassese, « L'influence de la CEDH sur l'activité des Tribunaux pénaux internationaux » in *Crimes internationaux et juridictions internationales*, sous la direction d'Antonio Cassese et Mireille Delmas-Marty, PUF, juin 2002, p. 143

d. [...], les décisions judiciaires et la doctrine des publicistes les plus qualifiés des différentes nations, comme moyen auxiliaire de détermination de la règle de droit. »

Les deux premières sources énumérées par l'article 38, les traités et le droit coutumier représentent les sources « classiques ». Le statut ou la nature juridique des « principes généraux du droit » est disputé. Les décisions judiciaires et la doctrine des publicistes ne constituent quant à eux qu'un moyen auxiliaire de détermination de la règle de droit et non des sources du droit au sens propre.

À cela, il est possible de rajouter les lois nationales qui interviennent en la matière. Assurément en recul, le droit pénal international conserve de nombreuses sources nationales. Ces sources nationales peuvent être exclusives (quand elles régissent seules le domaine qui en est l'objet), alternatives ou complémentaires des sources internationales.

Plusieurs règles écrites (paragraphe 1) et non écrites (paragraphe 2) protègent le patrimoine culturel, la mémoire et l'identité des collectivités humaines. Il est par conséquent nécessaire et légitime de les étudier afin d'affirmer ou de réfuter la reconnaissance implicite du mémoricide.

Section 1 : Les règles non écrites

Si le droit conventionnel tend à prendre une importance croissante dans la période contemporaine, pour une grande partie de la doctrine, le droit international reste un droit non écrit avec pour sources la coutume (paragraphe 1) et les principes généraux (paragraphe 2).

Pourtant le droit non écrit peut effrayer et renvoyer à des règles d'une assez grande généralité.

Paragraphe 1 : La coutume internationale

A- La définition de la coutume

La notion de coutume est une notion particulièrement complexe. Elle est une forme juridique utilisée dans tous les systèmes en droit interne et en droit international.

En droit pénal international, le principe de légalité (pas d'infraction sans loi) ne peut pas être appliqué de manière formelle. Provenant de la coutume – qui constitue une de ses sources principales – il n'est pas originellement une œuvre juridico-technique.[1172]

Il peut être appliqué de manière matérielle. En effet, le contenu de la coutume doit être conforme aux règles du droit pénal international même si elles sont formellement moins rigoureuses que celles des systèmes juridiques positivistes.[1173]

Le Statut de la Cour internationale de justice définit la coutume internationale comme la preuve d'une pratique générale, acceptée comme étant le droit.

Cette définition contient en germe les deux éléments constitutifs de la coutume, d'une part l'élément matériel constitué par une « pratique générale » (1), d'autre part l'élément psychologique caractérisé par la conscience que cette pratique obéit au droit, autrement dit l'*opinio juris sive necessitatis* (2).[1174]Elle ne doit toutefois pas être confondue au jus cogens (3).

1- <u>Une pratique générale</u>

Une pratique est une manière habituelle d'agir. Plusieurs conditions doivent être respectées pour qu'une pratique respectée de la vie internationale réponde à l'idée de « norme juridique ».

Nombre d'usages suivis de façon répétée dans les relations diplomatiques n'ont pas de caractère obligatoire. Ils ne créent pas de droits et des obligations pour les partenaires. Ils ont un simple statut de pratiques de courtoisie, de convenance. La nécessité d'entretenir de bonnes relations justifie et fonde la répétition de ces comportements.[1175]

[1172] Stefan Glaser, "Le Principe de la légalité en Matière Pénale, notamment en Droit Codifié et en Droit Coutumier", Revue de Droit Pénal et de Criminologie 889 (1996)

[1173] M. Cherif Bassiouni, *Introduction au droit pénal international*, Bruylant, Bruxelles 2002, p. 27

[1174] Emmanuel Decaux, Olivier de Frouville, *Droit international public*, Dalloz, 8e Édition, 2012, p. 50

[1175] Emmanuel Decaux, Olivier de Frouville, *Droit international public*, op. cit. p. 50, voir aussi Serge Sur, *La coutume internationale*, cahier 1, Litec, extrait du Juris-Classeur Droit International, 1990, p. 11

Ainsi, une distinction entre les pratiques et les usages doit être faite. L'usage n'a pas en principe de forces juridiques.

Cependant, la Cour internationale de justice a indiqué en 2008 que des excuses pouvaient s'imposer lorsqu'un État viendrait à adopter un comportement peu courtois. Une telle position ne peut qu'être critiquable ou contestable.[1176]

Les pratiques juridiques sont des actes ou des comportements imputables à des agents de l'État, et donc susceptibles de l'engager. Ces comportements peuvent être individuels ou collectifs.

Les actes individuels sont des actes unilatéraux qui expriment la volonté d'un État. Ils figurent dans des notes diplomatiques, livres blancs, déclarations d'autorités gouvernementales...

Les actes collectifs résultent d'un accord qui n'est pas nécessairement une source d'obligations : traités multilatéraux ou bilatéraux, mais aussi déclarations, communiqués communs, actes finals de conférence[1177]…

Ainsi, pour être pertinente, la pratique doit être étatique, cohérente et générale. Plusieurs arrêts de la Cour internationale de justice mettent en lumière ces trois caractéristiques de la coutume.

Dans l'affaire du *Plateau continental (Libye/Malte)*, il est souligné que « *la pratique des États démontre que l'institution de la zone exclusive... s'est intégrée au droit coutumier* ».[1178] Les États sont les créateurs et les destinataires des pratiques.[1179]

Dans l'affaire *du droit d'asile, Haya de la Torre, Colombie/Pérou*, « *les faits soumis à la Cour révèlent tant d'incertitudes et de contradictions, tant*

[1176] Arrêt du 23 mai 2008, certaines questions concernant l'entraide judiciaire en matière pénale, paragraphes 172 et 173 de l'arrêt. En l'occurrence, il était reproché à la France de n'avoir pas agi conformément à la courtoisie due à un chef d'État étranger, lequel avait été convoqué, par simple télécopie et dans des délais extrêmement brefs, à témoigner devant un juge d'instruction.

[1177] Jean Combacau, Serge Sur, *Droit international public*, Montchrestien, Lextenso Éditions, 10e Édition, 2012, p. 66

[1178] CIJ., Arrêt du 3 juin 1985, Rec. p. 33

[1179] Gérard Cahin, *La coutume internationale et les organisations internationales, l'incidence de la dimension institutionnelle sur le processus coutumier*, Éditions A. Pedone, 13 rue Soufflot, Paris, 2001, p. 27

de fluctuations et de discordances [...] qu'il n'est pas possible de dégager de tout cela une coutume constante et uniforme »[1180].

De même, dans l'affaire de la *délimitation du plateau continental en mer du Nord*, divers exemples « *ne suffisent pas à établir [...] une pratique constante [...] permettant de conclure (à) une règle obligatoire du droit coutumier* [1181]». Une pratique incohérente n'est pas pertinente et n'est pas une coutume.

Dans l'affaire *Barcelona Traction*, la Cour rejette une pratique comme insusceptible de «*faire l'objet d'une généralisation dépassant les circonstances particulières de l'espèce* ».[1182]

L'élément matériel est insusceptible et insuffisant pour constater ou constituer tout seul une règle coutumière.[1183] Il faut également l'adjonction d'un élément intellectuel dit aussi psychologique consistant dans la croyance, la conviction chez les sujets de droit qu'en agissant comme ils le font, ils se conforment non à un simple usage, mais à une véritable règle de droit.[1184]

La C.I.J, dans l'arrêt relatif au *Plateau continental de la mer du Nord*, le souligne : « *les États intéressés doivent avoir le sentiment de se conformer à ce qui équivaut à une obligation juridique* »[1185]

2- L'opinio juris

Les deux éléments que sont la pratique et l'opinio juris sont deux notions distinctes. L'opinio juris donne un sens à la pratique et lui confère la pertinence requise. La combinaison des deux éléments est nécessaire. Aucune confusion, par souci intellectuel d'unité et de simplification, ne devrait être faite.

1180 C.I.J., 20 novembre 1950, *Affaire du droit d'asile dite souvent Haya de la Torre, Colombie/Pérou*, arrêt : Rec. 1950, p. 266

1181 C.I.J, *Plateau continental de la mer du nord*, Rec. 1969

1182 C.I.J., Arrêt du 5 février 1970, Rec. P. 40

1183 C.P.J.I., 7 novembre 1927, *Affaire du Lotus*, arrêt : Rec. 1927 P. 28 ; C.I.J., 20 novembre 1950, *affaire du droit d'asile dite souvent Haya de la Torre, Colombie/Pérou*, arrêt : Rec. 1950 p. 277.

1184 Pierre-Marie Dupuy, Yann Kerbrat, *Droit international public*, Dalloz, 10e Édition, 2010, p. 365

1185 CIJ, *Plateau continental de la mer du nord*, Rec 1969, p. 44, § 77

L'examen du droit positif tel qu'il est reflété par la jurisprudence souligne le caractère autonome de l'opinio juris. Le raisonnement judiciaire le requiert et tente de donner à cet élément subjectif une base objective.

Indice a priori immatériel qui ne peut guère être saisi qu'au travers de l'enquête judiciaire minutieuse, il a polarisé les controverses en donnant lieu à diverses contestations doctrinales. Ces dernières touchent et remettent en cause son existence. Certaines thèses l'estiment en réalité inutile et illusoire.

L'opinio juris peut être défini comme la conviction qu'une pratique répétée constitue une règle de droit. C'est la croyance au caractère obligatoire d'un usage. Il correspond à une motivation de la pratique par les États – motivation observée dans leurs comportements.[1186]

Le consentement des États demeure ainsi nécessaire à l'opposabilité de la coutume à leur égard. Ils peuvent refuser une coutume en manifestant lors de sa formation qu'ils n'entendent pas être liés par la règle juridique émergente.

La doctrine volontariste de la coutume, née en Europe occidentale, mais réaffirmée depuis par la plupart des pays en voie de développement, est d'ailleurs particulièrement soucieuse de développer l'idée selon laquelle « *les États ne doivent être liés que sous bénéfice d'inventaire et d'acceptation préalable des coutumes existantes à leur naissance dans l'ordre juridique international* ».[1187]

Une « objection persistante » [1188] s'avère toutefois très difficile à tenir sur le long terme.[1189] Par ailleurs, aucune coutume dans le sens défini ci-dessus ne reconnaît explicitement le mémoricide. La notion de jus cogens parfois confondue avec celle de la coutume soulève ouvre cette perspective.

3- <u>Coutume de jus cogens</u>

La coutume et le jus cogens sont deux notions qui sont à certains égards proches et à d'autres, radicalement différentes.

[1186] Serge Sur, *La coutume internationale*, cahier 2, Litec, Extrait du Juris-Classeur Droit International, 1990, p. 2

[1187] Pierre-Marie Dupuy, Yann Kerbrat, *Droit international public*, Dalloz, 10e Édition, 2010, p. 370

[1188] G. Tunkin, *Droit international public*, traduction française, Paris, 1965, spécial, p. 80

[1189] P.-M. Dupuy, à propos de l'opposabilité de la coutume générale : enquête brève sur l'objecteur persistant, in *Mélanges M. Virally*, Paris Pedone, 1991, pp. 257-273

La Convention de Vienne de 1969 relative aux traités en conflit avec une norme impérative du droit international général établit dans une certaine mesure le jus cogens.

L'article 53 de présente Convention dispose :

« *Est nul tout traité qui, au moment de sa conclusion, est en conflit avec une norme impérative du droit international général. Aux fins de la présente Convention, une norme impérative du droit international général est une norme acceptée et reconnue par la communauté internationale des États dans son ensemble en tant que norme à laquelle aucune dérogation n'est permise et qui ne peut être modifiée que par une nouvelle norme du droit international général ayant le même caractère.* »

Le jus cogens se compose de règles du droit international général qui se voient reconnaître un caractère impératif, et donc une puissance juridique supérieure. Il présente un double caractère. C'est une règle générale et une règle impérative.

En tant que règle générale, elle peut être une règle coutumière. En tant que règle impérative, elle est supérieure aux autres normes juridiques. Si les règles de jus cogens sont nécessairement des règles coutumières, les règles coutumières ne sont pas toutes des règles de jus cogens.[1190]

Il est de règle en droit international public que l'État soit le sujet créateur de droit par excellence. Or, le jus cogens s'impose même en l'absence de consentement d'un État. Celui-ci ne peut valablement faire obstacle au respect du jus cogens. Car il ne dépend pas de la volonté des États.

Ne pas soumettre l'existence d'un droit impératif à la volonté individuelle d'un État est fort louable[1191]. Si tel n'était pas le cas, ce serait donner la possibilité à un gouvernement criminel de s'extraire de cette norme en ne signant pas les Conventions relatives à la justice internationale et au jus cogens.[1192]

[1190] Serge Sur, *La coutume internationale*, cahier 1, op. cit. p. 13

[1191] Voir sur la distinction entre le droit impératif et le droit obligatoire Philippe Cahier, *Cours général de droit international public*, RCADI, 1985, vol. 195, p. 195.

[1192] Jean-François Roulot, *Le crime contre l'humanité*, op. cit, p. 17

Peu habitué à la coutume,[1193] ce type de norme soulève des difficultés particulières dans le monde juridique français[1194]. La France est réticente devant un concept parfois assez difficile à délimiter.[1195]

Pourtant, les crimes contre l'humanité trouvent leur origine dans une coutume de jus cogens. Cette dernière occupe une place spécifique dans le domaine du droit international des droits de l'homme en général et dans le droit de la guerre en particulier.[1196]

Pour la chambre criminelle française selon laquelle la coutume internationale ne pallie pas l'absence de textes incriminants les crimes internationaux.[1197]

Il en découle que ceux-ci ne peuvent être réprimés par les juridictions pénales françaises que s'ils sont incriminés par une disposition pénale française ou par un texte international qui est intégré au droit national. C'est le cas pour le génocide, les crimes contre l'humanité et les crimes de guerre qui sont formellement incriminés par la loi pénale française.[1198]

À partir du moment où la volonté de l'État ne peut s'opposer à la création d'une règle de droit qu'il n'a jamais acceptée, il faut admettre que l'État n'a plus à lui seul le pouvoir de créer la règle. Le droit impératif s'impose à un État ayant exprimé la volonté de ne pas y être soumis.

Est-ce le cas du mémoricide ?

B- La coutume et le mémoricide

La présence de règles visant à limiter la violence dans la guerre existe depuis longtemps dans l'histoire humaine. Elles étaient considérées comme s'inscrivant dans une certaine conception de l'honneur militaire et figuraient dans les codes de chevalerie.

1193 Cf. Le préambule de la Constitution de 1958 dans l'article 8 de la Déclaration des droits de l'homme et du citoyen du 26 août 1789, relatif au principe de la légalité des délits et des peines, fait référence exclusivement au droit écrit dans la mesure où il mentionne la promulgation de la loi. En effet, la coutume est tacitement écartée puisqu'elle ne fait pas l'objet de promulgation.

1194 Cf. Article 38 de la Cour Internationale de Justice.

1195 La France a présenté une réserve concernant les articles 53 et 64 de la Convention de Vienne adoptée le 23 mai 1969 sur le droit des traités.

1196 Jean-François Roulot, *Le crime contre l'humanité*, op. cit, p. 19

1197 Crim. 17 juin 2003, Bull. crim., n° 122 ; D. 2004. Jur. 92, note Daniel ;

1198 Didier Rebut, *Droit pénal international*, 1re Édition, Dalloz, 2012, p. 612

À partir du milieu du XIXe siècle et à la suite des initiatives d'Henry Dunant et du comité international de la Croix-Rouge, une codification des règles visant à protéger le sort des personnes civiles et militaires[1199] en temps de guerre et des règles qui visent à réglementer les méthodes et moyens de combat s'opère.[1200]

Le Comité international de la Croix-Rouge (CICR) a publié en 2005 un volume recensant 161 « règles » du droit international humanitaire coutumier.[1201]

Paul Reuter définissait le CICR comme une « *institution portée par toutes les contradictions de la vie internationale : célèbre et mal connue, traditionnelle et novatrice, partant des principes les plus élevés et confrontée avec les aspects les plus humbles et les plus matériels du malheur, plantant partout un pavillon devenu un symbole universel et s'entourant d'une efficace discrétion* »[1202].

Les Conventions de 1949 et les Protocoles de 1977 assignent au CICR certains droits, facultés et obligations. En plus des tâches spécifiques, ils lui reconnaissent un droit d'« initiative humanitaire ».[1203]

Doté d'un statut qui va bien au-delà de celui des autres ONG, ce comité a un rôle qui ne se limite pas à la simple codification. Il bénéficie de la personnalité internationale. Il est en charge d'une mission internationale.[1204]

La codification est définie par le dictionnaire de droit international comme l'« *opération consistant à énoncer en forme écrite, dans un ordre*

[1199] Les militaires blessés et malades dans les armées en campagne, les naufragés et les navires-hôpitaux, les prisonniers de guerre.

[1200] François Bugnion, "Droit international humanitaire", Revue suisse de droit international et européen, 17 janvier 2007, pp. 265-214

[1201] Emmanuel Decaux, Olivier de Frouville, *Droit international public*, op. cit. p. 51

[1202] "La personnalité juridique internationale du CICR" *Études et essais sur le droit international humanitaire et sur les principes de la Croix-Rouge en l'honneur de Jean Pictet*, Martinus Nijhoff, 1984, p. 783

[1203] Articles 9/9/9/10 des quatre conventions de 1949 : « *les dispositions de la présente Convention ne font pas obstacle aux activités humanitaires que le Comité International de la Croix-Rouge [...] entreprendra pour la protection [...] et pour les secours... La formule "initiative humanitaire" apparaît, elle, dans les Statuts de la Croix-Rouge.* »

[1204] Marie-José Domestici-Met, "Le rôle du CICR dans la codification du droit humanitaire" in *La codification du droit international,* colloque d'Aix-en-Provence, Éditions A. Pedone, Paris, 1999

systématique et de manière obligatoire pour les États qui y participent, les règles de droit international, soit dans leur ensemble, soit sur une matière déterminée ».

Cette définition descriptive, technique et neutre est une première approche nécessaire pour identifier ce dont il est question. Elle est toutefois insuffisante pour en rendre compte de manière effective.[1205]

Le développement du droit conventionnel n'abolit cependant pas les règles coutumières qu'il codifie ou développe. En vérité, la coutume garde toute son importance.

Dans l'arrêt du 10 mai 1984 *Affaires militaires et paramilitaires au Nicaragua* la Cour a souligné ceci : « *le fait que les principes [...] sont codifiés ou incorporé dans des Conventions multilatérales ne veut pas dire qu'ils cessent d'exister et de s'appliquer en tant que principes de droit coutumier, même à l'égard des pays qui sont parties auxdites Conventions* ».[1206]

Il en va ainsi du droit humanitaire avec les principes des Conventions de Genève de 1949. Ces dernières conservent de manière sous-jacente leur valeur coutumière initiale.

Lors de l'élaboration du Statut du Tribunal pénal international pour l'ex-Yougoslavie, l'accent a été mis, pour des raisons de facilité textuelle et de sécurité juridique, sur les « sources écrites » (article 2). Une telle prise de position se justifiait certainement par le fait que les États successeurs de l'ex-Yougoslavie se trouvaient tous liés, à un titre ou à un autre, par les Conventions.

L'omission de la coutume dans le Statut du Tribunal n'a pas empêché le Tribunal pénal international d'invoquer des principes coutumiers relatifs aux conflits armés non internationaux, dès l'arrêt Tadic du 2 octobre 1995.

Le Statut de la Cour pénale internationale adopté à Rome en juillet 1998 énumère en son article 8 sur les crimes de guerre les « infractions graves aux

---

1205 Ahmed Mahiou, "Introduction : le paradigme de la codification" in *La codification du droit international*, colloque d'Aix-en-Provence, Éditions A. Pedone, Paris, 1999

1206 Affaire *Activités militaires et paramilitaires au Nicaragua*, Rec. 1984, p. 421

Conventions de Genève de 1949 » et une série d'infractions dont l'origine est coutumière.[1207]

Si l'application d'une norme conventionnelle venait à être écartée pour diverses raisons, le juge international a toujours la possibilité d'appliquer une norme coutumière.

Le Comité international de la Croix-Rouge (CICR) dans son volume recensant 161 « règles » du droit international humanitaire coutumier, sans utiliser le terme mémoricide, codifie les coutumes relatives aux personnes, aux biens (partie 2), aux méthodes de guerre (partie 3), aux armes (partie 4)…

La légalité matérielle est-elle respectée dans ce cas ?

Paragraphe 2 : Les principes généraux de droit

Le professeur Alain Pellet, spécialiste des principes en droit international dans la doctrine française, définira ces derniers comme « *des propositions premières dégagées par un long travail d'induction des règles particulières de l'ordre juridique. Par la voie déductive, ils peuvent ensuite être appliqués à des situations concrètes qui ne sont pas réglées expressément par le droit positif*[1208]».

Le dictionnaire de la terminologie du droit international retient plusieurs définitions différentes du terme « principe ». En effet, ni la jurisprudence, ni la pratique diplomatique, ni la doctrine ne donnent la même définition à cette notion.

En diplomatie internationale, l'évocation de « principe » renvoie au lien qui existe entre le droit et la politique.[1209] Devant une juridiction internationale, les « principes » désignent souvent pour le juge des règles coutumières.

[1207] Emmanuel Decaux, Olivier de Frouville, *Droit international public*, op. cit. p. 51

[1208] A. Pellet, *Droit international public*, LGDJ, Paris, 1987, p. 317

[1209] Pierre-Marie Dupuy, Yann Kerbrat, *Droit international public*, op. cit. p. 373

Les principes généraux de droit soulèvent dès lors une interrogation. Leur destinée serait de se transformer en règle coutumière. La jurisprudence[1210] met cependant l'accent sur leur relativité.[1211]

À cela, il faut rajouter que le sens des principes en droit international dépend subjectivement des différentes conceptions du droit.[1212]

La notion se prête à des utilisations variées. Il serait par conséquent vain de vouloir rattacher les principes à un concept unique. C'est pourquoi il est préférable d'opter pour la classification suivante.

Le droit positif permet de distinguer deux catégories de principes, tant en raison de leur origine que de leur rôle. Ce sont premièrement les principes « reconnus par les nations civilisées » mentionnés dans l'article 38 § 1. Il s'agit des principes généraux au sens de l'article 38 (A).

Ce sont ensuite les principes du droit international (B) dont la nature et l'importance sont variées, mais qui ne possèdent pas d'autonomie par rapport à d'autres éléments de formation du droit[1213].

A- Les principes généraux de droit au sens de l'article 38

L'article 38 du Statut de la Cour internationale de justice liste les sources du droit international. Les principes généraux figurent en troisième position de ladite liste.

Cette notion de « principes généraux de droit reconnus par les nations civilisées » a été consacrée, du moins sous cette désignation, au lendemain de la Première Guerre mondiale avec l'établissement du présent Statut.

Une critique s'est élevée contre l'utilisation du terme « nations civilisées ». Cette expression péjorative a été perçue comme développant une

---

[1210] Dans l'affaire *Barcelona Traction*, la CIH se réfère implicitement à des principes généraux relatifs aux sociétés anonymes. Il est clair que ce type de principes ne peut provenir de et ne s'appliquer qu'à des États qui connaissent ce type d'institution.

[1211] Serge Sur, *Les dynamiques du droit international*, Éditions Pedone, Paris 2012, p. 53

[1212] Mireille Couston, "Les principes en droit international" in *Les principes en droit*, sous la direction de Sylvie Caudal, ÉditionEconomica, 2008, p. 308

[1213] Jean Combacau, Serge Sur, *Droit international public*, op. cit. p.108

hautaine conception de certaines civilisations.[1214] Cependant par « nations civilisées », il faut entendre : « *États souverains indépendamment de leur régime politique et du degré de développement de leur économie* [1215]».

Les principes généraux de droit reconnus par les nations civilisées peuvent être définis comme des règles générales et cohérentes. Ils peuvent dans certains cas consister en des règles particulières et supplétives.

Règles abstraites, ces principes ont une portée universelle.[1216] La lecture de l'article 38 ne permet pas d'affirmer qu'ils sont une source subsidiaire. C'est pourtant la position qui leur est généralement assignée par la doctrine.[1217]

Quoi qu'il en soit, ils fournissent au juge un fondement juridique en cas de silence du droit coutumier ou conventionnel.[1218]

Avant de présenter le contenu de ces principes et les éventuelles règles relatives au mémoricide (3), il est important d'accorder une attention particulière à la fonction (1) et à l'origine desdits principes (2).

1- Fonction des principes généraux de droit

L'une des préoccupations essentielles du comité de juristes chargé de rédiger le Statut de la Cour permanente de justice internationale (C.P.I.J) fut d'éviter que le juge, faute de règle de droit applicable, se trouve dans l'impossibilité de statuer.

En 1920, date à laquelle son Statut a été rédigé, le droit international était peu développé et très limité en comparaison aux droits internes. C'est la raison pour laquelle la référence aux principes généraux de droit comme source du droit international a été établie.

La référence à cette notion présente ainsi un double intérêt.

1214 Pierre-Marie Dupuy, Yann Kerbrat, *Droit international public*, op. cit. p. 373

1215 B. Cheng, in *General Principles of law as applied by international courts and tribunals*, London, Stevens, 1953, p. 25

1216 "Le recours de la CJCE à des principes généraux de droit", *Mél. Rolin*, 1964, pp. 263-283

1217 Pierre-Marie Dupuy, Yann Kerbrat, *Droit international public*, op. cit. p. 372

1218 Mireille Couston, "Les principes en droit international" in *Les principes en droit*, op. cit. p. 308

Premièrement, elle permet aux juridictions internationales, placées devant une lacune procédurale ou substantielle du droit applicable aux États en litige, de remplir leur mission. Le renoncement à statuer en raison de l'absence d'une règle pertinente applicable est peu favorable au développement de la fonction judiciaire.

Deuxièmement, elle écarte l'équité comme fondement juridique des décisions prises par les juridictions internationales et fournit au juge une base normative pour rendre ses décisions.[1219] Si cette notion est bien reconnue par l'article 38§ 2, elle n'a qu'une base autonome. Elle ne s'applique comme solution que si les parties à un différend le demandent expressément.

2- <u>Origine des principes généraux de droit</u>

Il est établi que les principes généraux de droit trouvent leur source dans les traditions juridiques des principaux systèmes de droit.

Le juge joue un rôle de comparatiste pour dégager lesdits principes. Il confronte les règles communément admises par les États et dont l'existence traduit ainsi une sorte de sens commun des lois internes. Celles-ci obéissent au-delà des disparités culturelles à une logique ou des exigences universelles,

Il retient l'esprit commun de diverses règles internes. Il construit un raisonnement fondé sur l'analogie et procède à une opération de transposition pour les intégrer dans la vie internationale.

Il faut toutefois qu'au-delà des disparités culturelles, les nécessités sociales qui ont fondé leur émergence en interne se retrouvent aussi à l'échelle internationale.[1220]

3- <u>Contenu des principes généraux de droit et la place du mémoricide</u>

L'examen de la jurisprudence judiciaire et arbitrale permet de constater que le recours à ces principes généraux de droit couvre en particulier des

---

1219 B. Vitanyi, *Les positions doctrinales concernant le sens de la notion de "principes généraux de droit reconnus par les nations civilisées"* : R.G.D.I.P, 1982, pp. 48, 116

1220 Mireille Couston, "Les principes en droit international" in *Les principes en droit*, op. cit. p. 309

règles et des notions juridiques substantielles dont l'introduction en droit international a débuté à partir de la fin du XIXe siècle.

Absent du contentieux interétatique pendant plusieurs années,[1221] les juridictions pénales internationales se sont à plusieurs reprises appuyées sur des principes généraux du droit pénal reconnus par les communautés des nations.

Dans un arrêt du 5 février 1970, affaire *Barcelona Traction*, la Cour a mis en relief l'existence d'obligations absolues qui « *découlent par exemple dans le droit international contemporain de la mise hors la loi des actes d'agression et du génocide, mais aussi des principes et des règles concernant les droits fondamentaux de la personne humaine, y compris la pratique de l'esclavage et de la discrimination raciale* [1222]».

La discrimination raciale, les droits fondamentaux de la personne humaine peuvent être contenus dans des principes. Le juge peut reconnaître l'existence d'un mémoricide au travers de plusieurs règles et principes.[1223]

Ces principes fondamentaux insusceptibles de dérogation sont différents des principes de droit international général.

B- Les principes de droit international

À l'inverse de la catégorie précédente, ces principes sont propres au droit international. Ils tirent leur origine non pas de la confrontation des règles de droit interne, mais essentiellement de l'action conjuguée du juge international et de la diplomatie normative des États.[1224]

Énoncé par les États dans des déclarations unilatérales ou des textes aux Statuts divers, le contexte politique de leur intervention ne prive pas les principes de droit international d'une signification et d'une valeur juridique.

Les États peuvent rappeler solennellement des normes déjà consacrées. C'est le cas du principe d'égalité souveraine des États. C'est aussi le cas du principe Pacta sunt servanda « *le respect de la parole donnée* » qui pourrait

---

[1221] Pierre-Marie Dupuy, Yann Kerbrat, *Droit international public*, op. cit. p. 375
[1222] CIJ, affaire *Barcelona Traction*, Rec. 1970, p. 32
[1223] Emmanuel Decaux, Olivier de Frouville, *Droit international public*, 8e Édition, op. cit. p. 55
[1224] P.-M. Dupuy, *Droit international public*, op. cit. p. 376

être rattaché à l'expression du consentement dans les actes ou contrats juridiques.

Ils peuvent dans d'autres cas viser des règles déduites de principes initiaux. C'est le cas des principes équitables ou des principes liés à l'équité qui peuvent encadrer les droits civils, politiques, économiques et culturels.

Sur l'administration des territoires des populations non autonomes, l'article 73 de la Charte des Nations Unies impose aux États :

« *D'assurer, en respectant la culture des populations en question, leur progrès politique, économique et social, ainsi que le développement de leur instruction, de les traiter avec équité et de les protéger contre l'abus* ».

Le terme « principe de droit international » renvoie à des règles inachevées aussi bien dans leur contenu que dans leur autorité et force juridique.

Ainsi le principe des peuples à disposer d'eux-mêmes n'est pas assez précis. Encadré, il pourrait servir dans une certaine mesure de fondement au mémoricide.

Ces principes sont considérés tant par le juge que par l'arbitre comme inhérent à l'existence de l'ordre juridique international. Contrairement aux principes généraux de droit reconnus par les nations civilisées (article 38), l'objectif est de condenser la règle désignée en une formule simple.[1225]

La question de l'autonomie des principes généraux du droit international se trouve alors inévitablement posée.

Peut-on distinguer les principes généraux de droit international de la coutume ?

L'enjeu de la question n'est pas seulement théorique. Elle est aussi pratique.[1226] L'opinion très répandue selon laquelle il existerait une confusion entre les principes du droit international et les principales coutumes générales mérite d'être nuancée.

Elle est vérifiée dans une majorité de cas, mais s'avère plus difficile à démontrer dans d'autres cas.

[1225] P.-M. Dupuy, *Droit international public*, op. cit. p. 376
[1226] P.-M. Dupuy, *Droit international public*, op. cit. p. 377

Quoi qu'il en soit ces principes peuvent être reconnus par voie de traités, d'une Convention spéciale ou être intégrés dans la Charte des Nations Unies. Ils peuvent aussi faire l'objet d'une déclaration solennelle dans une résolution de l'Assemblée générale des Nations Unies.

Le mémoricide n'a pas fait l'objet d'une telle reconnaissance. Il pourrait toutefois très bien l'être par la voie des moyens cités ci-dessus.

Section 2 : Les règles écrites

Dans la pratique internationale, les termes « accords », « chartes », « Conventions », « Pactes », « protocoles » et « traités » sont employés de façon indifférente (Paragraphe 1). Les Statuts des juridictions pénales internationales (Paragraphe 2) constituent aussi une source écrite.

Paragraphe 1 : Les Conventions internationales

Il existe plusieurs Conventions internationales (A), qui sans viser expressément le mémoricide, condamnent la destruction du patrimoine culturel (B).

A- La notion de Conventions internationales

Les traités communément appelés « Convention » sont historiquement liés à l'apparition des communautés politiques organisées.

Ces communautés ont été amenées à rentrer en relation les unes avec les autres par la conclusion de traités. Ces derniers sont quasiment inhérents aux relations internationales.

Encore aujourd'hui, c'est l'instrument privilégié des relations de coopération dans les domaines les plus variés : politique, économique, commercial, culturel, stratégique, écologique, scientifique et technique.

Suspicieux à l'égard de sources non écrites du droit, les nouveaux États ont accordé leurs faveurs aux traités.[1227]

[1227] P.-M. Dupuy, *Droit international public*, op. cit. p. 295

Cependant, aucun texte juridique ne formule une définition pleinement satisfaisante et générale de la notion de traité.

La Convention de Vienne comporte en effet une double restriction puisqu'elle ne concerne que les traités entre États et sous forme écrite.

« *L'expression « traité » s'entend d'un accord international conclu par écrit entre États et régi par le droit international, qu'il soit consigné dans un instrument unique ou dans deux ou plusieurs instruments connexes et, quelle que soit sa dénomination particulière.* » (article 2§ 1a)

Pourtant un traité peut être défini comme un accord international, imputable à deux ou plusieurs sujets de droit international. Ces derniers ne se réduisent pas aux sujets étatiques. Les organisations internationales sont aussi des sujets de droit international.

La manifestation de la volonté des États peut se faire ici de manière écrite ou de manière orale. Ils doivent créer des obligations à la charge des parties. [1228] Ce sont en effet des textes juridiquement contraignants qui lient les personnes qui les ont signés.

L'article 26 de la Convention de Vienne dispose : « *Tout traité en vigueur lie les parties et doit être exécuté par elles de bonne foi* ».

L'article 1134 du code civil, bien que s'appliquant uniquement en droit interne, le souligne aussi « *les Conventions légalement formées tiennent lieu de loi à ceux qui les ont faites* ».

Cette définition, quoique large, n'est pas la définition la plus généralement admise. Le traité est considéré comme une source écrite. C'est sans doute cette apparente sécurité juridique de la forme écrite qui est à l'origine des efforts de codification entrepris depuis les conférences de La Haye et de 1907 il y a un siècle, en transformant des normes coutumières – non écrites et souvent incertaines – en normes conventionnelles.

Le droit des traités a lui-même été codifié à la suite des travaux de la commission du droit international. La Convention de Vienne adoptée le 23 mai 1969 est un traité sur les traités.

La France, bien que n'étant pas liée par cette Convention en ce sens qu'elle ne l'a pas ratifiée (principe de l'effet relatif des traités), applique ses normes. Car sur bien des points, elle applique ces normes.

[1228] Jean Combacau et Serge Sur, *Droit international public*, op. cit. p. 78

B- Les Conventions internationales et le mémoricide

Une protection internationale peut contribuer à éviter que des monuments historiques, les bibliothèques, certains sites... ne soient détruits au préjudice de l'humanité entière.

Dès 1950, la C.D.I (commission du droit international) fait appel au droit pénal international dans une communication émanant de l'UNESCO. Elle recommande qu'en « *vue d'assurer la protection des monuments historiques, ainsi que des œuvres d'art en cas de conflit armé, la destruction de ces objets culturels soit définie comme constituant un crime punissable en vertu du droit international* »[1229]

Cette protection juridique du patrimoine culturel est toutefois antérieure aux années cinquante. En effet, au vu du nombre croissant d'actes de destruction intentionnelle du patrimoine culturel, le monde a décidé de condamner la perte du patrimoine culturel dans les guerres et conflits armés.

En conséquence, la Convention de La Haye de 1899 et de 1907, suivis du Pacte de Washington du 15 avril 1935 et de la Convention de La Haye pour la protection des biens culturels en cas de conflit armé, adoptée en 1954 sous l'égide de l'UNESCO ont été rédigées.

Cette dernière Convention a été rédigée à la suite de la destruction du patrimoine culturel de plusieurs États pendant la Seconde Guerre mondiale. Elle encadre le comportement des forces armées s'agissant de la prise en charge du patrimoine culturel et présente une méthode de tri, de cartographie et de signalisation.

Un système de signalisation a été établi à la suite de cette Convention. Tous les bâtiments qu'un État souhaiterait protéger à cause d'une valeur culturelle, historique ou autre devraient être parés d'un écusson bleu et blanc

[1229] Rapport de la C.D.I sur les travaux de sa deuxième session du 5 juin au 29 juillet 1950, Assemblée générale, Documents officiels : cinquième session supplément n° 12 (A/1316), 1950, pp. 19, 153. La Convention de La Haye pour la protection des biens culturels en cas de conflit armé (UNESCO, 14 mai 1954, RTNU, Vol. 249, p. 215) prévoyait déjà des sanctions pénales, et ce même en temps de paix, pour les atteintes aux biens culturels très largement définis dans l'article 1er. Voir aussi le Protocole additionnel I aux Conventions de Genève qui sanctionne « le fait de diriger des attaques contre les monuments historiques, les œuvres d'art ou les lieux de culte clairement reconnus qui constituent le patrimoine culturel ou spirituel des peuples » (article 85-4d) et permet de qualifier les atteintes à ces biens de crimes de guerre.

fixé aux murs des enceintes. L'objectif est d'attirer l'attention des acteurs de la guerre.

Ces derniers doivent respecter le symbole et empêcher qu'il soit porté atteinte au bâtiment durant le conflit. Malheureusement, dans bien des cas, l'inverse s'est produit. En témoignent les récents conflits militaires et civils. Les biens culturels repérés ou non par l'écusson bleu, sont délibérément détruits.

Ce code standard de conduite civile, bien que reposant sur une vision idéaliste de la guerre, mérite en soi d'être salué.[1230]

Cette Convention établit des règles de protection du patrimoine culturel et prévoit des sanctions pour toute destruction volontaire du patrimoine culturel. Elle ne fait cependant aucun lien entre sa destruction et les potentielles conséquences que cela pourrait avoir sur une collectivité humaine.

Les Conventions de Genève semblent régler cette difficulté.

Quatre Conventions de Genève existent. Les trois Conventions de Genève adoptées avant 1949 ne concernaient qu'une catégorie de personnes.

Quelques dispositions relatives à la protection des civils pendant la guerre apparaissent dans les Règlements concernant les lois et coutumes de la guerre sur terre, annexés aux Conventions de La Haye de 1899 et 1907.

La Conférence diplomatique de 1929 révisa la Convention de Genève sur les blessés et malades et établit la Convention sur le traitement des prisonniers de guerre.

La Convention adoptée le 12 août 1949 traite, quant à elle, essentiellement du statut et du traitement des personnes suivantes : les ressortissants étrangers sur le territoire d'une des parties au conflit et les civils en territoire occupé.[1231]

L'article 3, commun aux quatre Conventions de Genève, représente une avancée capitale. Il exige que toutes les personnes se trouvant aux mains de

---

[1230] Gabi Dolff-Bonekamper, *Patrimoine culturel et conflit : le regard de l'Europe,* Museum international, Édition française, 2010, p. 2

[1231] CICR, Comité International de la croix rouge, Conventions de Genève de 1949, http://www.icrc.org/dih/INTRO/380

l'ennemi soient traitées avec humanité, sans aucune distinction de caractère défavorable.

Le patrimoine culturel étant une composante importante de l'identité culturelle des communautés, des groupes, des individus et de la cohésion sociale, sa destruction intentionnelle peut avoir des conséquences préjudiciables sur la dignité humaine et les droits de l'homme. Et il est important de sanctionner de tels comportements.

Les traités, lorsqu'ils atteignent l'universalité – comme c'est par exemple le cas avec les quatre Conventions de Genève de 1949 sur le droit international humanitaire –, ont une force juridique en ce qu'ils sont considérés comme des substituts législatifs au sein de la communauté internationale. La plupart des traités multilatéraux adoptés au sein des organisations internationales sont d'ailleurs ce que l'on peut appeler des « traités lois ».[1232]

Les Conventions de Genève ont ainsi pu servir de fondement au procureur du Tribunal pénal de l'ex-Yougoslavie. Ce dernier a utilisé le mémoricide dans un acte d'accusation (affaire Karadžić et Mladić).

Dans cette affaire, sont qualifiés d'infractions graves aux Conventions de Genève de 1949 « [...] *la destruction considérable de biens, l'appropriation et le pillage de biens. Sont qualifiés de violations des lois ou coutumes de la guerre [...] la destruction d'édifices de culte, l'appropriation et le pillage de biens.*[1233]»

Mais des difficultés subsistent et ne peuvent être balayées d'un revers de main. Le principe de prééminence du droit caractérise toute société démocratique. Le justiciable doit avoir la possibilité de prendre connaissance à l'avance de l'incrimination et de la peine qu'il encourt en adoptant un comportement.

Dès lors, pouvait-on condamner ces prévenus sur le fondement d'incriminations dont beaucoup de commentateurs doutent encore aujourd'hui qu'elles fassent partie du droit pénal international ? La solution a été simple, le juge dans cette affaire ne s'est jamais prononcé sur la question.

1232 Olivier De Frouville, *Droit international pénal, sources, incriminations, responsabilité*, Éditions A. Pedone, 2012, p. 36

1233 Acte d'accusation du 25 juillet 1995, para. 17-43

Paragraphe 2 : Les Statuts des juridictions pénales internationales

Les différents Statuts des juridictions pénales internationales définissent les principes généraux guidant l'activité de ces dernières : les infractions et les règles de procédure.

Le principe de légalité (*nullum crimen sine lege*) implique que les rédacteurs des Statuts ont cherchent à s'appuyer sur des normes existantes en droit international général au moment des faits.[1234]

Et en 1993, lors de la rédaction du Statut du Tribunal pénal international de l'ex-Yougoslavie, le corpus de normes relevant du droit international général était beaucoup plus important que celui existant à la fin des grands procès d'après-guerre.

De nombreuses Conventions avaient en effet été rédigées dans l'intervalle. Par ailleurs, aucune différence n'a été faite entre les normes reconnues par des traités et les normes coutumières, caractéristiques du droit international général.[1235]

C'est le cas en particulier pour les quatre Conventions de Genève ou pour la Convention sur la prévention et la répression du crime de génocide. Le caractère coutumier des normes contenues dans ces Conventions a été souligné plusieurs fois.[1236]

La rédaction des Statuts des différentes juridictions internationales ou internationalisées a dès lors toujours été un exercice délicat. Elle codifie les règles de droit coutumier et regroupe au sein d'un même instrument juridique les normes dispersées.

Cependant, chaque Statut a procédé à une codification contextualisée, adaptée aux circonstances de l'espèce. Prenons l'exemple des crimes de guerre dans les trois Statuts du T.P.I.Y., du T.P.I.R. et de la C.P.I.

Le Statut du T.P.I.Y. met l'accent sur les « infractions graves aux Conventions de Genève » commises dans le cadre des conflits armés internationaux (article2).

[1234] Olivier De Frouville, *Droit international pénal, Sources, Incriminations, Responsabilité,* op. cit. p. 58
[1235] Olivier De Frouville, *Droit international pénal, Sources, Incriminations, Responsabilité,* op. cit. p. 59
[1236] Olivier De Frouville, op. cit. p. 59

Le Statut du T.P.I.R., à l'inverse, retient les « violations graves de l'article 3 commun et du protocole II » aux Conventions de Genève commises dans les conflits armés internes.

Le Statut de la C.P.I. tient compte des conflits armés internes et internationaux tout en mettant l'accent sur les « infractions graves » et les violations du droit international humanitaire.[1237]

Dans son jugement du 10 décembre 1998 rendu dans l'affaire *Furundzija*, une Chambre de première instance du T.P.I.Y. a considéré avec raison que le Statut de Rome pouvait « *dans bien des domaines être considéré comme reflétant l'opinio juris d'un grand nombre d'États.* »

Elle a estimé que « *selon le point en cause, le Statut de Rome peut servir à réaffirmer, refléter ou clarifier des règles de droit coutumier ou à les fixer, alors que dans d'autres domaines, il a créé un droit nouveau ou modifié le droit existant. En tout état de cause, le Statut de Rome peut, d'une manière générale, être considéré comme une expression des conceptions juridiques d'un grand nombre d'États qui fait autorité* ».[1238]

Le Statut du T.P.I.Y. ne mentionne pas le terme « mémoricide ». Pourtant, c'est lors de cette guerre qu'il fut pour la première fois utilisée. Ce sont les témoins experts auditionnés par le procureur du T.P.I.Y dans l'affaire *Karadžić /Mladić* qui ont poussé le procureur à l'introduire dans le premier acte d'accusation de ces deux individus.

Le Statut de la C.P.I. ne fait pas non plus mention au mémoricide. Et cela est important à souligner, car les rédacteurs du statut de la C.P.I. ont bénéficié des nombreuses précisions apportées par la jurisprudence des T.P.I., sur la définition de plusieurs crimes.

[1237] Olivier De Frouville, op. cit. p. 60

[1238] T.P.I.Y., Ch., jugement, *Anto Furundzija*, 10 décembre 1998, §227

Chapitre 2 : La légalité formelle : l'autorité compétente

D'origine historique et politique, le principe de légalité est la traduction d'une nécessaire séparation des pouvoirs qui permettrait de garantir les libertés fondamentales et les droits de l'homme.

Ce principe qui confère au législateur la création du droit criminel[1239] a subi de nombreuses atteintes et violations. Certaines concernent l'intervention de l'exécutif dans la création des lois criminelles, ou l'imprécision des textes. D'autres concernent le rôle excessif et abusif du juge.

Pour l'essentiel, la légalité formelle exclut toute intervention du pouvoir exécutif et du pouvoir judiciaire dans la création des incriminations. Il impose au législateur (section 1) d'élaborer des normes claires et précises[1240] afin d'éviter des textes vagues qui laisseraient aux juges (section 2) un trop grand pouvoir d'interprétation.

Section 1 : Le législateur

Pour les crimes tels que le mémoricide, il est important de faire une différence entre le législateur en droit interne (paragraphe 1) et le législateur en droit international (paragraphe 2).

Paragraphe 1 : Le législateur national

Les sources du droit pénal sont essentiellement internes. Le droit de punir reste l'un des attributs essentiels de la souveraineté.

[1239] Roger Bernardini, *Droit pénal général, Introduction au droit criminel, Théorie générale de la responsabilité pénale*, Gualino éditeur, 2003. p. 163

[1240] Cons. const. 19 janvier 1981, n° 80-127, *JO* 22 janvier 1981 P. 308 ; *JCP* 1981— II-19701, n° C. Franck ; 18 janv. 1985, n° 84-183, *D.* 1986-425, n° T. Renoux

L'article 4 du Code pénal de 1810 dispose : « *nulle contravention, nul délit, nul crime ne peuvent être punis de peines qui n'étaient pas prononcées par la loi avant qu'ils fussent commis* ».

Comme le soulignait d'abord Montesquieu[1241], puis Beccaria « *seules les lois peuvent fixer les peines qui correspondent aux délits, ce pouvoir ne pouvant être détenu que par le législateur qui réunit toute la société réunie par un contrat social* ».[1242]

Seul le législateur, représentant légitimement le peuple est compétent pour limiter les libertés individuelles. L'homme est libre. Mais une partie de sa liberté doit être concédée à la société en vertu de la théorie du contrat social. Les limites à la liberté doivent être clairement et préalablement encadrées.

Le fait d'énoncer précisément dans les textes les interdits et les sanctions encourues en cas de violation de ces interdits est une garantie pour toute société moderne. Ainsi, tout comportement non expressément sanctionné par un texte est permis et autorisé.[1243]

Et Joseph-Michel-Antoine Servan, avocat général, de rajouter en 1766 « *les lois criminelles doivent offrir au magistrat un tableau si exact des délits et de leur châtiment qu'il n'ait plus qu'à choisir sans peine... le remède indiqué par la loi* »[1244].

Le législateur avait, à cette époque, un monopole en matière pénale. Car le principe de légalité était interprété de manière rigoureuse. Était donc exclu non seulement le pouvoir judiciaire, mais aussi le pouvoir exécutif.

Or, ce dernier a aujourd'hui une compétence non négligeable dans la détermination des infractions. Ainsi, l'exigence d'une loi au sens strict, formel, technique n'est plus obligatoire. Il faut un texte au sens matériel qui puisse, selon les cas, émaner du pouvoir législatif ou du pouvoir exécutif.

L'article 111-3 du Code pénal en vigueur aujourd'hui dispose que « *nul ne peut être puni pour un crime ou pour un délit dont les éléments ne sont pas définis par la loi, ou pour une contravention dont les éléments ne sont pas définis par le règlement. Nul ne peut être puni d'une peine qui n'est pas*

[1241] Montesquieu, *De l'esprit des lois*, Liv. IX, chap. VI, 1748

[1242] Beccaria, *Traités des délits et des peines*, chap. III, 1764

[1243] Harald Renout, *Droit pénal général*, Collection Paradigme, 18e Édition, 2013, p. 28

[1244] J-M-A. Servan, *Discours sur l'administration de la justice criminelle*, Genève, 1767

prévue par la loi, si l'infraction est un crime ou un délit, ou par le règlement, si l'infraction est une contravention ».

La Constitution de 1958 opère aux articles 34 et 37 un partage de compétences entre la loi et le règlement.

L'article 34 énumère les matières entrant dans la compétence du législateur et précise que « *la loi fixe les règles concernant [...] la détermination des crimes et des délits ainsi que les peines qui leur sont applicables* ». Il est donné compétence à la loi pour la procédure pénale et l'amnistie.

L'article 37 énonce : « *les matières autres que celles qui sont du domaine de la loi ont un caractère réglementaire* ». La Constitution réserve la détermination des contraventions et de leurs peines, c'est-à-dire des infractions les moins graves et de surcroît largement techniques, au pouvoir réglementaire.[1245]

Le Code pénal classe les infractions pénales selon leur gravité en crimes, délits ou contraventions. Au législateur la détermination des crimes et délits et au gouvernement la détermination des contraventions. Ce dernier pouvant, néanmoins lorsque la loi le prévoit, préciser les détails d'application d'une infraction criminelle ou délictuelle. [1246]

Le législateur se garde ainsi le monopole de la répression. Il peut déléguer à l'autorité exécutive la mise en œuvre des incriminations fixées. Cette délégation partielle peut-être indispensable lorsqu'une intervention pénale est réellement nécessaire. Elle est acceptable du moment que la loi se réserve l'essentiel : le principe de l'incrimination et la sanction.[1247]

Le législateur ne transfère pas son pouvoir et ne démissionne pas. La délégation attribuée à une autorité tierce ne doit pas priver de toute consistance la loi et le législateur qui l'établit en sorte que c'est finalement l'autorité tierce qui décide.[1248]

[1245] Harald Renout, *Droit pénal général,* op. cit. p. 37

[1246] Michelle-Laure Rassat, *Droit pénal général*, Ellipses, 2004, p. 121

[1247] Claude Lombois, *Droit pénal général*, p. 19

[1248] C. Const. 5 mai 1998, *D.* 1999.J.209 note Mercuzot (annulation d'une disposition légale qui chargeait le ministre de l'Intérieur de fixer la liste des associations susceptibles d'échapper à une sanction pénale).

Le mémoricide, infraction d'une particulière gravité, attribue une compétence exclusive au législateur. Il est la seule autorité compétente pour son éventuelle reconnaissance en France.

Le respect de la procédure est de rigueur selon que l'on se trouve en présence d'une infraction reconnue internationalement – ce qui n'est pas encore le cas, mais qui pourrait le devenir – et que l'on souhaite régulièrement intégrer à l'ordre juridique interne ou en présence d'une infraction créée en droit interne par le législateur.

Paragraphe 2 : Le législateur international

Le droit international est un système de régulation juridique entre entités souveraines.

La souveraineté étatique signifie qu'il n'est trouvé au-dessus de l'État aucune autorité dotée à son égard d'une puissance légale.

La souveraineté internationale se définit, non pas comme un pouvoir, mais comme la non-soumission à une autorité supérieure. L'État n'est assujetti à aucun autre sujet étatique, car la souveraineté internationale est une qualité purement privative de la puissance d'État.[1249]

Tout comme les individus dans l'état de nature, les États sont absolument libres. Et le droit international est conçu comme un droit consensuel. C'est la volonté des États qui fondent le droit international.

Sans remettre en question sa souveraineté, un État peut accepter de se lier à un autre État qui le sera également à son égard. C'est le principe de la réciprocité.

Le droit international est ainsi un « droit de juxtaposition » lié à la souveraineté des États qui sont égaux et non un « droit de subordination ».[1250]

La souveraineté ne doit pas être utilisée par les États de manière abusive. Ce serait un retour à l'anarchie, à ce vieil état de nature où selon Hobbes,

---

1249 Jean Combacau, Serge Sur, *Droit international public*, 10e Édition, op. cit. p. 236

1250 Emmanuel Decaux, Olivier de Frouville, *Droit international public*, 8e Édition, op. cit. p. 35

« *l'homme est un loup pour l'homme* » (*homo homini lupus*). Et ce d'autant plus que l'état de nature a longtemps été le seul modèle de la société internationale avant que la création de la Société des Nations y mette un terme.

Si la notion de peuple contenue dans la Charte des Nations Unies, (« *Nous peuples des Nations Unies* »), a été très vite éclipsée par les États, il faut souligner aujourd'hui que le droit international n'est plus un droit interétatique, limité aux seules relations d'États clos sur eux-mêmes. C'est le droit de la société internationale.

Et cette société comporte une série de sujets, dont les individus. En effet, l'individu a été récemment consacré comme un sujet de droit international. On note dès lors un encouragement des Nations Unies pour le développement et le respect des droits de l'homme.

Si les principes de base de la société internationale tels qu'ils sont énoncés dans la Charte des Nations Unies restent une référence incontestée, les États demeurent toutefois les créateurs et les destinataires des normes internationales. Ils sont donc par définition même « juges et parties » de leur propre cause.[1251]

Parler de principe de légalité en droit international public général est très difficile. Il n'existe pas de loi au sens formel du terme. La notion même de « hiérarchie des normes », qui est au cœur du droit interne a longtemps été complètement étrangère au droit international.

Pour une grande partie, le droit international reste un droit non écrit, même s'il est certain que le droit conventionnel tend à prendre une importance croissante.

Les caractères du droit international semblent donc aller à l'encontre de l'édiction d'une véritable législation pénale qui soit respectueuse du principe de légalité au sens formel.

C'est l'idée que soutient le Tribunal de Nuremberg parmi les arguments livrés en réponse à ceux qui invoquaient le principe *nullum crimen* :

« *En interprétant le Pacte (Briand-Kellogg de 1928 sur la renonciation du recours à la guerre dans les relations internationales), il faut songer qu'à l'heure actuelle, le Droit international n'est pas l'œuvre d'un organisme législatif commun aux États. Ses principes résultent d'accords, tels que le*

[1251] Emmanuel Decaux, Olivier de Frouville, op. cit. p. 35

Pacte de Paris, où il est traité d'autres choses que de matières administratives, et de procédure. Indépendamment des traités, les lois de la guerre se dégagent d'us et coutumes progressivement et universellement reconnus, de la doctrine des juristes, de la jurisprudence des tribunaux militaires. Ce droit n'est pas immuable, il s'adapte sans cesse aux besoins d'un monde changeant. Souvent, les traités ne font qu'exprimer et préciser les principes d'un droit déjà en vigueur. » (*Jug. Nur.*, p. 233).

Section 2 : Le juge dans la précision d'un crime tel le mémoricide

Conçu pour limiter le pouvoir créateur du juge, le principe de légalité ne condamne cependant pas le juge à la passivité. Le juge pénal est amené en permanence à « travailler » sur les textes. Mais le principe de la textualité lui impose des devoirs particuliers. Ces devoirs varient selon que l'on se retrouve en droit interne (Paragraphe 1) et en droit international (Paragraphe 2).

Paragraphe 1 : Le juge national

Le juge ne peut poursuivre, juger et condamner un individu qu'à la condition que l'attitude en cause soit prévue et punie par la loi pénale. Il lui est interdit de créer des incriminations et des peines.

Lorsqu'il est amené à interpréter la loi pénale, le droit français lui impose de procéder à une interprétation stricte de celle-ci. Il ne peut poursuivre et punir que la personne à qui le texte impose l'obligation ou l'interdiction sanctionnée. Le processus pénal est donc subordonné à un texte d'incrimination.

Il convient de faire une différence selon que le juge national se retrouve en présence d'une infraction reconnue en droit interne et d'une infraction reconnue en droit international.

A- Le juge national et les infractions reconnues en droit interne

Pour l'instant, il n'existe aucun texte en droit interne qui sanctionne de manière explicite le mémoricide. Si dans un futur proche, le législateur décidait de reconnaître ce crime, le principe de légalité confèrerait deux obligations principales au juge national : l'obligation de se conformer au texte (1) et l'obligation de faire une interprétation stricte des textes (2).

1- L'obligation de se conformer au texte

Le juge pénal ne peut pas créer des infractions. Il ne peut prononcer de condamnation que si le fait poursuivi constitue une infraction pénale et entre dans les prévisions d'un texte répressif. « *Il est défendu aux juges de prononcer par voie de disposition générale et réglementaire sur les causes qui leur sont soumises* » (article 5 du Code civil).

La jurisprudence ne lie donc pas les juridictions. La Cour de cassation censure tout arrêt se fondant expressément sur sa jurisprudence qu'elle soit constante ou non.[1252]

Le juge ne peut modifier à son gré les prévisions d'une loi. Pourtant M. Véron pouvait souligner qu'« *on ne peut manquer d'être frappé par le nombre [...] des décisions de juridictions qui ont condamné [...] à des peines non prévues* ».[1253] Selon lui, c'est le souci d'adapter le mieux possible la peine prévue à la personne en cause qui pourrait justifier un tel comportement.

Certaines décisions[1254] ont condamné à des peines complémentaires, sans doute parce qu'elles leur paraissaient répondre à un objectif de politique pénale, à un souci de meilleure adaptabilité.[1255] D'autres décisions ont doté les peines prévues des modalités d'exécution inconnue de la loi.[1256]

Un tel comportement porte atteinte, qu'on le veuille ou non, à ceux qui professent la légalité. En dehors de ces exemples, le juge agit de la sorte.[1257]

1252 Crim., 18 juillet 1991, n 90-82.208, *Boutron, Bull. crim.*, n° 301. Voir aussi Jean-Christophe Crocq, *Le guide des infractions*, Guides Dalloz, 2008, p. 4

1253 M. Véron, obs. *Dt pén.* 2003 n° 16, auteur cité par Michel-Laure Rassat, *Droit pénal général*, op. cit. p. 124

1254 Crim. 20 octobre 1986, *B.* 292.

1255 Crim. 3 février 1970, *B.* 48 ; 15 novembre 1977, D. 1978. I.R.72, obs. Roujou de Boubée ; 9 octobre 1978, D. 1979. 185 note Chambon ; 19 décembre 1983, *B.* 168 ; 21 février 1991, *B.* 90 ; 14 janvier 1998, *B.* 19 ; 18 décembre 2002, *B.* 236

1256 Crim. 8 février 1977, *B.* 50 et 51, R.S.C 1978.321, obs. Larguier, *J.C.P.* 1978.II.18890, note Larguier ; 6 juin 1990, *B.* 63 ; Amiens 22 septembre 1977, *J.C.P.* 1977, *J.C.P.* 1979.II.19162, note Chambon ; 21 octobre 1992, *B.* 337 ; 31 mai 1994, *B.* 214.

1257 Michel-Laure Rassat, *Droit pénal général*, Ellipses, 2004, p.124

Tout au plus, trouve-t-on des erreurs soit dans l'application d'une loi imparfaite[1258], soit dans l'appréciation d'une loi parfaite.[1259]

Ces décisions, contraires au principe de la détermination de la peine, peuvent s'expliquer par une mauvaise interprétation de lois nouvelles[1260] ou par une méconnaissance pure et simple des principes.[1261]

Le principe de légalité impose deux leçons au juge pénal. D'une part, il empêche le juge d'inventer une nouvelle peine qui ne serait pas définie dans la nomenclature des peines. D'autre part, le juge répressif doit se limiter aux peines qui sont attachées à une infraction déterminée et ne peut pas « piocher » dans la nomenclature des peines.

2- L'interprétation stricte des lois

Interpréter la loi consiste à rechercher son sens exact, de manière à pouvoir l'appliquer. Il appartient au juge d'interpréter les textes pénaux. Il dispose d'une grande liberté pour le faire. Celle-ci est encadrée en France.

Le Code pénal soviétique de 1926 prévoyait par exemple que « *si un acte socialement dangereux n'est pas expressément prévu par le présent Code, le fondement et les limites de la responsabilité encourue à son sujet sont déterminés conformément aux articles du Code qui prévoient les délits dont la nature s'en rapproche le plus* ». De même, une loi de 1935 de l'Allemagne national-socialiste donnait aux juges la possibilité de recourir à l'interprétation des textes.[1262]

Les promoteurs et les rédacteurs des textes napoléoniens avaient souhaité résoudre ce problème en privant le juge de tout pouvoir d'interprétation.

[1258] Application d'une loi non encore entrée en vigueur à défaut de publication d'un décret qui devait la compléter, Crim. 18 nov. 1964, *B.* 203.

[1259] Crim. 23 février 1950, *D.* 1951.21, note Mimin.

[1260] Crim. 19 février 1807, *B.* 39 et 23 août 1810, *B.* 10 (se référant à des peines supprimées, mais ayant existé ou répondant à un certain état des mœurs : amende honorable ; obligation de réintégrer le domicile conjugal) ; 6 janvier 1998, *B.* 169 ; 5 décembre 2000, *B.* 263.

[1261] Crim. 5 décembre 2000, B. 363 (cumul de peines non cumulables) ; 13 décembre 1995, B. 381 (application de la privation des droits civiques à un mineur).

[1262] Harald Renout, *Droit pénal général*, Collection Paradigme, 18e Édition, juillet 2013, p. 34

Pour Montesquieu, « *les juges de la Nation ne sont que la bouche qui prononce les paroles de la loi* ». Pour Beccaria, « *les juges des crimes ne peuvent avoir le droit d'interpréter les lois pénales pour la raison même qu'ils ne sont pas législateurs* ». Portalis, quant à lui, souligne qu'en « *matière criminelle où il n'y a qu'un texte formel et préexistant qui puisse fonder l'action du juge, il faut des lois précises et point de jurisprudence* ».

La loi des 16, 24 août 1790 prévoyait que les tribunaux devaient s'adresser au corps législatif « *toutes les fois qu'ils croiront nécessaire soit d'interpréter une loi, soit d'en faire une nouvelle* ». Ce référé législatif disparu dans les codes napoléoniens. L'interdiction de l'interprétation judiciaire n'a pu être mise en place.[1263]

Car interpréter constitue la mission du juge. Aussi, interdire l'interprétation revient à nier le travail judiciaire qui est obligatoire sous peine de déni de justice (article 4 du Code civil). Il était donc impossible de maintenir une telle conception. Car la réalité impose dans la plupart des situations un minimum d'interprétation.

La Cour européenne va plus loin et intègre l'œuvre jurisprudentielle dans le principe légaliste[1264]. Elle considère, sur la base de l'article 7 de la Convention Européenne des Droits de l'Homme – article affirmant le principe de légalité –, « *qu'une infraction doit être clairement définie par la loi, cette condition se trouvant remplie lorsque le justiciable peut savoir à partir du libellé de la disposition pertinente, et au besoin de son interprétation par les tribunaux, quels actes et omissions engagent sa responsabilité* »[1265].

L'interprétation est inévitable dans tous les domaines de droit interne. Les textes rédigés en termes généraux doivent être appliqués à des cas concrets. Il n'est plus contesté de nos jours le véritable pouvoir créateur du juge qui peut user dans son travail d'interprétation non seulement d'une méthode extensive, mais aussi d'un raisonnement analogique consistant à résoudre une question non prévue par la loi par référence à une autre, voisine, qui a été envisagée.

En matière répressive cependant, l'article 111-4 du Code pénal dispose que « *la loi pénale est d'interprétation stricte* ». Elle ne doit pas en

---

1263 Michèle-Laure Rassat, *Droit pénal général*, Ellipses, 2004, p.127

1264 Cour EDH, 30 mars 2004, *Radio France/France*

1265 CEDH, *Kokkinakis/Grèce*, op. cit. Voir aussi Jean Pradel, *Droit pénal général*, Éditions Cujas, 19e Édition, Paris, septembre 2012, p. 115

étendre la portée.[1266] Une querelle semble s'instaurer dans la doctrine pour savoir s'il convient de parler d'une interprétation « stricte » plutôt que d'une interprétation « restrictive ». Le premier terme a été préféré au second dans le Code pénal. [1267]

Une interprétation stricte signifie que le juge applique ce qui est dit ou écrit. Or, en matière de doute, une interprétation peut entendre le texte dans un sens large ou dans un sens étroit. Ici, Michèle-Laure Rassat estime que l'interprétation est bien restrictive et non stricte. Pour elle, il aurait convenu d'écrire dans l'article 111-4 : « *La loi pénale est d'application stricte et d'interprétation restrictive* ».

Plusieurs autres auteurs – et certainement les plus nombreux – soulignent au contraire qu'une interprétation stricte ne signifie pas une interprétation restrictive. L'interprétation la plus libérale et la plus favorable peut être retenue en cas de doute.[1268]

a- La prohibition de l'interprétation par analogie

Le principe de la légalité des incriminations et des peines s'oppose catégoriquement à l'interprétation par analogie.

L'analogie est une méthode d'interprétation qui offre au juge la possibilité de rechercher dans des textes voisins l'incrimination qui se rapproche le plus du comportement reproché, mais non expressément visé par un texte et de condamner la personne sur ce fondement. Elle permet au juge de condamner une personne pour un fait non expressément prévu par un texte, en se référant à l'esprit du système.[1269]

En France, le raisonnement par analogie est banni des méthodes d'interprétation de la loi pénale au nom de la sécurité juridique garantie aux justiciables.[1270]

Car cette interprétation est extensive. S'il s'avère qu'un texte ne permet pas de poursuivre certains comportements, ces derniers ne doivent pas être réprimés.[1271] La Cour de cassation rappelle ainsi parfois au juge pénal qu'il lui est interdit de procéder « *par extension, analogie ou induction* ».

[1266] Cass. Ass. Plén. 22 janvier 1982, D. 1982.157, concl. Cabannes
[1267] Michèle-Laure Rassat, op. cit, p. 127
[1268] Harald Renout, *Droit pénal général*, op. cit. p. 36
[1269] Marie Christine Sordino, *Droit pénal général*, 4e Édition, Ellipses, 2011, p. 55
[1270] Marie Christine Sordino, op. cit. p. 55
[1271] Harald Renout, *Droit pénal général*, op. cit. p. 35

b- L'admission d'autres méthodes de raisonnement

Deux méthodes sont admises et considérées comme répondant à l'obligation d'une interprétation stricte de la loi pénale par le juge. Il s'agit de la méthode littérale et de la méthode téléologique.

La méthode littérale oblige le juge à appliquer la lettre de la loi, seule source du droit pénal. C'est une méthode très rigoriste. Elle suppose que le texte de loi est parfait et ne nécessite aucune modification. Le législateur serait infaillible. Ce qui n'est malheureusement pas le cas. Le juge doit surmonter les fautes de rédaction.

L'interprétation stricte est une méthode téléologique. Elle impose au juge pénal la prise en considération de la motivation, de la volonté et du but poursuivi par l'autorité qui a édicté la règle. L'intention du législateur peut être découverte au travers des travaux et rapports préparatoires. Si une contradiction existe entre la lettre du texte et son esprit, c'est l'esprit qui doit prévaloir.

B- Le juge national et les crimes reconnus en droit international

Le juge national est compétent pour connaître des crimes définis en droit interne et en droit international.

Le mémoricide est un crime de droit international. Seul le juge international a eu l'occasion de se pencher sur ce crime. Mais cela n'exclut pas la compétence du juge national. Les tribunaux nationaux sont de plus en plus appelés à juger des crimes commis en dehors de leurs frontières.

Et la répression des crimes internationaux repose largement sur l'extension des prérogatives des juges nationaux. L'affaire Pinochet est un exemple éloquent.

Le 16 octobre 1998, l'ancien dictateur Augusto Pinochet a été arrêté par la Police en Grande-Bretagne alors qu'il s'y rendait pour se faire opérer d'une hernie discale. Un mandat d'arrêt international avait été lancé à son encontre par deux juges espagnols pour crime de droit international.

Quelques jours plus tard, l'Office Fédéral de la Police suisse a demandé son extradition vers la Suisse à la Grande-Bretagne pour enlèvement, torture et meurtre d'un citoyen de la Confédération. La justice suédoise a déposé une requête en vue d'obtenir le jugement de ce dernier[1272].

En France, un juge d'instruction du Tribunal de grande instance de Paris, saisi par une série de plaintes des familles de victimes françaises pour des faits « d'assassinats, de détention, de séquestration, de torture, d'actes de barbarie et de crimes contre l'humanité » a rédigé un mandat d'arrêt international pour « séquestration et torture » contre le général Pinochet, ancien chef de la junte militaire chilienne. S'en est suivie une demande d'extradition le 12 novembre 1998.[1273]

L'arrestation du général Pinochet a donné de l'espoir aux les victimes de l'ancien bourreau. Elles avaient soif de vérité. Les membres de la junte bénéficiaient d'une impunité grâce au vote des lois d'amnistie. Il était impossible de connaître avec certitude la vérité. Cette situation rendait difficile la construction d'une mémoire collective. L'arrestation de l'ancien dictateur a rendu cela possible.[1274]

Cette affaire illustre deux concepts juridiques en droit international public : l'immunité d'un ex-chef d'État et la notion de compétence universelle. Les juridictions nationales, dans cette affaire, ont participé à la compréhension et au développement de ces deux notions. Pour l'instant, seule la compétence universelle sera étudiée.[1275]

D'une manière générale, un État exerce sa compétence juridictionnelle uniquement pour les crimes commis à l'intérieur de ses frontières. La souveraineté étatique cloisonne les ordres juridiques. P. Mayer rappelle que chaque État organise son fonctionnement et non ceux des autres États.[1276]

1272 Les familles d'exilés chiliens qui avaient intenté une action en justice devant les tribunaux britanniques en se fondant sur la législation anglaise de 1982 contre la prise d'otages et de 1988 contre la torture, ont été déboutées, le 28 octobre 1998, au motif que les plaintes déposées ne faisaient état que de « preuves insuffisantes pour la législation anglaise » (*Le Monde*, 30 octobre 1998, p. 2).

1273 Anne Muxart, « immunité de l'ex-chef d'État et compétence universelle : quelques réflexions à propos de l'affaire Pinochet », *Actualité et Droit International*, décembre 1998 (http://www.ridi.org/adi).

1274 Anne Muxart, « immunité de l'ex-chef d'État et compétence universelle : quelques réflexions à propos de l'affaire Pinochet », op. cit.

1275 Anne Muxart, op. cit.

1276 P. Mayer, « Droit international public et droit international privé sous l'angle de la notion de compétence », *RCDIP*, 1979, tome LXVIII, n° 1, p. 370.

Le principe de compétence universelle permet de poursuivre les criminels qui posent des actes sur un territoire et qui échappent à la justice de ce territoire. Cette règle constitue une exception au principe de territorialité du droit pénal.

Parce que certaines infractions commises à l'étranger par des étrangers peuvent léser directement un ordre public national et indirectement un ordre public international, le principe de compétence universelle autorise un juge à connaître une infraction indépendamment du lieu où elle a été commise. [1277]

L'égoïsme étatique aurait pu être la règle. En effet, les États pourraient se sentir peu concernés par les infractions commises entre étrangers à l'étranger. Et même lorsqu'ils se sentiraient concernés, la légitimité et l'opportunité d'une telle extension de compétence soulèvent plusieurs questions.

Jusqu'où peut ou doit s'étendre la responsabilité d'un État lorsque des violations du droit humanitaire ont été commises en dehors de ses frontières ? Quelle est la place dévolue au juge national dans la répression des crimes de droit international humanitaire, sachant que l'avènement de la Cour pénale internationale n'entraîne nullement l'exclusion de son intervention ?

La répression universelle présente un caractère obligatoire ou facultatif suivant les dispositions conventionnelles ou coutumières.

Dans les deux cas, cette compétence autorise les tribunaux étatiques à juger une infraction commise sur un autre territoire. En effet, le lieu de commission de l'infraction ainsi que la nationalité de l'auteur ou des victimes ne sont pas nécessairement pris en compte.[1278]

Pour l'heure, la loi française ne peut assurer la répression universelle de toutes les infractions commises hors du territoire de la République. Toutefois, certaines exceptions sont admises, car la France ne saurait rester indifférente à certaines infractions commises à l'étranger.

Mais, dans cette hypothèse, des conditions sont posées pour ne réprimer que les cas les plus graves. Les valeurs ainsi protégées sont la vie, l'intégrité physique, la dignité, la sécurité… Les normes de comportements visant à

[1277] E. David, « Une règle à valeur de symbole », in Politique-Revue de débats, Bruxelles, 2002, n° 23, p. 12.

[1278] A. Huet et R. Koering-Joulin, *Le droit pénal international*, Paris, Puf, Collection Thémis, 1993, p. 190.

protéger ces valeurs sous-tendent des infractions gravissimes, à savoir les crimes contre l'humanité, le génocide, les crimes de guerre…

Ces crimes, auxquels le mémoricide pourrait très bien appartenir, sont à la croisée des ordres juridiques internes et internationaux. Ils interpellent la communauté internationale dans ses valeurs et principes les plus profonds.[1279]

L'originalité du principe de compétence universelle est de trouver sa source dans des valeurs à caractère universel dont la protection relève de la responsabilité commune de l'ensemble des États.

La compétence universelle des juridictions nationales complète la compétence des juridictions internationales.

Paragraphe 2 : Le juge international

Le droit pénal international est un droit prétorien. Les juges disposent, dans cette matière, d'un pouvoir normatif très important.

Contrairement à ce que l'on aurait pu penser, ce sont les juges des tribunaux ad hoc et non ceux de la Cour pénale internationale qui ont joué un rôle considérable – et le mot est faible – dans l'élaboration du droit pénal international.

Sur le plan procédural par exemple, ces tribunaux ont dû faire face à l'absence de précédent. Les Statuts des deux tribunaux militaires (Nuremberg et Tokyo) étaient extrêmement sommaires sur les questions de procédure.

Les dispositions procédurales des Statuts des deux T.P.I. (qui sont identiques) sont regroupées dans les Règlements de Procédure et de Preuve (RPP). Ce sont des sources secondaires des juridictions pénales internationales.

Elles ont été rédigées par les juges pour les tribunaux ad hoc, conformément aux Statuts des deux tribunaux (article 15 Statut T.P.I.Y et article 14 Statut T.P.I.R).

[1279] B. Stern, « À propos de la compétence universelle… », in E. Yakpo et T. Boumedra (eds), *Liber Amicorum judge Mohammed Bedjaoui*, Kluwer Law International, 1999, pp. 735-736

En revanche, le Statut de Rome prévoit dans son article 51 que les Règlements de Preuve et de Procédure de la Cour seront adoptés à la majorité des deux tiers par l'Assemblée des États Parties, c'est-à-dire par les États.

Sur le plan substantiel, plusieurs éléments matériels ont été précisés lors de l'élaboration de ces Statuts. Il s'agit de la notion d'atteinte grave à l'intégrité physique ou mentale[1280], la destruction physique totale ou partielle d'un groupe,[1281] la mutilation sexuelle, la séparation des sexes, l'interdiction des mariages[1282]...

Les tribunaux pénaux internationaux pour l'ex-Yougoslavie et le Rwanda ont été les premières juridictions pénales internationales à définir la nature des groupes humains : national, ethnique, racial et religieux.[1283]

Le juge dans l'exercice de ses fonctions peut aussi rechercher la règle applicable dans les différents Statuts et interpréter ces dernières pour combler une absence totale de normes applicables. [1284]

Il a été amené à de nombreuses reprises, en vue d'interpréter certaines dispositions des statuts, à s'appuyer sur les traités ou sur les sources non écrites du droit international – sources qui s'avèrent plus problématiques que les sources écrites.

L'utilisation par le juge d'une norme non écrite dans un jugement semble a priori offrir moins de sécurité – pour définir et encadrer certaines notions, car elle relève du juge.[1285]

L'article 3 du Statut du T.P.I.Y donne d'ailleurs une compétence au juge pour connaître des « violations des lois et coutumes de la guerre » qui y sont énumérées. Il est précisé que cette énumération n'est pas exhaustive (sans y être limitées).

Dans l'arrêt Dusko Tadic de 1995, le juge du T.P.I.Y, pour éviter qu'aucune violation grave du droit international humanitaire n'échappe à la

[1280] T.P.I.R, ch. I, *Akayesu*, 2 septembre 1998, op. cit
[1281] T.P.I.R. ch. I. *Musema*, 27 janvier 2000, ICTR-96-13-T
[1282] T.P.I.R, ch. I, *Akayesu*, 2 septembre 1998, op. cit
[1283] T.P.I.R, ch. I, *Akayesu*, 2 septembre 1998, ICTR-96-4-T
[1284] Olivier de Frouville, *Droit international pénal, Sources, Incriminations, Responsabilité*, op. cit. p. 63
[1285] Olivier de Frouville, *Droit international pénal, Sources, Incriminations, Responsabilité*, op. cit. pp. 63-64

compétence du Tribunal, a rattaché toutes les violations graves du droit international humanitaire non couvertes par les articles du Statut aux lois et coutumes de guerre.

Ce dernier se reconnaissait ainsi la faculté de condamner un accusé sur la base d'une infraction non explicitement définie dans le Statut.

Le juge international n'exerce toutefois pas son pouvoir prétorien de manière arbitraire. Ce pouvoir lui est confié de manière explicite ou implicite par le « législateur » soit pour combler les lacunes du droit et préciser une disposition « obscure » ou « insuffisante », soit pour préciser certaines dispositions trop vagues, soit plus radicalement pour dégager une norme nouvelle.

Est-ce le cas du mémoricide ?

Le mémoricide est utilisé juridiquement pour la première fois dans l'acte d'accusation dressé par le procureur général du Tribunal pénal de l'ex-Yougoslavie dans l'affaire Karadžić et Mladić.

Il convient de rappeler qu'il appartient au procureur, autorité compétente qui bénéficie d'un pouvoir discrétionnaire, d'établir l'acte d'accusation. Car son objectif est de démontrer la culpabilité de l'accusé et d'obtenir sa condamnation.

Cet acte doit être soumis à un juge de la chambre de première instance qui, au vu des éléments du dossier, confirme s'il y a lieu d'engager des poursuites.

Dans l'acte d'accusation (B) qu'il émet, le procureur expose succinctement les faits de l'espèce et les crimes qui sont reprochés au suspect et y joint les éléments justificatifs. Il doit faire une relation concise de ces faits et de la qualification (A) qu'ils revêtent.

A- La qualification juridique opérée par le procureur et le juge internationaux

Dans l'Ancien Droit, il était permis au juge de se saisir d'office dans certains cas. La poursuite d'office était l'œuvre du procureur du roi qui agissait à la suite de diverses raisons (dénonciation, plainte, rumeur publique…).

Ce rôle du procureur du roi, ancêtre du procureur de la République, s'est accru d'année en année en matière pénale[1286].

Le système procédural suivi traditionnellement en France est un système inquisitoire. Le principe est que la répression des infractions pénales est confiée au procureur de la République. Ce dernier détient l'exclusivité en matière de poursuite pénale.[1287]

Le système accusatoire classique, tel que défini en Angleterre au cours des siècles derniers, est un système dans lequel le procureur de la République ne joue aucun rôle en matière de poursuite. Le procès est mis en mouvement par un particulier qui est généralement la victime ou une personne qui a un intérêt pour agir.

Le procureur de la République apprécie la suite à donner aux plaintes et dénonciations dont il est saisi. Il décide seul de l'opportunité des poursuites ou du classement sans suite. Mais son contrôle sur les affaires portées à sa connaissance est d'abord juridique et non politique ou opportun.[1288]

Cela est d'autant plus important que le juge ne peut poursuivre et punir que la personne qui transgresse une obligation. Pour prononcer une condamnation, le juge a l'obligation formelle de citer le texte qui a selon lui été violé. Le processus pénal est donc subordonné à la réalisation d'une infraction pénale.

L'opération de qualification des faits permet de rattacher un fait à un texte d'incrimination. Si ce fait ne peut être rattaché, le juge doit abandonner les poursuites, acquitté ou relaxé le prévenu.

La qualification pénale est donc l'acte le plus important de toute la poursuite pénale. Cette obligation pèse sur toutes les personnes et tous les organes appelés à intervenir au cours du procès pénal.

Il s'agit premièrement de la police judiciaire qui reçoit une foule de plaintes et qui a la lourde tâche d'éliminer celles qui ne se rattachent à aucune infraction pénale.

[1286] Laurent Lemesle et Frédéric-Jérôme Pansier, *Le procureur de la République*, Édition actualisée PUF, 1998, p.5

[1287] Laurent Lemesle et Frédéric-Jérôme Pansier, *Le procureur de la République*, op. cit. pp. 11, 14

[1288] Laurent Lemesle et Frédéric-Jérôme Pansier, op. cit. p. 63

Il s'agit ensuite du procureur qui intervient pendant la phase judiciaire. Il décrit et qualifie les faits dans l'acte d'accusation. La poursuite peut aussi être déclenchée à l'initiative d'une victime, partie civile. Il appartiendra à cette dernière de qualifier les faits dans sa plainte. [1289]

Une fois le procès mis en mouvement, chaque nouvelle autorité saisie doit encore vérifier la qualification.

En droit interne, c'est le cas du juge d'instruction au moment de la mise en examen. Il en est de même de la chambre d'instruction.

En droit international, le juge chargé de confirmer l'acte d'accusation est différent de celui chargé de l'affaire. Ces deux juges doivent éventuellement modifier la qualification en tenant compte tant des erreurs antérieures éventuelles que des éléments nouveaux. La qualification n'est acquise qu'avec la décision définitive.

Dans l'affaire Karadžić/Mladić, le bureau du procureur composé d'Éric Ostberg, de Mark Harmon et de Terree Bowers a auditionné plusieurs experts dont le professeur Paul Garde qui ont décrit la politique de destruction intentionnelle du patrimoine culturel comme un mémoricide selon le terme créé par Mirko Grmerk.

Le 11 juillet 1996, lors de l'examen des actes d'accusation dans le cadre de l'article 61 du Règlement de Procédure et de Preuve, la chambre de première instance du Tribunal pénal de l'ex-Yougoslavie composée des juges Claude Jorda, Élisabeth Odio Benito, et Fouad Riad a rappelé que les juges Claude Jorda et Fouad Riad avaient par décisions respectivement rendues les 25 juillet et 16 novembre 1995 confirmés les actes d'accusation établis par le procureur dans l'affaire citée ci-dessus.

Cependant, cet acte d'accusation utilisant juridiquement pour la première fois le terme mémoricide a été modifié. Il est, en effet, permis au procureur de modifier un acte d'accusation confirmé sous réserve de l'obtention de l'autorisation du juge confirmateur. Tout comme la qualification des faits, l'acte d'accusation existe sous forme provisoire et sous forme définitive.

[1289] Michèle-laure Rassat, *Droit pénal général*, Ellipses, 2004, pp. 121-122

B- L'acte d'accusation émise par le procureur international

En 1993, le Conseil de sécurité des Nations unies a décidé de créer le Tribunal pénal international pour l'ex-Yougoslavie (T.P.I.Y) en réaction aux crimes de grande ampleur commis dans la région des Balkans.

Un an plus tard, à la suite du génocide du Rwanda, le Conseil de sécurité créait le Tribunal pénal international pour le Rwanda (T.P.I.R).

Ces deux instances qui revêtent un caractère international, car elles ont été créées indépendamment des systèmes judiciaires nationaux des pays concernés ne comportent dans leurs Statuts aucune définition de la notion d'acte d'accusation.

Le Règlement de procédure et de preuve de ces juridictions n'apporte pas non plus de définition à cette notion. Les articles 18 du Statut du Tribunal pénal international pour l'ex-Yougoslavie et 17 de celui du Tribunal pénal international pour le Rwanda utilisent cette notion d'« acte d'accusation » sans pour autant la définir.

Les juridictions pénales internationales spéciales tels le Tribunal spécial pour la Sierra Léone (T.S.S.L) ou le Tribunal spécial pour le Liban (T.S.L), ne donnent pas non plus de définition à la notion d'acte d'accusation. Celle-ci est également absente du Statut de Rome relatif à la Cour pénale internationale.

En tout état de cause, il faut avouer que l'absence de définition de l'acte d'accusation a peu d'effet.[1290] Seul le contenu de l'acte d'accusation a un intérêt.

Un acte d'accusation peut être défini comme une pièce ou un document qui relève ou énonce les charges pesant sur un ou des auteurs d'un crime. Ce document contient des informations personnelles sur le ou les accusé(s) et les éléments ou faits du litige.[1291]

[1290] José Tasoki Manzele, *L'enquête des juridictions pénales internationales*, docteur en droit, Paris 1, Panthéon-Sorbonne, http://www.memoireonline.com/01/12/5112/m_Lenquete-des-juridictions-penales-internationales31.html

[1291] Jean-Pierre Fofe Djola Malewa, *La question de la preuve devant le tribunal pénal international pour le Rwanda*, Paris, L'Harmattan, 2006, p. 27.

L'acte d'accusation notifie à l'accusé toutes les charges retenues à son encontre[1292]. Elle se présente comme l'ensemble des faits susceptibles d'entraîner une incrimination[1293]. Il ne faut pas confondre l'acte de saisine du juge pénal international et l'acte contenant des charges ou chefs d'accusation et de qualification.

L'acte d'accusation est le début d'une procédure qui s'achèvera dans le meilleur des cas par l'arrestation et la comparution d'un accusé. Pour cela, l'acte d'accusation doit faire l'objet d'une confirmation par le juge.

Cette confirmation n'a pas un caractère absolu. Un acte d'accusation peut être modifié après sa confirmation.[1294]

1- La confirmation de l'acte d'accusation

La phase de confirmation de l'acte d'accusation est la phase au cours de laquelle le procureur demande au juge l'accréditation de son acte. La confirmation de l'acte d'accusation est un moyen de contrôle par le juge de l'action du procureur.[1295]

Le procureur présente dans l'acte d'accusation tous les éléments nécessaires pour justifier son action. Saisi d'un acte d'accusation, le juge doit examiner chaque élément présenté à l'appui des chefs d'accusation afin de décider si un dossier mérite d'être poursuivi ou oublié. En cas de doute, il peut demander au procureur de présenter d'autres éléments ou de préciser ces derniers.

Les solutions qui appartiennent au juge sont les suivantes : confirmer l'acte d'accusation, rejeter l'acte d'accusation ou enfin surseoir à statuer ou surseoir à l'examen.

Avec la confirmation de l'acte d'accusation par le juge, un mandat d'arrêt peut être délivré à l'encontre de l'accusé. Le rejet de l'acte d'accusation ne libère pas le procureur. Ce dernier pourra toujours soumettre ultérieurement

---

1292 Daniel D. Ntanda Nsereko, « Commentary. Indictment », *KLIP André & SLUITER Göran (eds.)*, op. cit., p. 59.

1293 Jean-Pierre Fofe Djola Malewa, op.cit., p. 25.

1294 José Tasoki Manzele, *L'enquête des juridictions pénales internationales*, op. cit.

1295 Hervé Ascencio et Alain Pellet, « L'activité du Tribunal pénal international pour l'ex-Yougoslavie (1993-1995) », *Annuaire Français de Droit International,* XLI-1995, p. 109.

un nouvel acte modifié. Le sursis à statuer ou le sursis à l'examen peut permettre au procureur de modifier l'acte d'accusation.

Tout acte d'accusation ayant fait l'objet d'une confirmation par le juge doit être sous réserve de circonstances exceptionnelles, être publié. En l'absence de confirmation par le juge, le procureur a toujours la possibililité de modifier ou de retirer un acte d'accusation.[1296]

Une fois l'acte confirmé, les pouvoirs d'investigation du procureur ne sont pas diminués. Au contraire, ils s'en trouvent renforcés. Le procureur peut poursuivre son action par la prise d'ordonnances. Il peut prendre un arrêté contre l'accusé. Dans ce dernier cas, l'arrêté peut être rendu secret afin de faciliter la recherche de l'accusé.[1297]

2- La modification de l'acte d'accusation après sa confirmation

La modification d'un acte d'accusation confirmé est possible. L'acte du procureur est provisoire et flexible afin de lui permettre de compléter ses investigations. Ainsi, selon les juridictions pénales internationales, la modification de l'acte d'accusation suit une procédure prévue dans le Règlement de procédure et de preuve.

Au T.P.I.Y, la modification de l'acte d'accusation après sa confirmation est possible uniquement avant l'affectation de l'affaire. Ici, l'autorisation du juge l'ayant confirmé ou d'un juge désigné par le président est obligatoire avant toute modification.

Après l'affectation de l'affaire, il n'appartient plus au procureur de modifier l'acte d'accusation. La modification ne peut être faite que sur autorisation de la Chambre.[1298]

Au T.P.I.R, la modification de l'acte d'accusation après sa confirmation est possible. Celle-ci doit intervenir avant la comparution de l'accusé. Ici

---

[1296] Andrésia Vaz, « Les méthodes de saisines des tribunaux internationaux », in *Internationalisation du droit, internationalisation de la justice*, congrès AHJUCAF, cours judiciaires suprêmes francophones, 21-23 juin 2010

[1297] Liliane Egounlety, *Le système de la preuve devant le Tribunal Pénal International pour le Rwanda*, DEA Droit de l'Homme et Démocratie 2005, Université d'Abomey-Calavi, http://www.memoireonline.com/02/06/116/m_systeme-preuve-tribunal-penal-international-rwanda3.html

[1298] Andrésia Vaz, « Les méthodes de saisines des tribunaux internationaux », op. cit.

aussi, l'autorisation du juge l'ayant confirmé ou d'un juge désigné par le président est aussi requise avant toute modification. Seule l'autorisation d'une Chambre est nécessaire pour la modification d'un acte d'accusation après la comparution initiale.[1299]

Ainsi, loin d'être définitif, l'acte d'accusation est susceptible de modifications même après sa confirmation. Cette flexibilité de l'acte d'accusation permet au procureur de renforcer ses éléments d'accusation. La limite à cette règle est sans doute l'instabilité dans laquelle la défense pourrait se trouver.

En effet, comme il est dit dans la décision relative à l'affaire TADIC[1300], les charges retenues contre l'accusé doivent être divulguées à l'intéressé afin que ce dernier puisse surtout préparer sa défense. Un acte d'accusation pouvant évoluer et changer à tout moment peut être dangereux.[1301]

Le 18 mai 2000, dans l'affaire Karadžić, le procureur a présenté un acte d'accusation modifié et réduit aux actes les plus graves. Le terme « mémoricide » n'apparaît pas dans ce dernier acte.

Selon le procureur, ces modifications étaient nécessaires. Elles s'inscrivent dans la pratique jurisprudentielle du Tribunal. Le désir de commencer le procès de Radovan Karadžić plus tôt après son arrestation justifie aussi la modification de l'acte d'accusation.

Le juge Wald a fait droit à la requête du procureur le 31 mai 2000. Il a confirmé chacun des chefs de l'acte d'accusation proposé par le procureur à l'encontre de Radovan Karadžić. Il s'est également prononcé sur le sort du coaccusé Ratko Mladić.

En effet, aucune demande de modification des chefs d'accusation n'ayant été faite à son encontre par le procureur, le juge a décidé que les actes d'accusation établis à son encontre resteraient en vigueur sous leur forme non modifiée.[1302]

1299 Andrésia Vaz, « Les méthodes de saisines des tribunaux internationaux », op. cit.

1300 T.P.I.Y, *Dusko Tadic*, ch II, Jugement relatif à la sentence, n IT-94-I-T, 14 juillet 1997

1301 Liliane Egounlety, *Le système de la preuve devant le Tribunal Pénal International pour le Rwanda*, op. cit

1302 Communiqué de presse, « L'acte d'accusation modifié établi contre Radovan Karadžić est rendu public », Nations Unies, Le Tribunal Pénal International Pour

<u>Sous partie 2</u> : Le mémoricide : un crime réprimé ou ignoré ?

« Le monde n'est qu'un branloire pérenne », disait Montaigne. La criminalité, elle-même, évolue et bouge sans cesse.

Longtemps habitué à une criminalité individuelle limitée à un ou quelques auteurs et victimes, le XIXe siècle a vu naître le crime organisé suivi du crime international.

Pendant des siècles, la principale réponse donnée à la reconstruction des sociétés ayant vécu des guerres ou des crimes de masse était le silence, l'oubli. Une nouvelle stratégie s'opère de nos jours. Ce n'est plus le silence qui est la réponse donnée aux sociétés en souffrance mais la parole qui est censée guérir les plaies de l'histoire.

La répression du crime international, crime de génocide, crime de guerre et crime contre l'humanité depuis un demi-siècle se justifie par le refus de l'impunité et le désir de justice.[1303]

Sur le refus d'impunité, à la première audience du procès de Nuremberg, Robert Jackson fait une déclaration liminaire.[1304] Empêcher l'oubli et éviter le sentiment d'impunité sont les deux objectifs majeurs de la justice internationale qu'il propose. Il est nécessaire d'imposer la sanction et la suprématie de la loi sur la violence.

Destinée à faire reculer l'impunité, la justice internationale marque un immense progrès pour l'humanité. Encore imparfaite, la justice internationale, au travers de ses instances, n'est plus passive. Elle est active.

Car « *s'il n'est pas nécessaire d'espérer pour entreprendre, ni de réussir pour persévérer* » comme l'enseignait Guillaume d'Orange, l'activisme

---

L'Ex-Yougoslavie, http://www.icty.org/fr/press/l%E2%80%99acte-daccusation-modifi%C3%A9-%C3%A9tabli-contre-radovan-karad%C5%BEi%C4%87-est-rendu-public

[1303] Jean-Paul Bazelaire et Thierry Cretin, *La justice pénale internationale*, PUF, Paris, septembre 2000, p. 42

[1304] Déclaration du procureur américain à l'ouverture du procès de Nuremberg le 21 novembre 1945, http://perspective.usherbrooke.ca/bilan/servlet/BMDictionnaire?iddictionnaire=1657

international est le plus beau cadeau donné aux victimes face à leurs bourreaux.[1305]

La création de juridictions internationales est un phénomène récent. Le droit pénal constitue la prérogative des États qui manifestent leur souveraineté exclusive sur un territoire déterminé et sur les individus qui y commettent des infractions.

Les infractions qui présentent un élément d'extranéité ne donnent lieu à la coopération des États concernés que lorsqu'ils y sont contraints. L'extradition est ici un bon exemple.

L'établissement de juridictions internationales pénales empêche – dans une mesure variable – de mettre en application le droit pénal interne.[1306]

Les crimes dont connaissent les juridictions internationales ont été nécessairement commis sur le territoire national d'un État de telle sorte que le juge national du lieu des faits sera toujours, en raison du principe de territorialité, concurremment compétent.

Ainsi, l'action des juridictions internationales n'exclut pas l'intervention des juridictions nationales ; bien au contraire, leurs actions respectives sont complémentaires eu égard aux capacités limitées des juridictions internationales.

Le processus de justice est une responsabilité partagée par les États et par la communauté internationale.

Le préambule du Statut de Rome de la Cour pénale internationale, signé le 17 juillet 1998, témoigne de cette dimension dans les termes suivants :

« *Conscients que tous les peuples sont unis par des liens étroits et que leurs cultures forment un patrimoine commun, et soucieux du fait que cette mosaïque délicate puisse être brisée à tout moment,*
Ayant à l'esprit qu'au cours de ce siècle, des millions d'enfants, de femmes et d'hommes ont été victimes d'atrocités qui défient l'imagination et heurtent profondément la conscience humaine,

---

1305 Auteur cité par Jean Pradel, *Génocide, crimes contre l'humanité et crimes de guerre face à la justice*, Bruylant, 2e Édition, 2012, Préface, pp.6-7

1306 H. D. Bosly et D. Vandermeersch, *Génocide, cimes contre l'humanité et crimes de guerre face à la justice, les juridictions internationales et les tribunaux nationaux*, LGDJ 2010, p. 39

Reconnaissant que des crimes d'une telle gravité menacent la paix, la sécurité et le bien-être du monde,
Affirmant que les crimes les plus graves qui touchent l'ensemble de la communauté internationale ne sauraient rester impunis et que leur répression doit être effectivement assurée par des mesures prises dans le cadre national et par le renforcement de la coopération internationale,
Déterminés à mettre un terme à l'impunité des auteurs de ces crimes et à concourir ainsi à la prévention de nouveaux crimes,
Rappelant qu'il est du devoir de chaque État de soumettre à sa juridiction criminelle les responsables de crimes internationaux... »

Sur le désir de justice, dans son sens courant et pratique, elle évoque l'institution judiciaire, c'est-à-dire l'ensemble des juridictions dont les justiciables attendent qu'elles rendent la justice. Ce qu'elles font, avec plus ou moins d'efficacité et de rapidité. Elle prononce des jugements, des ordonnances, des arrêts. Elle dit le droit en appliquant les lois qui expriment la volonté du peuple.

Mais la justice s'entend aussi en un autre sens, irréductible à la seule application de la loi, au seul respect du droit dit positif. Elle peut parfois être contraire à la stricte raison juridique.

La justice procède alors de la conscience de l'homme. Elle est « avant tout, un sentiment, qui détermine une pratique ; et cette pratique est une vertu, la vertu de l'homme juste »[1307]. La célèbre définition du droit donnée par Ulpien l'exprime parfaitement. « *Jus est ars boni et aequi*, le droit est l'art du bon et de l'équitable[1308] ».

La justice entretient une relation avec l'éthique et la philosophie morale. Le souci de se conduire justement est une préoccupation majeure des juges eux-mêmes, dans leur fonction de juger. « C'est le bien juger[1309]», selon la formule empruntée à Antoine Garapon.

La revendication de la justice inonde le discours politique et imprègne le discours philosophique.

Parce que la société démocratique est une société des individus et une société de droit, chaque individu réclame à la collectivité de garantir et de sauvegarder ses droits. La justice joue un rôle de plus en plus important dans

---

1307 J. Carbonnier, *Droit civil – introduction*, PUF, 20e éd. 1991, no 51, p. 92.
1308 Ulpien, D. 1, 1, 1.
1309 Loic Cadiet, *Découvrir la justice*, Dalloz, 1997, p. 13

le traitement des questions de société et se retrouve ainsi très fortement au cœur de la gestion des rapports sociaux et de la régulation du politique.

La réalité du phénomène fait débat. Le prétoire est utilisé dans le traitement de certaines affaires comme un nouveau forum politique et social. La justice se transforme en une ressource politique à la disposition de tous. En témoignent notamment l'affaire Dreyfus et l'affaire Jules Durand.

Le capitaine Dreyfus fut condamné en 1894 pour avoir livré des documents secrets français à l'Empire allemand. Il semblerait que ce ne fut pas le cas. Cette affaire est une erreur judiciaire qui a profondément bouleversé la société française de 1894 à 1906. Elle trouve sa source dans le contexte social de l'époque.

En effet, l'Alsace et une partie de la Lorraine avaient été annexées à l'Empire allemand quelques années plus tôt. Le climat social était particulièrement propice à l'antisémitisme et à la haine.

Quelques années plus tard, la justice se retrouvera une fois de plus instrumentalisée. Il s'agit de l'affaire Jules Durand, encore appelée l'affaire « Dreyfus du pauvre ». À la suite d'un mouvement de grève en 1910, une bagarre éclate entre grévistes et non-gréviste. Elle se clôtura par le décès de Mr Dongé qui succomba à ses blessures.

Lors du procès de certains grévistes, plusieurs charbonniers, potentiellement achetés par les autorités havraises qui souhaitaient la fin de la grève, affirmèrent que l'assassinat de Dongé aurait été le résultat d'un vote du syndicat dont Jules Durand était le secrétaire. Il a été accusé d'être l'instigateur du meurtre de Dongé. Le 25 novembre 1910, Jules Durand est condamné à la peine suprême : la condamnation à mort.

Ces affaires restent des exemples marquants d'erreurs judiciaires difficilement réparées, avec un rôle majeur joué par la presse et l'opinion publique. Jules Durand a été définitivement reconnu innocent en 1918 par la Cour de cassation. Mais cela n'a pas effacé les conséquences de son emprisonnement. Il mourra quelques années plus tard dans un asile de fous.

L'opinion publique n'a pas toujours un tel pouvoir. D'ailleurs, elle n'est pas censée avoir un tel pouvoir.

Mais, dans certains cas, surtout en matière internationale, elle peut être incontournable. Les démocraties doivent pouvoir compter sur le soutien de l'opinion publique pour gagner n'importe quel combat ou guerre.

En effet, sans le soutien de la société internationale, les nations les plus puissantes peuvent perdre une guerre. La justice pénale internationale fut largement soutenue par les opinions publiques des alliés lors des deux premières guerres mondiales.

Les États peuvent aussi influencer l'opinion publique au travers de différents moyens dont les médias. Pour anticiper sur une opinion qu'ils pensaient soucieuse et préoccupée ou pour se dédouaner de leur inaction, certains gouvernements participèrent à la création des deux T.P.I[1310] habilités à juger les coupables.

La justice ne doit pas servir les intérêts d'une opinion publique, aussi louable soit-elle. La fonction de la justice doit rester la seule justice. Car autrement, on serait prêt à commettre l'injustice – pour peu qu'elle produise une bonne leçon.

Cette extension de la justice appelée à régler les conflits politiques est une dérive politique. Prenons un exemple, peu glorieux, pour la justice pour étayer ce propos.

La Bulgarie connut de 1945 à 1949 trois grands procès opposant les membres du Front patriotique et antifasciste et les membres du parti communiste.

En 1945, le Front patriotique et antifasciste, nouveau parti au pouvoir, jugeait, condamnait et exécutait les membres des gouvernements et du parlement du temps de guerre. En 1947, sont jugés les membres non communistes de ce même Front patriotique. En 1949, les communistes qui avaient conduit les procès de 1947 étaient jugés, condamnés et exécutés par d'autres communistes, qui avaient pris leur place à la tête de l'État. C'est bien une justice instrumentalisée.[1311]

Il est certes vrai que la justice essaie souvent de transmettre un message. Louise Arbour, ex-procureure du T.P.I.Y, souligne que « *la « fonction la plus spécifique » de la justice consiste à pratiquer une « éducation internationale », à viser le « dépassement de la peine par l'enseignement »* »[1312].

1310 Antoine Garapon, *Des crimes qu'on ne peut ni punir, ni pardonner*, Odile Jacob, 2002, p. 89

1311 Tzvetan Todorov, « Les limites de la justice » in *Crimes internationaux et juridictions internationales*, sous la direction d'Antonio Cassese, Mireille Delmas-Marty, PUF, 2002, p. 40

1312 Louise Arbour, Revue Le Monde des débats, 25 mai 2001

En France, les procès pour crimes contre l'humanité de Klaus Barbie, un officier de la Gestapo, des citoyens français Touvier et Papon, avaient aussi été organisés pour donner une leçon. Mais cette dernière n'était pas non plus dépourvue d'ambigüité.

Dans le premier procès, la leçon semblait dire "les criminels sont Allemands et les victimes sont françaises". Le pouvoir politique relayé par les médias exprimait ouvertement son point de vue sur la culpabilité de l'accusé.[1313]

Les victimes n'attendent pas seulement que des leçons soient tirées d'un procès ou que la justice châtie les coupables. Elles veulent qu'on les reconnaisse comme telles, qu'on ne les enterre pas dans le souvenir collectif, qu'on ne les envoie pas aux oubliettes des faits divers.

Et cela est d'autant plus important lorsque l'on se retrouve devant un crime contre la mémoire, en l'occurrence le mémoricide.

Comment punir, réparer, indemniser si la mémoire a complètement disparu, si le patrimoine culturel a été détruit, si les hommes porteurs de mémoire ne sont plus ?

S'il est vrai qu'une collectivité ne se construit que sur une mémoire partagée, il appartient au droit de l'instituer. Telle est la fonction la plus ancienne et la plus permanente des règles de droit.

Les trois autorités que sont le juge, le législateur, et l'administrateur se doivent de dire le droit pour la société dont les membres ont renoncé à se faire justice et ont choisi de recourir au tiers impartial – au-dessus des parties – pour trancher les différends.

Le droit permet d'établir les faits, de certifier les titres, de poser les responsabilités, de distribuer les rôles, de départager les victimes des bourreaux.

Le droit pénal classique, ayant une finalité répressive, ne peut en principe servir de fondement à la réparation des préjudices subis par ces victimes. En effet, la réparation des préjudices trouve son fondement dans la justice civile.

La peine et la réparation sont deux notions à ne pas confondre. L'évolution du droit positif tend à brouiller les frontières entre ces deux notions. La réparation du dommage peut être prise en compte par la justice

---

[1313] Tzvetan Todorov, « Les limites de la justice », op. cit. p. 42

pénale, soucieuse de réaliser un autre objectif que la simple répression des crimes.

Dès lors, la séparation conceptuelle de la notion de réparation de celle de la peine est difficile en droit positif. Il est difficile de concilier la finalité de la répression et celle de la réparation. La responsabilité pénale ne peut être mise en œuvre que parce qu'il existe une faute pénale et non une faute civile. Et élargir la justice pénale à la réparation ne peut se réaliser qu'au prix d'une transformation de ses fondements. [1314]

Ainsi, les tribunaux civils sont à présent de plus en plus invités à indemniser les préjudices liés à l'histoire. On note le développement des politiques de réconciliation. Les Commissions Vérité, les lois mémorielles sont appelées pour guérir les plaies du passé.

La justice pénale[1315] (Titre 1), dont l'objectif principal est de sanctionner les coupables, se retrouve démunie face aux attentes des victimes. De nouvelles formes de justice ont été établies pour répondre à ce besoin. (Titre 2).

Ces nouvelles formes de justice ont deux objectifs. Le premier est la réparation du préjudice. C'est la justice civile. Le deuxième est l'instauration de la paix et de la réconciliation. C'est la justice transitionnelle.

C'est ainsi la naissance d'un droit pénal moderne affranchie de la peine vengeresse et de la loi du talion.

[1314] Bertrand Paillard, *La fonction réparatrice de la répression pénale*, L.G.D.J., thèse, parue en 2007

[1315] F. Tulkens et M. Van de Kerchove, *Introduction au droit pénal*, 2e Édition, Bruxelles, Story-Scientia, 1993, p. 320.

Titre 1 : La justice pénale traditionnelle et la répression du mémoricide

Les crimes internationaux choquent et suscitent l'indignation générale. Le génocide, le crime contre l'humanité, le mémoricide sont difficiles à accepter et renvoient de façon culpabilisante à la conscience de chaque individu.

Dans un premier mouvement, l'incrédulité domine. Comment est-ce possible ? Comment peut-on en arriver à de telles extrémités ? Comment des êtres humains peuvent-ils commettre de telles atrocités ? Comment la communauté internationale a-t-elle pu tolérer de tels actes sans réagir à temps ?

La justice se doit de désigner les coupables. Au nom des valeurs présentées comme universelles, elle a pour fonction de rendre justice à la victime. Et pour cela, elle doit replacer une distance entre le criminel et l'innocent, entre le bourreau et sa victime, entre la vérité et le mensonge, entre le bien et le mal.

La plupart de ceux qui commettent de tels crimes sont perçus et qualifiés de « monstres », de « bouchers », de « génocidaires »… lors des procès. En réalité, ces personnes sont des citoyens honnêtes et dont le contexte social a poussé aux crimes.

Hannah Arendt, lors du procès Eichmann écrira ceci : « *Ces gens n'étaient pas des criminels ordinaires, mais des gens ordinaires qui avaient commis des crimes avec plus ou moins d'enthousiasme, simplement parce qu'ils avaient fait ce qu'on leur avait dit de faire* ».[1316]

Certains ne se reconnaissaient d'ailleurs pas dans les faits qui leur étaient reprochés et dans le portrait qui était fait d'eux.[1317]

J. Hatzfeld relate le témoignage d'un des acteurs du génocide rwandais. Celui-ci soulignera : « *Pour moi, je vous propose une explication : c'est*

[1316] H. Arendt, *Responsabilité et jugement*, Paris, Payot, 2005, p. 88

[1317] H.-D. Bosly et D. Vandermeersch, *Génocide, crimes contre l'humanité et crimes de guerre face à la justice, les juridictions internationales et les tribunaux nationaux*, Bruylant, 2e Édition, 2012, p.262

comme si j'avais laissé un autre individu prendre mes propres apparences vivantes, et mes manies de cœur, sans aucun tiraillement d'âme. Ce tueur était bien moi pour la faute commise et le sang coulé, mais il m'est étranger pour sa férocité ».[1318]

Face à la démesure et à l'incompréhensible, le débat sur la responsabilité est central. Il faut premièrement évaluer les faits individuels et les faits collectifs. Il faut ensuite déterminer les responsabilités. Il ne faut surtout pas justifier les faits.

Dans l'exercice de leurs fonctions, les gouvernants peuvent commettre des actes de mémoricide. Plusieurs violations aux droits de l'homme revêtent une forte dimension politique.[1319]

Auparavant, l'État empêchait qu'il soit soulevé la responsabilité de ses représentants. Un tel comportement avait pour conséquence l'impunité totale de l'État et de ses représentants. Le droit pénal interne et international était tenu à l'écart de toute activité politique, voire administrative.

Progressivement devenu intenable, notamment en présence de fautes très graves, le droit pénal interne et le droit pénal international ont connu une évolution qui se matérialise par l'admission de la responsabilité des agents de l'État, voire du chef de l'État lui-même.

Pourtant, si on devait dresser un inventaire de tous les crimes les plus graves de droit international humanitaire commis dans le monde, on ne peut que constater le manque ou le peu de réaction judiciaire.

Pourquoi ? La raison est toute simple. Les poursuites peuvent parfois représenter l'exception.

Même si le principe de compétence universelle a pour but de limiter ou d'éviter tout conflit négatif de compétence et tout déni de justice, le juge du lieu des faits (national) n'est pas toujours celui qui est le plus apte à poursuivre les auteurs de certains crimes. Il peut en effet manquer de moyens ou d'impartialité.

[1318] J. Hatzfeld, *Une saison des machettes*, Paris, Seuil, 2003, p. 57

1325 Travaux de l'institut de sciences criminelles de Poitiers, 2008-26, *La pénalisation des responsabilités politiques en droit interne et en droit international*, sous la direction de Michel Danti-Juan, Édition Cujas, p. 207

La création des juridictions internationales règle cette difficulté, mais la capacité de réaction de celles-ci reste malheureusement fort limitée.

La compétence est une chose. L'exercice effectif des poursuites est une autre chose. Plusieurs juges sont compétents pour connaître certains crimes de droit international. Mais ils ne peuvent exercer dans les faits, leur compétence. Et quand bien même ils le font, plusieurs questions peuvent être posées.

Quelle peine pour tel crime ? Peut-on réprimer le mal en histoire ? Peut-on réprimer la perte d'un passé, d'une culture ?

Si le mémoricide est analysé comme l'intention d'éradiquer la mémoire matérielle – la mémoire immatérielle pouvant venir au secours de la mémoire matérielle –, les coupables ne doivent pas être sévèrement punis. Tout au plus, il serait légitime de leur demander de participer à la reconstruction matérielle du patrimoine détruit.

Mais si le mémoricide est analysé comme l'éradication de la mémoire, il est évident que les victimes souhaitent recouvrer celle-ci et voir leur patrimoine culturel reconstruit.

Mais quand cela est impossible, que faire ? Comment punir ?

Les peines traditionnellement prises par les juges internationaux en matière de crimes internationaux sont les peines d'emprisonnement. La peine de mort est exclue conformément à la tradition des Nations Unies.

En matière de mémoricide l'emprisonnement est une sanction insatisfaisante.

Si les instruments normatifs internationaux et nationaux de lutte contre l'impunité en matière de crimes contre l'humanité se sont multipliés au fil des ans, les difficultés rencontrées dans l'exercice effectif des poursuites soulèvent quelques inquiétudes (Chapitre 1). Il en est de même des éventuelles sanctions applicables en la matière (Chapitre 2).

Chapitre 1 : La poursuite et la mise en responsabilité des auteurs du mémoricide

Contre l'oubli de ce qui fut, il est toujours possible de faire appel et de réveiller la mémoire. C'est du moins ce que fait le juge, considéré comme un gardien de la mémoire.

Le juge se prononce sur un litige dont les faits sont anciens. Il marque, par cet acte, sa volonté de ne pas laisser impunis certains comportements que le droit et la société considèrent comme inadmissibles. Il fait acte de mémoire.

Le juge n'est certainement pas un gardien de l'histoire. Il ne lui appartient pas de désigner la thèse historique qui lui paraît politiquement correcte. Mais il institue le passé en certifiant les faits advenus. Et cela est d'autant plus vrai lorsque l'on se retrouve en présence des crimes contre l'humanité (crimes caractérisés par leur imprescriptibilité) qui ne doivent surtout pas être oubliés si l'on souhaite que cela ne se reproduise plus jamais.

En témoigne notamment le procès Klaus Barbie. Ce dernier a été poursuivi et jugé quarante ans – deux générations ! – après les faits. Cependant, dans bien des cas, certains criminels arrivent à échapper à la justice.

L'exercice des poursuites (Section 1) est un sujet sensible, très sensible. Qui poursuivre ? Face au nombre de victimes principalement des femmes et des enfants, quelle est la responsabilité des auteurs directs, de leurs supérieurs, de la communauté internationale (Section 2) qui dans une certaine mesure ferme les yeux devant certaines atrocités ?

La réponse à ces questions est déterminante quand on sait qu'il est plus facile de s'attaquer aux petits qu'aux grands, aux pauvres qu'aux riches, aux vaincus qu'aux vainqueurs.

Section 1 : La poursuite des auteurs du mémoricide

Les autorités nationales peuvent être peu enclines à poursuivre des auteurs de certains crimes.[1320]

Bien qu'il existe une séparation des pouvoirs, la justice se heurte en effet à des obstacles de fait ou de droit et à des relations de pouvoir (Paragraphe 2). Il faut reconnaître que l'incapacité à mener véritablement à terme plusieurs poursuites laisse la porte ouverte à bien des interprétations et discussions (Paragraphe 1).

Paragraphe 1 : L'initiative et l'ouverture des poursuites

Les dispositions des Statuts créant les juridictions internationales ont eu le soin de préciser dans quel cadre s'inscrivait l'action de ces juridictions ainsi que de déterminer les règles permettant de résoudre les conflits résultants de la concurrence de compétence. Les règles d'ouvertures d'enquêtes varient aussi suivant les juridictions nationales ou internationales.

Les auteurs du mémoricide sont ainsi susceptibles d'être poursuivis aussi bien par une juridiction nationale (A) que par une juridiction internationale (B).

A- L'ouverture des poursuites devant les juridictions nationales

Les infractions constatées doivent-elles toujours être poursuivies en suivant la loi à la lettre ou peut-on fermer les yeux dans certaines circonstances ? Telle est la question que se pose tout système juridique.

Sous l'Ancien Régime, les magistrats, nommés par le pouvoir royal, faisaient un choix entre la poursuite ou la non-poursuite en fonction des sensibilités du pouvoir souverain.

Dès la Révolution, la profonde méfiance envers les magistrats a conduit, sous l'influence de certains philosophes, à la reconnaissance d'un principe

---

1320 Travaux de l'institut de sciences criminelles de Poitiers, 2008-26, *La pénalisation des responsabilités politiques en droit interne et en droit international*, sous la direction de Michel Danti-Juan, Édition Cujas, p. 207

généralisé de légalité. « *Pas de peine, sans loi, pas de décisions judiciaires qui ne seraient pas conditionnées par la loi* ». Ainsi est né le principe de la légalité de la loi et corrélativement celui des poursuites.

Le principe de la légalité des poursuites a été relativisé en France pour céder la place au principe de l'opportunité des poursuites. On distingue donc deux principes applicables en procédure pénale : celui de la légalité des poursuites et celui de l'opportunité des poursuites.

Le principe de la légalité des poursuites oblige le procureur de la République à poursuivre les infractions. Toute infraction devrait donner systématiquement lieu à des poursuites pénales. Toute affaire devrait être poursuivie. Ceci est difficilement faisable. C'est la raison pour laquelle la majorité des États opte pour l'opportunité des poursuites.

L'opportunité des poursuites est la liberté laissée au procureur dans l'appréciation de la suite à donner aux plaintes et dénonciations. En témoigne notamment l'article 40-1 du Code de procédure pénale qui dispose : « *le procureur de la République reçoit les plaintes et dénonciations et apprécie la suite à leur donner* ».

Même si une infraction est constituée et que la responsabilité de la personne peut être engagée, il est possible pour le procureur de la République de ne pas donner suite à cette affaire (cas des affaires de faible importance).

Il est donc nécessaire d'examiner la réalité des faits et d'en mesurer la gravité. En pratique, le procureur réserve les poursuites aux infractions les plus importantes. Il en est de même dans l'exercice, par les autorités judiciaires nationales, de leur compétence extraterritoriale.

Sur le plan des principes, plusieurs textes pointent, de façon générale, l'obligation des États de poursuivre les crimes de droit international les plus graves[1321] qu'ils soient territoriaux ou extraterritoriaux. Toutefois, ces textes n'ont pas de caractère contraignant et n'instaurent donc qu'une obligation morale de poursuivre.

Pour certains auteurs, l'obligation du juge national de poursuivre des infractions internationales trouverait sa source dans la coutume.[1322]

[1321] Voir les préambules des différentes conventions internationales ainsi que ceux des tribunaux ad hoc et de la Cour pénale internationale.

[1322] E. David, *Éléments de doit pénal international*, Partie II, Bruxelles, P.U.B., 2006, p. 465.

Que ce soit une obligation juridique ou une obligation morale, qu'elles trouvent sa source dans le droit coutumier ou le droit conventionnel, les poursuites déclenchent l'action du ministère public ainsi que celle des victimes.

Conformément aux dispositions de l'article 79 du Code de procédure pénale, l'instruction préparatoire est obligatoire en matière criminelle. Il appartient au juge d'instruction, juge du Tribunal de grande instance, de mettre certaines affaires pénales en état d'être jugé.

Pour le faire, il peut être saisi par le procureur de la République qui fait partie du ministère public (1) ou par toute personne s'estimant victime (2). Mais en matière de crime international, le parquet conserve le monopole des poursuites. Cela ne veut pas dire que les victimes soient exclues de la procédure.

1- <u>Le ministère public</u>

L'exercice de l'action publique en matière de crime international est une tâche particulièrement lourde.

La loi du 9 août 2010 portant sur l'adaptation du droit pénal à l'institution de la C.P.I, énumère d'ailleurs quatre conditions permettant la poursuite de criminels internationaux par les juridictions françaises. Les voici :

a- « *L'auteur des faits doit résider habituellement en France.*
b- *Les faits qui lui sont reprochés doivent être passibles de poursuites dans le pays où ils ont été commis.*
c- *Seul le parquet peut engager les poursuites – ce qui empêche, en pratique, les parties civiles de mettre l'action publique en branle.*
d- *La Cour pénale internationale doit explicitement décliner sa compétence.* »

Le Sénat a adopté le 26 février 2013 une proposition de loi, déposée par le sénateur Jean-Pierre Sueur, visant à étendre la compétence de la justice française pour juger les crimes contre l'humanité, crime de guerre et génocide.

Cette proposition ne maintient que l'initiative de l'ouverture des poursuites qui appartient toujours au ministère public comme condition d'ouverture des poursuites.

La proposition initiale préconisait la possibilité pour toute personne de se constituer partie civile et d'engager les poursuites à l'encontre d'un criminel de droit international. La Commission des lois n'a pas suivi le sénateur Jean-Pierre Sueur. Elle a maintenu le monopole de poursuite par le parquet le 13 février 2013. Le Sénat a d'ailleurs approuvé cette décision.

Car si l'on souhaite qu'un procès puisse aboutir, la volonté du ministère public de mener à bien les poursuites et les moyens qu'il se donne pour y parvenir apparaissent comme déterminant.

Un Réseau européen de points de contact, avec pour objectif de permettre aux autorités adéquates la poursuite des auteurs de génocide, de crimes contre l'humanité et de crimes de guerre, a été créé en 2002. Ces points de contact favorisent la coopération entre les différentes autorités nationales compétentes.[1323]

Ce mouvement s'est poursuivi en France avec la création au sein du Tribunal de Grande Instance de Paris, du pôle « Génocides et crimes contre l'humanité » qui regroupe l'ensemble des contentieux des génocides et crimes contre l'humanité.

Il s'inscrit dans un mouvement européen et international de lutte contre l'impunité des crimes internationaux les plus graves.

2- <u>Les victimes</u>

Comme souligné ci-dessus, dans certains pays à l'exception de la France, la partie civile peut, en matière de crime international, prendre l'initiative des poursuites.

Toute personne qui se prétend lésée par un crime peut provoquer l'ouverture d'une enquête judiciaire en portant plainte avec constitution de partie civile devant un juge compétent. Cette saisine permet certes de vaincre l'inertie du ministère public, mais peut conduire à un encombrement des juridictions pénales.

Il faut reconnaître que lorsqu'aucun filtre n'est prévu pour vérifier le caractère sérieux d'une plainte, la possibilité accordée aux victimes de

[1323] H.-D. Bosly et D. Vandermeersch, *Génocide, crimes contre l'humanité et crimes de guerre face à la justice, les juridictions internationales et les tribunaux nationaux*, 2e Édition, 2012, p. 230

provoquer l'engagement des poursuites indépendamment du ministère public peut conduire à des abus.

La Belgique, dont le système judiciaire permet une telle saisine, a pu constater qu'une telle ouverture conduit inévitablement à une instrumentalisation de la justice par certaines victimes présumées qui poursuivent des objectifs politiques étrangers à la fonction de juger.[1324]

Il y a eu, dans ce pays, des plaintes contre Yasser Arafat, Ariel Sharon, George Bush... C'est la raison pour laquelle, ces dernières années, un mouvement de recul s'amorce. Le procureur fédéral belge a ainsi reçu le monopole de l'exercice des poursuites pour les violations graves du droit international humanitaire.

L'expérience du terrain révèle malheureusement que la plupart des poursuites en matière de répression des crimes de droit international humanitaire ont été initiées sous la pression des victimes ou de leurs familles. Jusqu'à présent, le ministère public a rarement impulsé une action contre un crime international.

Lorsque le système juridique connaît la figure de la constitution de partie civile entre les mains d'un juge d'instruction, les victimes provoquent l'engagement des poursuites. Au cas contraire, elles exercent des pressions sur les autorités judiciaires ou politiques pour l'exercice des poursuites.

Les victimes, dans une grande dignité, ne demandent qu'une seule chose : la justice. Pour y parvenir, elles se font accompagner par des ONG, des associations dont le rôle se révèle essentiel dans l'ouverture et l'exercice des poursuites.

Les procès Papon et Touvier sont des exemples.

Dans la première affaire, à la suite d'un article de Nicolas Brimo publié par *Le Canard enchaîné* sur le rôle de Maurice Papon dans la déportation, plusieurs familles déposent plainte avec constitution de partie civile pour crime contre l'humanité, complicité d'assassinat et abus d'autorité. Cette plainte lance officiellement la procédure judiciaire.

Dans la deuxième affaire, les victimes par le biais des associations de résistants portent plainte en novembre 1973 contre Touvier pour complicité de crime contre l'humanité. Les Chambres d'accusation se déclarent

---

[1324] H.-D. Bosly et D. Vandermeersch, op. cit. p. 231

incompétentes. Mais la Cour de cassation n'est pas du même avis. Elle les déclare compétentes.

Dans la recherche de la place à réserver à la partie civile, l'équilibre est difficile à trouver. Les victimes paraissent mener une quête désespérée à la recherche d'un tribunal impartial qui pourrait enfin connaître leur cause.

B- L'ouverture des poursuites par les juridictions internationales

L'institution de juridictions pénales internationales est une avancée dans la lutte contre l'impunité des crimes de droit humanitaire et/ou international, considérés comme les plus graves[1325].

Les dispositions des Statuts créant les juridictions internationales résolvent la question de la concurrence de compétence entre les juridictions internationales et les juridictions nationales.

Certains tribunaux internationaux se sont vus reconnaître une primauté de juridiction. Il en fut ainsi pour le Tribunal international pour l'ex-Yougoslavie et celui pour le Rwanda. Ils ont, par conséquent, un champ d'application matériel et territorial limité. Leur existence est temporaire.

La Cour pénale internationale constitue cependant une organisation internationale indépendante et permanente, ayant un effet préventif qui serait neutre par rapport aux États en conflit armé.

De prime abord, on pourrait affirmer que toutes ses juridictions seraient compétentes pour réprimer les éventuels actes de mémoricide commis sur le territoire français.

La Cour a cependant une compétence limitée « *aux crimes les plus graves qui touchent l'ensemble de la communauté internationale* » (article 5 du statut). Elle ne peut exercer sa compétence qu'à l'égard des personnes pour les crimes les plus graves ayant une portée internationale au sens du présent Statut à savoir le génocide, les crimes de guerre et les crimes contre l'humanité.

1325 Cons. A. Andries, « De maximis non curat praetor. Le droit pénal des conflits armés : un droit sans tribunal », in *Liber amicorum Jules D'Haenens*, Gand, Mys et Breesch, 1993, pp. 1-28.

La gravité du mémoricide dépend de l'appréciation des juges internationaux. Certains crimes de droit interne tels le meurtre, le viol ou la torture peuvent être considérés comme extrêmement graves et également attentatoires à la dignité humaine. Pour autant, ils ne pourront recevoir la qualification de « crime contre l'humanité » qu'à condition de s'inscrire « *dans le cadre d'une attaque généralisée ou systématique dirigée contre toute la population civile* ».[1326]

Il en est de même du mémoricide. Il ne sera pris en compte que si les destructions du patrimoine culturel ne peuvent passer inaperçues.

Toutefois, la Cour ne peut intervenir que si les juridictions pénales nationales ne se sont pas saisies du litige ou n'ont pas manifesté le désir de mener à bien les poursuites.[1327] La compétence des juridictions nationales reste la règle.

En effet, alors que les Tribunaux ad hoc bénéficient d'une primauté de compétence à l'égard des tribunaux nationaux, l'action de la Cour pénale internationale est subsidiaire à celle des autorités nationales.

Par ailleurs, contrairement à la justice française qui attribue le monopole des poursuites au procureur de la République, la Cour pénale internationale attribue l'initiative des poursuites au procureur de la Cour, aux États Parties et au Conseil de sécurité. Un tel refus de monopole pourrait permettre aux victimes de crimes les plus atroces d'accéder au juge.[1328]

Car la création des juridictions internationales et de la C.P.I en particulier est motivée par le souci de remédier aux failles de certains systèmes nationaux et de traiter des contentieux résultant d'un État de guerre afin de favoriser le rétablissement de la paix et l'avenir du ou des pays concernés.

Mais, force est d'admettre que la Cour a pour mission première de juger les auteurs ou les complices des crimes pourtant être qualifiés comme étant

---

[1326] M. Delmas-Marty, I. Fouchard, E. Fronza, L. Neyret, *Le crime contre l'hu*manité, PUF, 2009, p. 7

[1327] L'incapacité des juridictions nationales est expliquée au paragraphe 3 de l'article 17 et vise les cas où « *l'État est incapable en raison de l'effondrement de la totalité ou d'une partie substantielle de son propre appareil judiciaire ou de l'indisponibilité de celui-ci, de se saisir de l'accusé, de réunir les éléments de preuve et les témoignages nécessaires ou de mener autrement à bien la procédure* ». Le manque de volonté de poursuivre d'un État est expliqué au paragraphe 2 de l'article 17.

[1328] H.-D. Bosly et D. Vandermeersch, op. cit. p. 100

les plus graves. Et certains crimes de masse impliquent bien souvent une participation plus ou moins active de dirigeants politiques.

La question que l'on pourrait se poser serait celle-ci : une fois le responsable politique identifié, les poursuites à son encontre seront-elles effectives ?

La Cour n'échappe pas à certaines critiques en matière d'efficacité, d'éloignement géographique, de justice à deux vitesses… Ces critiques sont justifiées par le rapport conflictuel qui a toujours existé entre la politique et le droit.

Paragraphe 2 : Les difficultés rencontrées dans l'exercice effectif des poursuites

Au regard du nombre de crimes commis dans le monde, force est de reconnaître qu'il existe un nombre peu élevé de procès ; et ce malgré la multiplication des instruments normatifs internationaux et nationaux de lutte contre l'impunité des crimes de droit international.

Les juridictions rencontrent plusieurs difficultés dans l'exercice effectif des poursuites. Les attentes des victimes (A) et l'influence que la politique peut avoir sur les juridictions (B) sont des difficultés non négligeables.

A- Les attentes des victimes

Le mémoricide est une contestation violente, non de ce que l'on a, mais de ce que l'on est. C'est le registre de l'identité qui est affecté. La victime, voyant son patrimoine culturel réduit en cendre, vit une expérience traumatisante.

Réparer un tel préjudice par un acte judiciaire reconstruit-il une identité niée ?[1329]

Prenons l'exemple en France des déportés juifs ou des déportés raciaux comme souligne Primo Levi[1330]. Ils disparurent très vite des commémorations officielles et ne figuraient plus parmi les dépouilles

---

[1329] Antoine Garapon, *Des crimes qu'on ne peut ni punir ni pardonner, Pour une justice internationale*, Odile Jacob, novembre 2002, p. 161
[1330] Primo Levi, *La trêve*, Grasset, 1966 et 1988

mortelles symboliquement réunies autour de la flamme du soldat inconnu, le 11 novembre 1945.[1331]

Le silence sur la mémoire des soldats tombés sur le champ de bataille dans les années qui suivent la guerre est généralement rompu par l'irrépressible besoin de témoigner des survivants, ne fût-ce que pour perpétuer par le récit la mémoire des morts.

La communauté juive a appris à voir dans le génocide tenté contre elle un élément constitutif de son identité. Les enfants de juifs, légitimement fiers de l'engagement de leurs pères, s'efforcent en effet d'en perpétuer le souvenir.[1332] Ce dernier a même été réactivé avec le procès Barbie.

Lorsqu'elles s'adressent à la justice, les victimes de faits aussi graves placent dans les autorités judiciaires des espoirs tels que ces dernières ne sont pas en mesure de répondre à toutes ces attentes.

De telles attentes risquent en effet de dénaturer le procès, de créer une confusion entre le privé et le public, entre le droit et la politique, entre la violation publique et la souffrance personnelle, entre la réciprocité citoyenne et la compassion religieuse.

Si le procès doit permettre à la victime de se retrouver en face de son bourreau, ce dernier et la victime sont tous les deux des membres à part entière de la société politique.[1333]

Les victimes voudraient que la justice les croie sur parole, qu'elle soit de leur côté, qu'elle les protège et qu'elle leur garantisse de façon inconditionnelle la punition des auteurs présumés. Or sous peine de perdre son impartialité, la justice ne peut répondre à de telles attentes.[1334]

De façon bien compréhensible, les victimes cherchent dans la justice un lieu d'expression. Le procès n'offre pas simplement une tribune pour l'expression des souffrances : il constitue ces êtres douloureux en victimes.

[1331] Henri Rousso, *Le syndrome de Vichy*, Seuil, 1987, p. 35.

[1332] Alain Finkielkraut, *La mémoire vaine, Du crime contre l'humanité*, Gallimard, 1989, pp. 39-40

[1333] Antoine Garapon, *Des crimes qu'on ne peut ni punir ni pardonner, Pour une justice internationale*, op. cit.

[1334] H.-D. Bosly et D. Vandermeersch, *Génocide, crimes contre l'humanité et crimes de guerre face à la justice, les juridictions internationales et les tribunaux nationaux*, 2e Édition, 2012, p. 243

« *Le procès ne répète pas l'histoire des victimes, mais les fait naître historiquement.* [1335]»

N'est-ce pas rentrer dans une dignité individuelle que d'être autorisé à raconter une histoire personnelle devant une instance juridique ?

Ces attentes, aussi écrasantes soient-elles, présentent un double risque : s'enfermer dans la plainte et le statut de victime, d'une part, détourner l'enceinte de la justice de sa destination de l'autre.

B- L'exercice des poursuites face aux relations de pouvoir

Par leur composition, les juridictions internationales offrent assurément des garanties importantes. Une réserve doit toutefois être maintenue quant à leur indépendance.

Sur les garanties, le Statut du T.P.I.Y assure l'indépendance de la justice en stipulant que les juges sont indépendants (article 12) et que le procureur, responsable de l'instruction des dossiers et de l'exercice des poursuites, ne sollicite ni ne reçoit d'instructions d'aucun gouvernement ni d'aucune autre source (article 16).

Par ailleurs, les États ont l'obligation de coopérer pleinement avec le Tribunal et de répondre sans retard à toute demande d'assistance ou à toute ordonnance, concernant entre autres la réunion des témoignages et la production des preuves ainsi que l'arrestation ou la détention des personnes et le transfert des accusés devant le Tribunal (article 29).

Ce tribunal, presque idéal sur le papier, a dû faire face à de nombreuses difficultés quant à son indépendance.

Sur les réserves quant à l'indépendance des tribunaux internationaux, ces derniers sont dépendants dans une certaine mesure de leurs fondateurs et de leurs intérêts politiques. Leurs actions ne sont pas vierges de toute considération politique ou diplomatique. Elles se conforment à certaines idées politiques.

[1335] Shoshana Felman, « Théâtres de justice : Hannah Arendt à Jérusalem. Le procès Eichmann et la redéfinition du sens de la loi dans le sillage de l'holocauste », *Les Temps modernes*, octobre-novembre 2001, p. 57

Cette justice marque la différence de traitement qui existe entre certains États et/ou responsables qui sont condamnés et d'autres qui sont laissés hors de portée. Elle peut donc apparaître comme une justice du nord contre une justice du sud.

À titre d'exemple, le pouvoir reconnu au Conseil de sécurité, agissant en vertu du chapitre VII de la Charte des Nations unies de saisir la C.P.I, permet aux États les plus puissants d'imposer leur politique.

Ce pouvoir peut être perçu comme favorisant les membres permanents du Conseil de sécurité qui bénéficient du droit de véto. Ils peuvent éviter à leurs alliés de subir le même sort que les dirigeants cités ci-dessus.[1336]

Parce que l'histoire révèle que des crimes de droit international peuvent être imputés, entre autres, à des personnes qui exerçaient le pouvoir (civil ou militaire) ou qui y jouissaient d'une qualité officielle, il est indispensable que des chefs d'État, ministres, et responsables militaires soient poursuivis devant les juridictions internationales.[1337]

Cependant, les violences d'État, toujours présentées par leurs auteurs comme légitimes, échappent fréquemment à toute forme de répression. À cet égard, la question de l'immunité et de l'impunité reste centrale.

La justice va-t-elle devoir se cantonner au camp des vaincus et des « petits exécutants » sans pouvoir atteindre les vainqueurs, également auteurs de crimes de guerre et responsables hiérarchiques protégés par l'immunité ?[1338]

La Cour ne dispose d'aucune force de police propre. Ainsi, faute de police internationale, l'efficacité de la Cour est largement tributaire de la coopération des États, particulièrement lorsqu'elle consiste à appréhender les suspects.[1339] C'est à coup sûr une des limites de la Cour pénale internationale.

[1336] H.-D. Bosly et D. Vandermeersch, *Génocide, crimes contre l'humanité et crimes de guerre face à la justice, les juridictions internationales et les tribunaux nationaux*, 2e Édition, op. cit. p.189

[1337] H.-D. Bosly et D. Vandermeersch, op. cit. p. 238

[1338] H.-D. Bosly et D. Vandermeersch, op. cit. p. 247

[1339] L'article 98 du statut de Rome intitulé « Coopération en relation avec la renonciation à l'immunité et le consentement à la remise » dispose en son paragraphe premier que « la Cour ne peut poursuivre l'exécution d'une demande de remise ou d'assistance qui contraindrait l'État requis à agir de façon incompatible avec les obligations qui lui incombent en droit international en matière d'immunité des États ou d'immunité diplomatique d'une personne ou de biens d'un État tiers, à

Section 2 : La mise en jeu de la responsabilité des auteurs du mémoricide

Tous les systèmes de droit pénal admettent la notion de responsabilité pénale individuelle en cas de violation d'une norme à laquelle sont attachées des conséquences pénales et quel que soit le dommage qui en résulte.

La responsabilité pénale individuelle au regard du droit pénal international découle de la reconnaissance des individus comme des sujets propres de la responsabilité pénale internationale.

Celle-ci est apparue dans les Chartes de Nuremberg et de Tokyo après la Seconde Guerre mondiale. Elle a été appliquée dans les poursuites engagées devant le Tribunal militaire international de Nuremberg et le Tribunal militaire international pour l'Extrême-Orient.

L'article 6 de la Charte de Nuremberg énonce le principe de responsabilité pénale individuelle. Ce Tribunal militaire a rappelé que si le droit international concerne principalement les États souverains, ce sont les hommes qui commettent les crimes susceptibles d'entraîner une sanction du droit international.

Le Statut de la C.P.I, dans son article 25 dispose ceci:
« *La Cour est compétente à l'égard des personnes physiques en vertu du présent Statut. Quiconque commet un crime relevant de la compétence de la Cour est individuellement responsable et peut être puni conformément au présent Statut.* »

Alors que le droit international a clairement reconnu que les individus sont pénalement responsables pour leurs actions, ce concept n'a pas encore été appliqué aux États.

L'article 121-2 du Code pénal dispose ceci : « *Les personnes morales, à l'exclusion de l'État, sont responsables pénalement, selon les distinctions des articles 121-4 à 121-7, des infractions commises, pour leur compte, par leurs organes ou représentants.* »

La reconnaissance de la responsabilité étatique a échoué. Les publicistes et les pénalistes soutiennent que la souveraineté de l'État exclut sa responsabilité pénale. Les États sont des entités abstraites. Ils ne peuvent pas

---

moins d'obtenir au préalable la coopération de cet État tiers en vue de la levée de l'immunité. »

être soumis à la responsabilité pénale au même titre que les individus. Ces deux arguments (souveraineté et entité abstraite) se valent.[1340]

Cependant, l'admission d'une responsabilité de l'État correspondrait à un geste symbolique de la communauté internationale qui souhaite stigmatiser les régimes qui s'engagent dans une politique ou une conduite interdite.

Toute politique criminelle permet de faire une distinction entre la responsabilité pénale des décideurs de haut niveau qui ont planifié ou ont été à l'origine de la conduite prohibée, celle de ceux qui ont exécuté ou laissé se produire par omission délibérée cette conduite alors qu'ils auraient pu l'empêcher et enfin la responsabilité de ceux qui se trouvaient à des échelons inférieurs dans ce processus.

En d'autres termes, le chef de l'État et les chefs militaires doivent être dans une catégorie différente de celle des simples soldats. Chaque personne qui participe à la commission du crime porte une part de responsabilité.

Ainsi, la mise en jeu de la responsabilité pénale des auteurs de certains crimes internationaux nécessite la prise en compte des modalités de participation à la commission de l'infraction (Paragraphe 1) et des motifs d'exonération (Paragraphes 2).

Avec un crime tel que le mémoricide, où on ne sait pas si c'est la tentative ou l'éradication totale de la mémoire qui devrait être réprimée, il est judicieux d'étudier ces deux conditions de mise en responsabilité.

Paragraphe 1 : Les modalités de participation à la commission d'un mémoricide

Un individu est pénalement responsable du comportement qui constitue un crime, que ce crime soit commis individuellement ou conjointement avec une autre personne. Il est aussi responsable s'il participe directement ou indirectement à la commission ou à la tentative de commission de ce crime.

Le comportement de l'individu doit être intentionnel et viser à faciliter l'activité criminelle du groupe. En d'autres termes, il doit être accompli en pleine connaissance de l'intention du groupe de commettre ledit crime.

[1340] M. Cherif Bassiouni, *Introduction au droit pénal international*, Bruylant, 2002, p. 37

Une distinction est faite actuellement entre les personnes qui accomplissent un crime et celles qui contribuent à l'accomplissement du crime. En ce qui concerne le génocide, il est possible d'engager la responsabilité de toutes les personnes ayant participé directement ou indirectement à l'infraction principale de génocide. La C.P.I parle d'incitation au génocide.

Le comportement de l'auteur d'un crime peut déboucher sur l'accomplisssemnt d'une infraction principale ou être le fondement d'une infraction autonome.

Selon Mathieu Jacquelin[1341], la qualité d'agent d'exécution a vocation à être recherchée non seulement chez les personnes qui contribuent au crime principal de génocide, mais également chez celles qui seraient convaincues d'actes incitatifs ou de participation à une entente en vue du génocide.[1342]

Il serait peut-être préférable d'étendre une telle analyse au mémoricide qui ne fait pas encore l'objet d'une règlementation nationale ou internationale.

Punir de la même manière, ceux qui détruisent le patrimoine culturel et ceux qui incitent publiquement de telles destructions (B), aurait pour conséquence de donner un caractère particulièrement gravissime à ce crime.

Cependant, une question taraude notre esprit. La mémoire, que les auteurs du mémoricide souhaitent éradiquer au travers des destructions matérielles, survit dans chaque homme. Elle peut faire l'objet d'un rappel ou d'une reconstruction.

Devrions-nous pénalement considérer le mémoricide comme une tentative d'éradication de la mémoire (A) et ne punir les responsables que sur le fondement de la tentative et non sur celui de la commission ?

[1341] Mathieu Jacquelin, *L'incrimination de génocide, Étude comparée du droit de la Cour pénale internationale et du droit français*, Fondation Varenne, Collection des Thèses, 2012, p. 462

[1342] Mathieu Jacquelin, *L'incrimination de génocide, Étude comparée du droit de la Cour pénale internationale et du droit français*, Fondation Varenne, Collection des Thèses, 2012, p. 462

A- La tentative d'éradication de la mémoire

Avant le Statut de Rome, la tentative n'existait pratiquement pas en droit international pénal, que ce soit comme une forme de responsabilité ou comme une infraction formelle. Elle avait été insérée dans la Convention pour la prévention et la répression du crime de génocide.

En tant qu'infraction formelle liée à un commencement d'exécution, la tentative de génocide faisait figure d'exception. Il a fallu attendre le Statut de Rome pour que cette exception prenne fin.

L'article 25-3-f donne une acception précise de la tentative, puisqu'il prévoit qu'une personne est pénalement responsable si « *elle tente de commettre un tel crime par des actes qui, par leur caractère substantiel, constituent un commencement d'exécution, mais sans que le crime soit accompli en raison de circonstances indépendantes de sa volonté* ».

Cet article souligne aussi que « *la personne qui abandonne l'effort tendant à commettre le crime ou en empêche de quelque autre façon l'achèvement ne peut être punie en vertu du présent Statut pour sa tentative si elle a complètement et volontairement renoncé au dessein criminel* ».

En une phrase, la tentative de commission est désormais punie au même titre que la commission. La tentative de destruction du patrimoine culturel pourrait être réprimée au même titre que la destruction effective du patrimoine culturel.

Dès lors, le débat selon lequel le mémoricide ne peut être considéré comme l'éradication de la mémoire, mais comme une tentative d'éradication de la mémoire devient sans intérêt en ce qui concerne la répression dudit crime.

Le droit pénal international s'est rendu compte qu'il était important d'incriminer la préparation d'une infraction, que celle-ci aboutisse effectivement ou pas et de dissuader les personnes qui auraient pour idée de s'engager dans un comportement criminel.

L'incrimination de la tentative est doublement justifiée.

Elle réprime premièrement le comportement d'une personne qui participe à l'exécution d'un crime que ce dernier soit consommé ou non. La volonté de participer à la réalisation d'un acte délictueux est suffisante pour justifier une sanction.

Deuxièmement, elle signale la nature extrêmement grave des crimes en jeu.[1343] La répression de la tentative est donc légitime.

B- La participation à la destruction du patrimoine culturel

Plusieurs intervenants, isolés ou en groupe, peuvent participer à la réalisation des infractions internationales, et notamment des crimes de guerre, des crimes contre l'humanité et du mémoricide. Il est nécessaire de prendre en considération les différents modes, notamment individuels, de participation à ces infractions.

Il existe en effet plusieurs façons d'être impliqué dans la commission d'une infraction. La détermination de la personne pénalement responsable renvoie notamment à l'étude des modes individuels de participation à l'infraction.

La participation peut être directe ou directe (1) et/ou accessoire (2).

1- Une participation directe ou indirecte

L'auteur d'une infraction est généralement celui qui commet physiquement l'acte incriminé. Aujourd'hui est pris en compte un type particulier de commission. Le Statut de la C.P.I incrimine de comportements éloignés des actes matériels des crimes concernés.

L'article 25§3 a) prévoit un « nouveau » type de commission de l'infraction : la commission indirecte c'est à dire « *[...] par l'intermédiaire d'une autre personne [...]* ».

Ainsi, aura la qualité d'auteur du mémoricide, la personne qui participe à la destruction du patrimoine culturel, qu'elle intervienne seule ou que l'opération criminelle à laquelle elle participe implique une pluralité de protagonistes.

Pour les crimes de droit commun, la participation de chacun des auteurs est facilement déterminable. Dans des situations de crimes de masse tels le mémoricide, cette détermination peut être plus complexe.

[1343] A. Eser, "Individual criminal responsibility", in Cassese, P. Gaeta, J.R.W.D. Jones, (ed.), *The Rome statute of the International criminal court: a commentary*, 3 volumes, Oxford, Oxford University Press, 2002, P. 808-809

En effet, il est parfois difficile d'identifier la contribution propre de chacun des auteurs.

Or nul n'est punissable qu'en raison de son fait personnel. Lorsqu'un groupe d'individus est soupçonné d'avoir commis une infraction, le juge doit qualifier précisément la part de chacun à sa perpétration au regard des modes de participation légalement prévus.

Si le droit national reste souvent fidèle à une conception rigoureuse et textuelle des techniques d'imputation, le droit pénal international, largement fondé sur la tradition de common law, semble s'en détacher afin de mieux appréhender la nature collective des infractions relevant de sa compétence.

Une interprétation extensive de la notion de commission a été faite. Ainsi un individu qui participe sciemment à un projet collectif de nature criminelle est responsable en tant qu'« auteur » des infractions résultant de ce projet, y compris de celles dépassant son cadre initial dès lors qu'elles en constituent des conséquences naturelles et prévisibles. Cette notion est connue sous le nom d'entreprise criminelle commune (ECC).

Avec cette doctrine, il devient possible de retenir la responsabilité d'un accusé pour la commission d'un crime lorsque ce crime est le résultat ou la conséquence de la réalisation du but criminel commun de plusieurs personnes. Et cela indépendamment du fait que l'accusé ait participé physiquement ou pas à la commission du crime.

Car il apparaît essentiel que toutes les personnes impliquées dans des violations graves du droit international humanitaire soient traduites en justice, quelle que soit la manière dont elles ont commis ces violations ou y ont participé.

2- Une participation accessoire

Le fait de planifier, d'ordonner, d'instiguer… relève de la participation accessoire et non de la commission.

Ces comportements sont considérés généralement par la jurisprudence et la doctrine comme nécessitant une infraction principale pour être réprimés. Ils ne sont punis que s'ils sont suivis d'effets et donc de la commission du crime principal.

Les juridictions internationales sont compétentes pour juger les personnes qui planifient, commettent physiquement ou de toute autre manière, incitent à commettre, ordonnent, aident et encouragent à planifier, préparer ou exécuter un crime.

Donner l'ordre de commettre un crime se rapproche à de l'incitation. Il s'en différencie néanmoins par la réalisation ultérieure et effective du crime. Pour le mémoricide, s'il ne s'ensuit d'actes matériels de destruction, l'incitation au mémoricide ne devrait pas être réprimée.

Antonio Cassese estime, en règle générale, que l'ordre n'a pas à être exécuté pour constituer une infraction *per se* quand le fait de donner un ordre est en soi criminel et illégal.[1344] Le professeur Claude Lombois ne dit pas autre chose à propos de la guerre d'agression lorsqu'il souligne que « *si la guerre n'est dommageable que lorsqu'elle se fait, elle est déjà criminelle lorsqu'elle se décide* ».[1345]

On parle d'incitation au génocide. Peut-on également parler d'incitation au mémoricide ?

L'incitation à commettre un crime consiste à « [...] *pousser, encourager ou provoquer autrui à commettre un crime* ».

Pour l'instant, seule l'incitation directe et publique à commettre le génocide est considérée comme un crime, même si celle-ci n'est pas suivie d'effet ou en l'absence de preuve de lien causal entre l'incitation et le génocide. Le mémoricide n'étant pas textuellement reconnu, l'incitation au mémoricide ne peut être admise.

Généralement, ce sont des personnes en position d'autorité qui usent de leur pouvoir pour convaincre d'autres personnes de commettre un crime. Les responsables politiques ou militaires qui donnent des ordres à leurs subalternes doivent ainsi être incriminés.

Il est important de souligner que l'ordre n'a pas besoin d'être exécuté pour que l'on reconnaisse la responsabilité du donneur d'ordre.

Paragraphe 2 : La restriction des motifs d'exonération de responsabilité

[1344] Antonio Cassese, *International Criminal Law*, Oxford University Press, Oxford, 2008, p. 231

[1345] C. Lombois, *Droit pénal international*, Dalloz, Paris, 2e éd., 1979, p. 109

Un individu ayant commis un crime international peut invoquer certains motifs susceptibles de l'exonérer de sa responsabilité ou, à tout le moins, d'atténuer sa peine.

Qu'en est-il des individus titulaires d'un pouvoir de décision et d'un pouvoir de contrôle ? Peuvent-ils être exonérés de leur responsabilité ?

La responsabilité individuelle peut s'appliquer aux chefs d'État et aux hautes personnalités de l'État, des forces militaires, paramilitaires et de police.

En étendant la responsabilité individuelle à ces personnes, l'objectif de la prévention est mieux ciblé. Toutes les personnes qui sont en effet les auteurs moraux et/ou matériels des grands crimes internationaux sont susceptibles d'être poursuivies individuellement.[1346]

Toute reconstruction d'une communauté politique ne peut se faire que par un travail de responsabilisation de tous ceux – fonctionnaires, militaires ou simples citoyens[1347] – qui se cachent derrière des actes d'État.

C'est la raison pour laquelle les juridictions pénales internationales depuis un demi-siècle n'ont plus peur de soulever la responsabilité de hauts responsables[1348].

La question des protections attachées à la qualité officielle des personnes qui agissent en qualité d'organes trouve ici toute son importance.[1349]

Les représentants étatiques sont des sujets responsables du droit international pénal. Ils ne peuvent se cacher derrière le voile de la souveraineté ni invoquer leur fonction officielle pour s'exonérer de leurs crimes.

1346 M. Cherif Bassiouni, *Introduction au droit pénal international*, op. cit. p. 46

1347 « Les personnes ayant commis le génocide seront punies, qu'elles soient des gouvernantes, des fonctionnaires ou des particuliers » (article 4 de la Convention pour la prévention et la répression du génocide du 9 décembre 1948).

1348 Se trouvaient dans le box à Nuremberg des hauts dignitaires, militaires ou civils, du régime nazi, mais non leur chef. Eichmann se réfugia tout au long de son procès derrière l'obligation dans laquelle il se trouvait d'exécuter des ordres. Le T.P.I.Y a commencé par inculper des subalternes, puis des chefs militaires d'un rang plus important, jusqu'à juger Slobodan Milosevic lui-même.

1349 M. Cherif Bassiouni, op. cit. p. 54

Dès 1945, la possibilité pour les dirigeants de trouver dans leur fonction une cause d'exonération de leur responsabilité est écartée.

En effet, selon le Tribunal de Nuremberg, le principe du droit international, qui dans certaines circonstances, protège les représentants d'un État, ne peut pas s'appliquer aux actes condamnés comme criminels par le droit international. Il s'applique aux personnes.

S'il est certes vrai que certains crimes internationaux sont le produit d'une « action de l'État » ou d'une politique soutenue par l'État, que ce soit par commission ou par absence de répression allant de la permissivité à l'omission volontaire, dans tous les cas, ce sont des individus qui commettent des crimes.

Ce qui est appelé « action de l'État » et « politique soutenue par l'État » renvoie au pouvoir collectif de décision et aux actions d'individus qui, sous la couleur de l'autorité légale, mettent au point, exécutent une politique ou accomplissent des actes qui constituent des crimes internationaux.

Les auteurs de ces actes ne peuvent invoquer leur qualité officielle pour se soustraire à la procédure normale ou se mettre à l'abri du châtiment.

L'inopposabilité de l'immunité ratione materiae figure aussi dans les Statuts des T.P.I[1350] de telle sorte que « *les individus sont personnellement responsables, quelles que soient leurs fonctions officielles, furent-ils chefs d'État ou ministres* »[1351].

Le Statut de la C.P.I confirme que la qualité officielle d'un accusé ne l'exonère pas de sa responsabilité individuelle.

Aux termes de l'article 27.1, le Statut de Rome « *s'applique à tous de manière égale, sans aucune distinction fondée sur la qualité officielle. En particulier, la qualité officielle de chef d'État ou de gouvernement, de membre d'un gouvernement ou d'un Parlement, de représentant élu ou d'agent d'un État, n'exonère pas un individu de sa responsabilité pénale au regard du présent statut, pas plus qu'elle ne constitue en tant que telle un motif de réduction de la peine.* »

1350 Voir en sens, l'article 7 de l'Accord concernant la poursuite et le châtiment des grands criminels de guerre des puissances européennes de l'axe ; l'article 7.2 du statut du tribunal pénal international pour l'ex-Yougoslavie ; l'article 6.2 du statut du tribunal pénal international pour le Rwanda ou encore l'article 6.2 du statut de la Cour spéciale pour la Sierra Léone.

1351 T.P.I.Y, ch. II, jugement *Furundzija*, IT-95-17, 10 décembre 1998, § 140

Ainsi, la qualité officielle d'une personne ne permet pas de soustraire cette dernière à sa responsabilité pénale individuelle. La qualité officielle ne peut être invoquée comme un moyen de défense.

Un problème se pose toutefois.

Le droit international public reconnaît une immunité aux actes commis par une personne dans l'exercice de ses fonctions officielles (chef d'État). Ces actes sont des actes étatiques et non des actes individuels. Cependant, l'article 27.1 permet de poursuivre des personnes alors que ces personnes auraient accompli des actes étatiques. [1352]

Par ailleurs, les immunités juridictionnelles dont peuvent jouir des officiels devant les juridictions nationales sont inapplicables en droit pénal international.

Si la qualité officielle renvoie à la question de la responsabilité individuelle pénale et de son exonération, l'immunité est un obstacle procédural opposé à la compétence d'un tribunal.

À Nuremberg et à Tokyo, les deux notions ont été confondues, les accusés arguant du fait qu'ils auraient dû être acquittés au nom des immunités dont ils jouissaient. Les Tribunaux ad hoc ont fait comparaître et ont condamné des personnes qui, au moment de la commission des faits, avaient la qualité de chef d'État, de ministre, d'ambassadeur…

En ce qui concerne la C.P.I, il est clair que, aux termes de l'article 27, les États partis, à tout le moins, ont renoncé au recours aux immunités comme moyen d'exonération de la responsabilité pénale individuelle.

En d'autres termes, ces derniers sont tenus d'arrêter et de remettre à la Cour leurs propres ressortissants, et ce même dans les cas où ces ressortissants jouissent en temps normal d'immunités devant les juridictions nationales.

Ainsi, la responsabilité pénale internationale concerne tous les individus, du plus haut responsable au simple subalterne ou exécutant à l'exception des mineurs. Ces derniers peuvent être internationalement responsables des crimes de droit international auxquels ils auraient participé.

[1352] Travaux de l'institut de sciences criminelles de Poitiers, 2008-26, *La pénalisation des responsabilités politiques en droit interne et en droit international*, op. cit. p. 209

Chapitre 2 : Les éventuelles sanctions pénales du mémoricide

La notion de peine est une notion centrale aussi bien en droit interne qu'en droit international.

La peine est, selon le Petit Robert, une « *sanction appliquée à titre de punition ou de réparation pour une action jugée répréhensible* » ou une « *sanction prévue par la loi et applicable aux personnes ayant commis une infraction* ».

Le Lexique des termes juridiques publié chez Dalloz défini la peine comme une « *sanction infligée aux délinquants en rétribution des infractions qu'ils commettent* ».

La reconnaissance du châtiment international est récente. Les instigateurs ou les auteurs de crimes internationaux sont sanctionnés.

La communauté internationale a exprimé cette idée dans l'ensemble des instruments internationaux afin que soit prononcée la culpabilité de certains individus.

La Convention du 9 décembre 1948 pour la prévention et la répression du génocide[1353], les Conventions de Genève de 1949 qui fondent le droit international[1354] et la création récente de juridictions pénales internationales ont précisément eu pour objet de permettre la répression pénale des personnes ayant commis des crimes internationaux[1355].

La répression internationale demeure en outre nécessaire pour pallier l'absence ou l'insuffisance de la répression pénale nationale. La dernière intervient, dans certains cas, comme un substitut de la première.

L'exercice de la justice pénale internationale par des juridictions nationales demeure toutefois rare. Les États sont peu empressés à punir des crimes internationaux qui n'ont aucun lien direct avec eux.

[1353] Convention du 9 décembre 1948 pour la prévention et la répression du génocide, article 4

[1354] Convention de Genève du 12 août 1949, pour l'amélioration du sort des blessés et des maladies dans les forces armées en campagne, article 49

[1355] Pour la création du T.P.I.Y, Doc. ONU, S/Rés/808 du 22 février 1993

Il semble difficile de faire une différence entre la juste répression d'une criminalité étatique étrangère et l'ingérence aventureuse, sinon illégitime, dans les affaires internes d'un autre État.

Qu'elle soit interne ou internationale, toute procédure pénale doit respecter le droit. L'admission d'une répression pénale nationale des crimes internationaux a posé la question de sa soumission aux principes et solutions du droit pénal interne.

Il est dorénavant admis que leur répression soit fondée sur le droit international. Cette dernière relève de principes et solutions qui ont été dégagés à partir du Statut et du jugement du Tribunal de Nuremberg. Ainsi, à la lecture de ce Statut et jugement, la répression internationale obéit à des règles qui diffèrent de celles du droit pénal interne.

Formulé par Feuerbach au XIXe, le principe de la légalité des infractions entend prévenir tout arbitraire dans le prononcé de la sanction pénale. Il assure la sécurité juridique.

Le respect de ce principe ne semble a priori pas effectif au sein des juridictions pénales internationales. La Cour pénale internationale a dû rappeler l'obligation de respecter le principe de la légalité des peines à l'article 23 de son statut.

Cependant, les différents Statuts des autres juridictions internationales ne précisent pas les peines encourues pour chacun des crimes de droit international. La raison peut être trouvée dans le fait qu'il existe une difficulté réelle dans la définition de certains crimes internationaux, dont le mémoricide pourrait bien en faire partie.

Une étude ou une réflexion sur les sanctions susceptibles d'être prononcées par les juridictions pénales internationales ou nationales (Section 1) et sur l'effectivité des sentences pénales (Section 2) était nécessaire.

Section 1 : La classification des peines

Les peines susceptibles d'être prononcées par les juges pour le mémoricide peuvent être classées en peines principales (Paragraphe 1) et peines accessoires (Paragraphe 2).

Paragraphe 1 : Les peines principales

Si la peine de mort (A) était autorisée dans la période qui a suivi la Seconde Guerre mondiale, elle se trouve exclue dans la période contemporaine qui n'admet que la peine d'emprisonnement (B).

A- La peine de mort

La peine de mort apparaît comme la peine principale dans les Statuts des tribunaux militaires internationaux.

Les jugements des tribunaux militaires internationaux de Nuremberg et de Tokyo ont constitué le premier cas de répression pénale par une juridiction internationale des crimes contre la paix, crimes de guerre et crimes contre l'humanité.

Ils ont, à ce titre, marqué le droit pénal international dans la répression des crimes internationaux. Ils jouissaient d'une grande marge d'appréciation. Ils avaient la faculté de prononcer la peine capitale ou une autre peine. Les circonstances atténuantes telles l'obéissance à un ordre du supérieur pouvaient aussi être prises en compte.

Le Tribunal de Nuremberg a rendu son verdict le 1er octobre 1946 après avoir tenu sa séance inaugurale à Berlin le 18 octobre 1945. Les audiences ont commencé le 21 novembre 1945 et se sont achevées le 31 août 1946. Il a prononcé douze condamnations à mort, dont une par contumace[1356].

Le Tribunal de Tokyo a rendu son verdict le 12 novembre 1948 alors que le procès avait commencé le 3 mai 1946. Ce Tribunal a condamné tous les accusés, dont 7 à la peine de mort.

Toutefois, à compter du milieu des années 80-90, l'interdiction de la peine capitale est consacrée par divers instruments nationaux. La communauté internationale a pris conscience que la peine capitale était déjà prohibée par le droit international régional et notamment européen, à savoir le protocole additionnel n°6 à la Convention européenne des droits de l'homme.

[1356] Une condamnation par contumace est une condamnation prononcée par un juge à l'issue d'un procès, en l'absence du condamné qui se trouve alors en état de fuite.

Dans la lignée de cette évolution, le Comité de réflexion sur la création du Tribunal pénal de l'ex-Yougoslavie présidé par le procureur général Pierre Truche s'est aussi déclaré résolument opposé à la peine de mort.

« *Utiliser contre les terroristes la logique de mort qu'ils pratiquent sans merci, c'est pour une démocratie faire siennes les valeurs des terroristes* », soulignent-ils[1357].

Le Comité a par ailleurs estimé que « *plusieurs raisons s'opposent [...] à ce que la nature des peines que prononcera le Tribunal soit diversifiée : le caractère particulièrement odieux des crimes qu'il s'agit de poursuivre exclut que l'on se limite à des peines de nature pécuniaire ou symbolique ; à l'inverse, le Comité est résolument opposé à la peine de mort ; aussi abominables que soient les infractions, [...] c'est pour une démocratie faire siennes les valeurs des terroristes" ; seule reste donc la réclusion criminelle* »[1358].

L'article 24 du Statut du T.P.I.Y exclut explicitement la peine de mort en prévoyant que : « *la Chambre de première instance n'impose que des peines d'emprisonnement.* »

La peine de mort a également été exclue du Statut de la C.P.I en tant que peine pouvant être appliquée pour les crimes proscrits. Dans le rapport du comité préparatoire relatif à l'établissement de la C.P.I, soumis à la Conférence diplomatique de Rome des 15 juin-17 juillet 1998, les dispositions relatives aux peines ont été diversifiées. Les alternatives retenues dans le Rapport témoignaient de la différence de vue des États. L'exclusion de la peine de mort du Statut de Rome est le résultat d'âpres négociations.

Si le prononcé de la peine capitale en cas de circonstances aggravantes était défendu par plusieurs États, il a rencontré le véto de beaucoup de délégations. Des concessions mutuelles durent être faites.

La peine de mort a été supprimée. En contrepartie, l'article 80 du chapitre consacré aux peines dispose ceci : « *Rien dans le présent chapitre n'affecte l'application par les États des peines que prévoit leur droit interne ni l'application du droit des États qui ne prévoient pas les peines prévues dans le présent chapitre* ».

1357 Cité par P. Kovacs, « Prononcé de la peine » in H. Ascensio, E. Decaux et A. Pellet (dir.), *Droit international pénal*, Pedone, Paris, 2000, P. 823

1358 Rapport du comité, Chapitre IV, § 32

Les États, dont la législation autorise le prononcé de la peine capitale, peuvent donc conserver leur législation tout en adhérant au Statut de la Cour. Ils peuvent appliquer leurs propres peines contre des personnes condamnées conformément à l'exercice de leur compétence nationale – peines qui peuvent comprendre comme ne pas comprendre la peine de mort.

B- L'emprisonnement

Les juridictions pénales internationales ont majoritairement prononcé des peines d'emprisonnement, aussi variées soient-elles.

Dès 1945, parmi les peines d'emprisonnement infligées par les tribunaux militaires internationaux, on trouve l'emprisonnement à perpétuité (3 à Nuremberg, 16 à Tokyo) ainsi que l'emprisonnement pour une période définie (6 à Nuremberg). Les Statuts des T.M.I laissaient aux juges une grande marge d'appréciation dans le choix de la sanction adéquate.

L'article 27 du Statut de Nuremberg disposait que « *le Tribunal pourrait prononcer contre les accusés convaincus de culpabilité la peine de mort ou tout autre châtiment qu'il estimera être juste* ».

Dans le même sens, l'article 16 du Statut de Tokyo se lit comme suit : « *Le Tribunal aura le pouvoir de condamner un accusé reconnu coupable, à mort ou à toute autre peine qu'il estimera juste* ».

Dans les deux résolutions quasi identiques, établissant le T.P.I.Y et le T.P.I.R, le Conseil de sécurité a suivi la proposition française et écarté la peine de mort. L'article sur les peines, respectivement articles 23 et 24, se lit comme suit :

« *La Chambre de première instance n'impose que des peines d'emprisonnement. Pour fixer les conditions de l'emprisonnement, la Chambre de première instance a recours à la grille générale des peines d'emprisonnement appliquée par les tribunaux (de l'ex-Yougoslavie) (du Rwanda)* ».

L'article 101, alinéa B, iii, commun aux Règlements de procédure et de preuve des T.P.I complète le dispositif puisqu'il indique que la Chambre de première instance peut tenir compte des grilles générales des peines d'emprisonnement appliquées par les tribunaux nationaux pertinents, Yougoslaves pour le T.P.I.Y et Rwandais pour le T.P.I.R.

Les juges de ces tribunaux ont été d'avis que la grille générale des peines d'emprisonnement n'a pas une valeur contraignante. Ils ne se sont pas considérés liés par les peines prévues par la grille de l'État considéré ni par le précédent jurisprudentiel. En conséquence, les juges se sont simplement inspirés de cette grille.

La Chambre de première instance I du T.P.I.Y a clairement affirmé que « *la référence à cette grille est de nature indicative dépourvue de valeur contraignante* ».[1359] Cette interprétation du Statut a été confirmée dans l'arrêt Dusko Tadic en 1997. Le juge du Tribunal pénal international de l'ex-Yougoslavie a considéré qu'il « peut s'inspirer d'autres sources pour déterminer la sentence qu'il convient d'appliquer à la personne reconnue coupable ».[1360]

La même solution a été adoptée par le T.P.I.R dans l'affaire Kambanda[1361].

Les T.P.I ont donc appliqué avec souplesse les grilles des peines d'emprisonnement de l'ex-Yougoslavie et du Rwanda et leurs sentences sont très variées.

Puisque le crime contre l'humanité est puni des peines les plus graves, le T.P.I.Y était confronté à la question suivante : faut-il prendre en considération les facteurs tels que la gravité de l'infraction, la situation personnelle du condamné et l'existence de circonstances aggravantes ou atténuantes ?

La question des circonstances aggravantes n'a pas à être discutée pour deux raisons simples.

D'une part, le Statut ne comporte pas de dispositions à cet égard, mais ce n'est pas le cas du règlement de procédure et de preuve. Ce dernier traite dans son article 101 la question des circonstances aggravantes.

D'autre part, le crime contre l'humanité est puni des peines les plus sévères (la peine de mort à Nuremberg, l'emprisonnement à vie dans le

---

[1359] T.P.I.Y, *Drazen Erdemovic*, Jugement I, n IT-96-22-T, 29 novembre 1996, § 39
[1360] T.P.I.Y, *Dusko Tadic*, ch II, Jugement relatif à la sentence, n IT-94-I-T, 14 juillet 1997, §9
[1361] T.P.I.R, *Jean Kambanda*, n ICTR-97-23-S, 4 septembre 1998, § 23

Statut du T.P.I.Y). Il n'y a pas lieu d'envisager des circonstances aggravantes.[1362].

La C.P.I a décidé d'inclure « *les peines, autres sanctions et leurs exécutions* » dans une partie distincte des autres. Les juges jouissent de toute la latitude pour prononcer les peines qu'ils estiment appropriées.

À côté de la peine d'emprisonnement, l'article 77 permet à la Cour de prononcer des peines accessoires – peines qui ne peuvent être ignorées lorsque l'on aborde un crime tel le mémoricide.

Paragraphe 2 : Les peines accessoires

Outre les peines d'emprisonnement, les juridictions internationales sont habilitées à prononcer des peines accessoires qui atteignent le patrimoine du condamné.

L'article 77 de la C.P.I autorise le juge à fixer des amendes et à confisquer des profits, biens et avoirs tirés directement ou indirectement sans préjudice des droits des tiers de bonne foi.

La règle 147 du Règlement de Preuve et de Procédure (RPP) dispose ceci :

« *1. Conformément aux paragraphes 2 et 3 de l'article 76, à la disposition 1 de la règle 63 et à la règle 143, lorsqu'au cours d'une audience une chambre vient à envisager une confiscation, elle prend connaissance des éléments de preuve permettant de déterminer et de localiser les profits, biens ou avoirs tirés directement ou indirectement du crime.*

2. Si, avant ou pendant l'audience, une chambre découvre l'existence d'un tiers de bonne foi qui pourrait avoir un droit sur les profits, biens ou avoirs en question, elle avise ce tiers.

3. Le procureur, la personne condamnée et toute tierce personne de bonne foi ayant un droit sur les profits, biens ou avoirs en question peuvent soumettre des éléments de preuve pertinents.

4. Après avoir examiné les éléments de preuve qui lui ont été soumis, la Chambre peut rendre une ordonnance de confiscation des profits, biens ou avoirs si elle est convaincue qu'ils dérivent directement ou indirectement du crime. »

[1362] Pierre M. Martin, « Petites affiches », 28 février 1997 n° 26, p. 6

Le pouvoir de saisie des biens appartenait déjà au T.M.I de Nuremberg. L'article 28 de son Statut disposait que les juges pouvaient « *ordonner à l'encontre du condamné la confiscation de tous biens volés et leur remise au Conseil de contrôle en Allemagne* ».

Puis le pouvoir de confiscation des biens de l'accusé a disparu des Statuts des juridictions pénales postérieures (T.M.I de Tokyo, les T.P.I) pour réapparaître récemment dans le Statut de la C.P.I.

Le jugement du Tribunal de Nuremberg constitue un important précédent historique. En effet, lors de la Deuxième Guerre mondiale, les biens culturels ont fait l'objet de différents ravages.

Destructions délibérées, spoliations et bombardement ont été recensés dans ce que l'on peut considérer comme le plus grand conflit de l'histoire de l'humanité. Il n'est donc pas surprenant que le Tribunal militaire international de Nuremberg (T.M.I) ait examiné plusieurs cas de pillage et de destruction de biens culturels.

Lors de l'occupation allemande, les musées de plusieurs villes européennes, ainsi que de nombreuses collections d'art, publiques ou privées, furent spoliés. Les pillages et les destructions furent systématiques. Ils faisaient partie intégrante d'une politique national-socialiste.

En témoigne notamment l'opération de pillage de biens culturels, dénommée ***Einsatzstab Reichsleiter Rosenberg*** du nom de l'officier nazi Alfred Rosenberg qui l'organisa et le dirigea en 1940. Sa responsabilité fut engagée devant le Tribunal car, par ses opérations et ce projet, il s'est approprié plusieurs trésors culturels.[1363]

Compétent pour soulever la responsabilité individuelle des accusés pour crimes de guerre, le T.M I était aussi compétent en vertu de l'article 6 de son Statut en matière de pillage des biens publics dans les crimes de guerre. Le terme « bien culturel » n'était pas spécifiquement mentionné dans le Statut du T.M.I.

Lors des procès, aucune sentence sur le « pillage » ou la « destruction » des biens publics ou privés n'a été prononcée contre les accusés. Pourtant ces actes figuraient dans l'acte d'accusation collectif. Ces derniers font état du pillage de près de 22 000 objets d'art seulement dans les pays de l'Europe occidentale.

[1363] Le Monde, 5 octobre 2004, « Patrimoine et crime de guerre : de Nuremberg au TPIY ».

Alfred Rosenberg a dès lors été déclaré comme le principal responsable du pillage de biens publics et privés. Il a été jugé coupable de crimes de guerre et crimes contre l'humanité.

Même s'il en avait la possibilité, le T.M.I n'a pas condamné les accusés à la saisie judiciaire des biens culturels volés, pillés, recélés ou détournés. Alfred Rosenberg a été condamné à la peine de mort.

Le premier Statut à envisager les crimes contre les biens culturels est celui du T.P.I.Y. Cependant, son Statut n'aborde pas la confiscation des biens culturels. Pourtant, l'analyse de la jurisprudence du T.P.I.Y révèle plusieurs affaires impliquant la destruction ou le pillage des biens culturels.

Une telle omission pourrait difficilement se justifier, car la destruction du patrimoine culturel de l'ex-Yougoslavie était l'un des principaux objectifs de cette guerre. Ce conflit a d'ailleurs mis en lumière la pratique de destruction systématique des biens culturels, qui, à l'instar du meurtre et du viol, a été utilisée comme moyen pour effacer l'identité de l'adversaire.

Le mémoricide concerne aussi bien les atteintes directes aux biens culturels que celles qui sont indirectes aux biens culturels. Ces actes – vol, pillage, recel, détournement de biens culturels – peuvent devenir des actes de mémoricide dès lors que les auteurs sont animés d'une intention mémoricidaire.

Si l'emprisonnement est la peine principale pour sanctionner les auteurs du mémoricide, les victimes souhaiteraient, si cela est encore possible, récupérer leurs biens.

Le Statut de la C.P.I le permet. Cependant, il faut faire une différence entre la restitution, la récupération ou le retour des biens culturels et la saisie des biens culturels. Seule cette dernière est une sanction pénale. Ainsi se pose la question de l'effectivité des sentences pénales.

<u>Section 2</u> : L'effectivité des sentences pénales

Les condamnations pénales sont l'expression de la souveraineté étatique. C'est la raison pour laquelle elles ne peuvent être contrôlées par des juridictions pénales étrangères. La territorialité des jugements répressifs s'oppose résolument à l'exécution des condamnations pénales étrangères.

L'inexécution extraterritoriale des sanctions pénales a fait l'objet de vives critiques. Parce qu'elle ménage dans une certaine mesure l'impunité des criminels fugitifs, l'extradition a été consacrée et établie afin de permettre à l'État qui a prononcé la condamnation d'obtenir la remise de la personne qui en a fait l'objet.

Cette procédure longue et complexe est assortie de conditions qui limitent son application.

D'autres procédures destinées à compenser les lacunes de l'extradition ont été établies. Elles résultent de Conventions ou, à tout le moins, d'accords internationaux dont la principale caractéristique est la réciprocité pour compenser l'atteinte portée au principe de la territorialité des jugements répressifs.

Concernant l'exécution d'une sentence pénale prise par une juridiction pénale internationale et non par une juridiction pénale d'un État étranger, le raisonnement est différent.

Les modalités d'exécution des sentences internationales doivent être mises en œuvre par l'intermédiaire des systèmes juridiques nationaux. Si avant leur jugement, les accusés peuvent être emprisonnés à La Haye comme cela fut le cas pour le T.P.I.Y, après la sentence l'exécution de la peine se fait dans un État choisi par le Tribunal sur une liste d'États volontaires pour les accueillir (article 27 du Statut ; article 103 A du règlement de procédure).

Cette approche manifeste clairement le fait que les juridictions pénales internationales en général, et la C.P.I en particulier, ne sont pas supranationales, mais internationales. Elles sont complémentaires avec les juridictions pénales nationales.

La Cour n'est pas un système juridique étranger ou une extension d'un système étranger comme l'est celui d'un État souverain. Elle a été créée par un traité et est mise en œuvre par le droit interne des États.

La coopération des États Parties et des États non parties est nécessaire pour l'exécution des sentences internationales. La Cour n'empiète pas sur la souveraineté nationale et n'a pas de caractère supranational.

Qu'elles fussent créées par le Conseil de sécurité des Nations Unies (tribunaux pénaux internationaux ad hoc) ou sur une base conventionnelle (Cour pénale internationale), les juridictions pénales internationales dépendent aussi de la coopération internationale, tant en matière d'exécution des peines d'emprisonnement (Paragraphe 1) qu'en matière d'exécution des peines de confiscation des biens volés ou pillés (Paragraphe 2). Et cela est un avantage et un inconvénient.

Paragraphe1 : Difficultés d'exécution des peines d'emprisonnement

Lorsqu'au milieu des années 1990, les tribunaux pénaux internationaux ad hoc commencèrent à rendre leurs premiers jugements portant condamnation, la question de l'exécution des peines se posa pour la première fois.

Ces juridictions contrairement aux T.M.I, ne disposent pas d'un lieu de détention pour les condamnés. Elles devaient donc obtenir des États qu'ils acceptent de les accueillir dans leurs prisons.

L'exécution des peines de prison prononcées par les tribunaux militaires internationaux différait nettement des autres instances internationales pénales puisqu'elle eut lieu dans les deux États vaincus : l'Allemagne et le Japon.

Concernant les condamnés de Nuremberg, ils furent incarcérés dans la prison de Spandau à Berlin – prison administrée par les forces alliées. Les condamnés de Tokyo furent détenus dans la prison de Sugamo à Tokyo.[1364]

Conformément aux articles 27 et 26 des Statuts respectifs du T.P.I.Y et du T.P.I.R, ils peuvent conclure des accords bilatéraux avec les États intéressés à la suite du prononcé de la sentence par le Tribunal afin de déterminer les conditions de détention visant ainsi à assurer un traitement égal et uniforme aux personnes condamnées qui purgeront leur peine dans les États divers et faire exécuter la sentence conformément au droit international et non en fonction du droit interne.

Le Tribunal se réserve d'ailleurs le droit de vérifier la bonne application de la sentence, notamment les conditions de détention et l'égalité de traitement de l'accusé.[1365]

Riche de l'expérience des tribunaux pénaux internationaux ad hoc, le Statut et le Règlement de procédure et de preuve de la C.P.I a aussi jugé d'une importance suffisante la question de l'exécution des peines. Les Chapitres X du Statut et XII du RPP lui sont entièrement consacrés.

[1364] Olivier de Frouville, *Droit international pénal, Sources, Incriminations, Responsabilités*, Éditions A. Pedone, 2012, p. 481

[1365] Article 104 commun aux Règlements de preuve et de procédure des T.P.I

Comme les T.P.I, la C.P.I ne dispose pas d'un établissement pénitentiaire pour faire exécuter les peines d'emprisonnement qu'elle prononce. Aussi l'article 103 de son Statut dispose-t-il que ces peines soient accomplies dans un État désigné par la Cour sur la liste des États qui lui ont fait savoir qu'ils étaient disposés à recevoir des condamnés.

L'accord des États est un accord spécifique régi par le principe du double consentement. Les États doivent premièrement faire part de leur disposition générale à accueillir les accusés. Ils doivent ensuite consentir spécialement au transfert du condamné.

Le Statut de la Cour pénale internationale ne pose ainsi aucune obligation aux États Parties. Un accord conclu avec le gouvernement français pour l'exécution d'une peine d'emprisonnement prononcée par la Cour pénale ne vaut que pour le cas en cause. Il faut un accord spécifique pour chaque exécution.

Un auteur de mémoricide peut dès lors être incarcéré dans un établissement pénitencier français. Encore faudrait-il que la France accepte de l'accueillir.

Si ce sont les États qui font exécuter la peine (conformément à leurs droits et procédures internes), c'est la Cour qui contrôle l'exécution de celle-ci. En effet, tout au long de la peine, la juridiction internationale dispose d'un pouvoir général de contrôle en vertu de son statut.

En d'autres termes, l'État qui s'est offert et qui est désigné fait exécuter la sentence « pour le compte de la Cour en application du droit international et non de son droit interne ». Il ne pourrait donc pas modifier ou remettre en cause la peine, par exemple par voie de modification législative.

La procédure d'exécution en France d'une peine d'emprisonnement prononcée par la Cour pénale internationale a été fixée par la loi du 26 février 2002 relative à la coopération avec la C.P.I. Elle figure aux articles 627-18 et suivants du Code de procédure pénale.

Elle prévoit que la personne condamnée soit présentée au procureur de la République territorialement compétent à son arrivée en France ou, au plus tard, dans un délai de vingt-quatre heures.

Celui-ci ordonne l'incarcération immédiate du condamné après avoir vérifié les pièces suivantes : l'accord entre le Gouvernement français et la Cour pénale, la copie certifiée conforme du jugement de condamnation et la notification par la Cour de la date de début d'exécution de la peine et de la durée restant à accomplir.[1366]

Cette loi du 26 février 2002 prévoit aussi l'application des articles 627-18 et suivants du Code de procédure pénale pour l'emprisonnement en France d'une personne condamnée par le Tribunal pénal international pour l'ex-Yougoslavie.

Elle permet la mise en œuvre effective de l'accord du 25 février 2000 entre la France et l'ONU aux termes duquel la France accepte de recevoir les personnes condamnées par cette juridiction.[1367]

La France a ainsi accepté de faire exécuter sur son territoire quatre condamnations prononcées par le Tribunal pénal international pour l'ex-Yougoslavie.[1368]

Un accord semblable a été conclu avec l'ONU pour l'exécution des peines d'emprisonnement prononcées par le Tribunal pénal international pour le Rwanda.[1369] Si la négociation de l'accord n'a soulevé aucune difficulté sur les aspects juridiques, puisque ses dispositions étaient identiques à celles de l'accord conclu avec le T.P.I.Y, le principe même de sa conclusion a longtemps fait l'objet d'interrogations.

En effet, les autorités françaises ont eu des doutes sur l'intérêt d'accueillir en France des ressortissants rwandais, loin de leurs attaches familiales. Un accord a toutefois été conclu entre la France et le T.P.I.R.

Mais il n'a pas été suivi d'une disposition légale prévoyant l'application des articles 627-18 et suivants du Code de procédure à cette exécution. Sans doute parce que la perspective qu'une condamnation du Tribunal pénal international pour le Rwanda soit exécutée en France n'apparaît pas proche.

1366 Didier Rebut, *Droit pénal international*, 1ère Édition, Dalloz, 2012, p. 417

1367 Décret n° 2004-267 du 23 mars 2004, J.O du 26 mars.

1368 La France a accueilli Haradin Bala le 14 mai 2008, Mlado Radic, le 15 novembre 2005, Milomir Stakic le 12 janvier 2007, Predrag Banovic le 28 juillet 2004.

1369 Décret n° 2005-729 du 29 juin 2005, JO du 1er juillet.

Paragraphe 2 : Difficultés d'exécution des peines de confiscation des biens

L'exécution extraterritoriale des peines autres que les peines d'emprisonnement est très peu développée. Il est vrai qu'elle ne présente pas les mêmes enjeux humains. Les États ont donc été moins enclins à la prévoir.

Cette position tend néanmoins à évoluer. Les peines de confiscations commencent à faire l'objet de procédures permettant, dans une certaine mesure, de les faire exécuter à l'étranger.

La peine de confiscation permet de priver les criminels des produits de leur activité. Son exécution extraterritoriale a été préconisée dès lors que ces produits se trouvent sur des territoires autres que ceux où leurs bénéficiaires ont agi.

Le droit français, sous l'impulsion de l'Union européenne et de la communauté internationale[1370], a suivi cette évolution. Il prévoit une large exécution extraterritoriale des peines de confiscation.

Les dispositions du Code de procédure pénale relatives à l'exécution des décisions de confiscation étrangères s'appliquent toutefois à la condition que les Conventions étrangères n'en disposent pas autrement.

Par ailleurs, une distinction doit être faite entre les peines de confiscations prononcées par une autorité judiciaire nationale et les peines de confiscations prononcées par la C.P.I. Le régime de leur exécution est différent.

A- L'exécution des peines de confiscation prononcées par une juridiction nationale

Les juridictions françaises, tout comme plusieurs juridictions étrangères, peuvent être compétentes pour juger des affaires relatives aux crimes contre l'humanité, au génocide et même au mémoricide.

Elles peuvent aussi exécuter des peines de confiscation prononcées par une juridiction étrangère pour un crime de droit international ou de droit interne.

1370 On peut citer comme exemple la Convention du Conseil de l'Europe du 8 novembre 1990 relative au blanchiment, au dépistage, à la saisie et à la confiscation des produits du crime qui stipule dans son article 13 une obligation d'exécution des décisions de confiscation rendues par les États Parties.

La loi n° 2010-768 du 9 juillet 2010 visant à faciliter la saisie et la confiscation en matière pénale a créé une procédure générale d'exécution des décisions de confiscations rendues par des autorités judiciaires étrangères. Celle-ci figure aux articles 713-36 et suivants du Code de procédure pénale.

Les décisions de confiscation étrangères susceptibles d'être exécutées en France doivent porter sur les biens qui étaient destinés à commettre l'infraction ou qui paraissent en être le produit direct ou indirect ainsi que sur tout bien dont la valeur correspond au produit de cette infraction.

Ces biens peuvent être indifféremment des meubles ou des immeubles. Ils peuvent être de nature corporelle ou incorporelle.[1371]

Aucune indication n'est donnée sur la nature culturelle desdits biens. On ne peut affirmer que ces textes juridiques soient applicables en matière de mémoricide.

Toujours est-il que l'exécution des décisions étrangères de confiscation n'est pas sans limites. Elle ne peut intervenir qu'à la condition qu'elle ne se heurte pas à un cas de refus d'exécution.

L'article 713-37 du Code de procédure pénale prévoit plusieurs cas obligatoires de refus d'exécution qui s'opposent à l'exécution en France d'une décision étrangère de confiscation. Cela s'explique par la nécessité de s'assurer que les décisions étrangères soient respectueuses de l'ordre public et des droits fondamentaux français.

B- L'exécution des peines de confiscation prononcées par la C.P.I

La C.P.I. peut prononcer des peines d'emprisonnement, des peines d'amendes et des peines de confiscation.
Si elle venait à être saisie d'une affaire relative à un mémoricide comme le T.P.I.Y a pu l'être, elle peut ordonner la saisie des biens non détruits se trouvant dans un autre pays que celui dans lequel il est originaire.

Les peines de confiscation prononcées par la C.P.I peuvent être exécutées en France en vertu de l'article 627-16 et 627-17 du Code de procédure pénale. Elle est autorisée par le tribunal correctionnel saisi par le procureur de la République à la demande de la C.P.I.

[1371] Code de procédure pénale, article 713-36

La procédure applicable est comparable à celle prévue pour l'exécution des peines de confiscation prononcées par des autorités nationales étrangères. Elle ne prévoit cependant pas de cas de refus d'exécution. Cela s'explique précisément par le fait que la peine à exécuter ne provient pas d'un autre État dont il convient d'accorder les décisions à l'ordre public et aux principes fondamentaux.

L'éventuelle atteinte aux droits de tiers de bonne foi donne lieu à un renvoi de la question devant la C.P.I. par le biais du procureur de la République. Les biens confisqués ou le produit de leur vente sont transférés à la C.P.I ou au Fonds en faveur des victimes. Ils peuvent aussi être attribués aux victimes si la Cour l'a décidé et a procédé à leur désignation.[1372]

Parce que la Cour a le pouvoir d'ordonner le paiement de la réparation appropriée aux victimes par la personne condamnée, la justice pénale ne se limite donc plus à la sanction des coupables.

Son rôle s'est accentué. La victime occupe une place non négligeable qui tend à faire diminuer la place occupée par les coupables. Cette nouvelle mission de la justice (la réparation) trouve toute son importance dans un monde où le désir de réparation du préjudice subi est plus fort que celui de sanction des coupables.

[1372] Didier Rebut, *Droit pénal international*, 1ère Édition, Dalloz, 2012, p. 459

Titre 2 : La justice moderne ou la réparation du mémoricide

Face à des crimes de masse, la justice classique se révèle souvent incapable de juger tous les auteurs tant leur nombre est important. La réalité du terrain révèle qu'il faut créer, en fonction des temps et des lieux, d'autres formes de réaction ou de réponse à ces crimes pour éviter l'absence de réaction.[1373]

C'est ainsi un paradoxe : la justice peut décevoir et pourtant on ne cesse d'y faire appel. À cet égard, la quête parfois désespérée que mènent les victimes devant les tribunaux est un exemple.

Que cherchent-elles réellement ? Une reconnaissance ? Un lieu où elles peuvent se faire entendre

L'article 1382 du Code civil dispose ceci : « *Tout fait quelconque de l'homme, qui cause à autrui un dommage, oblige celui par la faute duquel il est arrivé, à le réparer* ».

Et l'article 1383 souligne que « *chacun est responsable du dommage qu'il a causé non seulement par son propre fait, mais encore par sa négligence ou par son imprudence.* »

L'une des conceptions de l'équité consiste dans le sentiment de réparer tout dommage accidentel subi par un individu[1374]. Et la ligne directrice du droit de la responsabilité du XXe siècle est de tendre à traduire ce sentiment dans les faits en trouvant « à tout prix un responsable » qui devrait plutôt s'appeler un indemnisateur.

La réaction instinctive, devant la matérialité d'un dommage, est un sentiment d'injustice, de rupture d'égalité exigeant une compensation. Le droit à une réparation automatique permet de remettre la victime dans la situation dans laquelle elle se trouvait avant l'incident ; et cela que l'incident soit la conséquence d'un fait accidentel ou intentionnel.

[1373] H.-D. Bosly et D. Vandermeersch, *Génocide, crimes contre l'humanité et crimes de guerre face à la justice, Les juridictions internationales et les tribunaux nationaux*, 2e Édition, Bruylant, 2012, p. 271

[1374] R. Savatier, *Les Métamorphoses économiques et sociales du droit civil d'aujourd'hui*, Dalloz, 2e éd., 1952.

Il convient de souligner que la réparation est indépendante de la punition. La première peut être le complément de la punition. La terminologie allemande est assez intéressante. Elle parle d'une « adhésion » de l'action civile à l'action pénale (Adhasionsklage).[1375]

Le droit pénal ne peut pas satisfaire totalement les victimes.[1376] On ne peut que souligner l'impuissance de la prison à atteindre cet objectif.[1377] L'action de juger en matière de crimes de droit international se révèle être un exercice difficile et périlleux qui ne peut qu'inviter à la modestie.

En effet, comment dire ce qui relève de l'indicible ? Comment décrire et qualifier des comportements indescriptibles et inqualifiables ? Face au développement de la criminalité, la réponse ne peut qu'être nuancée et diversifiée.

La présente étude suscite par conséquent la question suivante : peut-on réparer le mémoricide, peut-on réparer la perte d'un passé et d'une culture ?

La réparation du mémoricide constitue un thème éminemment sensible. C'est un crime qui présente la particularité de susciter auprès de la communauté internationale des cas de conscience et une charge émotionnelle. Les oppositions entre nécessité éthique et possibilité technique sont aussi des limites à la réparation dudit crime.

La réparation semble impossible si la mémoire a été totalement détruite, si l'écriture a disparu. Cependant, « *les traces d'une culture, des livres détruits ou disparus, n'empêcheront pas la possibilité (comme peut le prouver l'Histoire) d'une reconstruction ou d'un rappel (fut-il deviné) de leur présence.*[1378]»

Peut-on réparer l'histoire ? Comment réparer l'histoire ? Quelles étranges questions ! La réponse à ces questions, quoiqu'insolites, est nécessaire.

[1375] Robert Roth, « le juge et l'histoire » in *Crimes de l'histoire et réparations : les réponses du droit et de la justice*, sous la direction de L. Boisson De Chazournes, J.F Quéguiner et S. Villalpando, Édition de l'université de Bruxelles, 2004

[1376] C. Deman, « L'impunité est-elle soluble dans le droit pénal international ? », in *Politique-Revue de débats*, Bruxelles, 2002, nº 23, p. 31

[1377] « La réparation », in A. Garapon, Frédéric Gros et Thierry Pech, *Et ce sera justice – Punir en démocratie*, Paris, 2001, p. 311

[1378] Catherine Puigelier, « Le mémoricide (à propos du temps, de la mémoire et du droit) », in *Le temps et le droit*, Fleury-Le Gros, Litec, 2008

Longtemps considérée comme source d'espoir, l'histoire est de nos jours regardée comme une source de préjudices. L'objectif n'est plus de réprimer les acteurs des crimes du passé, mais de réparer ces crimes, de réconcilier les peuples, de lutter pour l'instauration de la paix. Ainsi, un vaste mouvement émerge pour revendiquer des réparations au profit de victimes de ce que l'on qualifie couramment de « crime de l'histoire ».

Cette réparation peut prendre plusieurs formes, essentiellement trois : symbolique, matérielle ou politique.[1379]

- La réparation symbolique

La réparation symbolique se caractérise par l'expression d'un acte de reconnaissance d'une responsabilité morale ou par la réalisation d'un geste qui exprime les remords qu'éprouvent les auteurs.

C'est un acte public de contrition telle la repentance. Par cet acte, les auteurs s'acquittent d'un devoir de mémoire et affichent leur désir de ne plus jamais répéter de tels crimes[1380].

Il existe d'autres formes de réparation symbolique comme ériger des monuments à la mémoire de communautés oubliées ou de victimes d'événements tragiques.

- La réparation politique

La deuxième forme de réparation est la réparation politique. Elle souhaite éliminer définitivement les traces d'injustices historiques par des moyens politiques concrets. On peut citer à titre d'exemple la reconnaissance et l'établissement des discriminations positives.[1381]

- La réparation matérielle

La troisième forme de réparation, la moins répandue en Europe occidentale, mais beaucoup plus utilisée ailleurs, est la réparation matérielle, c'est-à-dire sous forme d'indemnisation.

[1379] A. Garapon, *Peut-on réparer l'histoire ? Colonisation, esclavage, Shoah*, op. cit. p.12

[1380] Pour une analyse de ces actes de résipiscence et de leurs motivations morales et politiques, voir Moreau Defarges, P., *Repentance et réconciliation*, Paris, 1999

[1381] A. Garapon, *Peut-on réparer l'histoire ? Colonisation, esclavage, Shoah*, op. cit. p.12

Des actions en justice réclamant des réparations financières pour les crimes de l'histoire ont été intentées. L'action en réparation la plus connue est sans conteste l'action de groupe (class action) intentée aux États-Unis par des associations juives américaines contre des banques suisses.

Cette action s'est clôturée par l'indemnisation des juifs ainsi que des travailleurs recrutés de force en Autriche, en Allemagne et en France pour les spoliations dont ils avaient été victimes.[1382]

Les alternatives à la justice telles que les commissions de vérité et de réconciliation méritent aussi le plus grand intérêt dès lors qu'elles offrent, à moindres frais, de réelles alternatives à la justice classique.

Plutôt que de chercher à juger et condamner, ces institutions visent avant tout à ouvrir un espace pour la révélation publique d'une vérité qui ne peut qu'être plurielle afin de faciliter une coexistence pacifique sans oblitération du passé entre les divers acteurs de la société.[1383]

La justice pénale internationale fait donc intervenir des notions de droit civil pour la réparation du préjudice subi – on parle de justice civile (chapitre 1) – et des notions se situant à la croisée du politique, du judiciaire, de l'éthique, de la psychologie et du religieux pour la réconciliation des acteurs d'une société qui s'extraient du cauchemar de la guerre (chapitre 2).

[1382] A. Garapon, op. cit. p. 12

[1383] H.-D. Bosly et D. Vandermeersch, *Génocide, crimes contre l'humanité et crimes de guerre face à la justice, Les juridictions internationales et les tribunaux nationaux*, 2e Édition, Bruylant, 2012, p. 271

Chapitre 1 : La justice civile

La justice civile est la justice de droit commun. Elle se fonde sur les règles du Code civil et du Code de procédure civile. Elle tranche les litiges qui ne sont liés ni aux pouvoirs publics ni aux infractions pénales, mais qui sont liés aux personnes privées. Il y a dès lors une grande différence entre la justice civile et la justice pénale.

La principale caractéristique de la justice civile est la constitution de parties civiles accordée aux victimes. Celles-ci n'ont pas à porter leur plainte devant une autorité comme le procureur en matière pénale. Elles engagent seules leur action. Et cette initiative est non négligeable.[1384] Il est toutefois important de souligner que dans les procès pénaux internationaux, les victimes en s'associant à l'accusation occupent une place non négligeable.

Les actions civiles et pénales peuvent se placer sur les rapports internes ou internationaux. Si le droit pénal vient du haut et s'applique aux sujets, le droit civil croît plutôt des sujets en direction de l'État. Moins tributaire de la puissance étatique, le droit civil n'est pas confiné à des frontières. L'action civile est autonome.[1385]

Le droit civil est par conséquent de plus en plus convoqué pour réparer les crimes de l'histoire. Toutefois, ces formes de réparation, civiles pour la plupart, (Section 1) ne suffisent pas souvent à générer un résultat pleinement satisfaisant du fait de leurs limites techniques (Section 2).

Section 1 : Les éventuelles formes civiles de réparation du mémoricide

L'utilisation du procès civil à des fins que l'on ne lui reconnaît pas habituellement peut paraître surprenante. Mais l'action civile présente plusieurs intérêts. Elle est moins chargée émotionnellement et politiquement

---

[1384] Antoine Garapon, *Peut-on réparer l'histoire ? Colonisation, esclavage, Shoah*, Odile Jacob, 2008. pp. 102-103

[1385] Antoine Garapon, op. cit. p. 104

que l'action pénale. Par ailleurs, elle ne se limite pas aux actions humaines, mais s'étend aux objets.[1386]

Ces objets peuvent être de l'argent ou des biens matériels. Et dirions-nous en ce qui concerne le mémoricide l'objet-mémoire. Cet objet qui fait partie de l'identité, de la dignité des hommes et des femmes d'une communauté.

Contrairement au droit pénal, le droit civil pense que tout préjudice peut être converti en une dette liquide et exigible qui peut être traitée devant n'importe quel tribunal de droit commun.[1387]

Parce que la réparation doit, autant que possible, effacer les conséquences de l'acte illicite et rétablir l'état qui aurait vraisemblablement existé si ledit acte n'avait pas été commis[1388], les modes de réparation en droit international peuvent être la restitution en nature (Paragraphe 1) et/ou l'indemnisation financière (Paragraphe 2).

Paragraphe 1 : La restitution en nature

Restitution, retour, rapatriement, ces terminologies sont souvent utilisées dans le langage courant international pour décrire les mêmes actes. Pourtant, une différence juridique peut être faite entre ces trois notions.

La « restitution » est une procédure juridique ou une pratique internationale qui favorise la remise des biens pillés ou volés au possesseur ou au propriétaire originaire selon les cas. Elle peut prendre la forme d'une restitution matérielle ou d'une restitution juridique (abrogation, annulation d'un acte juridique).

Le terme « retour » renvoie premièrement aux biens déplacés pendant la colonisation et rendus à leur pays d'origine après leur indépendance. Il renvoie aussi dans une moindre mesure aux exportations illicites.

Si la notion de restitution met l'accent sur la personne physique ou morale qui a l'obligation de rendre les biens illicitement acquis, celle de retour met l'accent sur le lieu géographique du bien.

[1386] A. Garapon, *Peut-on réparer l'histoire ? Colonisation, esclavage*, Shoah, op. cit. p. 79

[1387] A. Garapon, op. cit. p. 78

[1388] L. Boisson De Chazournes, J.F Quéguiner et S. Villalpando, in *Crimes de l'histoire et réparations : les réponses du droit et de la justice*, Édition de l'université de Bruxelles, 2004

Enfin, le « rapatriement » désigne une forme de restitution et de récupération des biens culturels. Le pays ou le groupe ethnique propriétaire peut revendiquer auprès de la communauté internationale le rapatriement de ses biens culturels.[1389]

Dans le cadre d'un mémoricide, la restitution matérielle (A) est susceptible de satisfaire les victimes. C'est la raison pour laquelle notre étude se limitera à cette forme de restitution qui peut malheureusement être difficile (B).

A- La restitution matérielle

Le débat actuel sur l'émergence des demandes de restitution matérielle semble présumer qu'il ne s'agit pas d'une question récente. Les questions de retour des biens culturels remontent en effet beaucoup plus loin.

Déjà en 1648, le Traité de Westphalie prévoyait le retour d'objets pillés durant la guerre de Trente Ans. Le Traité de Saint Germain de 1919 avec l'Autriche, le Traité de Trianon de 1921 avec la Hongrie contenaient des dispositions similaires.

La Déclaration des Nations Unies connue aussi sous le nom de la Déclaration de Londres de 1943 a été prise en réponse au pillage des biens du patrimoine culturel de l'Europe par les nazis. Cette déclaration permet de lutter contre toute acquisition illégale des biens.

L'UNESCO a également joué un rôle important dans ce domaine. Elle recommande, dans ses Conventions internationales, la restitution matérielle des biens culturels. La Convention sur les mesures à prendre pour interdire et empêcher l'importation, l'exportation et le transfert de propriété illicites des biens culturels de 1970 est un exemple.

Elle a toutefois entraîné de nombreuses controverses sur la situation des biens des nouveaux États indépendants. Les États détenant certains objets culturels avant l'adoption de la Convention n'étaient pas disposés à les restituer.

Une résolution exprimant le désir de ces pays de récupérer leur patrimoine culturel a été adopté en 1973 lors de la Conférence des chefs d'État ou de gouvernement des pays non alignés. Les conséquences de la colonisation sur

[1389] Caroline Peridy, « La restitution internationale des biens culturels », *Regards sur le droit public*, Carnet du séminaire carrière publique de l'IEP de Rennes, 2011-2012

les transferts d'objets sont déplorables. Admettre une restitution en nature c'est rétablir une forme de justice et réparer un préjudice subi par les pays victimes. [1390]

La restitution des biens immeubles (1) et des biens meubles (2) pose cependant des problèmes différents.

1- <u>La restitution des biens immeubles</u>

Les biens immeubles sont les biens qui sont fixés au sol. Les immeubles, les monuments, les bibliothèques... sont la cible des auteurs du mémoricide.

Après la destruction de ces biens, les auteurs du mémoricide peuvent récupérer la terre. Si tel est le cas, cette dernière peut-elle faire l'objet d'une restitution en nature ?

Prenons l'exemple de la Nouvelle-Zélande. En 1840, le traité Waitangui fut signé entre la Couronne britannique et les chefs coutumiers de Nouvelle-Zélande. Il garantissait aux Maoris l'utilisation exclusive de leurs forêts et terres. Non respecté par les autorités britanniques, ce traité a été le fondement de plusieurs demandes intentées devant les tribunaux néo-zélandais pour le recouvrement de certains territoires.

Pendant plusieurs années, la réponse des tribunaux fut négative. Mais en 1975, un tribunal fut spécialement institué pour examiner toutes les affaires liées à l'inapplication dudit traité, y compris les demandes d'indemnisation.

Si la reine d'Angleterre a fait des excuses publiques pour la violation du traité de Waitangui, plusieurs questions s'imposent.

Comment indemniser les Maoris ? Que faire des immeubles construits sur ces terres ? Comment les restituer ?[1391]

Cette dernière question trouve tout son intérêt lorsque l'on sait que la terre garde la mémoire obstinée de ce que les hommes ont voulu oublier.

Les actions en revendication de la terre constituent ainsi une question centrale dans les pays tels que le Canada, les États-Unis, l'Australie dans lesquels le retour en arrière est souvent impossible. Certaines actions

---

1390 Publiées dans le document de l'Assemblée générale des Nations Unies A/31/1976 Annexe IV. Résolutions 17 et 24.

1391 A. Garapon, *Peut-on réparer l'histoire ? Colonisation, esclavage*, Shoah, op. cit. p. 152

judiciaires ont été engagées en restitution des terres ou en violation des traités qui en avaient reconnu la propriété à des groupes autochtones.

On peut citer, à titre d'exemple, l'arrêt Mabo en date du 3 juin 1992. La Cour suprême d'Australie confirma la propriété des aborigènes sur la terre australienne en rejetant la thèse de la « terre vide » qui prévalait jusqu'alors.

Une lecture attentive de l'arrêt met cependant des conditions assez restrictives à l'usage de ce droit : l'occupation effective et traditionnelle de la terre vide par le groupe ethnique et l'exercice de ce droit sans discontinuité depuis le temps de l'annexion.[1392]

2- <u>La restitution des biens meubles</u>

Les biens meubles sont des biens mobiles. Ils peuvent être retirés à leur propriétaire légitime et être exposés dans des musées, bibliothèques, lieux de culte... Ces œuvres qui racontent l'histoire d'un peuple, d'une culture sont revendiqués et doivent pouvoir être restitués.

L'enjeu d'une restitution se trouve dans la nature de l'objet. Car en circulant ou en voyageant d'un État à un autre, il change de nature. Il peut devenir un objet sacré, une œuvre d'art ou perdre toute valeur sociale ou communautaire.[1393]

Restituer au pays qui a produit une œuvre d'art, un document ou un objet, c'est permettre à ce peuple de recouvrer une partie de sa mémoire et de son identité. C'est faire preuve de respect mutuel et de dialogue entre les nations. Car ces biens portent la trace des personnes qui les ont créé.[1394]

Le développement du marché international de l'art complique la résolution des litiges concernant ces objets. La conciliation des intérêts en présence est nécessaire pour faciliter la procédure de restitutions de ces biens ?

Les articles R. 112-1 et suivants du Code du patrimoine organisent la restitution des biens culturels se trouvant en France et sortis illicitement du territoire d'un autre État membre de l'Union européenne et le retour des biens culturels se trouvant sur le territoire d'un autre État membre de l'Union européenne et sortis illicitement du territoire français.

1392 A. Garapon, *Peut-on réparer l'histoire ? Colonisation, esclavage*, Shoah, op. cit. p. 86

1393 A. Garapon, op. cit. p. 91

1394 A. Garapon, op. cit. p. 92

Les procédures de restitution ou de retour des biens culturels sont généralement administratives. Une procédure judiciaire peut aussi être intentée.

Cependant, la voie judiciaire est souvent mal adaptée pour régler des questions éthiques, historiques, affectives et pour tenir dûment compte d'autres facteurs de base importants dans les revendications touchant le patrimoine culturel.

La négociation, la médiation, l'arbitrage ou les bons offices sont autant de modes de résolution de conflits relatifs aux biens culturels.

Il y a, en effet, une extraordinaire diversité dans les modes de revendications des biens culturels. Ces modes de résolution se retrouvent sans intérêt lorsque la restitution matérielle du bien est impossible.

B- La difficile restitution matérielle

La reconstruction des biens immeubles ou la restitution des biens meubles est souvent impossible.

Une bibliothèque, un monument, un pont, un édifice religieux peuvent dans certains cas être reconstruits à l'identique. Il en va différemment de certains documents, livres, archives, biens culturels qui, une fois, détruits ou déplacés ne peuvent être restitués.

Si la question de la restitution des biens culturels volés est largement résolue par les normes internationales fixant le droit applicable et les modalités de restitution ou de retour du bien, elle l'est moins en droit interne. Les règles varient selon les systèmes juridiques nationaux. Et certains systèmes facilitent le blanchiment des biens culturels.

Par ailleurs, que faire des litiges nés d'événements passés ou résultants de guerre ou colonisation ?

Les Conventions internationales relatives à la restitution desdits biens sont ici inapplicables. En effet, un certain nombre de règles de droit traditionnel ont fait obstacle au retour des biens culturels : les délais de prescription, la propriété publique et privée et les règles relatives à la protection de l'acheteur de bonne foi. Seules ces deux dernières catégories seront étudiées.

- La bonne foi

Qu'est-ce que la bonne foi ?

Très peu de législateurs ont essayé de définir cette notion. Un exemple de définition se trouve dans le Code civil suisse, qui dit qu'un individu ne peut invoquer sa bonne foi que si elle est compatible « *avec l'attention que les circonstances permettaient d'exiger de lui* » (article 3).

Le Code civil français ne donne pas de définition à la notion de bonne foi. Le dictionnaire juridique la définit comme « *la croyance qu'a une personne de se trouver dans une situation conforme au droit, et la conscience d'agir sans léser les droits d'autrui* ».

La Convention de l'UNESCO concernant les mesures à prendre pour interdire et empêcher l'importation, l'exportation et le transfert de propriété illicites des biens culturels de 1970 fait allusion à la bonne foi sans la définir.

Son article 7(b) (ii) dispose que les États parties s'engagent « *à prendre des mesures appropriées pour saisir et restituer à la requête de l'État d'origine partie à la Convention tout bien culturel ainsi volé et importé après l'entrée en vigueur de la présente Convention à l'égard des deux États concernés, à condition que l'État requérant verse une indemnité équitable à la personne qui est acquéreur de bonne foi ou qui détient légalement la propriété de ce bien. Les requêtes de saisie et de restitution doivent être adressées à l'État requis par la voie diplomatique. L'État requérant est tenu de fournir, à ses frais, tout moyen de preuve nécessaire pour justifier sa requête de saisie et de restitution. Les États parties s'abstiennent de frapper de droits de douane ou d'autres charges les biens culturels restitués en conformité avec le présent article. Toutes les dépenses afférentes à la restitution du ou des biens culturels en question sont à la charge de l'État requérant.* »

Le possesseur d'un bien culturel volé doit le restituer, et cela même s'il est de bonne foi. Ce principe est posé dans la Convention d'UNIDROIT sur les biens culturels volés ou illicitement exportés du 24 juin 1995[1395].

Toutefois, les juges peuvent prendre en compte la bonne foi et imposer le paiement d'une indemnité équitable et raisonnable à l'acquéreur de bonne foi après la restitution d'un objet culturel volé ou le retour d'un objet illicitement exporté.

[1395] La France qui fait partie des signataires de cette Convention envisage de la ratifier. Il en est pas de même des pays du « marché de l'art », tels que les États-Unis, le Royaume-Uni, le Japon, l'Allemagne, la Suisse…

- La propriété publique et/ou privée

La question de la nature publique ou privée des œuvres d'art pillées par les nazis ou volées dans d'autres circonstances a été posée dans plusieurs arrêts. Nous étudierons l'affaire Goudstikker.

Jacques Goudstikker était l'un des plus grands collectionneurs d'art d'avant-guerre de l'époque nazie. La plupart des œuvres de sa collection furent pillées, dispersées, vendues après l'invasion des Pays-Bas. Certains de ces biens ont été confiés au gouvernement hollandais afin qu'ils soient remis aux propriétaires légitimes.

Le gouvernement hollandais a cependant intégré ces biens dans la collection nationale pourtant l'épouse de M. Goudstikker souhaitait les récupérer. Elle finit par conclure un accord avec ce gouvernement au terme duquel elle renonçait à toute réclamation concernant ces œuvres d'art.

Faisant fi de cet accord, les héritiers de l'épouse de Jacques Goudstikker, ont demandé en janvier 1998, la restitution de ces œuvres. Après plusieurs refus, le gouvernement néerlandais finit par céder le 6 février 2006. Il accepta la restitution de ces œuvres à la famille au regard de considérations éthiques et morales et dans le désir de rendre justice à des milliers de Juifs spoliés.[1396]

Mais lorsqu'elle est matériellement impossible, l'obligation de restitution disparaît au profit d'un autre mode de liquidation. L'idée de réparer une situation injuste par l'allocation d'un équivalent monétaire supposé la compenser est de plus en plus admise.

Paragraphe 2 : L'indemnisation financière

L'indemnisation financière n'est possible que s'il existe un dommage qu'il faut réparer. L'obligation de réparer les dommages causés à autrui est le fondement de la responsabilité civile.

Celle-ci est traditionnellement divisée en responsabilité contractuelle et responsabilité délictuelle. La première concerne les dommages causés dans le cadre de l'exécution d'un contrat. La deuxième concerne les dommages qui peuvent subvenir entre deux personnes qui n'ont aucune relation

[1396] A. Garapon, *Peut-on réparer l'histoire ? Colonisation, esclavage*, Shoah, op. cit. p. 88

juridique. Il n'existe ici aucun lien de droit entre l'auteur et la victime du dommage.

L'adjectif « délictuel » évoque l'idée d'une faute. Mais la faute ici ne doit pas être entendue dans un sens péjoratif, mais comme un acte antisocial qui cause un dommage à autrui et qui doit par conséquent être réparé.

Par ailleurs, la réparation se différencie de la restitution de biens ou de fonds. Cette dernière est une transaction qui permet de restituer des biens indûment gardés.

La réparation procède d'une tout autre idée : celle de faire cesser une situation injuste par l'allocation d'un équivalent monétaire supposé la compenser.

« *La seule qualité de l'argent, dit Simmel, c'est sa quantité*[1397]». La conversion d'un préjudice en une somme d'argent est du ressort du juge judiciaire premièrement et du juge pénal exceptionnellement. Cette évaluation du préjudice soulève toutefois des difficultés.

En principe, le préjudice à réparer est équivalent à la perte économique découlant du fait illicite. La réparation peut avoir une étendue plus large et couvrir notamment les frais encourus pour remédier aux dommages causés par le comportement illicite.

Les préjudices matériels peuvent plus facilement être convertis en argent. Ils consistent essentiellement en des dommages causés aux biens et en des dommages corporels causés aux personnes. Les préjudices moraux, extrapatrimoniaux ou immatériels posent plus de problèmes. Étant de l'ordre des sentiments ils sont extrêmement difficiles à évaluer financièrement. [1398]

Le prix de la vie d'un homme est une question aussi vieille que l'apparition de la monnaie. Combien vaut une vie injustement supprimée ?

Le mémoricide a la particularité d'entraîner un préjudice matériel (destruction des biens matériels) et un préjudice moral. La disparition de certains biens cause en effet une souffrance morale.

[1397] Georg Simmel, *Philosophie de l'argent*, PUF, 1977, p. 47

[1398] Pour un examen détaillé du type de préjudice susceptible d'indemnisation, ainsi que des formes de l'indemnisation et des problèmes liés au calcul du dommage matériel et immatériel, avec les références jurisprudentielles pertinentes, voir le commentaire aux articles 36 (indemnisation) et 38 (intérêts) des articles de la C.D.I (2001), in *rapport de la C.D.I* (2001), pp. 262-283 et 289-296

S'il avait fallu suivre l'adage selon lequel « *les larmes ne se monnaient pas* », la justice aurait jugé ces souffrances dignes, respectables, intimes, particulièrement humaines pour se risquer à les évaluer en argent. Leur caractère proprement transcendant les mettrait au-dessus de toute réparation matérielle.

Or, l'octroi d'une somme d'argent peut procurer une satisfaction, un plaisir, qui peut atténuer, voire même effacer, la douleur. Il subsiste néanmoins une gêne dans la recherche d'une équivalence monétaire pour des souffrances atroces ou inédites.

L'argent peut-il être considéré comme équivalent universel ? N'est-il pas naïf d'espérer qu'un objet tel que l'argent puisse combler des souffrances atroces ?

Dans la reconnaissance d'une indemnisation financière, il faut faire attention entre les choses ayant un prix et les gens qui méritent une dignité. L'indemnisation du chagrin peut marquer la victoire d'un matérialisme sordide qui estime que tout a un prix sur la croyance en la transcendance de l'âme humaine.

Ainsi, la liquidation d'un événement aussi massif que le mémoricide (A) se doit d'être encadrée (B).

A- <u>L'admission d'une indemnisation financière</u>

Le choix de l'action civile par rapport à l'action pénale implique que tout préjudice soit converti en argent. L'argent reste le moyen le plus commode pour « liquider » les préjudices.

Remplira-t-il sa fonction avec autant de bonheur que dans les contentieux ordinaires ? Est-ce un avantage, un inconvénient ?

Pour pouvoir indemniser, la justice doit imaginer ce que la victime serait devenue ou ce à quoi elle aurait pu légitimement aspirer, afin de la remettre dans l'état dans lequel elle se serait trouvée si elle n'avait pas été victime.

Cette opération pose des difficultés pratiquement insurmontables dans un mémoricide. Comment évaluer la perte d'un héritage, d'une mémoire, d'une identité ?

Il a été vu, parmi les procès célèbres, qu'un passé déjà historique pouvait être appelé à la barre. Durant deux mois, au Palais de justice de Lyon, les actes perpétrés quarante ans plus tôt ont été sanctionnés (premier jugement en France du crime contre l'humanité). Car la mémoire du siècle commande de ne pas oublier les leçons du passé et de réparer les erreurs du passé si cela est possible.

« *Pour chaque homme, et pour chaque événement, écrivait d'ailleurs Charles Péguy, il vient une minute, une heure, il tombe une heure où il devient historique, il sonne un certain coup de minuit, à une certaine horloge de village où l'événement de réel, tombe historique.* »[1399]

Il est très difficile – voire impossible – de dire comment les différents titulaires d'un bien se seraient comportés au fil des générations.

Auraient-ils considéré ce bien de la même manière que leurs ancêtres le considéraient ? Auraient-ils redéfini la valeur de ce bien, qui d'objet sacré serait devenu un objet économique ?

La liquidation ou la réparation des préjudices historiques est née aux États-Unis au travers de la procédure de class action (action de groupe). Aux États-Unis, les litiges se terminent le plus souvent par des transactions financières.

C'est la raison pour laquelle la justice américaine trouve légitime d'utiliser les mécanismes de la transaction pour indemniser les victimes de la Shoah dans leur action contre les banques suisses. [1400]

Le recours aux règles du procès civil pour liquider les préjudices historiques n'existe quasiment pas dans la culture juridique française.[1401]

Même si le parlement a voté en février 2014 une loi sur la consommation qui prévoit l'action de groupe en France, celle-ci est peu utilisée. Par ailleurs, le droit français privilégie l'action pénale pour tout crime.

La voie civile est-elle la plus appropriée ? Ne risque-t-on pas de se retrouver dans une inquiétante et stérile concurrence ? L'argent suffit-il à soulager la douleur des victimes qui ont perdu une part de leur identité ? La mémoire est-elle un préjudice indemnisable ?

1399 Charles Péguy, «À nos amis, à nos abonnés », *Œuvres en prose, 1909-1914*, Gallimard, Bibl. de la Pléiade, 1957, pp. 45, 48.

1400 A. Garapon, *Peut-on réparer l'histoire ? Colonisation, esclavage, Shoah*, op. cit. p. 31

1401 A. Garapon, *Peut-on réparer l'histoire ? Colonisation, esclavage, Shoah*, Odile Jacob, 2008. pp. 27-28

L'ambition de réparer le mémoricide comme n'importe quel événement de la vie ordinaire en utilisant les techniques de la justice civile n'est pas simple. L'indemnisation des préjudices liés à la mémoire, à l'identité, se heurte à plusieurs obstacles.

Ces crimes, par leurs dimensions et par leurs préjudices si spécifiques, rentrent difficilement dans la logique d'équivalence qui doit gouverner le travail de la justice civile. Ils excèdent toute appréciation économique.

Ainsi, l'ancien président sénégalais A. Wade s'est opposé à des réparations pécuniaires. Descendant lui-même d'une famille propriétaire d'esclaves, il déclara ceci :

« *Nous subissons encore aujourd'hui les effets de l'esclavage et les effets de la colonisation, on ne peut pas évaluer ça en termes monétaires. Je trouve ça non seulement absurde, mais aussi insultant de demander des réparations matérielles pour la mort de millions d'hommes.* »[1402]

De même, dans les colonnes du Wall Street Journal, Abraham Foxman, militant des droits de l'homme ayant survécu au Génocide considéra l'action contre les banques suisses inappropiées parce qu'elle faisait de « *l'argent le dernier mot de l'holocauste* »[1403].

L'argent introduit une hiérarchie difficilement justifiable entre les victimes. Avec l'indemnisation, un drame subjectif prend une existence objective. L'évaluation d'un préjudice risque de banaliser ce dernier.

Les critiques positives et négatives fusent ainsi quant à l'instauration de l'indemnisation financière comme moyen de réparation des crimes contre l'humanité. Tous semblent cependant s'accorder sur la fonction symbolique que doit revêtir cette forme de réparation.

B- La mise en œuvre de l'indemnisation financière

Plusieurs textes de droit international reconnaissent aux victimes le droit à un recours et à une réparation de leur préjudice devant les juridictions nationales.

[1402] P. Hazan, *Juger la guerre, juger l'histoire. Du bon usage des commissions Vérité et de la justice internationale*, Paris, PUF, 2007, p. 128

[1403] Wall Street Journal du 4 décembre 1998, « The dangers of Holocaust restitution ».

Ce droit est consacré à la fois par des traités de protection des droits de l'homme que par des résolutions et Déclaration des principes fondamentaux de justice relatifs.

La Cour pénale internationale fournit aux victimes de crimes de droit international les moyens d'exercer directement leur droit à réparation.

Elle a, en effet, le pouvoir d'ordonner la réparation qu'il convient d'accorder aux victimes par la personne condamnée dans une décision ou dans une ordonnance « *si l'ampleur du dommage, de la perte ou du préjudice causé aux victimes ou à leurs ayants droit* » le justifie (article 75 [1]). Elle peut sur demande ou de son propre chef « dans des circonstances exceptionnelles ».

Cependant, une personne physique ou morale ayant causé un dommage à une victime peut être insolvable.

Pour prendre l'exemple d'une personne morale, il était difficile d'exiger de l'Allemagne après la Seconde Guerre mondiale une quelconque réparation. Un État ne peut indemniser qu'à la hauteur de ce que lui permettait son budget parfois déjà très limité.[1404]

Concernant les personnes physiques, la Cour peut prendre en considération les besoins de la victime et d'autres personnes que cette ordonnance pourrait affecter : la famille de la personne condamnée ou le propriétaire de bonne foi en cas de restitution.

Afin de faciliter la mise en application de ces mesures de réparation, des Fonds internationaux ont été créés.

Le Fonds au profit des victimes est le seul fonds à être associé à une juridiction et à l'exercice de sa compétence. Les autres fonds internationaux sont des structures administratives qui ne sont nullement rattachées à la justice.

1404 Peter Kocàcs, « La jurisprudence de la Cour constitutionnelle hongroise en matière de réparation des préjudices de l'histoire », communication au colloque organisé à la Cour de cassation le 15 février 2007 sur « La réparation des préjudices de l'histoire » par la Cour de cassation, disponible sur son site : http://www.courdecassation.fr/formation_br_4/2007_2254/assurances_responsabilités-9487.html.

Ces derniers fournissent une aide aux victimes qui relèvent de leur mandat sans que leurs décisions et notamment le versement d'indemnités rentrent dans le cadre d'une procédure en responsabilité.

Le FPV par contre est une institution particulière rattachée à la Cour pénale internationale dans l'objectif de faciliter l'exécution des condamnations ayant une incidence financière.

Institution non judiciaire et indépendante de la Cour pénale internationale, c'est l'article 98 du Règlement de Preuve et de Procédure qui définit ses deux principaux mandats. Conformément à son premier mandat, le Fonds est censé opérer en tant qu'instrument de la Cour. Sous le couvert d'un second mandat, il s'est vu accorder une sphère d'action qui est largement indépendante des activités judiciaires de la Cour.

En effet, le Fonds au profit des victimes (FPV) administre d'une part les ordonnances de réparation de la C.P.I lorsqu'un accusé est déclaré coupable et apporte d'une autre part une assistance générale aux victimes et à leur famille grâce aux contributions volontaires. Par son financement et ses projets, il tente de répondre à leurs besoins physiques, psychologiques et matériels.

La communauté internationale a ainsi de plus en plus le souci de fournir un cadre juridique à la réparation en faveur des victimes de violations graves des droits de l'homme et des libertés fondamentales.

Et la justice internationale ne mobilise plus le droit pénal dont le ressort est la sanction, mais le droit civil qui vise la réparation d'un acte passé par la restitution d'un bien ou l'indemnisation d'un dommage.

Ce droit réussira-t-il mieux que le droit pénal ? Il présente quelques limites qu'il est important de soulever.

Section 2 : Les limites de la justice civile dans la réparation du mémoricide

La justice civile se sert de l'argent comme d'un équivalent universel, capable de réparer tous les préjudices matériels, physiques et moraux qui puissent être subis par un individu ou un groupe d'individus.

Et l'indemnisation judiciaire résulte d'une combinaison entre le droit et l'argent, entre les rapports politiques et les rapports civils.

Dans la réparation des crimes contre l'histoire, le droit civil s'attaque à un objectif très ambitieux. L'idée de réparation gagne en généralité ce qu'il perd en précision juridique (paragraphe 1). Elle s'éloigne du droit et se rapproche de la politique.

En effet, l'indemnisation en argent ne peut être satisfaisante que si elle est intégrée à un rituel politique qui la mette en lumière. En d'autres mots, elle doit être précédée d'une parole politique (paragraphe 2).[1405]

Paragraphe 1 : La difficile transposition des règles de droit civil

Il semble difficile de transposer les règles du droit civil au niveau international. Celles-ci s'épanouissent au sein d'un État souverain qui en garantit l'application, car il est le seul capable de marier la force et le droit.

Une transposition de la justice interne au plan international serait à la rigueur concevable si les trois pouvoirs – législatif, exécutif et judiciaire – étaient promus en même temps. Ce qui n'est pas le cas.

Pourtant, comme souligné ci-dessus, le contentieux de l'holocauste a inauguré l'idée d'utiliser toutes les ressources du droit civil pour obtenir une réparation des préjudices de l'histoire devant des juridictions ordinaires.

Ces affaires, très critiquées, ont néanmoins inspiré des revendications identiques pour d'autres faits comme l'esclavage ou la colonisation. Les victimes de la Shoah ou encore de l'esclavage ont choisi la voie civile pour obtenir réparation.

Le droit civil est un droit objectif à la différence du droit pénal qui est un droit subjectif. Le droit civil concerne principalement les biens et non la personne, l'avoir et non l'être. C'est la raison pour laquelle il peut introduire des rapports financiers.

Chaque culture attribue un sens particulier à l'argent. Le crime contre l'humanité implique souvent plusieurs pays et donc plusieurs cultures. [1406] C'est pourquoi les sommes demandées pour la réparation de ces crimes sont symboliques[1407]. Elles signifient une reconnaissance.[1408]

1405 A. Garapon, *Peut-on réparer l'histoire ? Colonisation, esclavage, Shoah*, Odile Jacob, 2008. p.257

1406 Georg Simmel, *Philosophie de l'argent*, op. cit. p. 47

1407 Michael R. Marrus, «Official apologies and the quest for historical justice », The journal of Human Rights, vol 6, nº 1, 2007, pp. 75-105

La difficulté réside moins dans la justice civile que dans les attentes qui pèsent sur elle. On ne peut attendre de la justice civile une condamnation morale du mémoricide ou d'un quelconque autre crime de droit international.

Pourtant, les demandes de réparation contiennent une demande de reconnaissance adressée à une communauté politique par le biais de la justice.

La justice n'est pas censée réaliser cet objectif. La reconnaissance est une notion dont la nature est politique et non juridique. Elle ne peut et ne doit surtout pas le faire. L'une des conséquences de ces demandes est l'instrumentalisation de la justice.

Plusieurs historiens reprochent aux lois mémorielles de le faire. Celles-ci ne prévoient aucun mécanisme de sanction, d'indemnisation ou de délivrance d'un titre quelconque, mais reconnaissent l'existence d'un événement passé. [1409]

Tous les problèmes que posent les réparations par la justice civile des préjudices de l'histoire procèdent de ce paradoxe : la justice se voit confier une mission qui excède ses capacités.

Que faire ? Se rapporter à une stricte application du droit est, en l'espèce, insuffisant. Mais s'émanciper du droit positif est une démarche délicate. La politique semble apporter une réponse à cette problématique.[1410]

Paragraphe 2 : La nécessité d'une volonté politique

Les demandes de réparation des crimes de l'humanité brouillent la séparation entre le droit, la politique et la morale.[1411]

Pour plusieurs militants, la justice devrait s'éloigner de la politique. Pourtant, pour permettre l'application des principes définis au niveau local,

---

[1408] A. Garapon, *Peut-on réparer l'histoire ? Colonisation, esclavage*, Shoah, op. cit. p. 191

[1409] Marc Frangi, « Les lois mémorielles : de l'expression de la volonté générale au législateur historien », Revue de droit public, 2005, 1, p. 245

[1410] Antoine Garapon, « La justice comme reconnaissance », *Vérité, réconciliation, réparation*, sous la direction de Barbara Cassin, Olivier Cayla et Philippe Joseph Salazar, Paris, Seuil, coll. « Le genre humain », 2004

[1411] A. Garapon, *Peut-on réparer l'histoire ? Colonisation, esclavage, Shoah*, Odile Jacob, 2008, p. 258

il faut recourir à la force. Cette dernière réside principalement, voire exclusivement au niveau des États.

La souveraineté permet de mettre en œuvre les droits privés. Car l'union du droit et de la force est la condition de toute liberté.

Il est donc vain de prétendre séparer la justice de la politique. L'utilisation de la force a permis de mettre fin à des régimes barbares. Il faut donc récuser toute opposition radicale entre les politiques et les juristes, entre le droit « pur » et le politique « pur »[1412] pour laquelle chacun serait pollué par l'autre.

« *L'homme ne peut faire abstraction de sa condition politique ; la politique est à la fois une partie et l'englobant. La paix, en effet, est la condition de tout, y compris de la justice.*[1413]»

La volonté politique ne se matérialise pas nécessairement par l'usage de la force. Elle inclut en matière de réparation des formes très variées, adaptées au cas d'espèce, telle la reconnaissance de la violation, l'expression de regrets ou d'excuses formelles, ou encore l'octroi des dommages-intérêts parfois symboliques.

La première et la dernière forme de réparation citées ci-dessus paraissent mieux s'adapter aux exigences propres de la réparation des crimes de l'histoire.

En s'émancipant de la volonté – folle – de réparer intégralement un préjudice, la somme versée assume un caractère symbolique et prend le sens d'une offre de réconciliation. Les excuses publiques, quant à elles, ne remplissent pas la même fonction que la réparation matérielle. Elles ne se situent pas sur le même plan.

Les excuses publiques relèvent d'une décision politique tandis que l'octroi des dommages-intérêts mêmes symboliques relève de la reconnaissance d'une responsabilité civile. Il s'avère pour le moins délicat, voire impossible, d'obtenir des excuses publiques par le biais d'une réclamation de ses dettes devant un juge civil.

Ce dernier n'est pas le bon interlocuteur. La voie judiciaire n'est pas le moyen approprié pour poursuivre un but de nature politique. [1414]

[1412] Judith Shklar, *Legalism, Law, Morals and Political Trials*, Harvard University Press, 1964, p. 166

[1413] Antoine Garapon, *Des crimes qu'on ne peut ni punir, ni pardonner*, op. cit. p. 81

Par ailleurs, la recherche d'un équivalent monétaire présente des limites, car le juge doit bien évaluer le préjudice s'il souhaite que la réparation ne soit pas que symbolique. Et aucune somme d'argent ne peut réellement satisfaire les victimes.

La justice civile n'est pas pour autant disqualifiée. Pour réguler ses affaires humaines, elle fait appel à d'autres modes de réparation des préjudices de l'histoire. Les actions en réparation peuvent ainsi s'inspirer du droit naturel.

Parce que l'indemnisation n'est la propriété ni des juristes ni des économistes, elle ne peut être réduite à des problèmes matériels et techniques. Elle est un symbole. Le juge peut y recourir comme il peut ne pas y recourir en tenant compte des exigences d'une société aux configurations nouvelles et déroutantes.[1415]

[1414] Paul Ricœur, *Parcours de la reconnaissance. Trois études*, Paris, Stock, 2004, p. 322.

[1415] A. Garapon, *Peut-on réparer l'histoire ? Colonisation, esclavage, Shoah*, op. cit. p. 259-260

Chapitre 2 : Les nouvelles formes de justice

Au milieu des années 1990, la communauté internationale est confrontée à un choix crucial. Devant l'atrocité des crimes recensés en ex-Yougoslavie et au Rwanda, de vifs débats opposent les partisans des politiques de pardon aux partisans des politiques de châtiment en matière de crimes de droit international.

Pour les premiers, la priorité doit être accordée à la restauration des victimes et non à la condamnation des criminels. Ils dénoncent aussi dans la justice pénale internationale « *le rêve d'une justice rendue par les anges dans un monde d'hommes* »[1416]. La justice internationale, selon eux, empêcherait la société de s'engager dans un processus de reconstruction sociale.

Inversement, les partisans des poursuites pénales et de la politique du châtiment estiment que sans une justice pénale digne de ce nom, le cycle de la violence ne peut que perdurer.[1417]
Antonio Cassese, premier président du T.P.I.Y, dans son premier rapport au Conseil de sécurité de l'ONU en 1994, pouvait affirmer que la justice pénale internationale était indispensable pour aboutir à la paix.[1418]

Parce que le procès pénal classique n'apparaît pas toujours adapté, des formes alternatives de justice ont été imaginées. La solution punitive intégrale qui a toujours prévalu en droit pénal international n'est pas toujours la plus satisfaisante surtout en ce qui concerne les crimes l'histoire ou contre la mémoire. « *On peut juger sans nécessairement punir* » affirme d'ailleurs Antoine Garapon.

Pour beaucoup de « fous de la mémoire », la « vérité » permet de se passer des règles. La mémoire devrait être l'élément central qui justifierait que les

---

[1416] Alain Finkielkraut, entretien avec l'auteur, *Le Temps*, Genève, 6 décembre 1999.
[1417] Pierre Hazan, *Juger la guerre, juger l'histoire*, Presses Universitaires de France, 2007, p. 85
[1418] Premier rapport du président du T.P.I.Y devant l'Assemblée générale des Nations unies, New York, 29 août 1994, A/49/342, S/1994/1007, §15.

règles de procédure et les principes directeurs du procès soient écartés, car ces instruments ne remplissent pas l'objectif aujourd'hui visé.[1419]

Car elle est un devoir. Il faut maintenir vivant le souvenir. Mais une mémoire excessive – l'abus d'histoire – peut se révéler aussi dangereuse pour la vie en communauté d'une société qu'un oubli systématique.

Il ne faut pas, estime le philosophe Tzevatan Todorov, sacraliser la mémoire. Poussé à ces extrémités, le culte de la mémoire pourrait devenir abusif. Il détournerait les hommes du présent et de l'avenir. Or, il faut penser au présent et à l'avenir.

Faut-il alors savoir oublier ? De quel oubli est-il question ?

Il ne s'agit pas de l'oubli temporel lié à l'usure du temps ou de l'oubli juridique lié à une décision d'amnistie. Il s'agit d'un oubli qui offre le pardon afin de reconstruire une société.[1420]

Si l'interrogation sur le caractère atroce de la Shoah demeure, la formule qu'utilisait Hannah Arendt, la philosophe juive, dans son livre paru en 1961 *La condition de l'homme* dans lequel est admirable.

Elle plaide à la fois pour le pardon qui n'est pas l'oubli et pour la promesse d'un avenir où les personnes qui ont participé au Mal absolu réussiraient à s'insérer dans la communauté.[1421] Cette idée du pardon et celle de la promesse sont, à l'exemple de la pensée de R. Schuman, le plus sûr ciment de la compréhension mutuelle et de la coopération[1422].

Le risque de l'amnésie, de la banalisation du passé, est cependant réel. Certains auteurs ont avancé l'idée selon laquelle la construction européenne est la conséquence d'une quasi-amnésie.

[1419] Antoine Garapon, *Des crimes qu'on ne peut ni punir, ni pardonner*, op. cit. p. 167

[1420] Cf. Todorov T., *Les abus de la mémoire*, Paris, Arléa, 2004 ; Traverso E., *Le passé mode d'emploi : Histoire, mémoire*, politique, Paris, La Fabrique, 2005 ; Ricœur P., *La Mémoire, l'Histoire, l'Oubli*, Paris, Seuil, 2003.

[1421] Hannah Arendt, *La condition de l'homme*, Paris, Calmann-Lévy, 1961

[1422] Cf. Delors J., « Le pardon et la promesse. L'héritage vivant de Robert Schuman » (discours du 9 mai 2000 au Luxembourg à l'occasion de la commémoration du cinquantième anniversaire de la Déclaration Schuman), Paris, Notre Europe, mai 2000.

Pour repartir sur de nouvelles bases et pour éviter de traîner pendant plusieurs années les haines et les vengeances nées des blessures du passé, Winston Churchill, dans son discours prononcé à l'université de Zurich, le 19 septembre 1946, déclarait qu'il faut un « *acte d'oubli salutaire* ».

En d'autres termes, il s'agit de tourner le dos aux horreurs du passé afin de regarder vers l'avenir. Ce Premier ministre britannique affirma que « *si l'Europe doit être sauvée d'une misère infinie et en fait de la destruction définitive, il faut qu'il y ait cet acte de foi dans la famille européenne, et cet acte d'oubli envers tous les crimes et les actes de folie du passé* ».[1423]

En effet, pour que l'Europe vive, il fallait une paix durable explicitement prévue dans un projet au risque d'une amnésie des peuples. Guérir les plaies de la mémoire par une pédagogie fondée sur l'oubli des contentieux était la politique adoptée par l'Europe après la guerre.

Pourtant, la capacité collective à expliciter « scientifiquement » les éléments du passé peut offrir la possibilité d'une construction politique assainie. Car « *tout renoncement à une culture démocratique de la mémoire se venge dans l'histoire et rend vain à long terme toutes politiques de réconciliation*[1424]».

À la justice des hommes, il faut préférer d'autres formes de justice. On parle généralement de justice naturelle ou de justice transitionnelle. Cette dernière, loin de faire l'unanimité en doctrine ou au sein des organisations internationales, est néanmoins privilégiée à la justice naturelle.
Car dans un contexte international de lutte contre l'impunité et de sanctions attendues des violations à grande échelle des droits fondamentaux, la justice transitionnelle semble bénéficier d'un statut particulier.[1425]

Elle répond au souci de proposer une nouvelle forme de justice différente du modèle qui a longtemps prévalu (Section 1) par la mise en œuvre de mécanismes non juridictionnels, voire non juridiques (Section 2).

[1423] Stephan Martens, *La France, l'Allemagne et la Seconde Guerre mondiale Quelles mémoires* ?, Presses universitaires de Bordeaux, 2007, pp. 15-16
[1424] Cf. Rauschenbach B., « La Mémoire des traumatismes collectifs et la politique de réconciliation. Variations sur un thème avec accent allemand », Revue d'études comparatives est-ouest, vol. 31, n° 1, 2000, pp. 7-32.
[1425] Fabrice Hourquebie, « La notion de "justice transitionnelle" a-t-elle un sens ? » http://www.droitconstitutionnel.org/congresParis/comC5/HourquebieTXT.pdf

Section 1 : La signification théorique de la notion de justice transitionnelle

Dans son rapport relatif au « *rétablissement de l'État de droit et administration de la justice pendant la période de transition dans les sociétés en proie à un conflit ou sortant d'un conflit* », le secrétaire général des Nations Unies affirme que le rétablissement de la paix n'est possible que si la population est assurée d'obtenir réparation à travers un système juridique légitime.[1426]

Il ressort de cette déclaration du secrétaire général des Nations Unies que pour sortir durablement de la violence, il conviendrait de recourir à des mesures de réparation réellement adaptées : celles de la justice transitionnelle.

Conçue comme un ensemble de mécanismes mis en œuvre à la suite d'un conflit, la justice transitionnelle est historiquement née à Nuremberg en 1945. [1427] Le terme même de justice transitionnelle n'est toutefois apparu que plusieurs décennies plus tard. Il figure désormais dans une littérature de plus en plus abondante.[1428]

Cette justice, aux contours parfois incertains (Paragraphe 1), a été mise en place pour répondre à un objectif bien précis (Paragraphe 2).

Paragraphe 1 : Une justice aux contours incertains

La justice transitionnelle est marquée par diverses incertitudes terminologiques (A) qui ne facilitent pas le travail pourtant essentiel de sa définition (B).

1426 Rapport du secrétaire général des Nations Unies devant le Conseil de sécurité, « Rétablissement de l'État de droit et administration de la justice pendant la période de transition dans les sociétés en proie à un conflit ou sortant d'un conflit », Doc. S/2004/616, 23 août 2004, p.7, paragr. 8 Conseil de sécurité des Nations Unies, S 2004/616,23 août 2004.

1427 Pierre Hazan, *Juger la guerre, juger l'histoire*, Presses Universitaires de France, 2007, p. 17

1428 Marina Eudes, « La justice transitionnelle » in *Droit international pénal*, sous la direction de Hervé Ascensio, Emmanuel Decaux et Alain Pellet, Éditions A. Pedone, 2012, p. 593

A- Difficultés terminologiques

La justice transitionnelle est formée de l'agrégation de deux notions aux contours flous : la justice et la transition.

La justice renvoie à plusieurs notions telles que l'équité, la morale, l'intégrité, l'impartialité… C'est aussi l'organisation du pouvoir judiciaire. Elle est une juridiction stable, continuelle et permanente.

La transition est le passage d'un état à un autre. Par définition, dans une société c'est l'existence d'un état troublé et provisoire. Elle recouvre plusieurs réalités. Elle désigne les États dont le régime politique vient de changer[1429] et qu'il faut accompagner vers un régime politique stable, un régime de liberté, un régime droit.[1430]

Ainsi, l'expression « justice transitionnelle » soulève certaines interrogations. Ce n'est pas la justice qui est en transition, mais les sociétés qui ont connu des dictatures sanglantes, des crimes contre l'humanité, des actes de génocide, de mémoricide… qui le sont.

Dans ces conditions, l'idée dégagée par la justice est-elle compatible avec celle dégagée par la transition?

En dépit de ces difficultés, la formule « justice transitionnelle » a été retenue en ce qu'elle offre l'avantage d'être suffisamment général pour répondre à un objectif précis.

La recherche de la paix civile et de la justice sont les impératifs de la justice transitionnelle. Créer un État de droit, malgré les crimes commis précédemment, est un défi même si faire face à un passé criminel reste toujours délicat.[1431]

Le désir de réconciliation comme un objectif social doit-il sacrifier la quête de justice ? [1432] La punition des responsables ne met-elle pas en danger la démocratie naissante ?

[1429] Marina Eudes, « La justice transitionnelle » in *Droit international pénal*, op. cit. p. 594

[1430] Fabrice Hourquebie, « La notion de “justice transitionnelle” a-t-elle un sens ? », op. cit.

[1431] Ruti Teitel, *Transitional Justice*, New York, Oxford University Press, 2000, p. 3

[1432] Robert I. Rotberg et Dennis Thompson (eds), *Truth versus Justice, the Morality of Truth Commissions*, Princeton, Princeton University Press, 2000, p. 8

Unissant le concept de justice à celui de transition, la justice transitionnelle devient incontournable dès lors qu'il existe une tension entre le droit et la violence. Elle élabore et propose des solutions concrètes qui tiennent compte de la situation ou du réalisme politique de la société dans laquelle elle est appelée à s'appliquer.[1433]

B- Définition retenue

Le terme de justice transitionnelle apparaît pour la première fois en 1992 sous la plume de la juriste Ruti Teitel. Elle définit la justice transitionnelle comme « *un concept de la justice, intervenant en période de changement politique, qui se caractérise par une réponse juridique aux méfaits de régimes répressifs révolus* »[1434].

Après elle, plusieurs juristes ont essayé de définir cette notion. Mark Freeman considère que la justice transitionnelle est l'ensemble des moyens mis en œuvre par une société pour passer de l'état de guerre à celui de la paix, du régime autoritaire au régime démocratique.[1435]

Alex Boraine, quant à lui, considère que la justice transitionnelle ne s'oppose pas à la justice pénale. Au contraire, elle l'enrichit et l'approfondit en poussant les criminels à rendre compte des actes posés devant des victimes en attente de réponse. Seule la reconnaissance de tels actes rentre dans le processus de réconciliation nécessaire à la reconstruction d'une société en mutation ou en transformation.[1436]

La définition qui est donnée à la notion de « justice transitionnelle » diverge selon le milieu francophone ou anglophone.

Selon Violaine de Villemeur, la France et l'Angleterre n'ont pas la même vision de la notion de justice. Tandis que la première assimile la justice à une

---

1433 Pierre Hazan, *Juger la guerre, juger l'histoire*, Presses Universitaires de France, 2007, p. 47

1434 Ruti Teitel, « Transitional justice genealogy », *Harvard Human Rights Journal*, 16, Spring 2003, p. 69

1435 Marc Freeman, *Qu'est-ce que la justice transitionnelle*, Bruxelles : Centre International de Justice Transitionnelle, Haut Commissariat aux Droits de l'Homme, 2003, p.1.

1436 Alex Borraine, « La justice transitionnelle », in *Les Ressources de la transition,* Le Cap, Institut pour la Justice et la Réconciliation, 2005, p. 19.

institution et à un système. La deuxième a une vision plus large de la justice, car elle y intègre une dimension sociétale.[1437]

En effet, le milieu francophone a tendance à restreindre la justice transitionnelle à un type de mesure : les Commissions de vérité. A contrario, le monde anglo-saxon étend la justice transitionnelle. Cette dernière recouvre aussi bien les mesures judiciaires (poursuites pénales devant les tribunaux nationaux ou internationaux, réparations aux victimes) que les mesures non judiciaires ou complémentaires au système judiciaire classique.[1438]

La justice transitionnelle englobe l'éventail complet des mécanismes tant judiciaires que non judiciaires, avec (le cas échéant) une intervention plus ou moins importante de la communauté internationale. »[1439]

Paragraphe 2 : La finalité de la justice transitionnelle

J.-F. Burgelin et P. Lombard affirment ceci : « *La contemplation du passé possède quelques vertus. Ne les négligeons pas. Aucun schéma ne s'imposant à nous, ayons la modestie de nous tourner vers l'Histoire pour éviter de réitérer les erreurs qui ont conduit à la situation actuelle* ».[1440]

La justice transitionnelle fascine. Elle se propose d'apporter une solution aux crimes du passé et aux violences du présent. Elle favorise la guérison des sociétés par la mise en place des Commissions de vérités, le vote des lois mémorielles. En un mot, elle favorise le devoir de mémoire et le rétablissement d'un État de droit. [1441] Il y a ici une tentation de surestimer le droit, l'histoire et la mémoire.

Il est certes vrai que la restauration de la dignité des victimes facilite les changements institutionnels nécessaires à toute nouvelle relation au sein de la population entre les différents groupes antagonistes. Par ailleurs, seule la

---

1437 Violaine de Villemeur, *La gouvernance démocratique,* Paris, Karthala, 2007, pp. 503-504.

1438 Roxann Odoukpe, « Réflexions sur la justice transitionnelle », Mémoire de DEA, UCAO/UUA, 2009, http://www.memoireonline.com/07/10/3695/m_Reflexion-sur-la-justice-transitionnelle0.html

1439 §§ 8 et 26 du Doc. S/2004/616, Conseil de sécurité des Nations Unies, 23 août 2004 précité

1440 J.-F Burgelin et P. Lombard, *Le procès de la justice*, Plon, 2003, p. 18

1441 Desmond Tutu, *Il n'y a pas d'avenir sans pardon*, Paris, Albin Michel, 2000

restauration de la primauté du droit peut garantir le fonctionnement régulier des institutions judiciaires.

Pour y parvenir, elle doit faciliter, la justice transitionnelle combine généralement des mesures réparatrices de justice restauratrice (Commissions de vérité, réconciliation, le désarmement, le renforcement de la sécurité...[1442]) avec les moyens de justice punitive (condamnation des criminels).

Cette justice repose sur un ambitieux pari, celui de considérer les politiques de châtiment et les politiques de pardon comme la réponse contre la barbarie et la violence, mais aussi comme le vecteur d'un projet de paix.

Au nom de l'importance de ces enjeux, la justice transitionnelle ne peut que recouper à la fois les pratiques politiques en matière de résolution des conflits (les processus de réconciliation nationale) que les pratiques judiciaires et non judiciaires.[1443]

La création du T.P.I.Y est ici est un exemple éloquent.

Le juriste américain Michael Scharf, l'un des rédacteurs des Statuts du Tribunal, a souligné que le Conseil de sécurité a créé ce Tribunal pour des raisons juridiquement discutables. Il a été un instrument politique utile pour favoriser la paix, justifier certains actes et maintenir le soutien de l'opinion aux bombardements de l'OTAN.[1444]

Sans doute plus que tout autre, ce tribunal a été conçu pour servir d'abord la politique et non la justice. Pour accomplir sa mission, il dépendait de ses fondateurs au Conseil de sécurité et de leurs intérêts politiques.

Et les grandes puissances ne voyaient dans le T.P.I.Y qu'un simple instrument au service de la paix. Le choix imposé par ce Tribunal aux principaux responsables était celui-ci : la paix ou la prison.[1445]

1442 Eric Sottas, « Justice transitionnelle et sanction », http://www.icrc.org/fre/assets/files/other/irrc-870-sottas-web-fra-final.pdf

1443 Pierre Hazan, *Juger la guerre, juger l'histoire*, Presses Universitaires de France, 2007, pp. 12-14

1444 Michael Scharf, *Indicted for War Crimes, then what* ?, Washington Post, 3 octobre 1999

1445 Florence Hartmann, *Paix et châtiment, les guerres secrètes de la politique et de la justice internationales*, Flammarion, 2007, pp. 25-26

La subordination de l'exercice de la justice à l'impératif de la paix n'a pas démontré son efficacité. La guerre s'est poursuivie plusieurs années après la création du T.P.I.Y.

La raison en est toute simple. Le juge n'a pas le pouvoir de mettre fin à une guerre. Son rôle se limite à l'application des règles de droit et en l'espèce à la sanction les criminels. Il ne peut pas se substituer à une action politique. Son rôle n'est pas d'agir, mais de juger.[1446]

Créé principalement pour ramener la paix dans ce territoire en guerre et non pour juger les plus hauts responsables politiques et militaires du carnage ex-yougoslave, ce Tribunal a dû faire face à beaucoup de difficultés.

Il est toutefois considéré de nos jours comme le précurseur d'une justice internationale en marche. Encore imparfaite dans son fonctionnement, la Cour pénale internationale s'est inspirée de cet héritage.

Elle est le fruit d'un mariage entre l'utopie et l'obstination. Elle offre un lieu d'expression à un nombre de plus en plus grand de victimes qui souhaitent se libérer d'un passé atroce parfois irréparable.

Cependant, pour des raisons pratiques et/ou politiques liées au très grand nombre d'auteurs présumés coupables, il est parfois préférable d'employer des méthodes non juridictionnelles.

Comme souligné ci-dessus, les mécanismes de justice transitionnelle présents à travers le monde peuvent être classés en deux catégories, plus ou moins valorisées dans les sociétés concernées selon qu'ils ressortent du modèle juridictionnel – avec une préférence pour la justice punitive – ou non juridictionnel – avec une préférence pour la réconciliation et la paix.

Toute réconciliation exige que les victimes et les auteurs des crimes parviennent à accepter le passé sans injurier l'avenir.[1447] Elle exige de renoncer aux plaintes judiciaires qui de toute façon auraient peut-être peu de chances de prospérer.

À la justice des hommes, il faut peut-être préférer la réconciliation.

[1446] Florence Hartmann, *Paix et châtiment, les guerres secrètes de la politique et de la justice internationales*, op. cit. pp. 23, 32-33

[1447] Ervin Staub, Laurie Anne Pearlman, "Healing, Reconciliation, and Forgiving after Genocide and Other Collective Violence", http://www.beyondintractability.org/essay/trauma_healing.

Le mot « réconciliation » vient du latin « reconciliare », c'est-à-dire rétablir, remettre en état. Selon Aida Kanafani-Zahar, il trouverait son origine dans la pratique de nouer le voile blanc. Si l'acte de nouer symbolise le lien, la couleur blanche est le symbole de la paix.[1448]

Le désir de réconciliation peut justifier le renoncement à l'exercice du droit d'obtenir réparation.[1449]

Section 2 : La mise en œuvre de la justice transitionnelle

La justice transitionnelle a été mise en œuvre tant en Amérique latine (Argentine, Chili, Salvador) qu'en Asie (Sri Lanka et Timor oriental) et sur les continents africain (Afrique du Sud, Sierra Leone, Rwanda) et européen (ancien pays du bloc de l'Est, ex-Yougoslavie).

Concrètement, cela s'est traduit par la création de plusieurs dizaines de Commissions de vérité, juridictions spéciales (nationales, internationales ou mixtes) et institutions chargées de réparer les dommages subis par les victimes.[1450]

Face à la diversité des pratiques, il semble utile de n'en étudier que celles qui n'ont pas encore été abordées dans la présente thèse. Ainsi les mécanismes non juridictionnels (Paragraphe 1) qui peuvent malheureusement rencontrer certaines difficultés (Paragraphe 2) seront étudiés.

Paragraphe 1 : Les mécanismes non juridictionnels de la justice transitionnelle

Deux méthodes non juridictionnelles se dégagent de la pratique internationale.

1448 Aida Kanafani-Zahar, *Liban la guerre et la mémoire*, préface d'Antoine Garapon, Presses universitaires de Rennes, mai 2011, p. 11

1449 Aida Kanafani-Zahar, *Liban la guerre et la mémoire*, op. cit. p. 10

1450 Marina Eudes, « La justice transitionnelle » in *Droit international pénal*, sous la direction de Hervé Ascensio, Emmanuel Decaux et Alain Pellet, Éditions A. Pedone, 2012, p. 594

La première consiste à reconstruire l'État de droit par le rétablissement des organes législatifs, judiciaires et exécutifs, notamment des forces policières et militaires, conformes aux standards internationaux.[1451]

La prééminence de la règle de droit est incontestable et inévitable afin d'éviter l'impunité, prévenir de nouveaux conflits et rétablir l'État de droit.

La seconde tendance repose sur la logique de la justice restauratrice représentée généralement par les Commissions de vérité (A). Notre étude se limitera à cette dernière tendance qui trouve sa force dans la vérité (B) plutôt que dans la peine.

A- Les Commissions de vérité

Il y a lieu de faire une nette distinction entre d'une part l'amnistie pure et simple et d'autre part les processus de rétablissement de la paix. Ces dernières constituent une véritable alternative au procès pénal.

L'amnistie a été choisie pour rétablir l'unité de la nation brisée lors de la guerre froide. Cette stratégie de réconciliation nationale, souligne Paul Ricœur, a de profondes conséquences sur l'écriture de la mémoire.

L'amnistie, note-t-il, est « *un oubli juridique limité, mais de vaste portée, dans la mesure où l'arrêt des procès équivaut à éteindre la mémoire dans son expression attestataire et à dire que rien ne s'est passé* »[1452].

Dans les années 1970, le président Charles de Gaulle interdira la diffusion à la télévision française du documentaire *Le chagrin et la pitié*, de Max Ophuls. « *La France n'a pas besoin de vérité [...]. Ce qu'il faut lui donner, c'est l'espoir, la cohésion et un but.* [1453]»

Un demi-siècle plus tard, les choses étaient radicalement différentes. La justice transitionnelle a renversé l'approche gaullienne. Si au nom de l'unité

[1451] Marina Eudes, « La justice transitionnelle » in *Droit international pénal*, op. cit. p. 597

[1452] Paul Ricœur, *La mémoire, l'histoire, l'oubli*, Paris, Le Seuil, 2000, p. 58

[1453] Cité in Rony Brauman, *Éloge de la désobéissance. À propos d'un spécialiste*. Adolf Eichmann, Paris, Le Pommier, 1999, p. 52.

nationale, le silence était préféré, aujourd'hui, il est écarté au profit de la parole. La victime occupe désormais une place sacrée.[1454]

La mise en place des Commissions de vérité a eu pour mérite de préserver la paix, tout en donnant une certaine satisfaction aux familles des victimes.

En effet, à défaut de procès – cela étant matériellement et politiquement impossible –, les gouvernements ont mis en place les Commissions de vérité dignes de ce nom. La première a été créée sous Idi Amin Dada, en Ouganda, en 1974.

Ainsi, le recours à la Commission-vérité n'est plus une solution par défaut, mais un choix positif. La plus intéressante, et sans conteste la plus populaire, est celle qui s'est tenue en Afrique du Sud. Elle se distingue des autres en ce qu'elle s'est vue doter de la possibilité d'accorder des amnisties contre des aveux précis.

En effet, les généraux qui ont protégé Nelson Mandela lors de ses négociations secrètes avec Patrick de Klerk encore au pouvoir menaçaient le leader noir d'une guerre civile s'ils étaient pénalement poursuivis.

La création de cette Commission-vérité et Réconciliation est le compromis politique atteint entre ces deux exigences contradictoires : l'exigence de justice et celle d'amnistie. La vision de cette Commission est claire. Seule la justice restauratrice, plus efficace que la justice pénale produirait les résultats escomptés : des valeurs communes, une nouvelle identité collective.[1455]

En effet, plus qu'une vérité salvatrice ou la reconnaissance des victimes, cette Commission nourrissait le désir de restaurer le vivre ensemble. Elle a fait le pari que l'absence de condamnation des agresseurs sera compensée par l'assurance pour les générations futures, d'une vie paisible.[1456]

Malgré la diversité des Commissions de vérité, des points communs peuvent tout de même être relevés. Elles sont autorisées et facilitées par les pouvoirs publics. Elles ont un caractère temporaire et elles font l'objet d'un rapport publié.

[1454] Pierre Hazan, *Juger la guerre, juger l'histoire*, Presses Universitaires de France, 2007, p. 58

[1455] Pierre Hazan, *Juger la guerre, juger l'histoire*, op. cit. pp. 49-50

[1456] Antoine Garapon, *Des crimes qu'on ne peut ni punir, ni pardonner*, op. cit. pp. 288-289

B- La vérité plutôt que la peine

Le mot « vérité » dérive du latin veritas, verus qui signifie « vrai ». La diversité des interprétations du mot a engendré et continue d'engendrer de nombreuses controverses.

Sans prendre part aux débats et réflexions des penseurs et philosophes, la vérité peut être définie selon le dictionnaire Larousse comme « *la connaissance ou l'expression d'une connaissance conforme à la réalité, aux faits tels qu'ils se sont déroulés* ». Ce qui est vrai est ce dont on peut apporter la preuve.

Karl Jaspers avait déjà rêvé d'une fonction judiciaire qui se limiterait à établir les faits. Il déclarait : « *j'ai une idée folle et un peu simplette : ce serait extraordinaire de renoncer à la procédure judiciaire en faveur d'une procédure d'enquête et de clarification. Le but serait une meilleure objectivation possible des faits historiques. Le résultat final ne serait pas une sentence prononcée par des juges, mais la certitude concernant les faits, dans la mesure où elle peut être obtenue...* [1457]»

Et Hannah Arendt de rajouter en ce qui concerne la vérité devant les tribunaux : « *À défaut de vérité (on) trouvera cependant des instants de vérité, et ces instants sont en fait tout ce dont nous disposons pour mettre de l'ordre dans ce chaos d'horreur.* [1458] »

Les juridictions ne peuvent garantir aux victimes le droit inaliénable à connaître la vérité sur les crimes qu'ils ont subi. La force d'une Commission-vérité, par contre, est de rechercher la vérité.

Toute Commission privilégie d'emblée la dignité des victimes au détriment de la punition des coupables. La perspective de la peine fausse le témoignage. Pourtant tout le monde – y compris les générations futures – a intérêt à connaître ce qui s'est réellement passé.

Fermer les yeux devant ce qui s'est passé et l'ignorer comme s'il ne s'était rien passé prolonge indéfiniment une source durable de douleur, de division,

---

[1457] Lettre de Karl Jaspers à Hannah Arendt du 16 décembre 1960 : Hannah Arendt, Karl Jaspers, *Correspondance* (1926-1969), Paris, Payot, 1996, p. 558 (trad. fr. par Éliane Kaufholz-Messmer), Voir aussi Hannah Arendt, « Le procès d'Auschwitz », *Auschwitz et Jérusalem*, Paris, Deuxtemps Tierce, 1991 (éd. 1997), pp. 257-258.

[1458] Hannah Arendt, « Le procès d'Auschwitz », *Auschwitz et Jérusalem*, Paris, Deuxtemps Tierce, 1991 (éd. 1997), pp. 257-258.

de haine et de violence au cœur de chaque société.[1459] L'éclaircissement de la vérité et la recherche de justice, au contraire, créent le climat moral indispensable à la réconciliation et à la paix[1460].

Il est important de souligner qu'à chaque mémoire correspond une vérité différente. Mais ce qui importe ici est « *la libération de la "parole en tant que telle" : la parole qui se souvient, la parole qui reconstruit, la parole qui accuse, la parole qui pardonne et qui amnistie.*[1461] »

Dans cette perspective, la libération de la parole dans un espace public participe symboliquement à la réconciliation. Cependant, certains obstacles peuvent freiner toutes les stratégies de réconciliation.

Paragraphe 2 : Les obstacles de la justice transitionnelle et son effectivité

La justice en période transitionnelle peut donc être rendue non seulement par des mécanismes judiciaires (juridictions ordinaires, spéciales, mixtes), mais également par des mécanismes non judiciaires (Commission-vérité, Gacaca[1462]...).

Au titre des seconds mécanismes, les mécanismes para ou extra judiciaires remplissent une fonction restauratrice que la justice ordinaire, au vu de la limitation de ses moyens et de l'ampleur des exactions commises, est incapable de remplir. L'ampleur des exactions commises et la faiblesse des ressources humaines et financières rendent invariablement la justice nationale impossible.

Par ailleurs, les systèmes judiciaires conçus pour traiter les crimes se produisant exceptionnellement sont parfois dans l'impossibilité de disposer de ressources psychologiques et matérielles nécessaires pour pouvoir faire face à un contexte plutôt inhabituel dans lequel le crime serait la règle.

Au Rwanda, par exemple, c'est la solution punitive intégrale qui a d'abord prévalu. La seule réponse au génocide qu'a pu apporter la communauté

[1459] Judith Lewis Herman, *Trauma and Recovery*, New York, Basic Books, 1992, p. 1

[1460] Sandrine Lefranc, *Politiques du pardon*, Paris, PUF, 2002, p. 46

[1461] Mauro Bottaro, *Se réconcilier au nom de quel passé ?* Mémoire non publié présenté à l'EHESS, Paris, 2005

[1462] La Gacaca – qui désigne littéralement la pelouse sur laquelle se tenaient ces juridictions – est une procédure coutumière rwandaise qui avait pour objectif de faire émerger la vérité de ce qui s'est passé pendant le génocide et les massacres qui y sont liés, reconnaître qui a été victime, déterminer le rôle de chacun des accusés.

internationale a consisté à l'institution du T.P.I.R qui reprend les éléments essentiels du Statut du T.P.I.Y.[1463]

La spécificité de ce génocide et les causes profondes qui l'ont menée ont montré les limites d'une option exclusivement pénale. L'appareil judiciaire rwandais était dans l'impossibilité de juger les milliers de prisonniers arrêtés.

Une ancienne procédure coutumière, la Gacaca – juridiction traditionnelle – a été réveillée sous l'initiative du gouvernement pour contribuer à la réconciliation après le génocide.

Ainsi, la plupart des processus de justice transitionnelle complètent la solution juridictionnelle par une solution non judiciaire.

Parce que la justice restauratrice se fonde sur des notions relevant plus de la morale et de psychologie individuelle et collective que sur du droit : conciliation, réconciliation, pardon, souvenir, mémoire..., elle est un sujet complexe pour le travail des juristes qui perdent ici leurs repères.[1464]

A- Les obstacles juridiques, matériels et politiques

Les premières difficultés fréquemment rencontrées par les promoteurs de la justice transitionnelle dans une société issue d'une guerre ou d'une période de dictature sont d'ordre juridique.

Elles consistent dans l'existence de textes législatifs ou constitutionnels, issus de l'ancien système, et favorisants l'impunité des responsables des crimes commis.

La justice transitionnelle, comme toute autre justice, doit veiller à garantir l'effectivité du droit au juge. L'article 14 du Pacte international relatif aux droits civils et politiques ou l'article 6 de la Convention européenne des droits de l'homme rappellent que tout homme a droit à ce que sa cause soit entendue équitablement par un tribunal impartial et indépendant.

[1463] Antoine Garapon, *Des crimes qu'on ne peut ni punir, ni pardonner*, op. cit. p. 292

[1464] Marina Eudes, « La justice transitionnelle » in *Droit international pénal*, op. cit. p. 598

Il est donc nécessaire que dès le début de la transition, une priorité soit donnée à la réforme de la justice et de son administration[1465] afin de faciliter l'établissement de la justice transitionnelle.

Loin de s'ériger en justice de substitution, la justice transitionnelle doit être envisagée dans une logique de complémentarité avec la justice pénale ordinaire. La justice transitionnelle repose sur une vision plus vaste et plus profonde de la justice qui n'est pas basée sur la seule fonction punitive. Les Commissions de vérité jouent un rôle à côté des poursuites judiciaires sans les remplacer.[1466]

En règle générale, divers obstacles matériels et politiques viennent perturber la mise en œuvre de la justice transitionnelle. Le manque de moyens disponibles pour reconstruire l'appareil d'État en raison de l'effondrement des finances publiques, ou encore la perte d'archives en est des exemples.

En outre, la société en transition peut être confrontée à des rivalités parfois violentes entre plusieurs groupements politiques revendiquant chacun le pouvoir. Les objectifs de la justice transitionnelle peuvent ne pas être atteints et les recommandations proposées par les Commissions de vérité peuvent ne pas être mises en oeuvre à cause notamment des choix politiques, économiques et sociaux du nouveau gouvernement.[1467]

B- L'effectivité de la justice transitionnelle

La justice transitionnelle rentre dans un cadre pluridisciplinaire. Elle se situe entre la morale, la politique, la psychologie, l'histoire et le droit.

Comment alors concevoir les relations entre le procès et le pardon ? Faut-il renoncer à greffer quelques éléments du pardon dans la justice ?

Le pardon ne doit pas empêcher qu'il puisse exister un moment de justice.

[1465] L. Joinet, « Justice transitionnelle : principes et standards internationaux ; un état des lieux », in *Justice transitionnelle dans le monde francophone*, Séminaire international de Yaoundé, 4-6 décembre 2006.
[1466] Fabrice Hourquebie, « La notion de "justice transitionnelle" a-t-elle un sens ? », op. cit.
[1467] Marina Eudes, « La justice transitionnelle » in *Droit international pénal*, op. cit. p. 599

La Commission-vérité et Réconciliation sud-africaine a été présentée comme une forme de justice plus achevée que le procès. Elle a inauguré un genre nouveau de justice qui s'affranchit des contraintes du procès pénal. Elle a offert, par l'aveu, la possibilité d'une justice à la fois personnelle et collective, judiciaire et historique, tournée vers le passé et vers l'avenir.

Plusieurs critiques lui reprochent cependant son caractère émotif, religieux, moralisateur et son incapacité à appeler à la barre certains grands responsables de l'apartheid, son défaut d'indemnisation financière de victimes et l'absence de condamnation à des peines de prison.

Par ailleurs, les déclarations officielles, l'expression publique du repentir des anciens bourreaux ou les excuses officielles des représentants de l'État sont aussi d'autres formes de justice.

Tout comme les Commissions de vérité, ces actes de contrition publique sont malheureusement souvent critiqués parce qu'ils jettent la confusion entre deux registres qui doivent demeurer distincts, à savoir celui de la morale et celui de la politique.

Dans un article au titre explicite, « justice : The first casualty of truth » (la justice, première victime de la paix), le vice-directeur de l'organisation Human Rights Watch, Reed Brody, constate que la réconciliation tant vantée par les promoteurs de la Commission-vérité se révèle souvent « une cruelle plaisanterie » pour les victimes confrontées à leurs tortionnaires impunis.

Selon lui, ces commissions sont « *une échappatoire commode pour les gouvernements criminels qui veulent se soustraire à la justice* ».[1468] Il reconnaît qu'il est nécessaire pour la justice restauratrice de punir les auteurs de crimes contre l'humanité.

Cependant, la justice pénale internationale est chère, lente et incapable de gérer l'excédent de coupables auxquels elle prétend s'adresser.

La réalité du terrain révèle ainsi que les outils de la justice transitionnelle présente des limites. La réconciliation nationale au moyen de la reprise du dialogue entre les anciens adversaires est l'objectif principal de cette justice.[1469]

Cet objectif est-il toujours atteint ?

[1468] Reed Brody, « Justice : The first casualty of truth, Human Rights Watch ». http://hrw.org/english/docs/2001/04/30/global12849_txt.htm

[1469] Pierre Hazan, *Juger la guerre, juger l'histoire*, op. cit. pp. 86-87

Nul ne le sait avec certitude. Il est étonnant de constater l'absence d'études exhaustives concernant l'efficacité de la justice transitionnelle.

CONCLUSION

Il existe en droit international humanitaire deux catégories de conflits : le conflit armé international qui se caractérise par des opérations de guerre entre deux ou plusieurs États souverains et le conflit armé interne dont les opérations de guerre s'effectuent à l'intérieur d'un seul et même État.

Les conflits violents dans les territoires de l'ancienne République fédérale socialiste de Yougoslavie entre 1991 et 2001 furent les plus meurtriers en Europe depuis la fin de la Seconde Guerre mondiale. Ce fut en effet la Première Guerre à caractère génocidaire enregistrée après en 1945. Les causes de cette guerre sont ethniques, culturelles, religieuses, politiques et économiques.

Le patrimoine culturel a été détruit, saccagé. Les destructions furent si massives que Mirko Grmerk a jugé utile de nommer ce concept nouveau par un terme nouveau : le mémoricide. C'était le sujet de la présente thèse.

Très peu de personnes sont capables de donner une définition satisfaisante du mémoricide. La raison est très simple. Ce terme n'existe dans aucun dictionnaire français, aucun lexique des termes juridiques, aucune loi nationale et aucune Convention internationale.

Pourtant, l'acte d'accusation dressé par le procureur du Tribunal pénal de l'ex-Yougoslavie (T.P.I.Y) contre Karadžić et Mladić en 1996 utilise cette notion. Les témoins experts auditionnés, dont le professeur Paul Garde, ont utilisé le mémoricide pour expliquer certaines destructions du patrimoine culturel.

Doit-on y voir une éventuelle reconnaissance juridique du mémoricide ?

On ne pourrait l'affirmer. Le 18 juin 2000, un acte d'accusation modifié de la présente affaire a été présenté et accepté par le juge Wald réduisant le nombre des chefs d'accusation en n'en conservant que les plus graves. Le terme mémoricide n'y apparaît plus.

Une telle absence remet-elle en question ledit crime ? Si c'est le cas, quel serait l'intérêt de choisir le mémoricide comme le sujet de la présente thèse de droit ?

Le Droit, dans son sens objectif, organise toute vie en société par la mise en place de règles dont le non-respect entraîne une sanction de la puissance publique. Le principe de légalité des délits et des peines exige que ne soient sanctionnés que les crimes reconnus comme tels par la loi. Or ce n'est pas le cas du mémoricide.

Si l'on doit la paternité du terme mémoricide à Mirko Grmerk, la destruction massive des biens du patrimoine culturel dans le but d'effacer la mémoire et les souvenirs d'une communauté n'est pas un crime nouveau.

Le Psalmiste Salomon, dans les saintes Écritures, plus précisément dans le livre d'Ecclésiaste chapitre 1 verset 9, pouvait écrire: « *il n'y a rien de nouveau sous le soleil* ». Dans le verset 10, il souligne que : « *s'il est une chose dont on dise : vois ceci, c'est nouveau ! Cette chose existait déjà dans les siècles qui nous ont précédés.* »

L'histoire de l'humanité est jalonnée de destruction du patrimoine culturel. Les inquisiteurs qui s'installent au pouvoir jettent la mémoire au feu.

Était-il nécessaire de créer un terme nouveau pour expliquer ces destructions ?

L'utilisation du mot « mémoricide » ne se rattache plus uniquement à la mémoire. Tantôt définie comme un crime politique, tantôt comme un crime culturel, la présente thèse a eu pour objectif de préciser juridiquement cette notion et de souligner le régime juridique qui pourrait, à la lumière de certains textes de droit, lui être applicable.

La justice internationale et le Tribunal pénal de l'ex-Yougoslavie en particulier ne prennent en considération dans la définition du mémoricide que la destruction matérielle du patrimoine culturel faite dans l'objectif d'effacer les traces de la mémoire d'une communauté afin de reconfigurer son identité.

Ainsi, le terme « mémoricide » dans son acception originelle correspond uniquement à l'aspect matériel de la mémoire. C'est selon Mirko Grmerk la destruction de toute représentation de la mémoire ; le patrimoine culturel immatériel étant écarté de la définition dudit crime.

Or, de telles destructions sont impossibles en l'absence de tout conflit armé. Faut-il, pour autant, élargir les critères de constitution de ce crime ?

Faut-il considérer aussi bien les actes matériels de destruction que les actes matériels de détournement, pillage et recels des biens culturels ?

Ces derniers actes matériels peuvent être commis aussi bien dans un État en situation de guerre que dans un État en situation de paix politique. La politique ! Parlons en quelques instants.

L'étude du mémoricide aurait sans doute été inaboutie s'il n'avait été accordé une attention toute particulière à la réalité politique qui entoure le patrimoine. Il est incontestable que le patrimoine et la politique forment un couple. La société pense qu'il est important que soit maintenu vivant le souvenir. Car il faut veiller à ce que les erreurs du passé ne se reproduisent plus à l'avenir.

Pourtant, Descartes pouvait écrire dans le *Discours de la méthode* que si, « *l'on est trop curieux des choses qui se pratiquaient aux siècles passés, on demeure ordinairement fort ignorant de celles qui se pratiquent en celui-ci* »[1470].

La mémoire sans cesse interrogée peut être manipulée, voire reconstruite ou même réinventée pour offrir une nouvelle histoire ou une nouvelle mémoire. La mémoire n'est donc pas seulement un enjeu social, mais aussi un enjeu politique.

Peut-on parler de mémoricide dans toute manipulation ou instrumentalisation de la mémoire ? Peut-on légalement refaire l'histoire au point de la détruire ? Le législateur peut-il commettre un mémoricide ? En d'autres termes, peut-on parler d'une « guerre des mémoires » provoquée par une multiplication des lois mémorielles ? Doit-on considérer le désir d'une société de construire une mémoire collective comme un acte de mémoricide ?

Toutes ces questions, bien qu'éloignées de la définition juridique du mémoricide, nécessitaient qu'on s'y arrête un instant. Cette irruption du droit dans le domaine de l'histoire, du passé, de la mémoire et de l'oubli soulève certaines inquiétudes.

L'oubli est un facteur essentiel de la construction d'un individu et/ou d'une nation. Si l'oubli ne se commande pas chez un individu,[1471] la société.

[1470] Auteur cité par Catherine Puigelier et Jean Foyer, « L'autorité de l'histoire en droit » in *L'autorité*, sous la direction de Jean Foyer, Gilles Lebreton, Catherine Puigelier, Cahier des sciences morales et politiques, PUF, 2008, René Descartes, *Discours de la méthode*, 1637

[1471] John Brown, *In grégory*, 1993, p. 939

en revanche, peut consentir à l'oubli. Elle peut décider d'amnistier, de ne plus rappeler les maux du passé[1472].

Cet oubli désiré est détachable du mémoricide. Seul l'oubli imposé par un groupe de personnes au pouvoir, matérialisé par une destruction et/ou une construction matérielle d'une mémoire collective, est assimilable au mémoricide.

Si la perte d'une mémoire collective est généralement rattachée à un acte de destruction, certaines constructions matérielles peuvent cependant être assimilées au mémoricide dès lors que les auteurs de tels actes sont animés d'une intention mémoricidaire, d'une volonté d'éradiquer la mémoire et de reconfigurer une identité.[1473]

Cette extension du mémoricide aux actes de construction du patrimoine culturel pourrait se justifier par le désir de prévenir toute forme de reconfiguration d'identité et de punir tous les individus qui seraient tentés de détruire la mémoire. Celle-ci consolide ou défait le sentiment identitaire et renforce ou éreinte le sentiment de notre identité.

La mémoire peut-elle être complètement détruite, perdue ?

Le mémoricide atteint difficilement son objectif. L'histoire pour ne pas dire la mémoire existe toujours.[1474] L'oubli, lui-même, est rendu impossible par la sur médiatisation de tel ou tel passé.[1475] Par ailleurs, chaque homme porte en lui même une mémoire.

Ainsi, dès lors qu'un seul homme survit à une guerre, à un génocide, il peut, à lui tout seul, transmettre à la génération future son histoire, sa mémoire.

La survivance d'une communauté, en temps de guerre ou de paix, permet la production, la transmission du patrimoine culturel immatériel et favorise

---

[1472] Joël Candau, *Anthropologie de la mémoire*, Armand Collin 2005, p. 95

[1473]« Géographie des conflits. Les lieux de mémoire dans la ville en guerre : un enjeu de la pacification des territoires », diploweb.com, La revue géopolitique, op. cit

[1474] Edouardo Galéano, « Les oublis de l'histoire officielle, Mémoire et malmémoire », Le Monde diplomatique, juillet 1997. Voir aussi Valérie Lange-Eyre, *Mémoire et droits humains : enjeux et perspectives pour les peuples d'Afrique et des Amériques*, Édition d'en bas, action de carême, 2009

[1475] Pascal Blanchard et Isabelle Veyrat-Masson, « Introduction » in *Les guerres de mémoire, la France et son histoire*, op. cit.

la reconstruction du patrimoine culturel matériel. Le patrimoine culturel immatériel peut ainsi venir au secours du mémoricide. [1476]

Si la mémoire ne peut être effacée, le mémoricide ne peut être atteint et n'a, par conséquent, pas de raison d'être. Et on ne peut réprimer un crime qui n'existe pas.

Comment sanctionner un crime si le résultat voulu n'est pas atteint ?

On ne peut parler de vol, au sens strict du terme, si le bien visé n'est pas dérobé. Il devrait en être de même pour le mémoricide. À moins que ce soit l'intention d'éradiquer la mémoire en détruisant le patrimoine culturel d'une communauté qui constituerait le mémoricide. La finalité de la destruction du patrimoine culturel à savoir la perte totale de la mémoire et de l'héritage importe ici peu.

Cette prise de conscience, en ce que l'objectif ne peut facilement être atteint, n'exclut pas la gravité du sujet. Il ne peut y avoir de mémoricide sans l'intention de détruire la mémoire d'un groupe. La constitution légale du crime englobe nécessairement l'élément moral, à savoir l'intention mémoricidaire.

Une protection internationale a pu contribuer à éviter que des monuments historiques ou des sites ne soient détruits au préjudice de l'humanité entière. C'est peut-être parce que ses textes sont déjà en vigueur, que le législateur n'a pas trouvé opportun de définir un crime nouveau et de consacrer le mémoricide.

Toujours est-il que la spécificité de ce crime, dont le terme est nouveau, mais dont les caractéristiques essentielles sont anciennes, émeut la communauté internationale. Le mémoricide est en effet le seul crime qui lie la mémoire à l'identité. La destruction de l'un est faite pour permettre la reconfiguration de l'autre.

Il ne peut et ne doit pas passer inaperçu. Les auteurs doivent pouvoir être sanctionnés.[1477] Pourtant plusieurs criminels internationaux échappent à la répression. Les violations des droits de l'homme revêtent généralement une forte dimension politique.

[1476] Catherine Puigelier, « Le mémoricide (à propos du temps, de la mémoire et du droit) », in *Le temps et le droit*, Fleury-Le Gros, Litec, 2008

[1477] Jean-Paul Bazelaire et Thierry Cretin, *La justice pénale internationale*, PUF, Paris, septembre 2000, p. 42

Il est alors en ce sens aisé de comprendre[1478] que la justice pénale nationale puisse se heurter à des obstacles de fait ou de droit, aux attentes des victimes, à l'extraterritorialité et à des relations de pouvoir.

L'institution de juridictions pénales internationales peut ici être considérée comme une réponse à la situation paradoxale que constitue l'impunité des auteurs des crimes de droit humanitaire, considérés pourtant comme les plus graves.

Juger les auteurs du mémoricide suscite dès lors les questions suivantes : quel régime juridique serait applicable à ce crime ? Quelle peine pourrait-on infliger à de telles personnes ? Comment sanctionner ? Peut-on réparer le mémoricide ? Peut-on réparer la perte d'un passé et d'une culture ?

Les peines traditionnelles applicables en matière de crimes contre l'humanité sont principalement des peines d'emprisonnement. En effet, si la peine de mort était autorisée dans la période qui a suivi la Seconde Guerre mondiale, elle se trouve exclue dans la période contemporaine qui n'admet que la peine d'emprisonnement.

En vertu de l'article 77, la Cour pénale internationale peut imposer une peine d'emprisonnement pouvant aller d'un an à 30 ans au plus et une peine d'emprisonnement à perpétuité si l'extrême gravité du crime et la situation personnelle du condamné le justifient.

Ce même article permet à la Cour de prononcer des peines accessoires qui atteignent le patrimoine du condamné. Car les victimes attendent de la justice une reconnaissance. Elles souhaitent, en matière de mémoricide, par-dessus tout recouvrer la mémoire.

Le pouvoir de saisie des biens appartenait déjà au T.M.I. de Nuremberg. L'article 28 de son Statut disposait que les juges pouvaient « *ordonner à l'encontre du condamné la confiscation de tous biens volés et leur remise au Conseil de contrôle en Allemagne* ».

Puis le pouvoir de confiscation des biens de l'accusé a disparu des Statuts des juridictions pénales postérieures (T.M.I. de Tokyo, les T.P.I.) pour réapparaître récemment dans le Statut de la C.P.I.

[1478] Travaux de l'institut de sciences criminelles de Poitiers, 2008-26, *La pénalisation des responsabilités politiques en droit interne et en droit international*, sous la direction de Michel Danti-Juan, Édition Cujas, p.207

Il faut toutefois faire une différence entre la restitution, la récupération ou le retour des biens culturels et la saisie des biens culturels. Seule cette dernière est une sanction pénale.

Elle est d'ailleurs de plus en plus écartée, car les victimes de crimes à caractère historique revendiquent une réparation de leur préjudice. [1479] Le droit privé est ainsi convoqué pour solder les comptes de l'histoire.

La voie civile, en vue de l'obtention de la réparation du dommage subi, peut s'avérer payante. Mettre fin à une injustice historique par une indemnisation peut être satisfaisant.

Dans le même esprit, des alternatives à la justice classique ont été privilégiées au travers de la mise en place de la justice transitionnelle.

Plutôt que de chercher à juger et condamner, cette justice souhaite rétablir les bases d'une coexistence pacifique future sans oblitération du passé.[1480]

Jacques Le Goff souligne que « *la mémoire ne cherche à sauver le passé que pour servir au présent et à l'avenir. Faisons en sorte que la mémoire collective serve à la libération et non à l'asservissement des hommes.* »[1481]

Recourir à la voie pénale ou civile pour clôturer le passé sans injurier l'avenir suppose, pourrait-on ajouter, que « *le mémoricide n'ait pas atteint son but et que l'histoire, pour ne pas dire la mémoire, existe encore.*[1482]»

[1479] Une recherche sur internet du mot-clé « crime de l'histoire » donne en effet un résultat surprenant : à côté des exemples indiscutables (comme l'Holocauste ou le génocide cambodgien), l'on peut trouver des applications manifestement excessives de l'expression, pour qualifier par exemple les dégâts causés par les 35 heures en France. Ainsi, sans prétendre en offrir une définition juridique précise, il s'avère néanmoins utile de serrer de plus près cette notion de crime de l'histoire. Ce sont des crimes perpétrés dans un passé plus ou moins lointain et qui ont marqué la conscience de l'humanité.

[1480] H.-D. Bosly et D. Vandermeersch, *Génocide, crimes contre l'humanité et crimes de guerre face à la justice, Les juridictions internationales et les tribunaux nationaux*, 2e Édition, Bruylant, 2012, p. 271

[1481] Auteur cité par Tzvetan Todorov dans *Les abus de la mémoire*, arléa, diffusion Le seuil, mai 2004. p. 7

[1482] Catherine Puigelier, « Le mémoricide (à propos du temps, de la mémoire et du droit) », in *Le temps et le droit*, Fleury-Le Gros, Litec, 2008

Table des matières

Structures éditoriales du groupe L'Harmattan

L'Harmattan Italie
Via degli Artisti, 15
10124 Torino
harmattan.italia@gmail.com

L'Harmattan Hongrie
Kossuth l. u. 14-16.
1053 Budapest
harmattan@harmattan.hu

L'Harmattan Sénégal
10 VDN en face Mermoz
BP 45034 Dakar-Fann
senharmattan@gmail.com

L'Harmattan Cameroun
TSINGA/FECAFOOT
BP 11486 Yaoundé
inkoukam@gmail.com

L'Harmattan Burkina Faso
Achille Somé – tengnule@hotmail.fr

L'Harmattan Guinée
Almamya, rue KA 028 OKB Agency
BP 3470 Conakry
harmattanguinee@yahoo.fr

L'Harmattan RDC
185, avenue Nyangwe
Commune de Lingwala – Kinshasa
matangilamusadila@yahoo.fr

L'Harmattan Congo
67, boulevard Denis-Sassou-N'Guesso
BP 2874 Brazzaville
harmattan.congo@yahoo.fr

L'Harmattan Mali
ACI 2000 - Immeuble Mgr Jean Marie Cisse
Bureau 10
BP 145 Bamako-Mali
mali@harmattan.fr

L'Harmattan Togo
Djidjole – Lomé
Maison Amela
face EPP BATOME
ddamela@aol.com

L'Harmattan Côte d'Ivoire
Résidence Karl – Cité des Arts
Abidjan-Cocody
03 BP 1588 Abidjan
espace_harmattan.ci@hotmail.fr

Nos librairies en France

Librairie internationale
16, rue des Écoles
75005 Paris
librairie.internationale@harmattan.fr
01 40 46 79 11
www.librairieharmattan.com

Librairie des savoirs
21, rue des Écoles
75005 Paris
librairie.sh@harmattan.fr
01 46 34 13 71
www.librairieharmattansh.com

Librairie Le Lucernaire
53, rue Notre-Dame-des-Champs
75006 Paris
librairie@lucernaire.fr
01 42 22 67 13

www.ingramcontent.com/pod-product-compliance
Lightning Source LLC
LaVergne TN
LVHW050052061026
849532LV00001BA/83

* 9 7 8 2 3 4 3 2 5 6 9 5 5 *